Kharabat Vol. 1

Curated and Written by Farhad Qashqai
Edited and Produced by Saad Khan
Design by Joey Chriqui, Kevin Castañeda
Editorial Assistance by Babar Ali, Zulqarnain Haider, Herjas Kalra
Farsi Calligraphy by Maqsood Ali
Published by Khajistan Press
Distributed by Antenne Books

42 West Street, Brooklyn, NY, 11222 | info@khajistan.com | www.khajistan.com

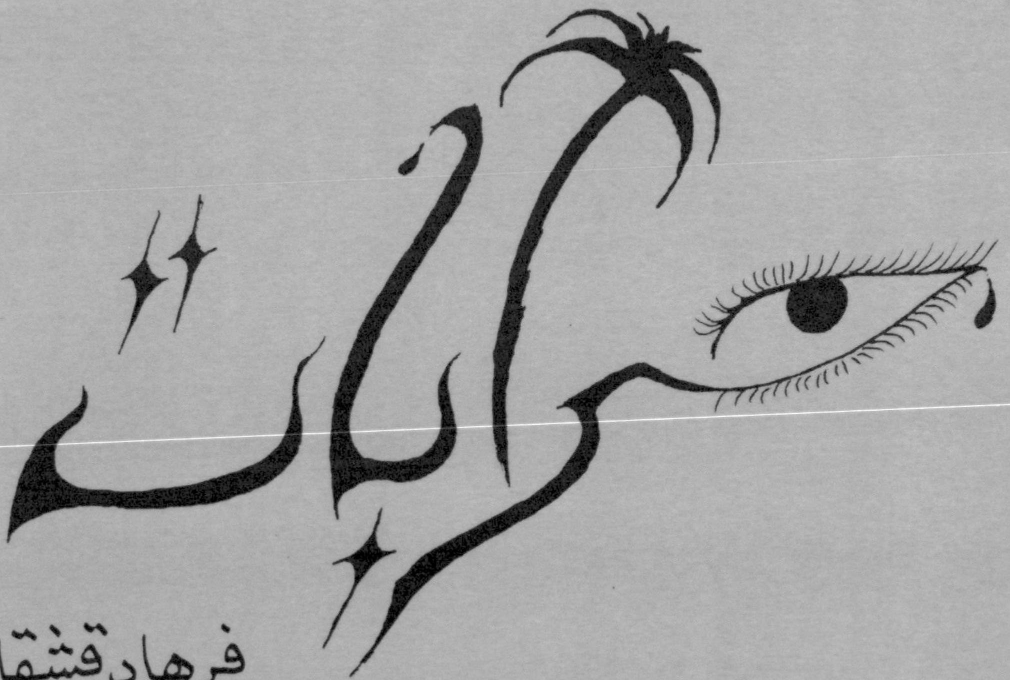

فرهاد قشقائی

KHARABAT

Farhad
Qashqai

A Note from the Editor

Sourced from the personal archives of Tehran-based artist Farhad Qashqai, Kharabat cracks open the world of the Luti—an all-male brotherhood forged in Iran's Qajar Empire (1789–1925). Part knights, part outcasts, they question: Who writes the rules—the powers of now, or the Judge of forever?

The Luti or Kharabati—working-class men, always men—believe life itself is Kharabat, a Persian term for "ruins." It serves as a metaphor for existence, fleeting. Earth, they say, is God's rough draft—a proving ground before the afterlife. And if this world is a waiting room, why kneel to mortal laws? Why fear kings, cops, and cowards?

To them, one answers only to the Creator.
Loyalty is scripture. Defiance is oxygen. Masculinity? Brutal and sacred.

Qashqai's photographs—salvaged from dusty family albums, the digital graveyards of Instagram and Facebook accounts, print magazines, Telegram avatars, and WhatsApp forwards—pull you deep into the Kharabati orbit where men kiss, hold hands, and cradle pigeons like lovers. Race through the streets on motorcycles. Feast in smoke-stained rooms. Pose with daggers, guns, pomegranates, hash, chai. Leather boots. Gold chains. Prayer beads. Mothers. Gyms, bathhouses, pools, basements, living rooms, and hilltops become temples of brotherhood. Where dogs snap at one another in loyal fury and prison cells bloom with velvet sofas.

What outsiders call "male bonding" is air here.
What's hidden stays between man and Maker.

Their courage burns from a single truth:
This life is rehearsal. And this world is Kharabat.

Look closer.

Index

فهرست ها

درباره نویسنده

فرهاد قشقائی هنرمند تجسمی متولد ۱۳۷۳، در تهران است.
او علاقه عمیقی به آرشیو دارد قبل از اینکه به خدمت سربازی اجباری
در ایران فراخولنده شود، شروع به جمع آوری تصاویر محیط های مردانه
در ایران از اینترنیت کرد. در طول خدمت سربازی او خود را غرق در
محیطی منحصراً مردانه دید که منجر به عکاسی از جنبه های مختلف
پویالی تمام مردانه شد. با گذشت زمان تصویر آرشیوی او منظم تر شد و
منجر به ایجاد محموعه "خرابات" شد.

خرابات به عنوان یک صفحه مجازی اینستاگرامی شروع به کار کرد که
روزانه تصاویری را منتشر می کرد که زندگی روزمره گروهی از مردان ایرانی
معروف به "خراباتی ها" را به تصویر می کشید، این صفه با استقبال گرمی
رو به رو شد و این مجموعه منتخبی از تصاویر است که از اینترنیت تهیه
شده است و زندگی مردان خراباتی را در مناطق مختلف ایران به نمایش
می گذارد. فرهاد این مجموعه را در بخش های مختلف دسته بندی
کرده و بینش عمیقی از دنیای این مردان ارائه می کند.
در حال حاضر فرهاد یک هنرمند تتو و هنرمند تجسمی ساکن تهران است.
"خرابات" دومین همکاری او با آرشیو خجستان است.

About the Author

Farhad Qashqai (b. 1994, Tehran, Iran) is a visual artist with a profound interest in archives. Before beginning his mandatory military service, he started collecting images of Iranian male-dominated spaces from the internet. During his military service, immersed in an exclusively male-dominated environment, he began photographing in the barracks and archiving images from the internet. Over time, his images became systematically organized, leading to the creation of his "Kharabat" Collection.

The collection began as an Instagram page featuring daily posts depicting the everyday lives of Iranian men—known as Kharabatis—which was well recieved. The curated selection of images, sourced from the internet, showcases the lives of Kharabati men across various regions of Iran. Farhad has categorized the collection into different sections and provides in-depth insights into the Kharabati world. Currently based in Tehran, Farhad works as both a tattooer and a visual artist, continuing to explore his archival and creative practices.

مقدمه

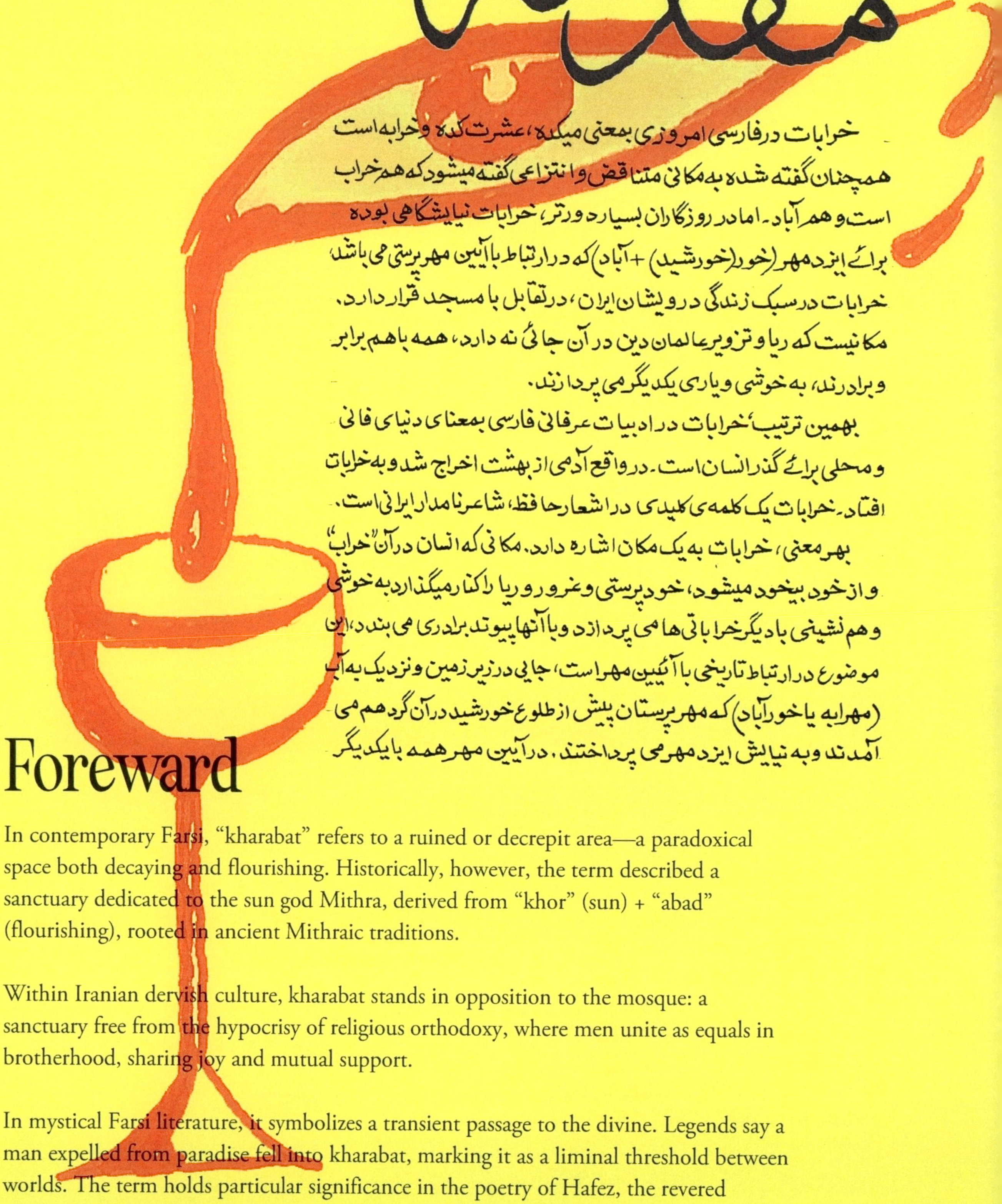

خرابات درفارسی امروزی بمعنی میکده، عشرت کده وخرابه است
همچنان گفته شده به مکانی متناقض وانتزاعی گفته میشود که هم خراب
است و هم آباد. امادر روزگاران بسیار دورتر، خرابات نیایشگاهی بوده
برائے ایزدمهر (خور (خورشید) +آباد) که درارتباط باآیین مهرپرستی می باشد،
خرابات درسبک زندگی درویشان ایران، درتقابل با مسجد قرار دارد،
مکانیست که ریا و تزویر عالمان دین در آن جائی نه دارد، همه باهم برابر
وبرادرند، به خوشی ویاری یکدیگر می پردازند.
بهمین ترتیب خرابات درادبیات عرفانی فارسی بمعنای دنیای فانی
ومحلی برائے گذرانسان است. درواقع آدمی از بهشت اخراج شد وبه خرابات
افتاد. خرابات یک کلمه ی کلیدی در اشعار حافظ، شاعرنامدار ایرانی است.
بهرمعنی، خرابات به یک مکان اشاره دارد. مکانی که انسان درآن "خراب"
واز خود بیخود میشود، خودپرستی وغرور و ریا راکنار میگذارد به خوشی
وهم نشینی بادیگرخراباتی ها می پردازد وباآنها پیوند برادری می بندد، این
موضوع درارتباط تاریخی باآئیین مهراست، جایی درزیر زمین ونزدیک به آب
(مهرابه یاخورآباد) که مهرپرستان پیش ازطلوع خورشید درآن گردهم می
آمدند وبه نیایش ایزدمهرمی پرداختند. درآیین مهرهمه بایکدیگر

Foreward

In contemporary Farsi, "kharabat" refers to a ruined or decrepit area—a paradoxical space both decaying and flourishing. Historically, however, the term described a sanctuary dedicated to the sun god Mithra, derived from "khor" (sun) + "abad" (flourishing), rooted in ancient Mithraic traditions.

Within Iranian dervish culture, kharabat stands in opposition to the mosque: a sanctuary free from the hypocrisy of religious orthodoxy, where men unite as equals in brotherhood, sharing joy and mutual support.

In mystical Farsi literature, it symbolizes a transient passage to the divine. Legends say a man expelled from paradise fell into kharabat, marking it as a liminal threshold between worlds. The term holds particular significance in the poetry of Hafez, the revered Iranian bard, where it echoes themes of spiritual ruin and rebirth.

برابر و برادرند، نسبت به یکدیگر راستگو هستند و همواره به یاری یکدیگر می پردازند. در مهرابه ها یک نظامی طبقاتی وجود دارد بطوری که افراد تازه وارد مرید پیرخرابات و شاگرد آنها می شوند. در مهرابه ها فقط مردان اجازه ی ورود داشتند و پیروان پس از طی مراحلی اندک اندک به درجه ی پیری می رسند.

مهرپرستی تا قرنها نزد ایرانیان طبقه ی متوسط و پایین بعنوان یک سبک زندگی درجریان بود و زندگی و جهان بینی آنان را تحت تأثیر قرار داده بود. جنبش های برابری خواه اواخر دوران ساسانی ریشه در همین اعتقادات داشت.

پس از گسترش اسلام در ایران، ایرانیان همچنان پای جهان بینی خود ماندند گرچه شکل آنرا تغییر دادند. در قرون اوّل اسلامی، ایرانیان به به توسعه ی نظام اجتماعی اخلاقی فتوت، جوانمردی و عیاری که ریشه در نظام اجتماعی پیش از اسلام داشت پرداختند. فتوت نظامیست که در آن همه با هم برابرند، راستگو و شجاعند، به یاری یکدیگر برمی خیزند، به ورزش و تندرستی اهمیت می دهند و از تزویر و ریا به دورند.

پس از اسلام، جوانمردان در غیاب وجود فضای مهرابه (که بدلیل نفوذ اسلام بسته شده بودند) به دیرها و صومعه های اقلیت های مذهبی در جامعه ی اسلامی می رفتند و در آنجا به شادنوشی و معاشرت می پرداختند.

In every sense, Kharabat signifies a space of "ruin"—a place where one loses oneself, abandoning ego, pride, and hypocrisy. It is also a realm of joy and camaraderie, where kharabatis forge brotherly bonds. Historically, this duality traces back to Mithraic rituals, practiced underground near water (mehrab, Farsi for Mehr = Sun/Love and Āb = Water; alternatively interpreted as "place of light") or khor abad (Khor = Sun, Ābād = Inhabited place or settlement; "sun-settlement"), where followers gathered before sunrise to worship Mithra. These rituals enforced equality: all men were brothers bound by truth and mutual aid. Yet within the mehrab, a hierarchy existed—male newcomers entered as disciples, ascending gradually to the rank of elder kharabatis.

For centuries, Mithraism shaped the worldview of Iran's middle and lower classes, even inspiring egalitarian movements during the late Sasanian era.

After Islam's spread in Iran, pre-Islamic traditions persisted in transformed ways. By the early Islamic period, Iranians synthesized these roots into futuwwah—a social-ethical system emphasizing equality, honesty, bravery, and mutual support. Futuwwah promoted physical discipline while rejecting deceit and hypocrisy, reflecting a cultural bridge between ancient Mithraic values and Islamic society.

فضایی زورخانه ها (باشگاه های ورزشی ورزش سنتی ایرانیان) نیز تا حدود بسیار زیادی شبیه به فضای مهرابه هاست. زورخانه جاییست که جوانمردان در آن جمع می شوند و به ورزش می پردازند. این ورزش تاکید به تزکیه ی نفس، برادی و حُسن ادب دارد.

کم کم ایرانیان از خراسان تا بغداد جنبش های اجتماعی متکی بر سبک زندگی ضد ریاکاری براه انداختند که حاصل سخت گیری قوانین اسلامی در جامعه ی ایرانیان بود. از جمله قلندریه و ملامتیه. قلندریان گروهی بودند که زندگی دنیوی را رها کرده، ظاهری متفاوت داشتند، سگ به مسجد می بردند، با پسران زیبا رو همخوابی می کردند، به ساز و آواز و عیش و نوش می پرداختند و بین آنها پیوندی برادری بود. ملامتیان نیز تا حدودی بهمین روش می زیستند و هدف آنان این بود که شهروندان دیگر آنها را ملامت کنند و آنان این واکنش را بهتر از ریاکاری و تزویر می دیدند.

در جامعه ی معاصر ایران، جماعتی تحت عنوان لوتی و لات وجود دارد که ظاهراً ادامه ی سبک زندگی خراباتی و جوانمردی را پی گرفته اند. میان لوتیان امروزه ی ایران که عمدتاً از طبقه ی فرودست **هستند**، و در مناطق مختلفی از ایران پراکنده اند، پیوند برادری عمیقی برقرار است. ایثارگری، فداکاری برای دوستان، فروتنی، ورزش عیش و نوش، هم نشینی با هم جنسان، پرورش سگ، کبوتربازی، جدایی از قشر عمده ی جامعه و...

After the spread of Islam, with mehrabs closed under Islamic rule, Javanmardan (gallant men) turned to monasteries of religious minorities for revelry and socialization. The ethos of these gatherings mirrored that of traditional Iranian sports halls (zoorkhaneh), where javanmardan exercised while prioritizing soul purification, brotherhood, and moral conduct.

From Khorasan to Baghdad, Iranians later sparked social movements rejecting hypocrisy, partly in reaction to strict Islamic law enforcement. Among these were the Qalandariyah and Malamatiyah. Qalandars spurned worldly life, adopting eccentric appearances: they brought dogs to mosques, cohabited with young male companions, reveled in music, and upheld brotherly bonds. Malamatis embraced similar defiance, deliberately courting public scorn—believing reproach was nobler than deceit.

In modern Iran, the Luti or Laats sustain the Kharabati/gallant brotherhood legacy. Primarily lower-class and dispersed across Iran, they share altruism, humility, sportsmanship, revelry, male camaraderie, and practices like dog breeding and pigeon keeping—all while distancing themselves from mainstream society.

از اصول اخلاقی آنهاست.

امروز مردان خراباتی یا لوتیان بیشتر به ورزش بوکس یا کشتی می پردازند، به جای اسب، موتورهای سنگین سوار میشوند، حاضرند جان خود را برای دوستان و خانواده ی خود بدهند تا حدی که گروهی از آنان در این راه سر از زندان در می آورند، بیشتر مشاغلی مثل کشاورزی و فروشندگی دارند و همه ی هم نشینان آنها دیگر مردان خراباتی هستند.

فرهنگ خراباتی بیشتر در محیط های مردانه دیده می شود. نظیر باشگاه های ورزشی زندان ها و پادگانهای نظامی.

آنان سبک خاص خود را در آرایش مو، لباس و تتو دارند که در اقصی نقاط ایران نسبتاً مشابه است.

حتی امروزه نیز این گروه از مردان توسط عموم جامعه سرزنش و "ملامت" می شوند. چرا که مردم آنها را خلافکار، از راه به در شده، فاسد و خطرناک می دانند.

در این کتاب می خواهیم در غالب متن و تصویر، سبک زندگی مردان خراباتی را بررسی و مشاهده کنیم. در این سفر جنبه های مختلفی از زندگی خراباتی را بررسی خواهیم کرد که بصورت بخشهای مجزا در این مجموعه خواهد آمد.

فرهاد قشقایی

Today, Kharabati men or Lutis often engage in boxing or wrestling, ride heavy motorcycles in place of horses, and prioritize loyalty to their brothers and family—even at the risk of imprisonment. Typically working in agriculture or sales, their social circles remain tightly bound to fellow Kharabati men.

Kharabati culture thrives in male-dominated spaces: sports halls (zoorkhaneh), prisons, and military barracks. Their distinctive style—hairstyles, clothing, and tattoos—remains consistent nationwide. As a result mainstream society often labels them as criminals, corrupt, or dangerous, perpetuating stereotypes rooted in fear and misunderstanding.

This book documents the Kharabati lifestyle through text and imagery, dissecting its complexities across thematic sections of the collection.

—Farhad Qashqai

ا

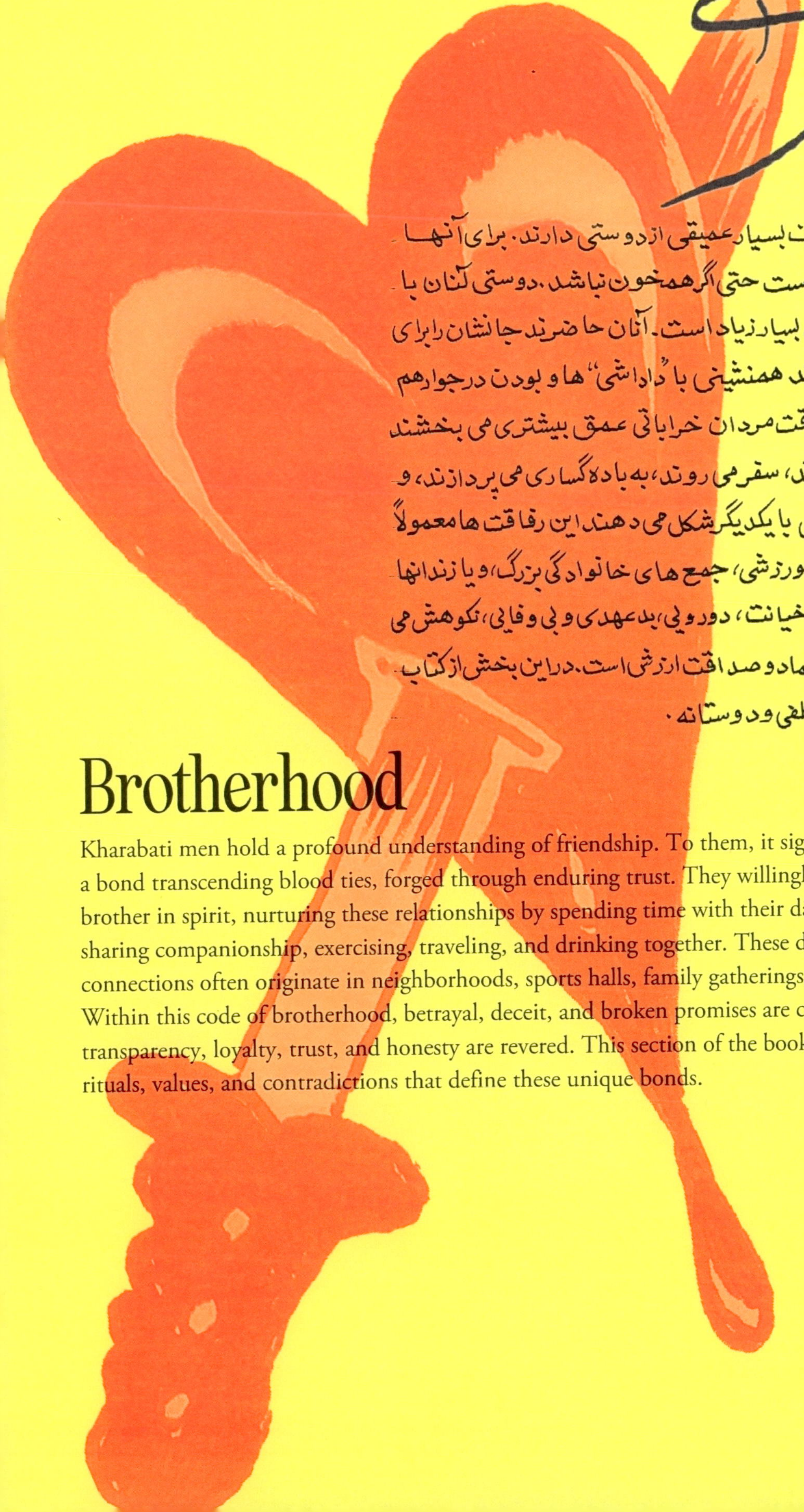

برادری

مردان خراباتی تعریف بسیار عمیقی از دوستی دارند. برای آنها دوستی بمعنائ برادری است حتی اگر همخون نباشد. دوستی لَنان با قدمت و همراه با اعتماد بسیار زیاد است. آنان حاضرند جانشان را برای برادر غیرخونی خود بدهند همنشینی با "داداشی" ها و بودن در جوار هم آنچیزی است که به رفاقت مردان خراباتی عمق بیشتری می بخشند لَنان با هم ورزش می کنند، سفر می روند، به باده گساری می پردازند، و پیوند عاطفی بسیار عمیقی با یکدیگر شکل می دهند. این رفاقت ها معمولاً در محله ها، باشگاه های ورزشی، جمع های خانوادگی بزرگ، و یا زندانها شکل می گیرند. در رفاقت، خیانت، دورویی، بدعهدی و بی وفایی، نکوهش می شود و یکرنگی، وفاداری، اعتماد و صداقت ارزش است. در این بخش از کتاب به بررسی جزئی تر روابط عاطفی و دوستانه.

Brotherhood

Kharabati men hold a profound understanding of friendship. To them, it signifies brotherhood—a bond transcending blood ties, forged through enduring trust. They willingly risk their lives for a brother in spirit, nurturing these relationships by spending time with their dādāshi (brothers), sharing companionship, exercising, traveling, and drinking together. These deep emotional connections often originate in neighborhoods, sports halls, family gatherings, or even prisons. Within this code of brotherhood, betrayal, deceit, and broken promises are condemned, while transparency, loyalty, trust, and honesty are revered. This section of the book delves into the rituals, values, and contradictions that define these unique bonds.

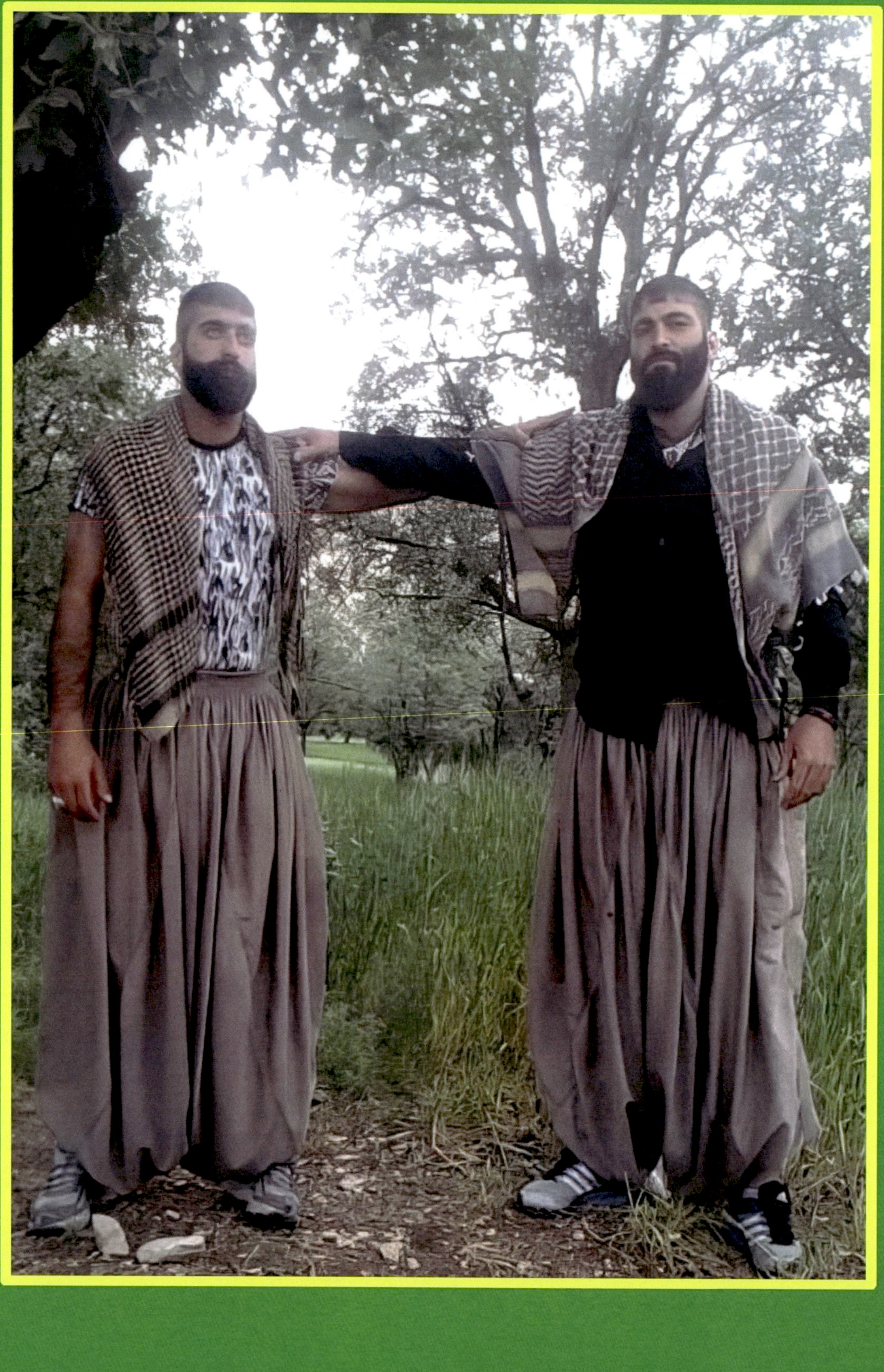

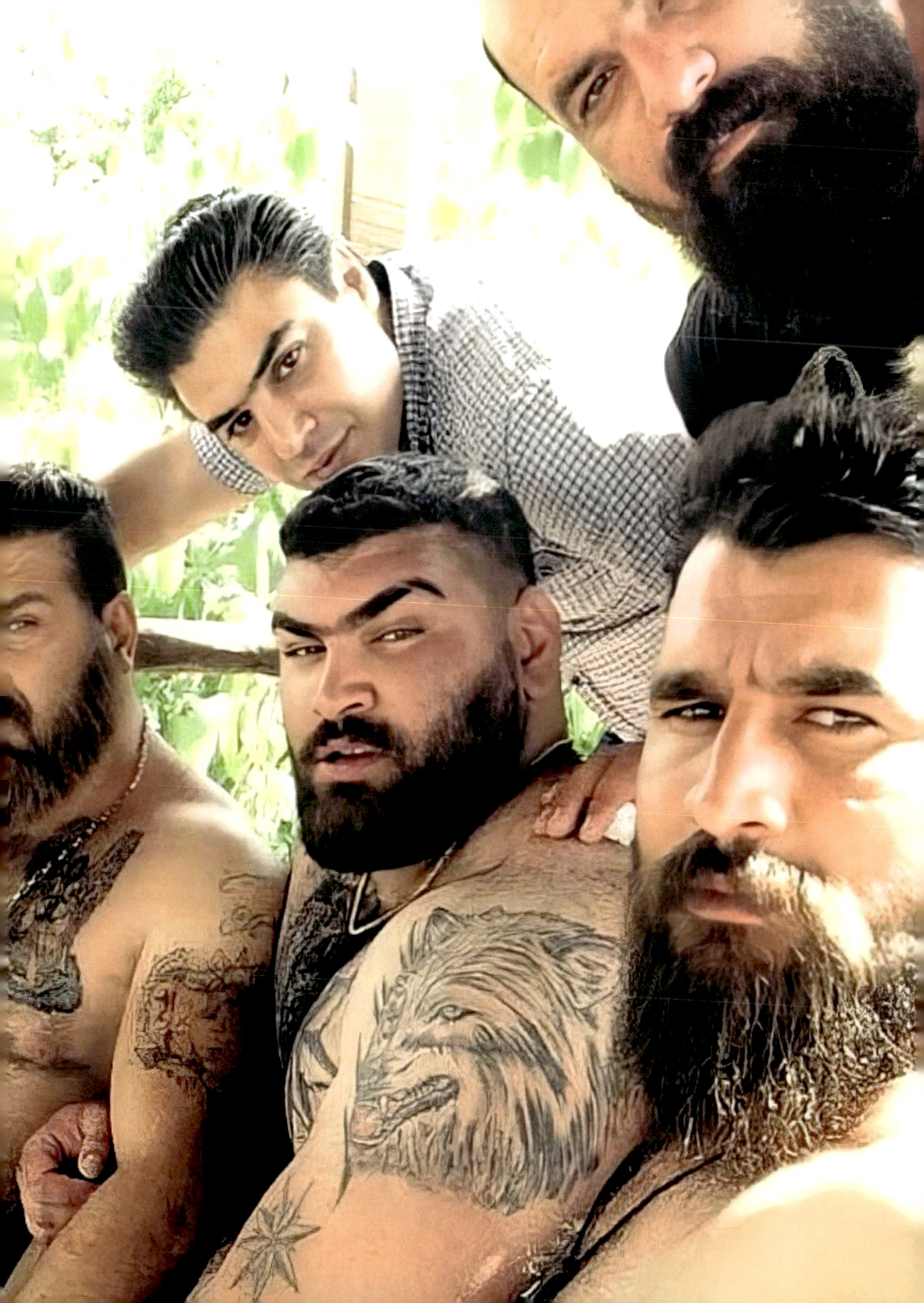

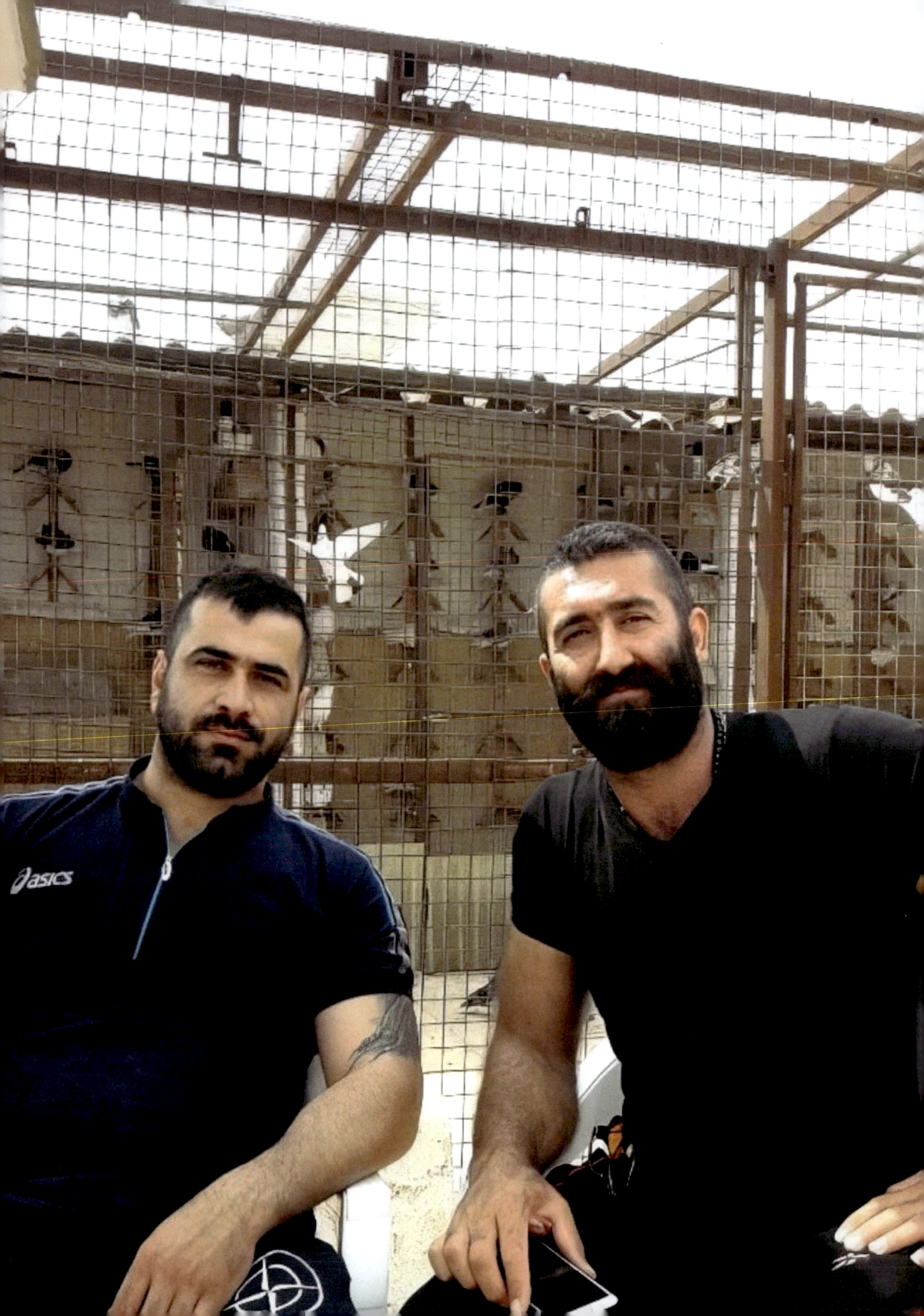
asics

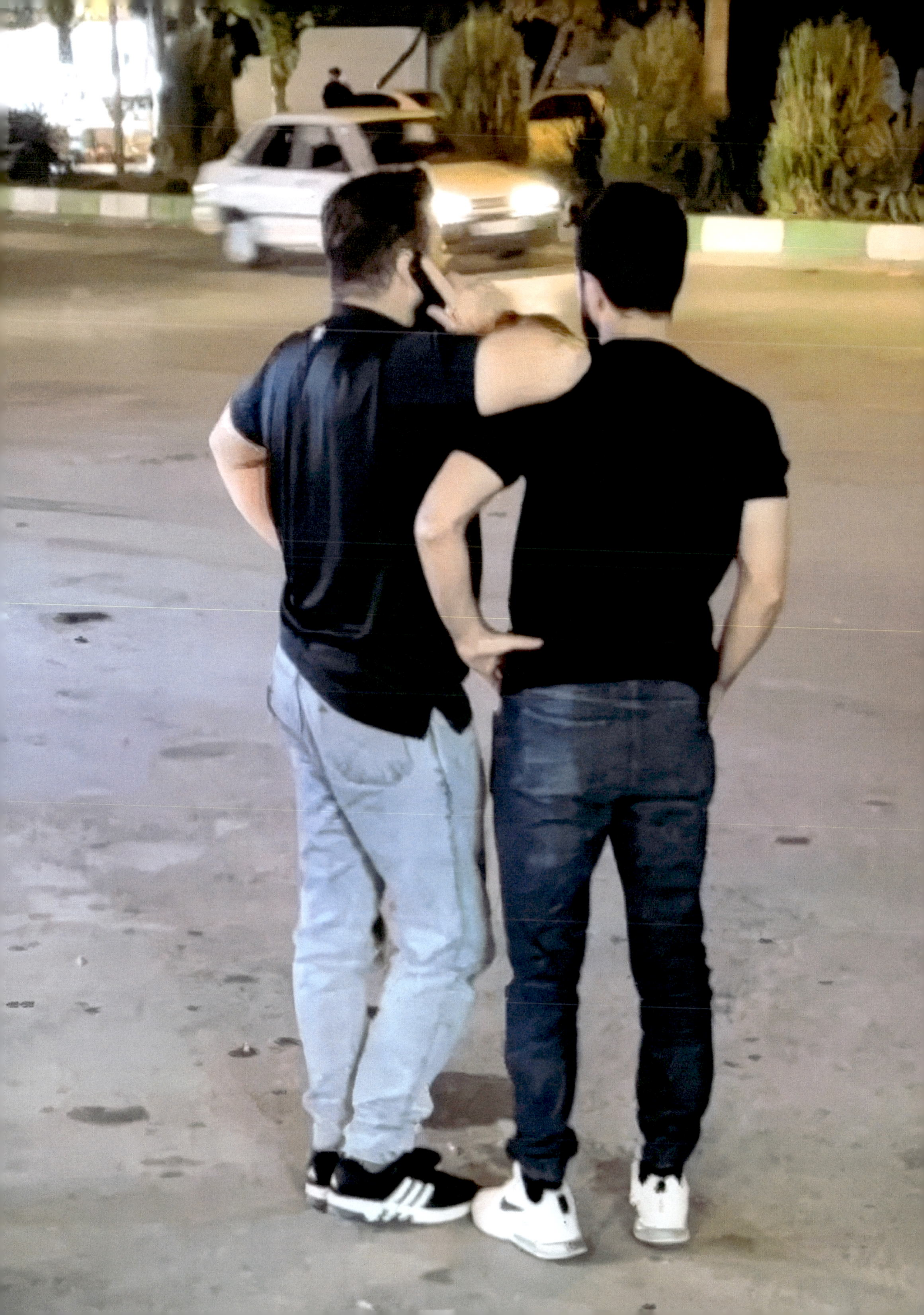

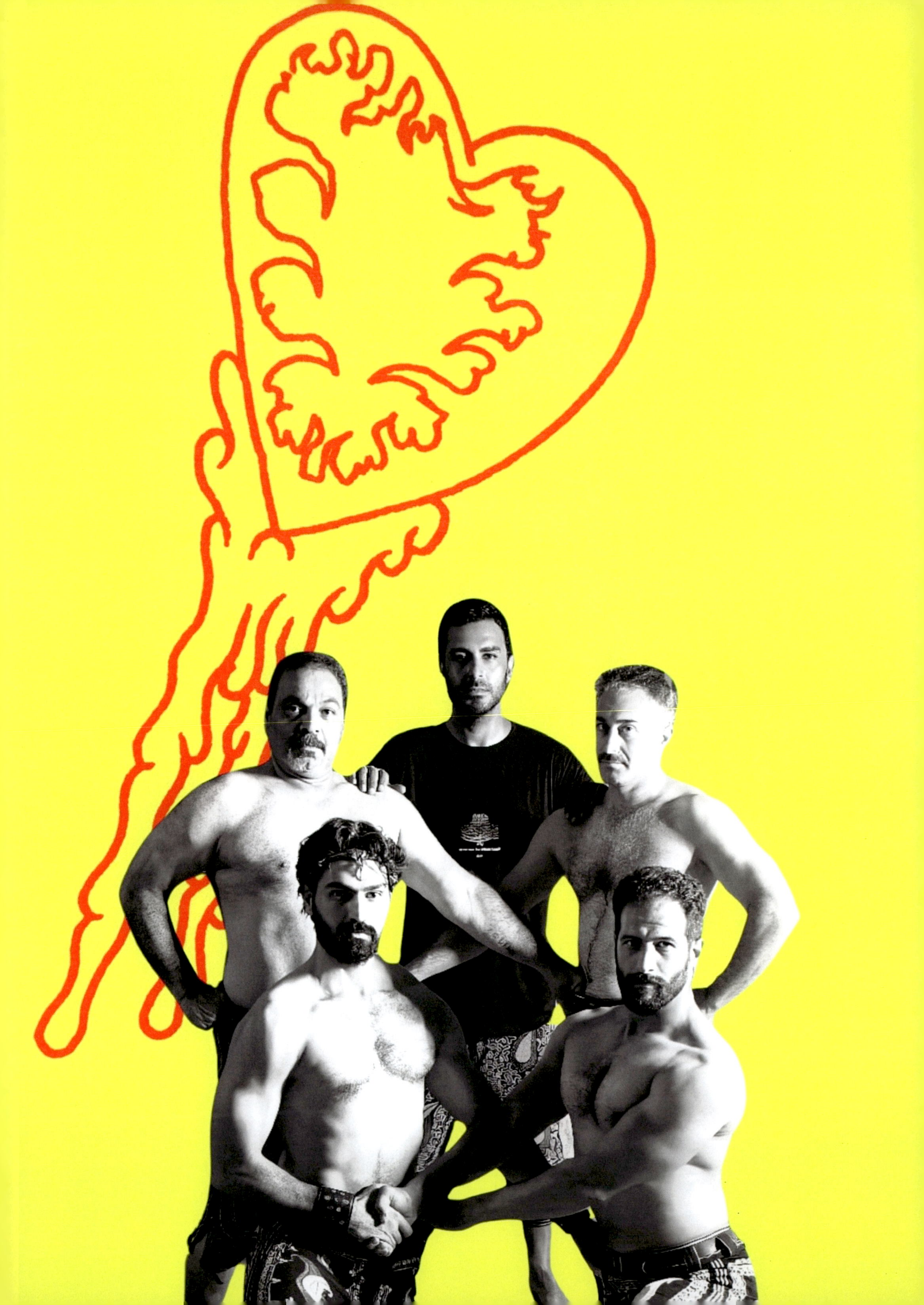

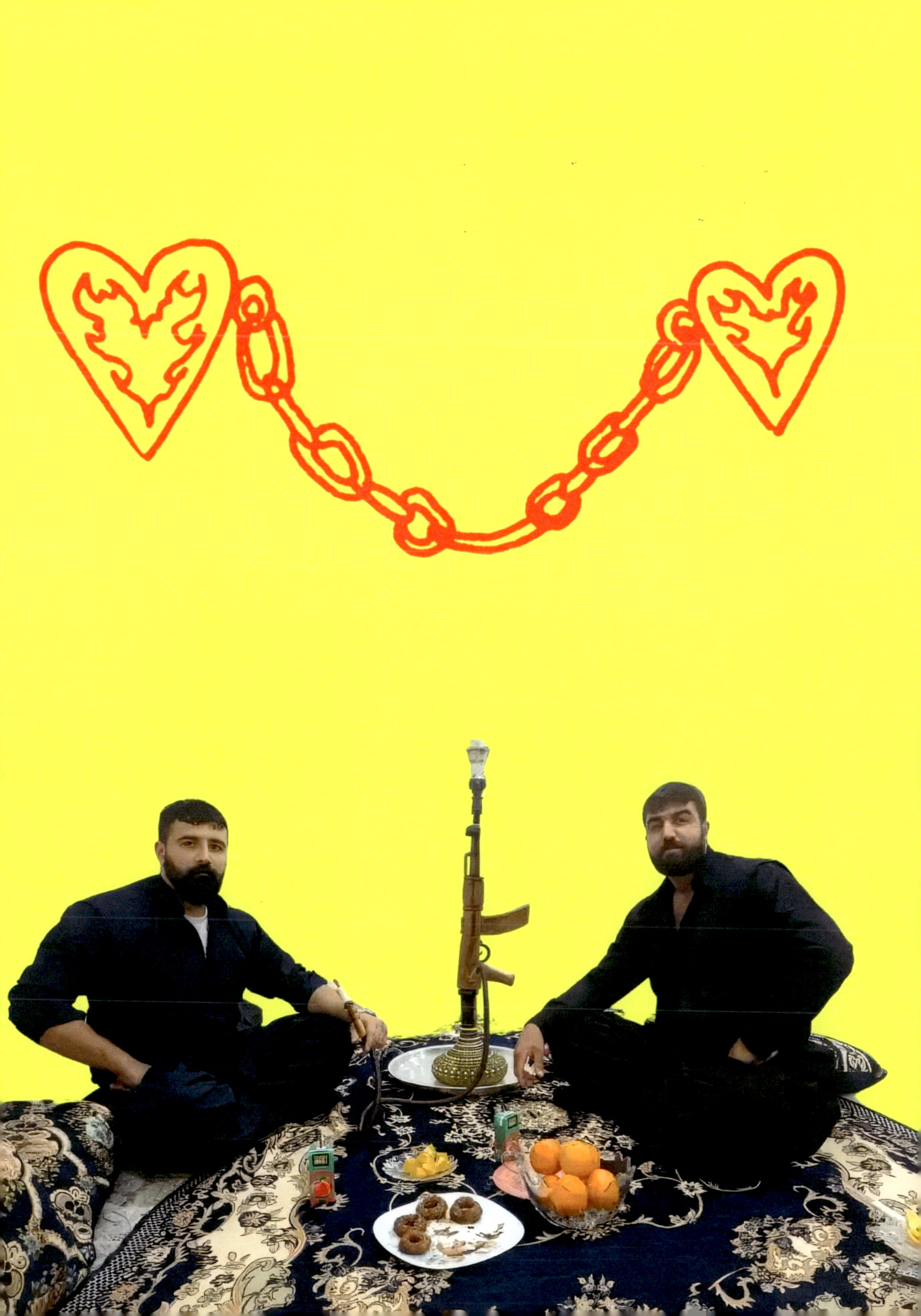

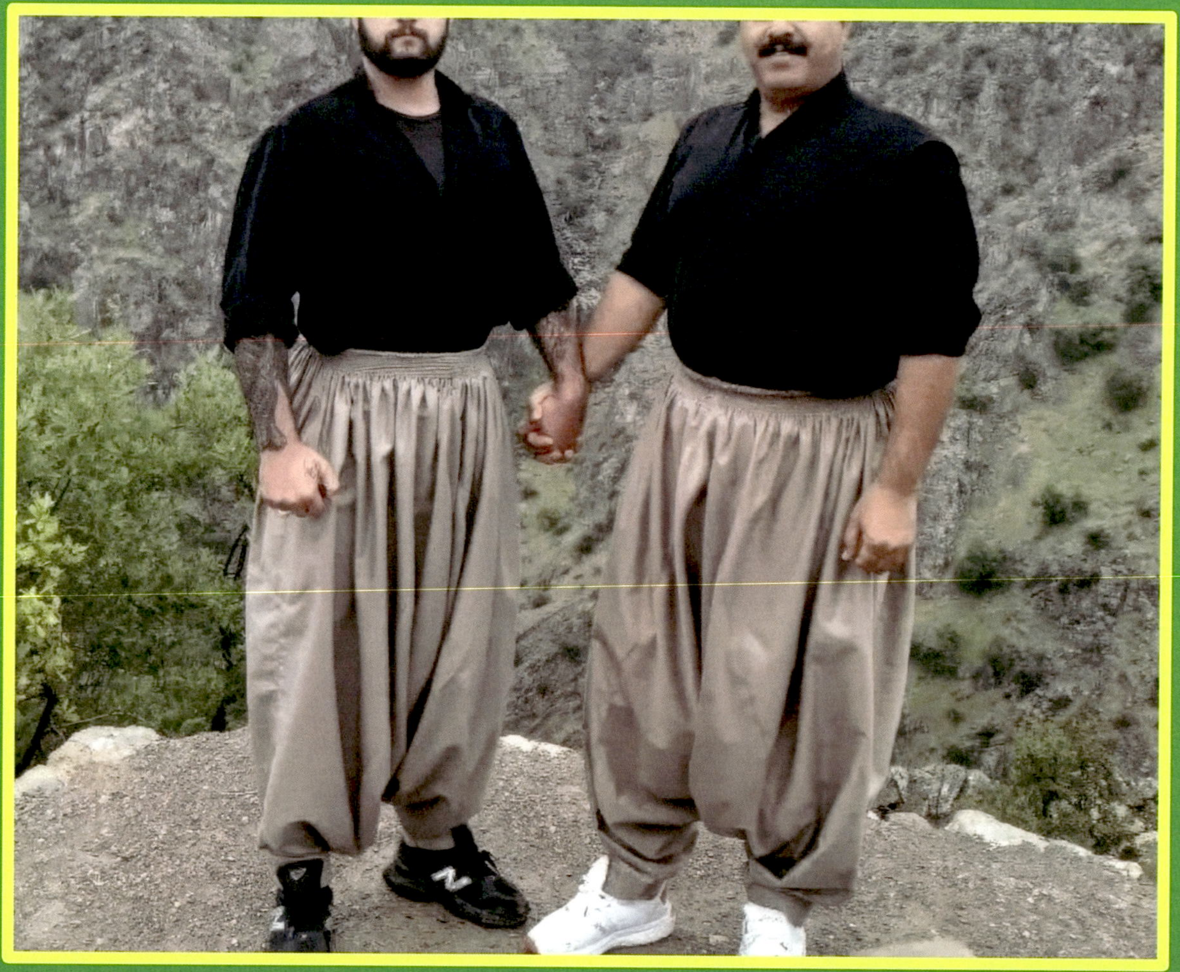

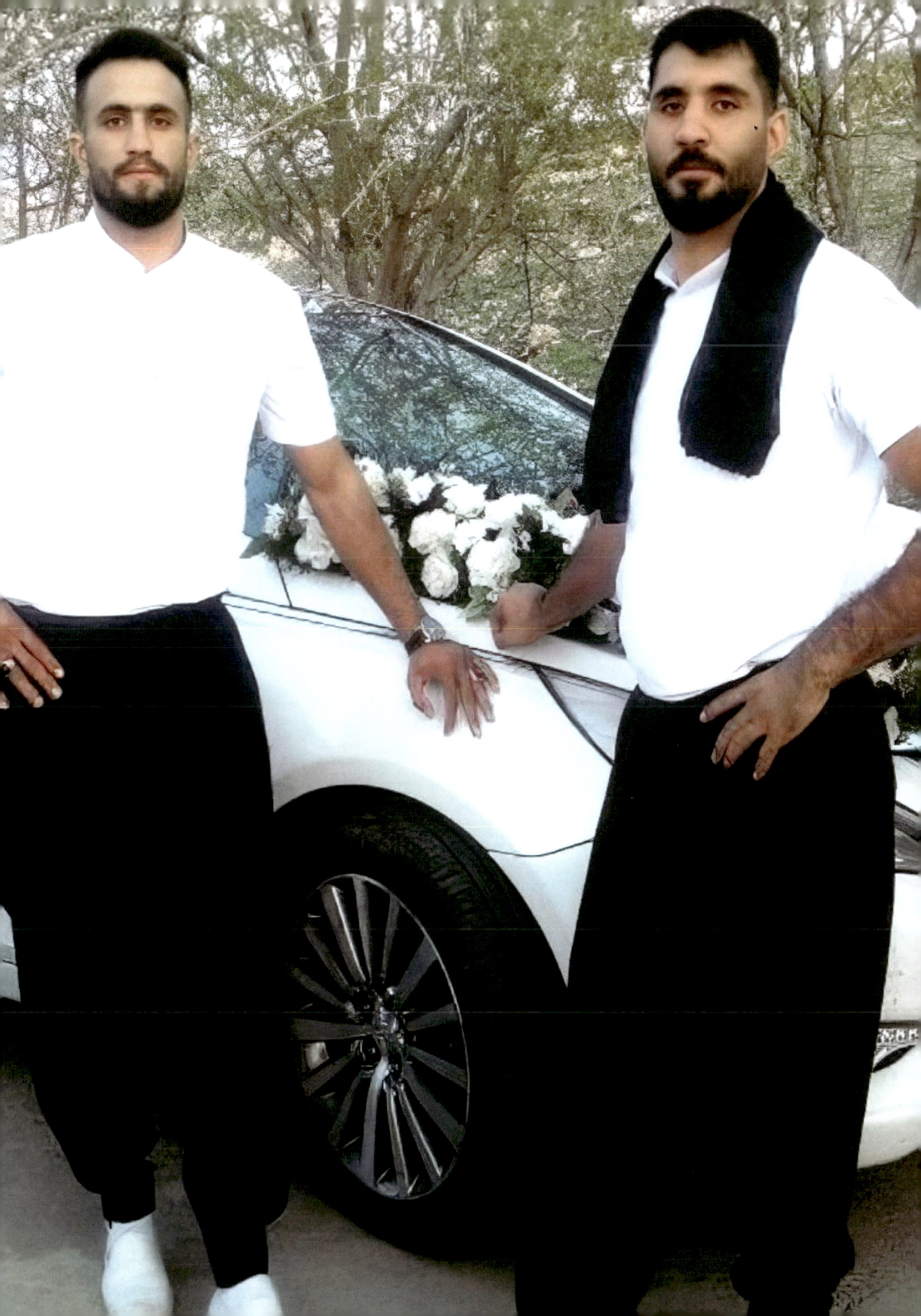

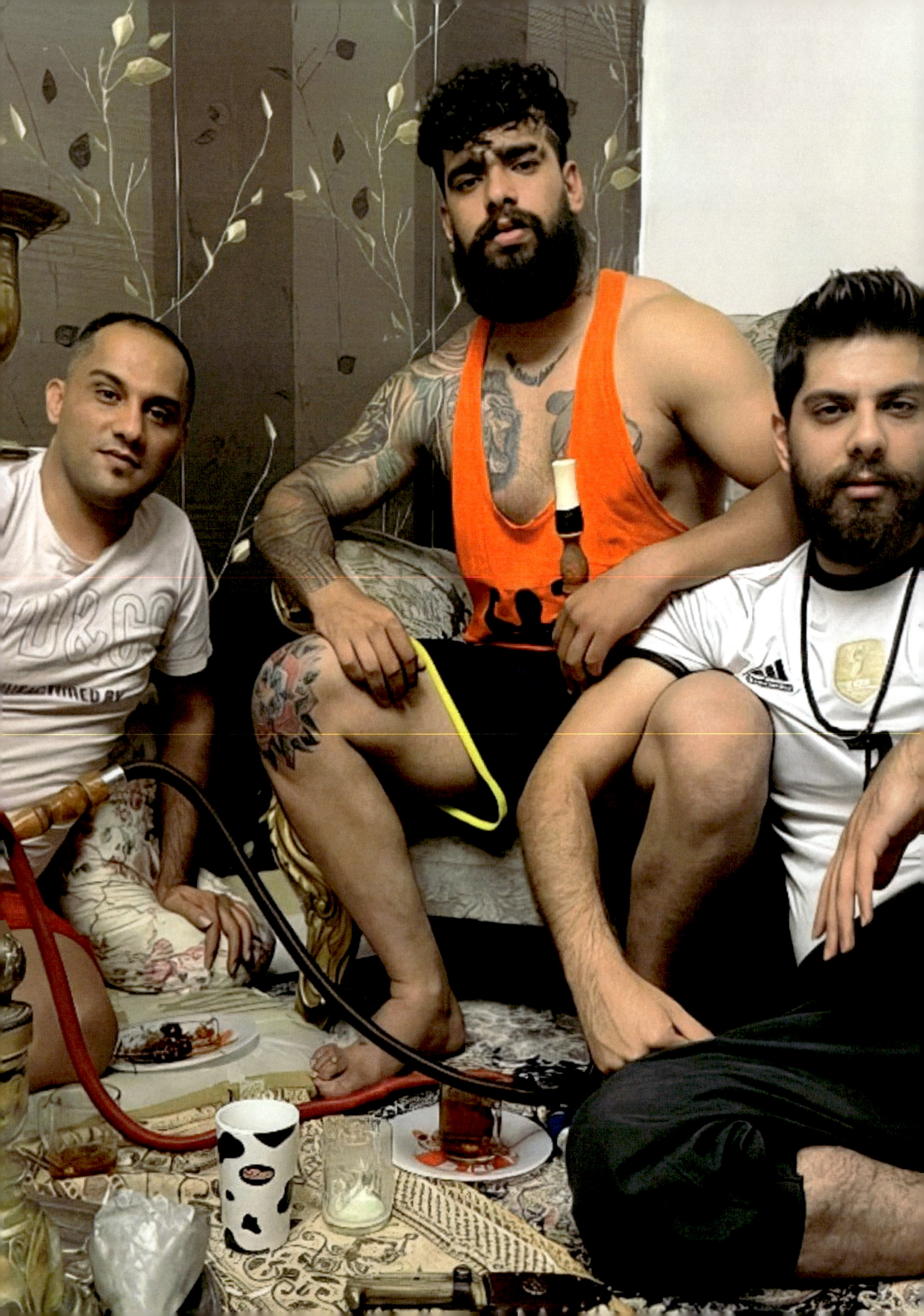

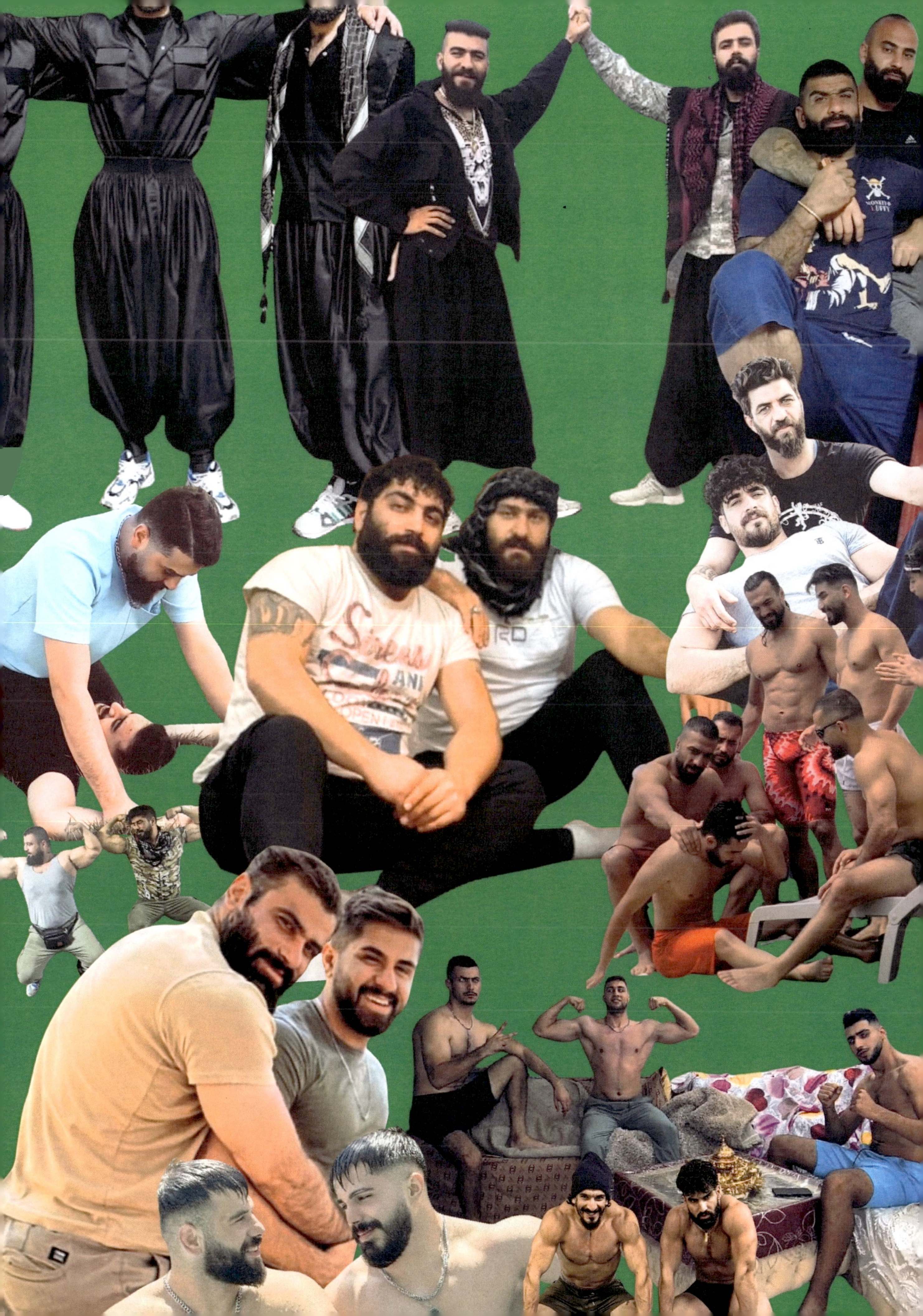

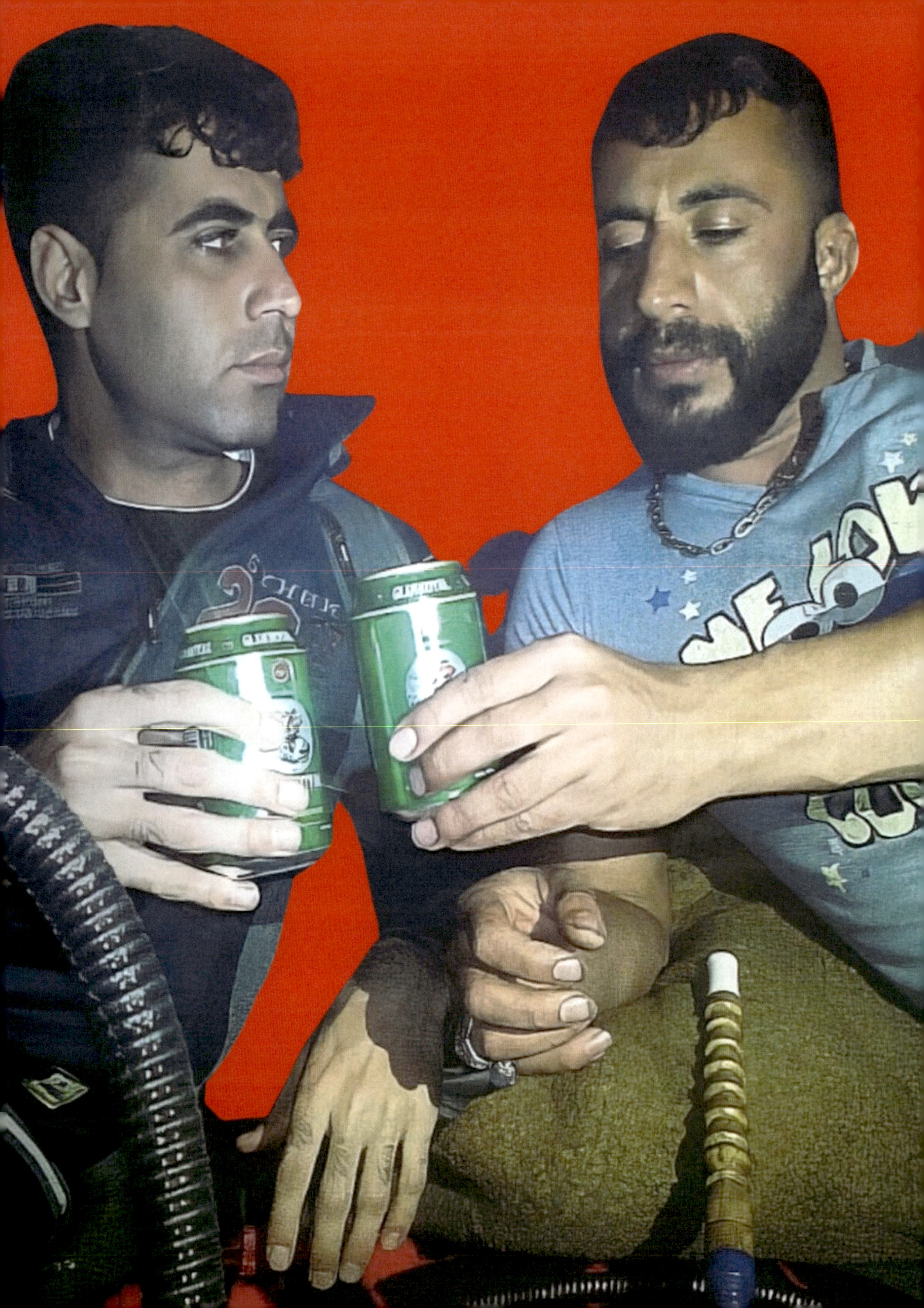

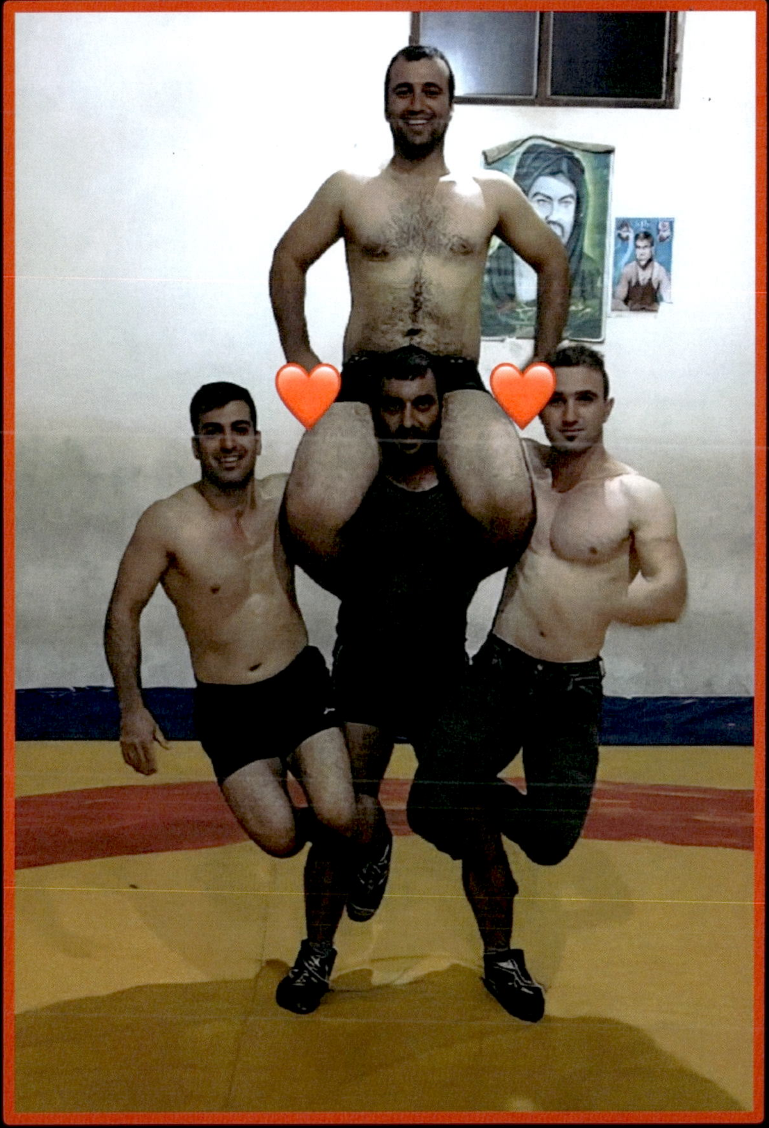

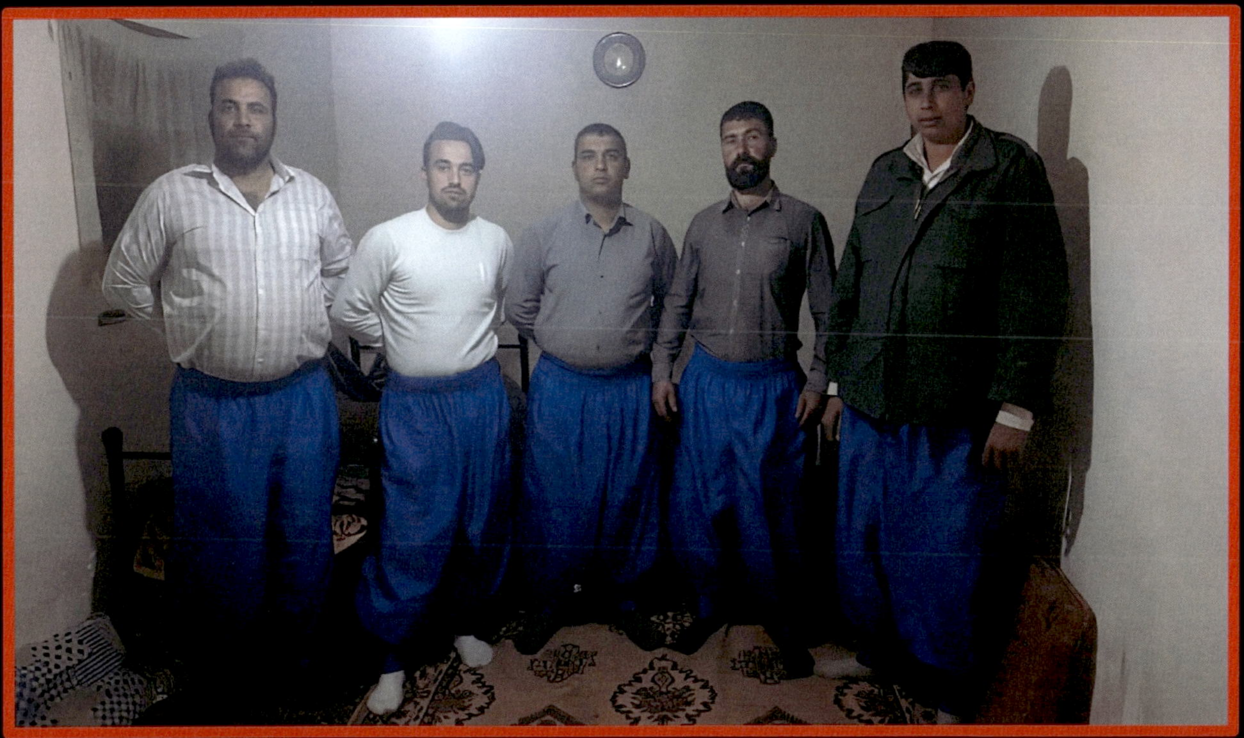

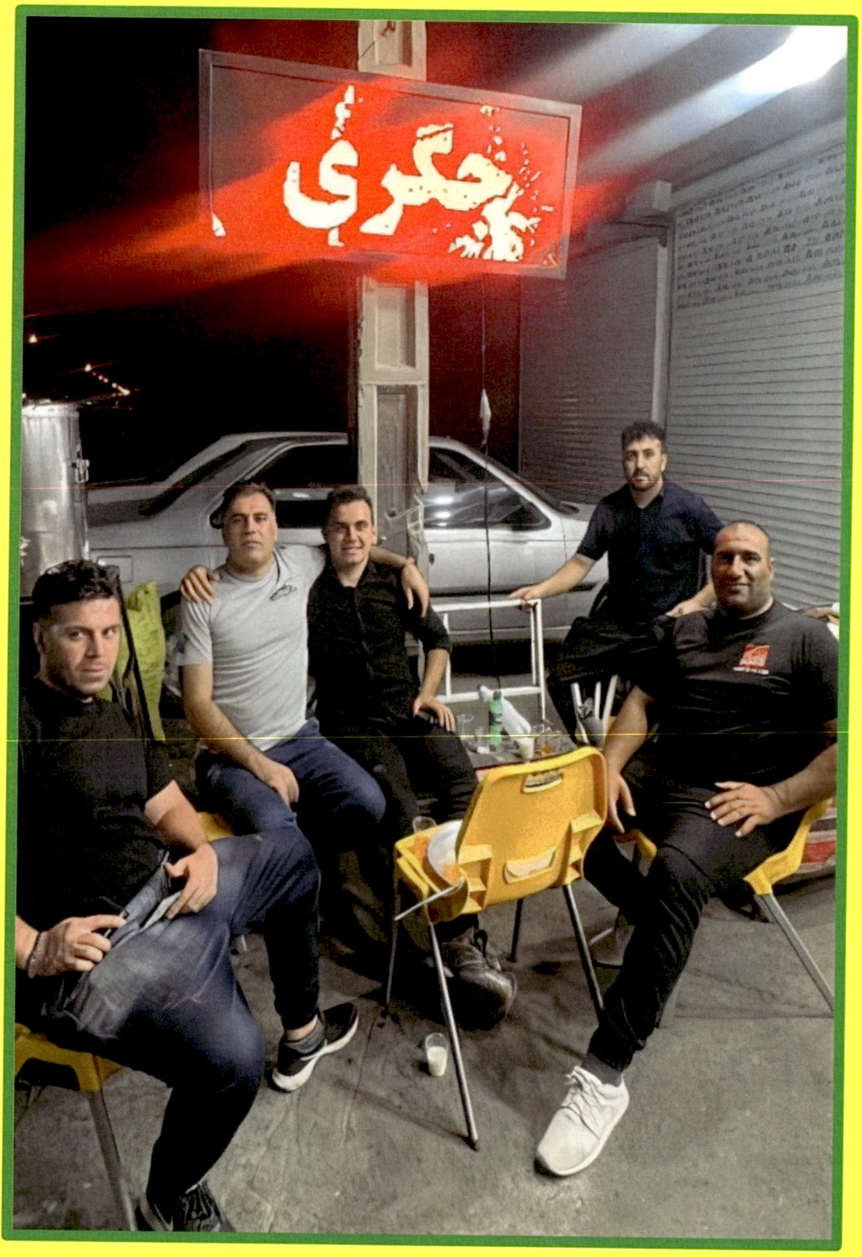
جگری

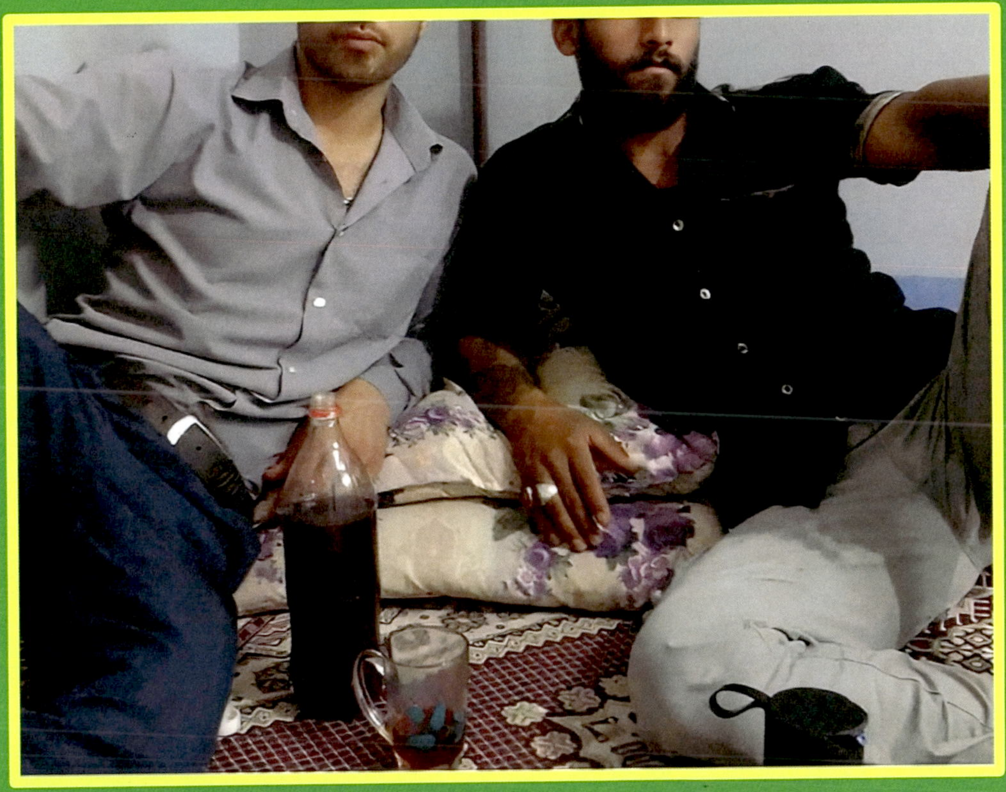

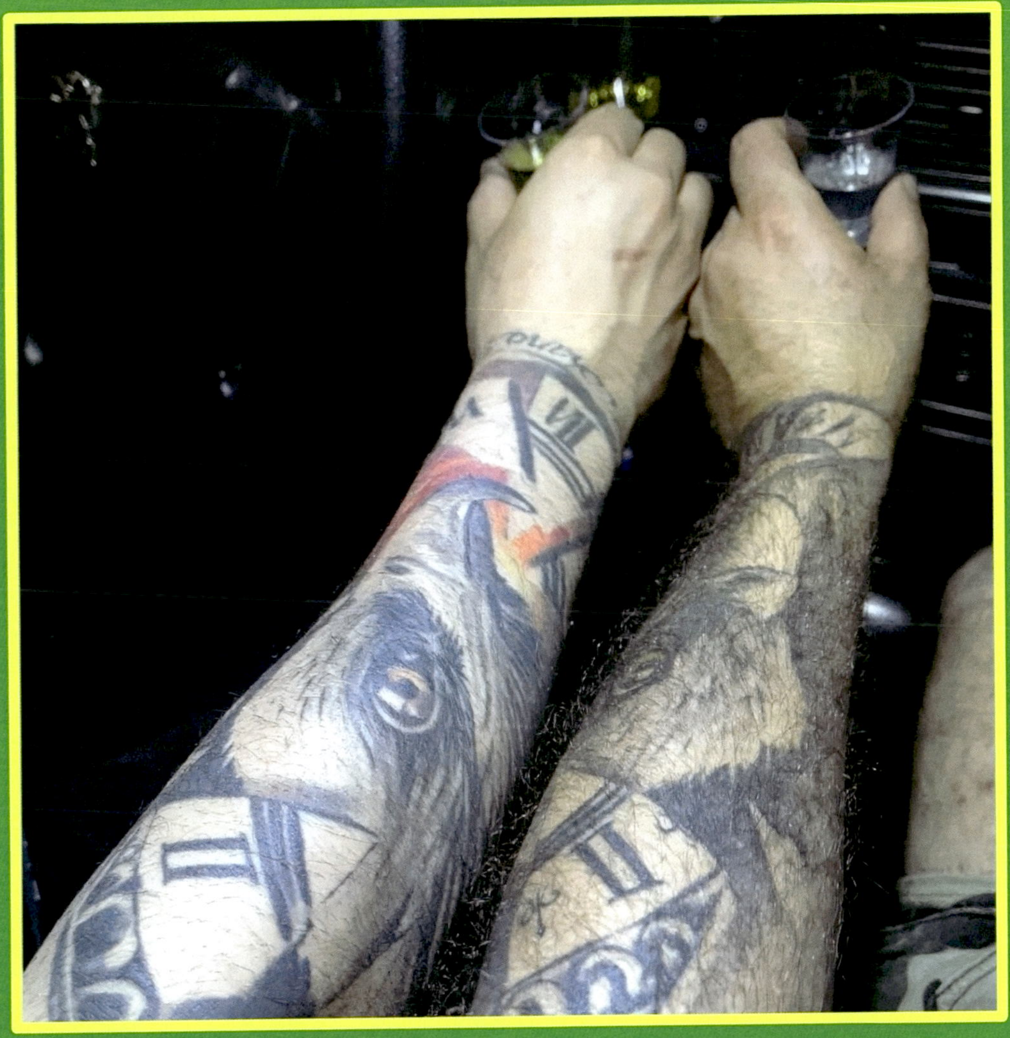

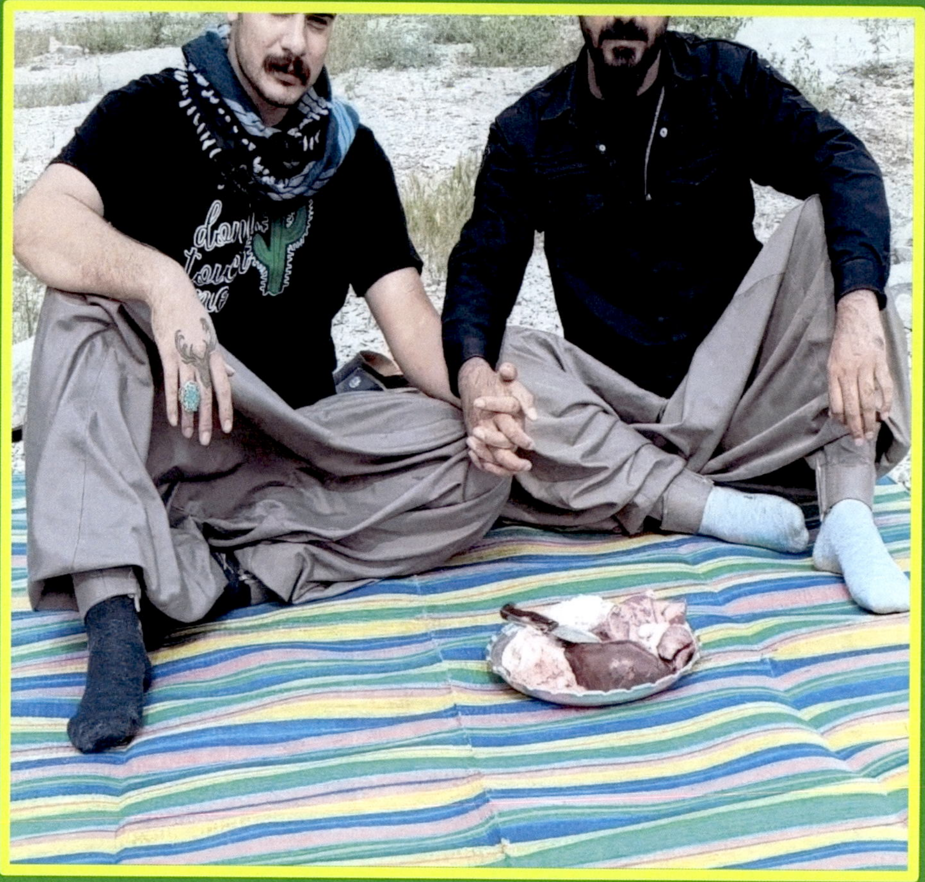

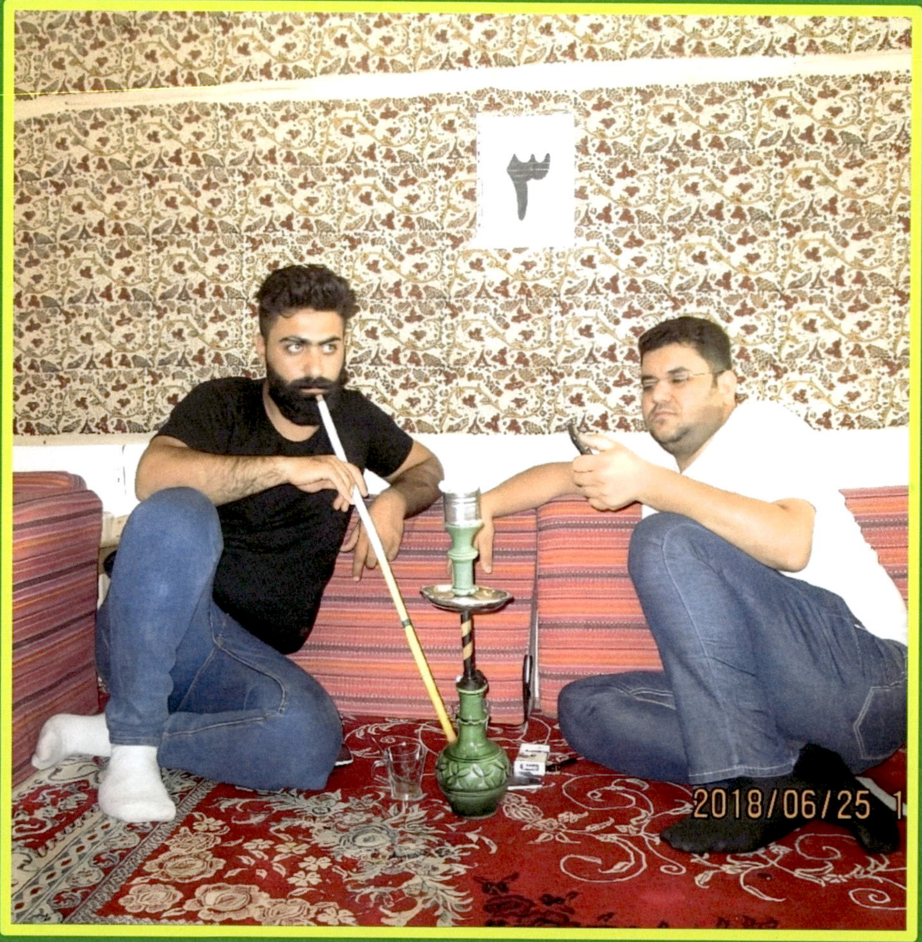
۳
2018/06/25

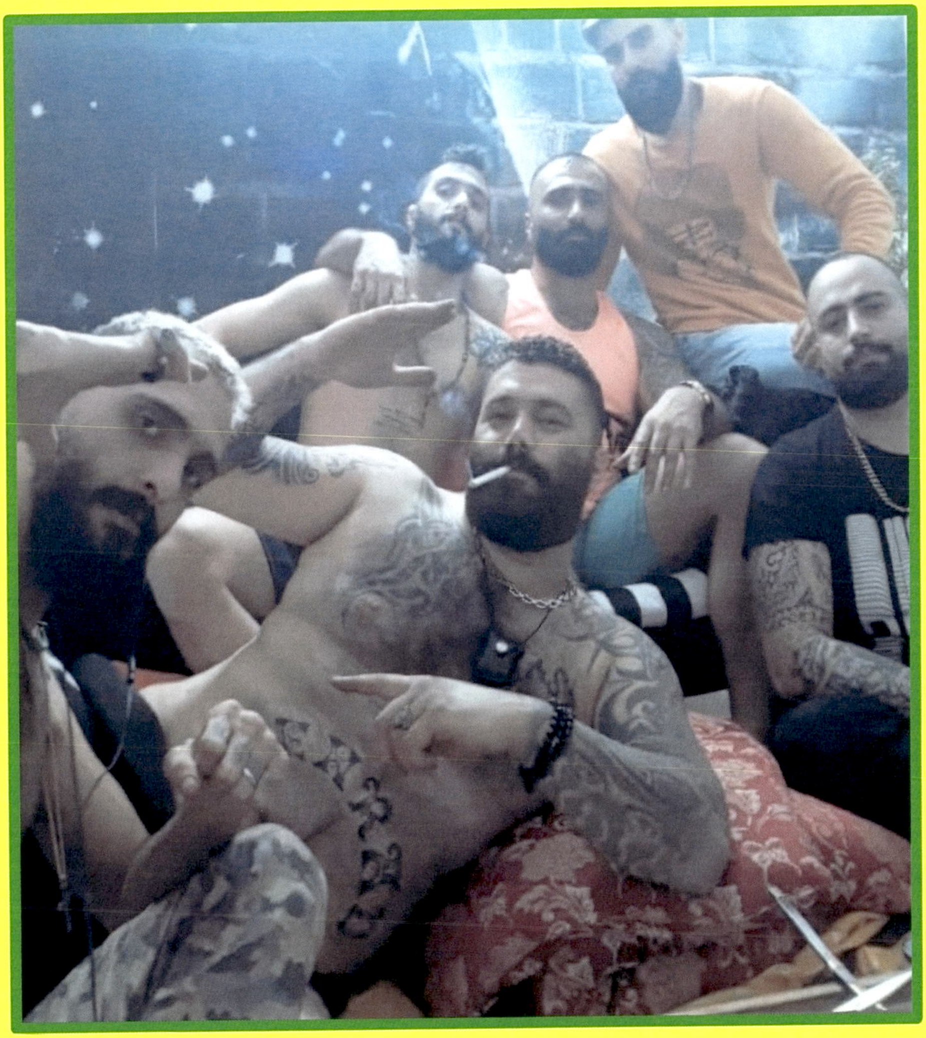

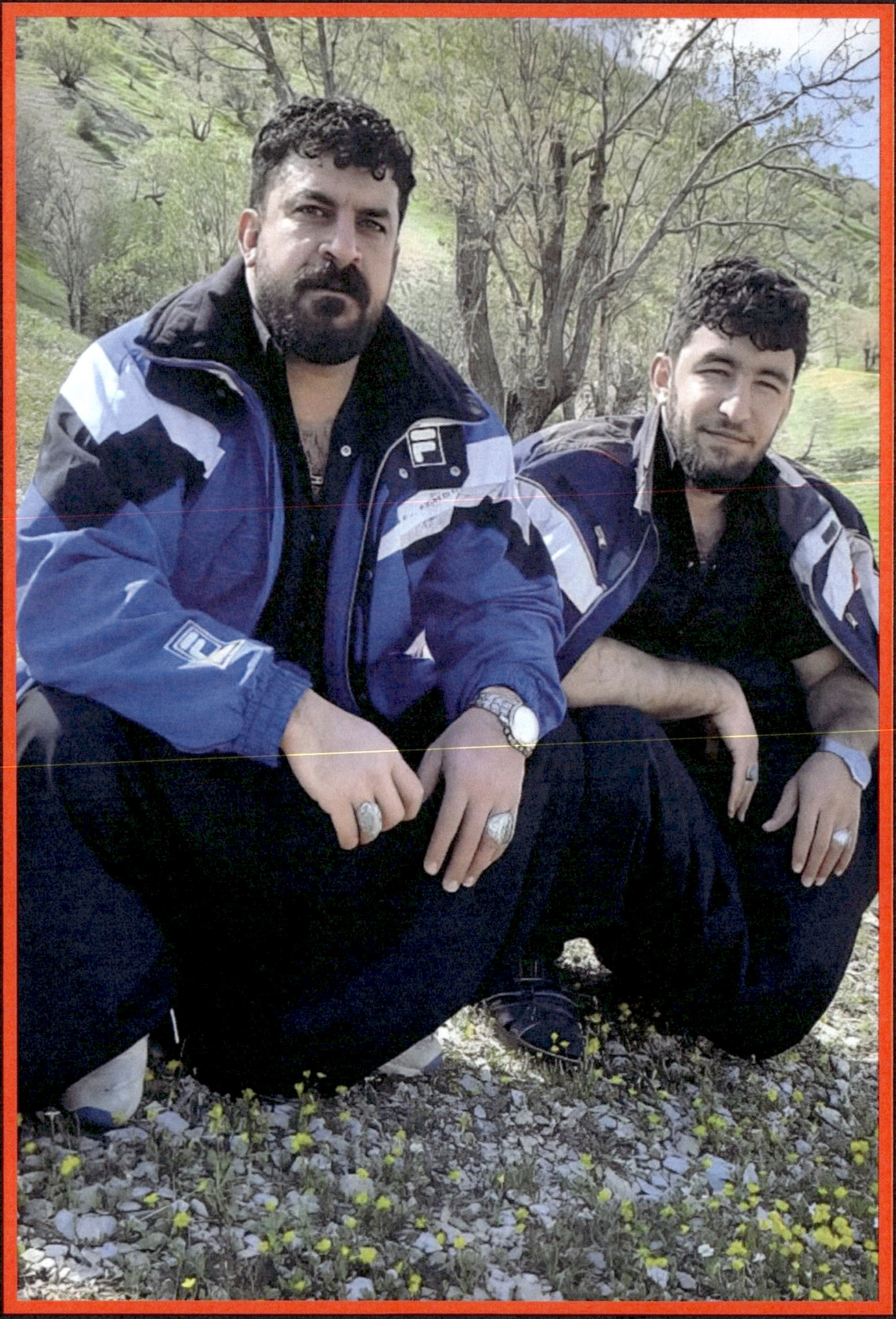

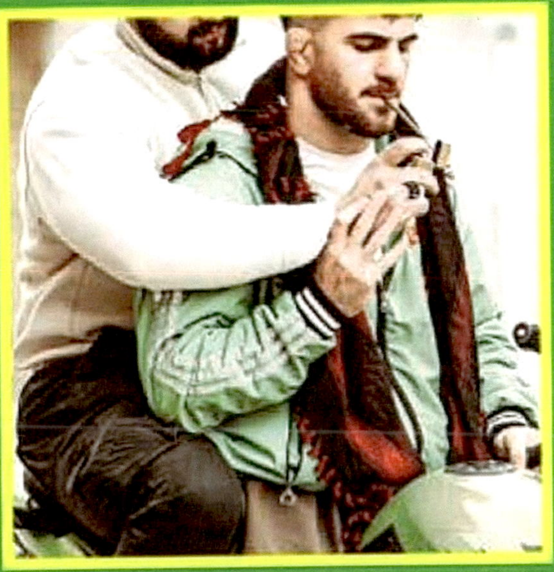
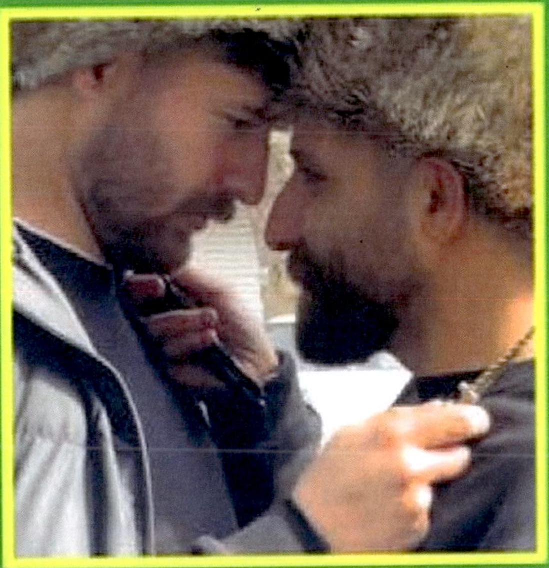
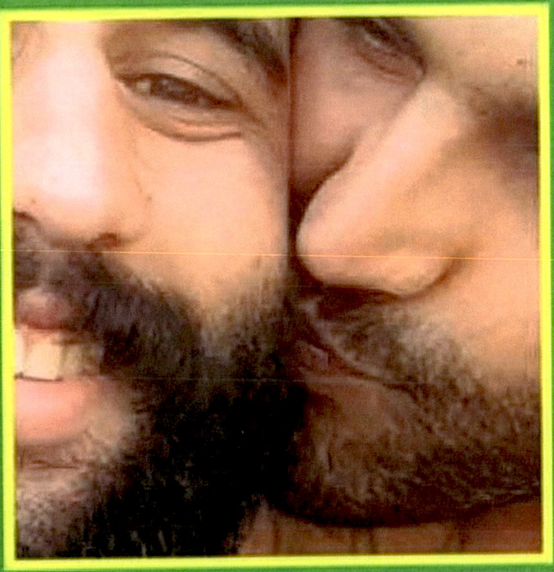
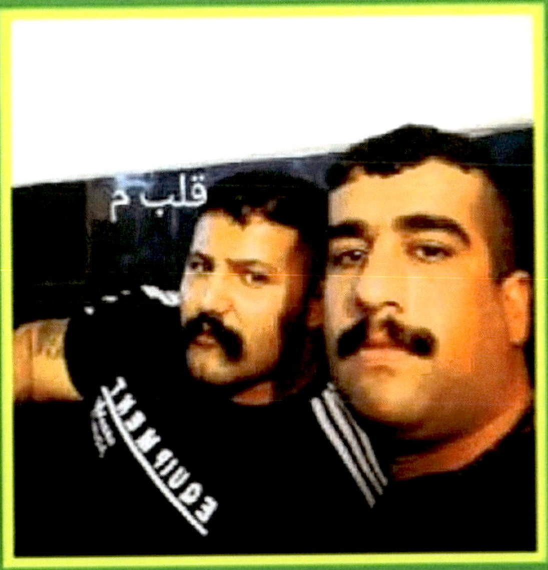
قلب م
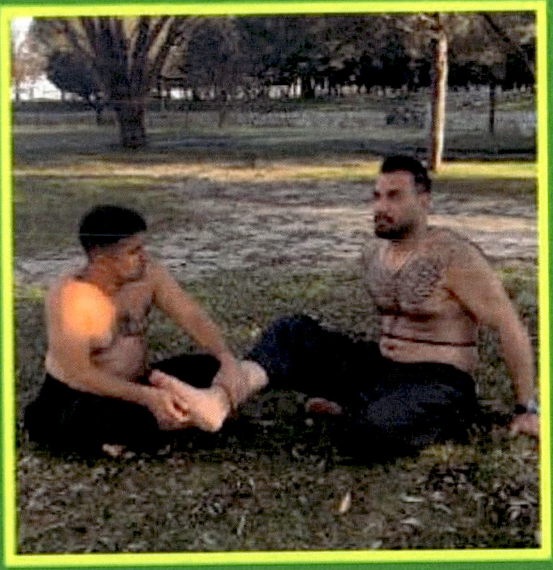
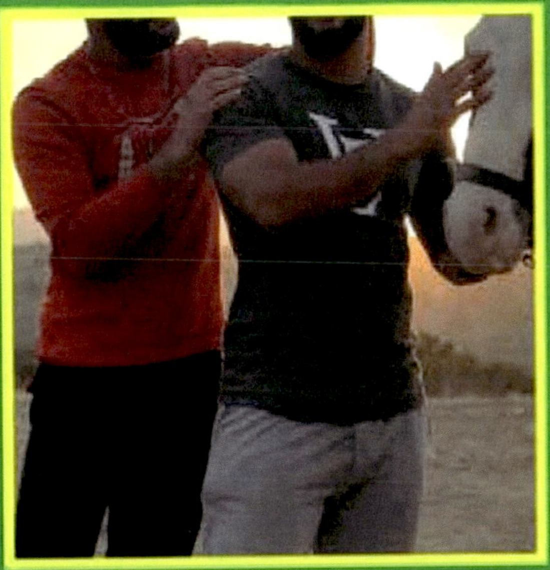

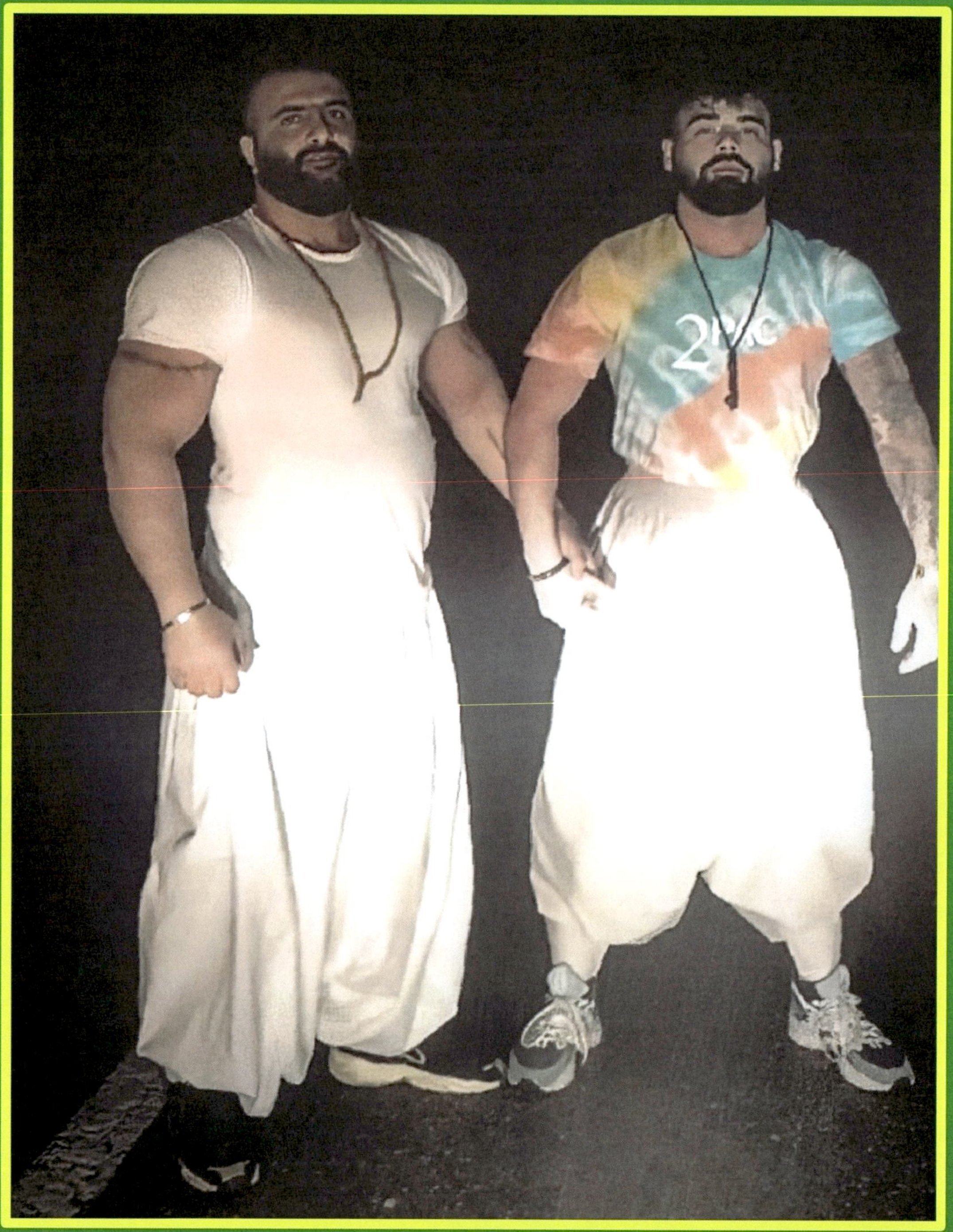

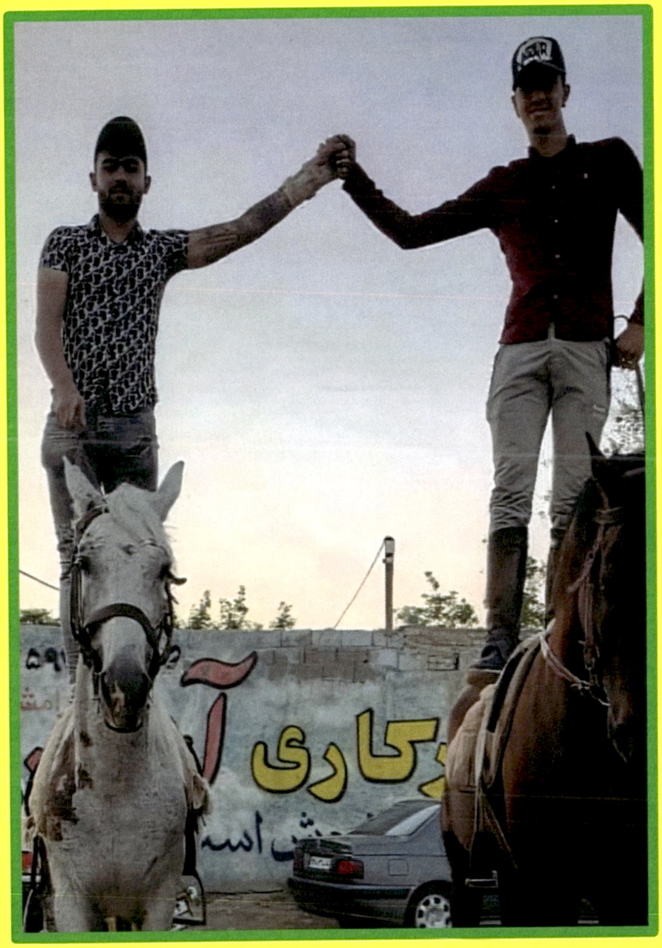

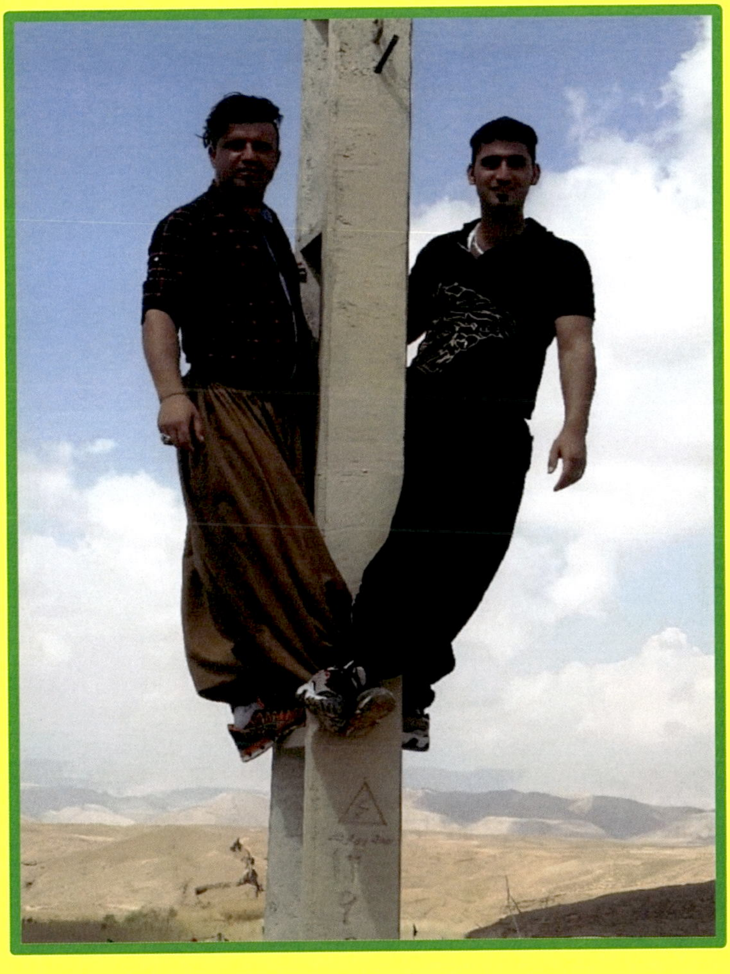

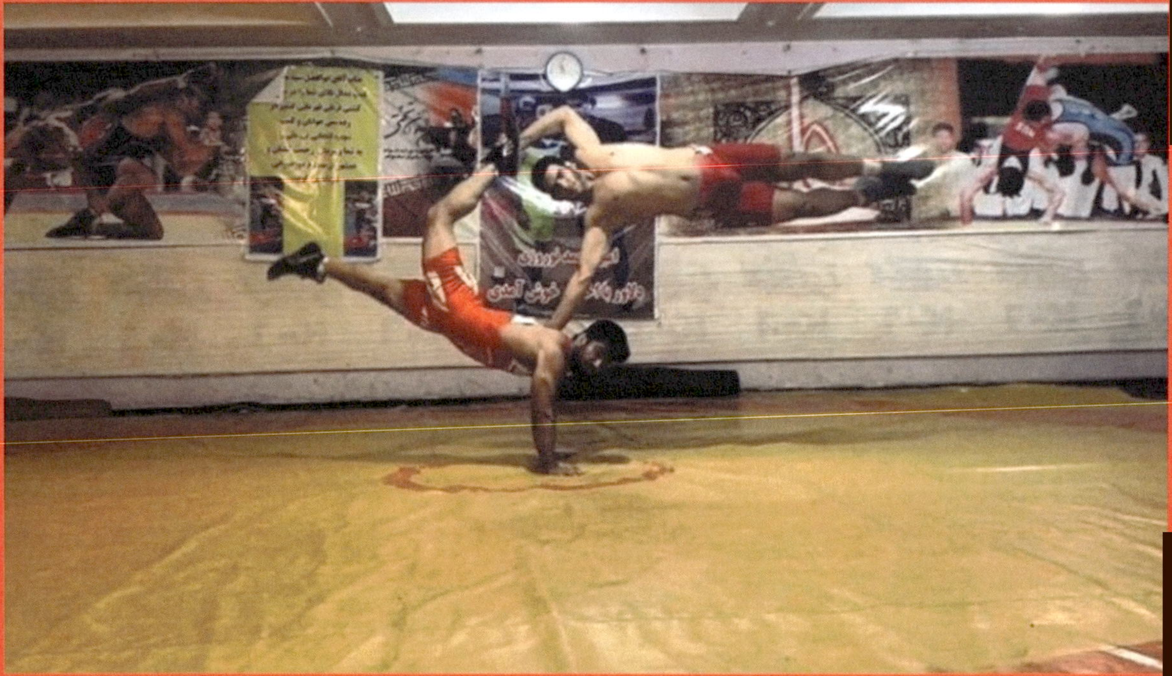

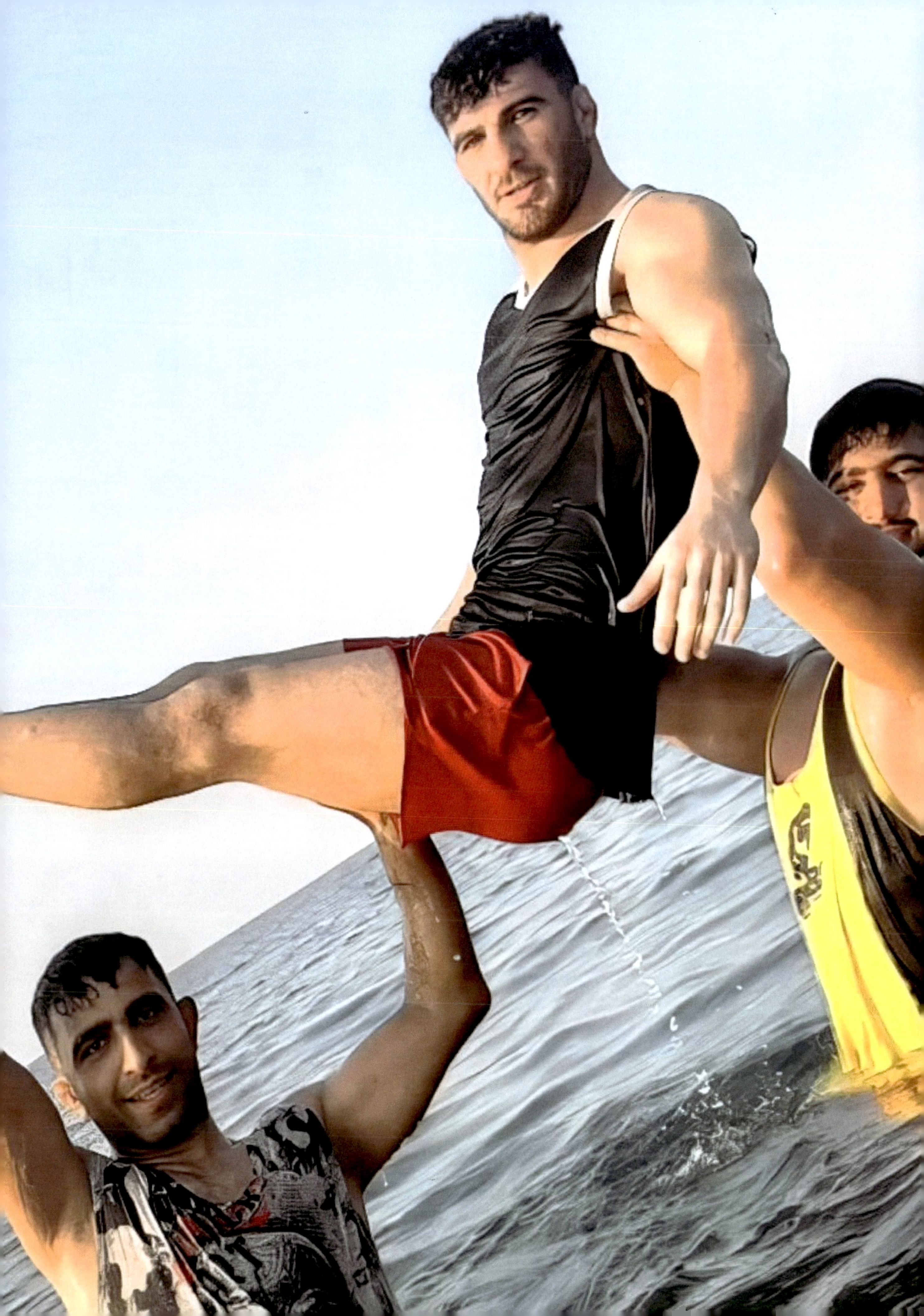

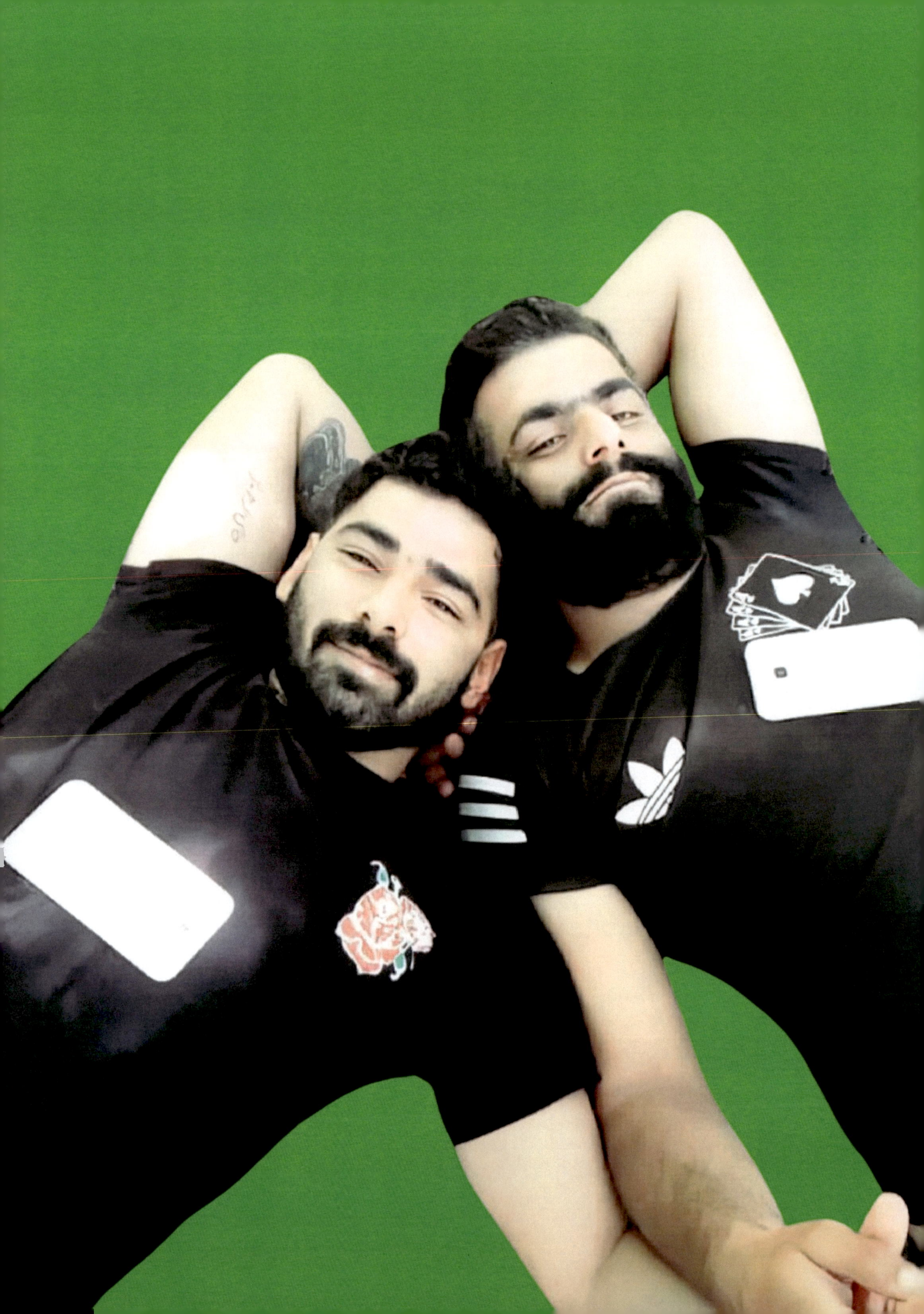

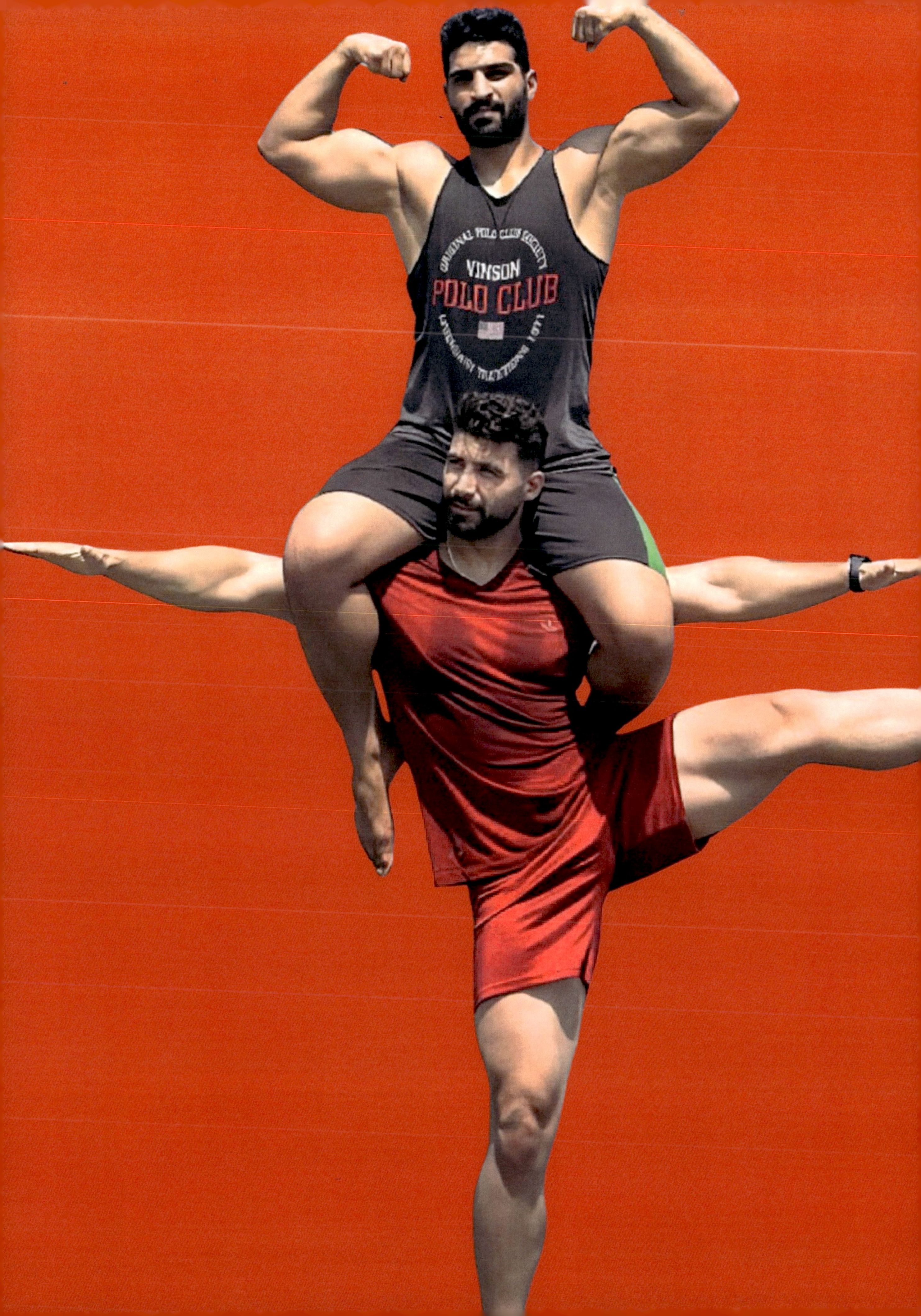
VINSON
POLO CLUB

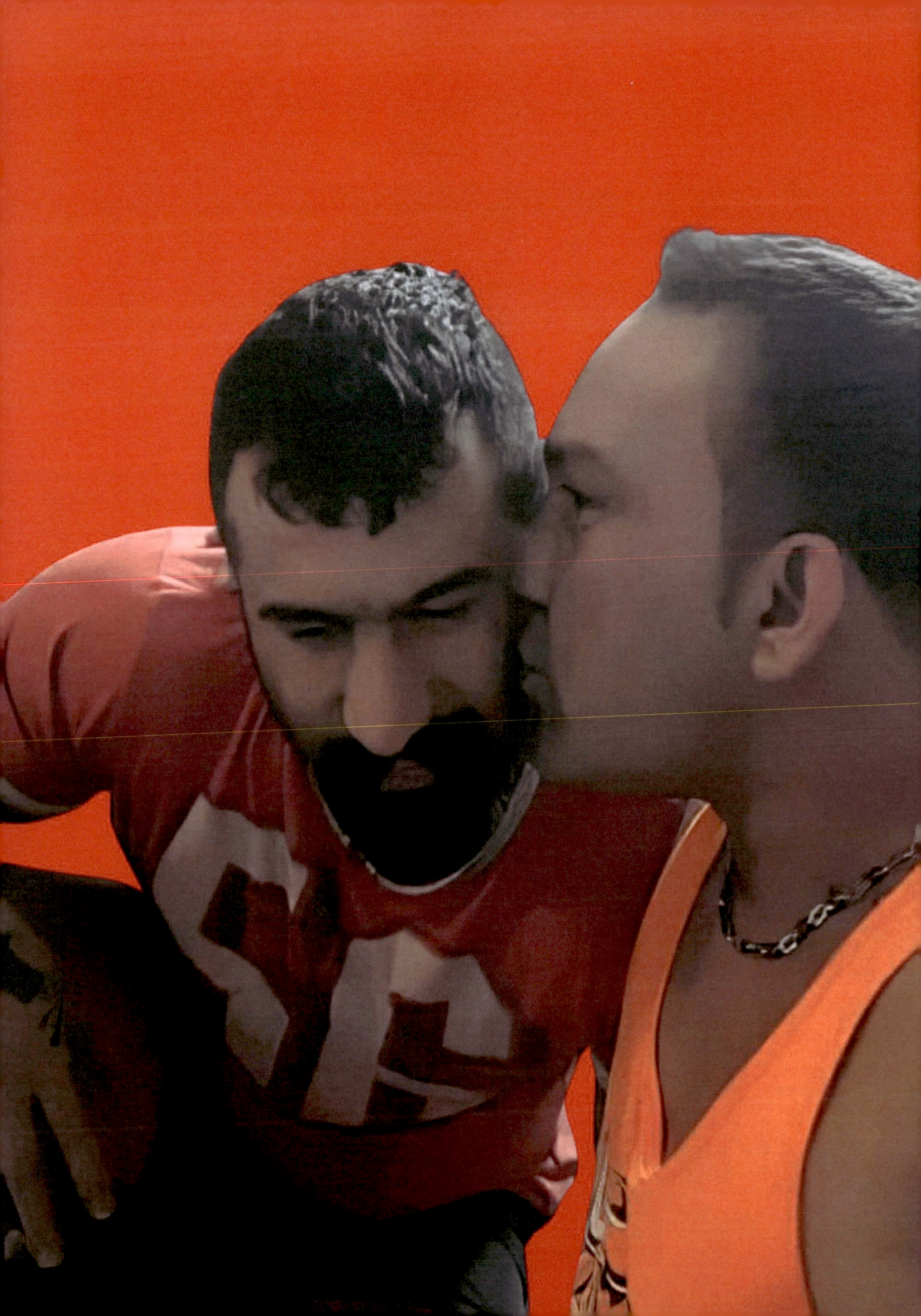

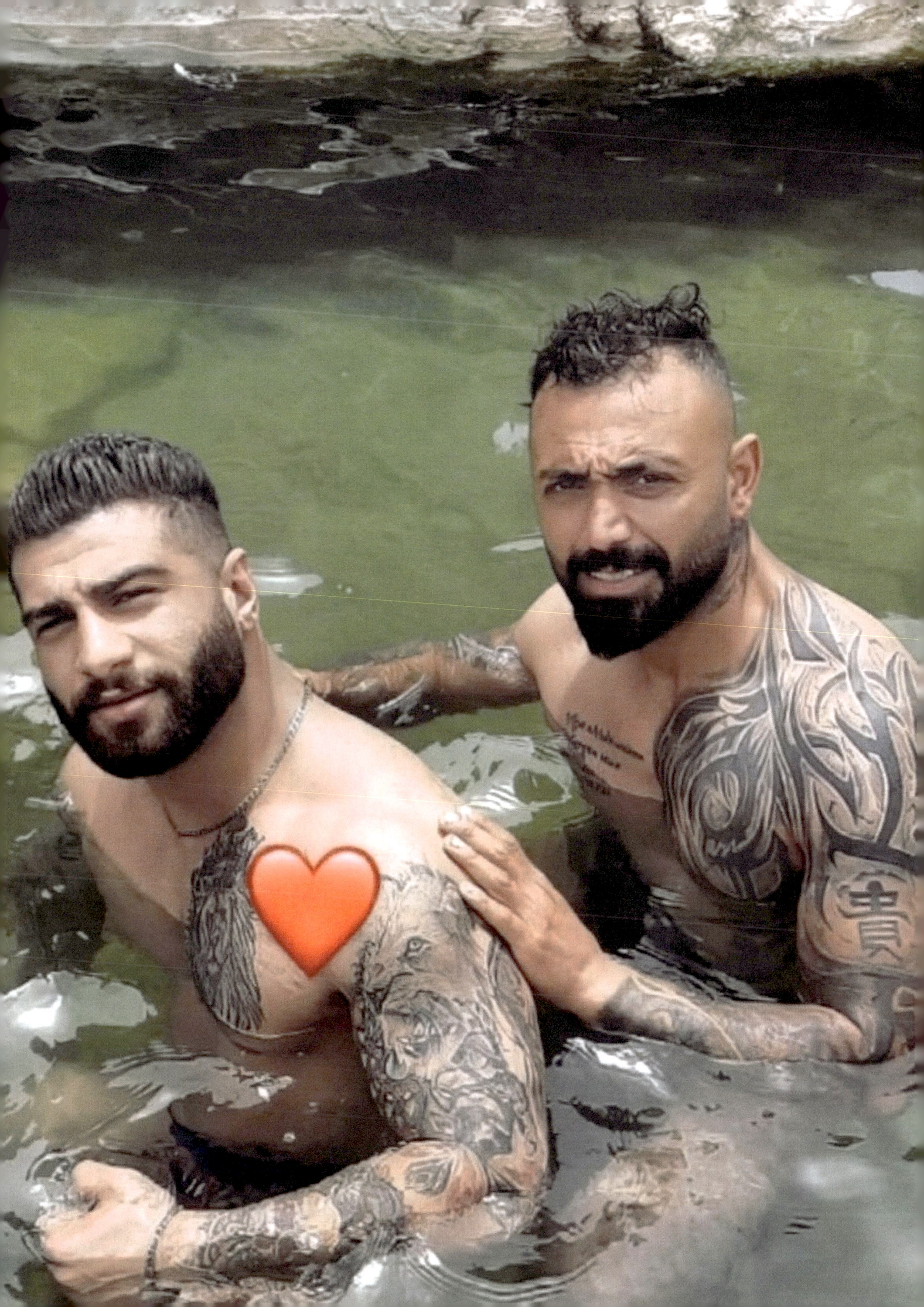

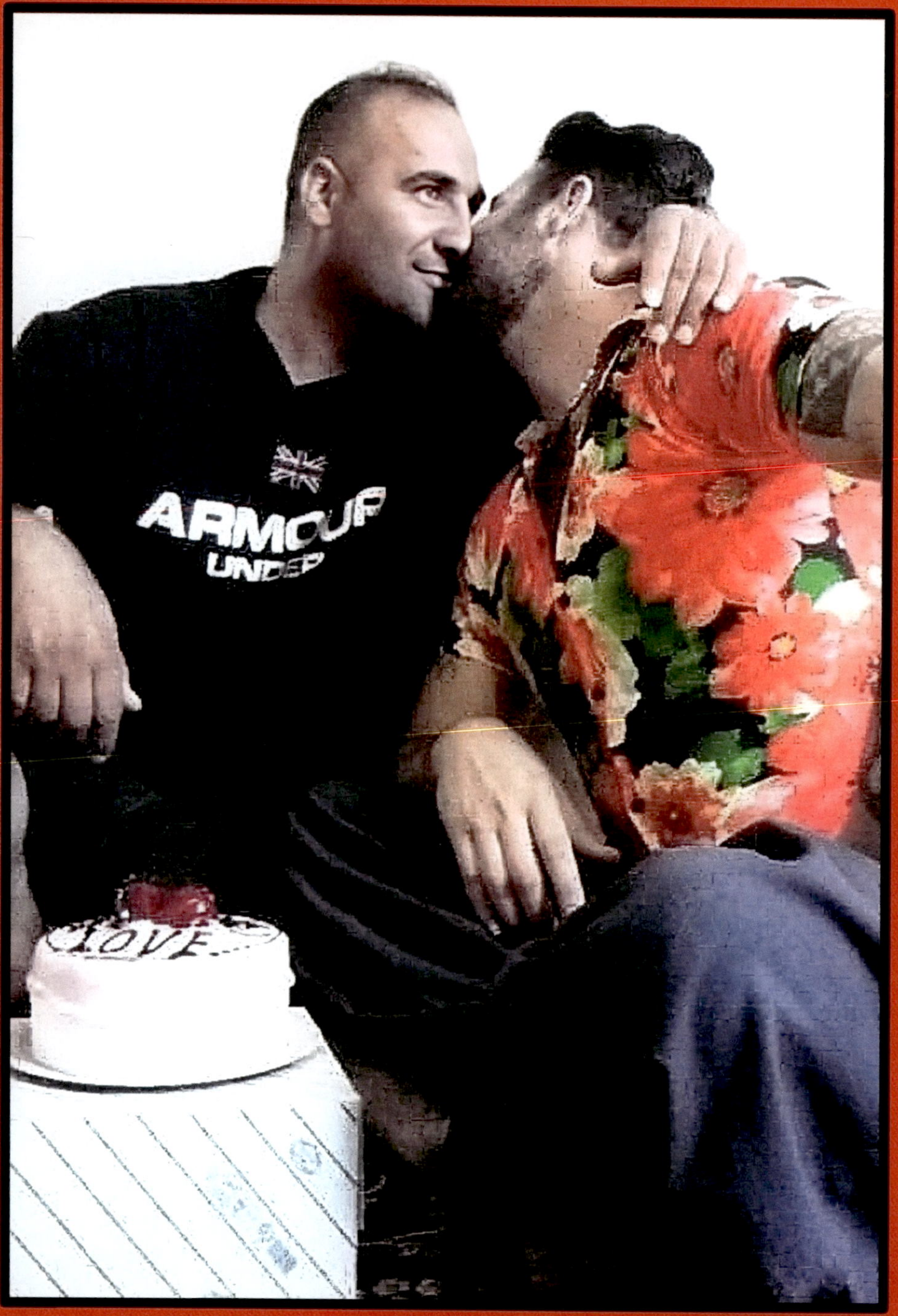
ARMOUR
LOVE

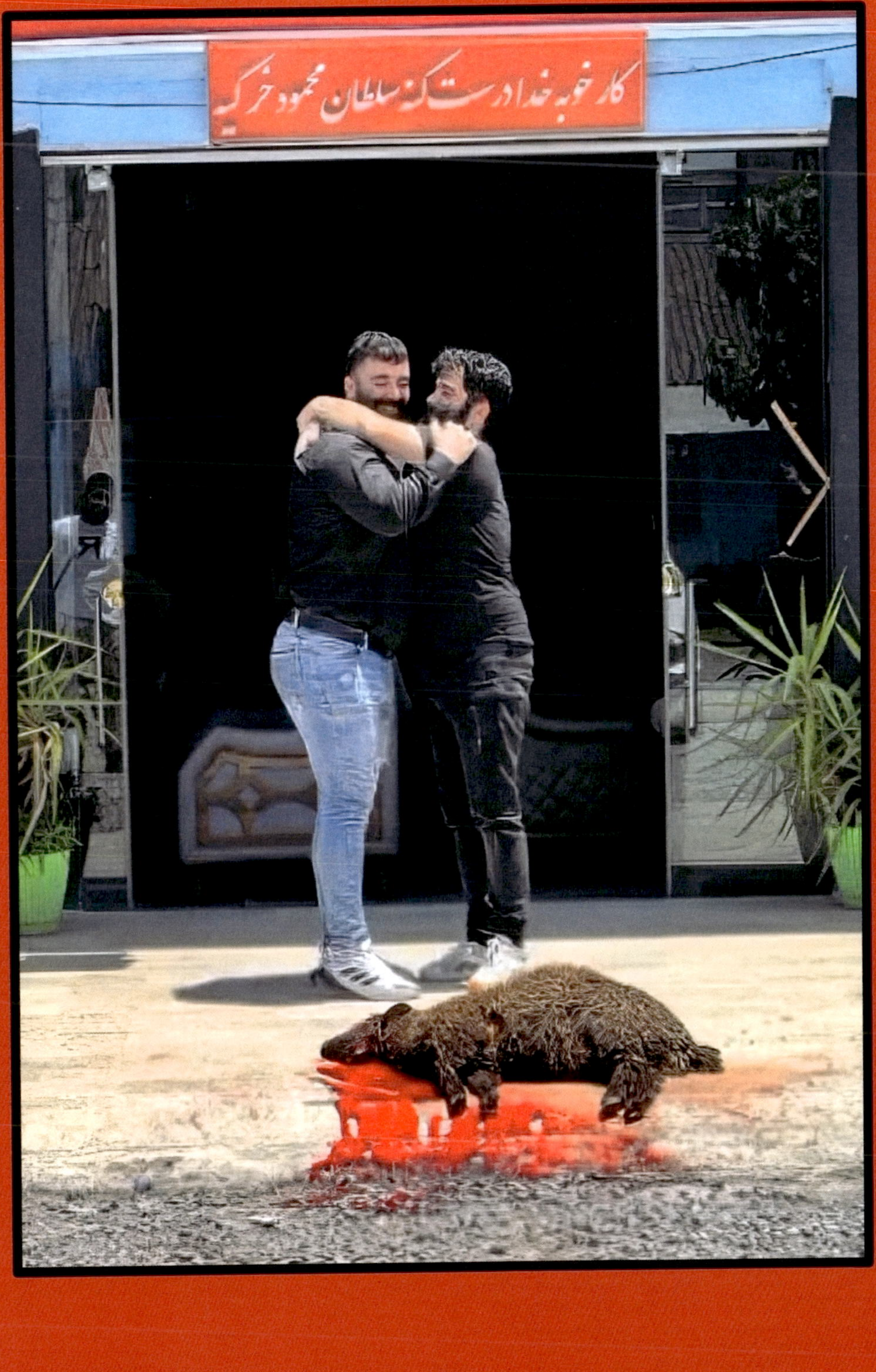
کار خوبه خدا درست کنه سلطان محمود خرکیه

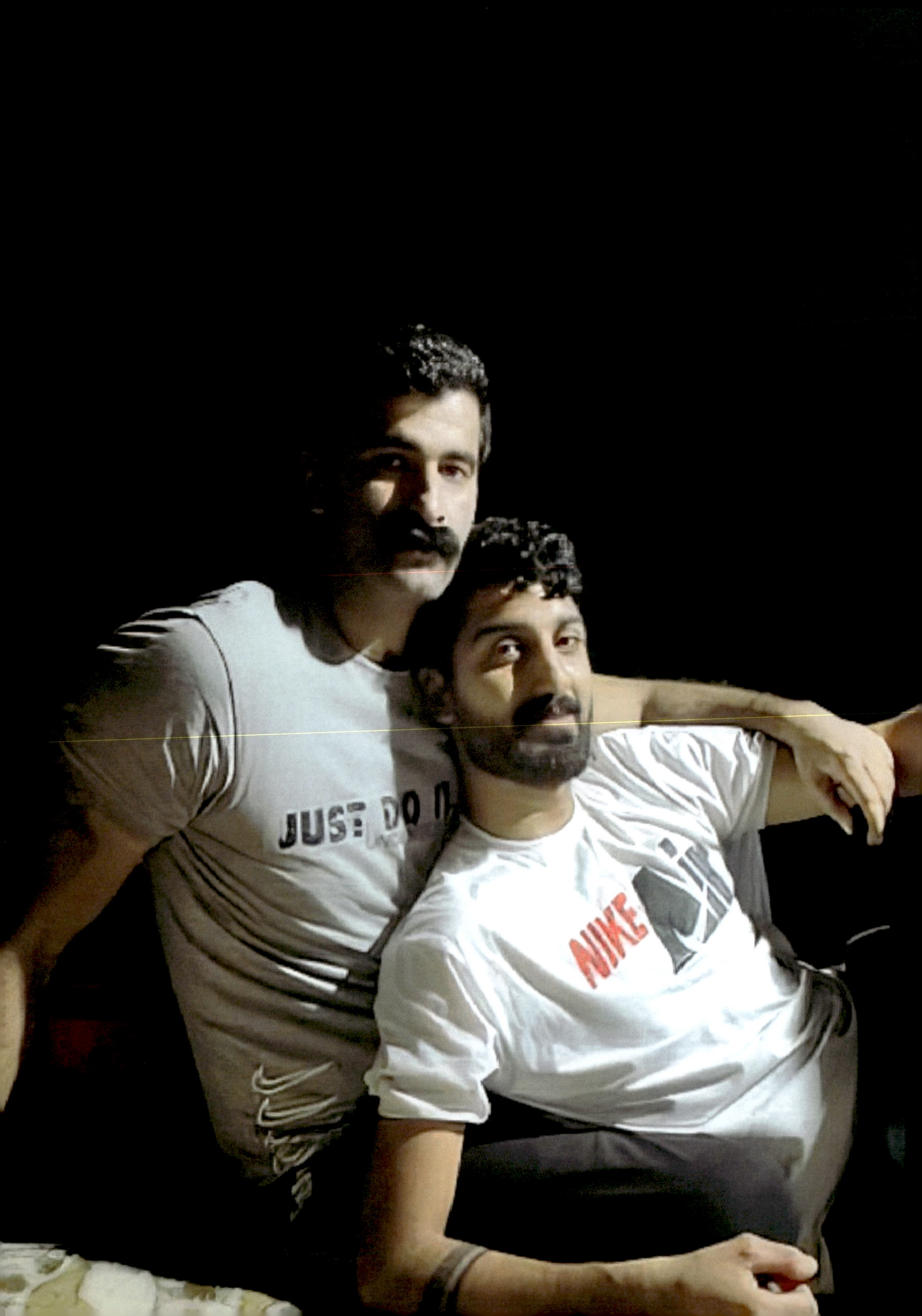
JUST DO
NIKE

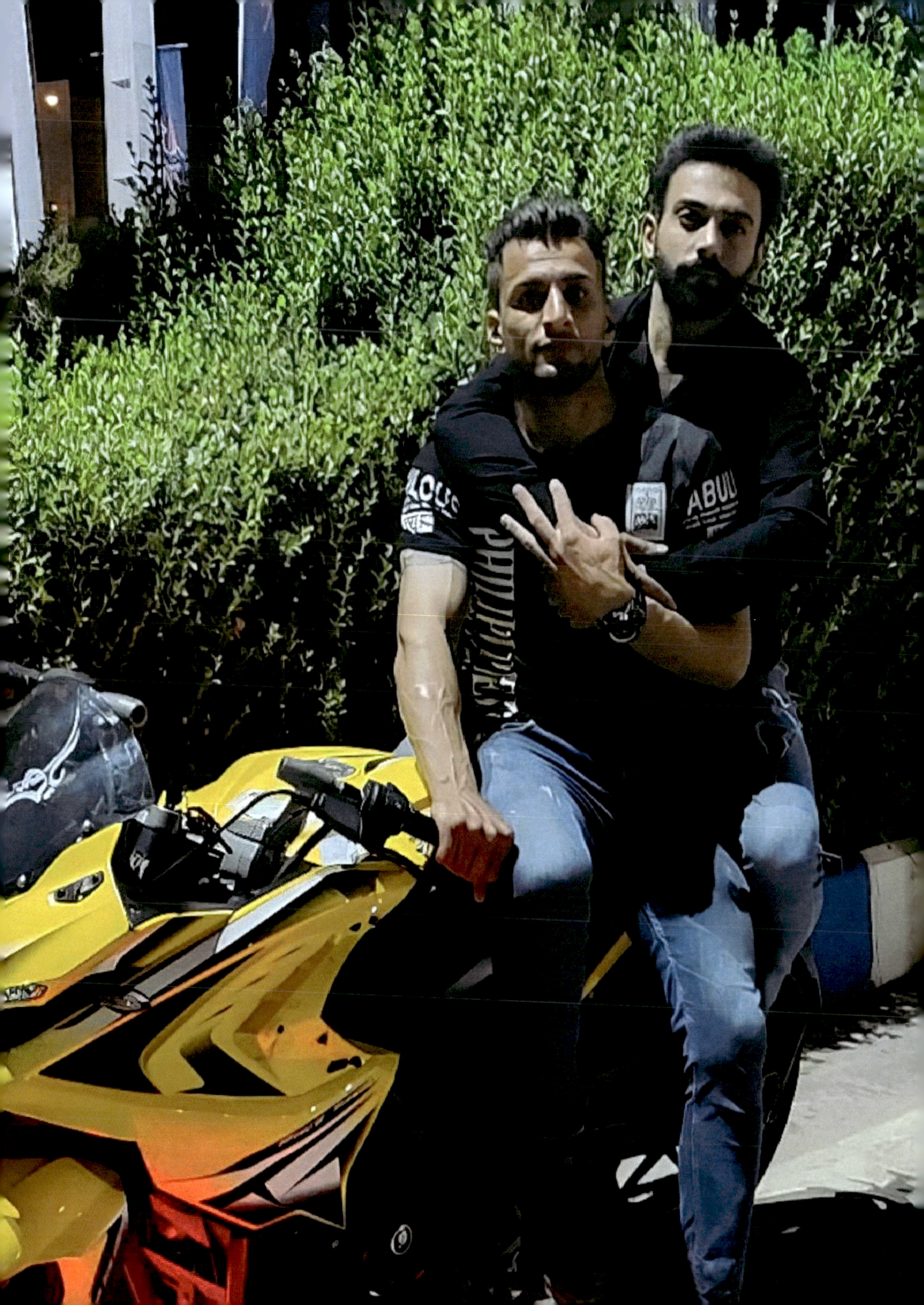

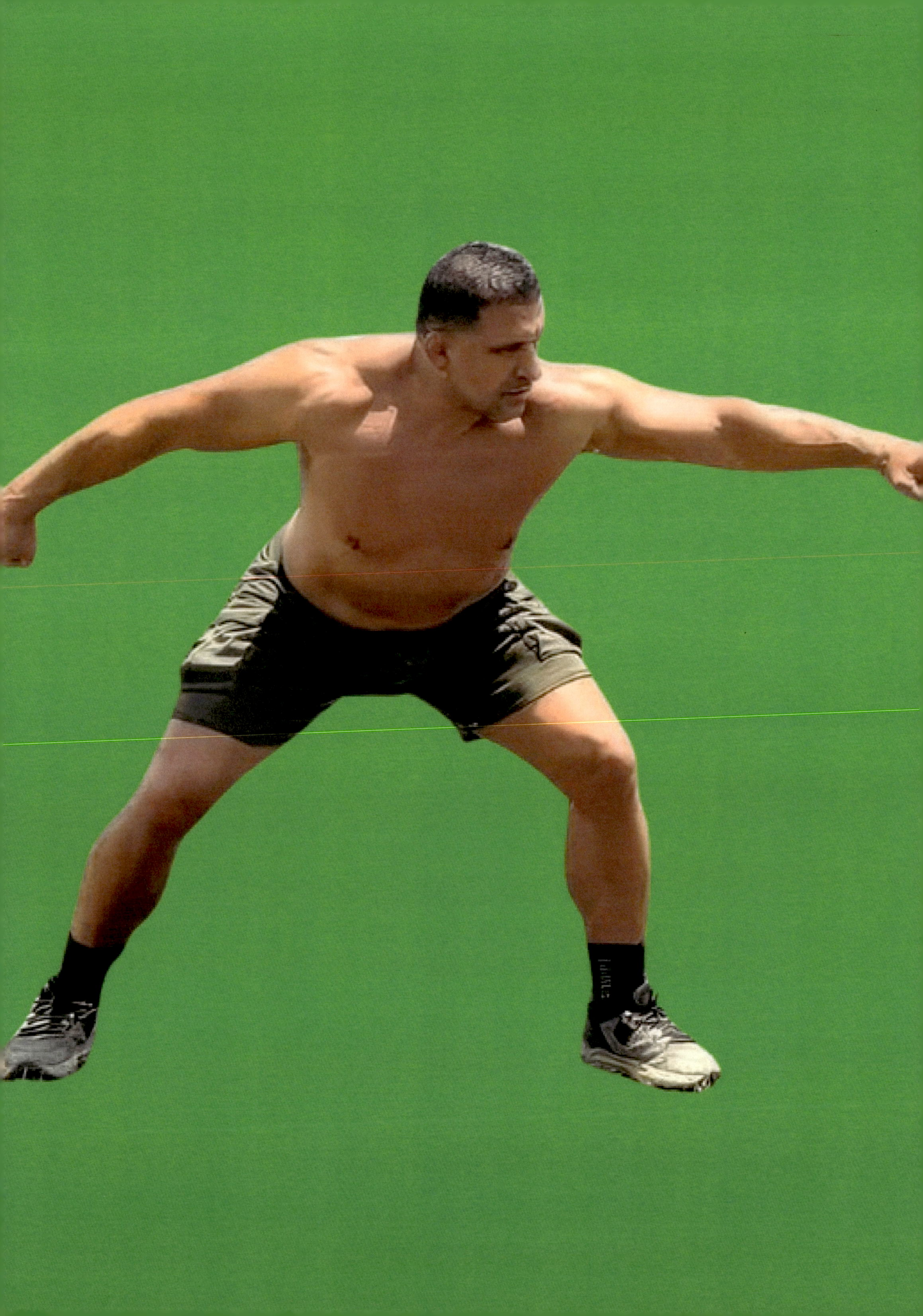

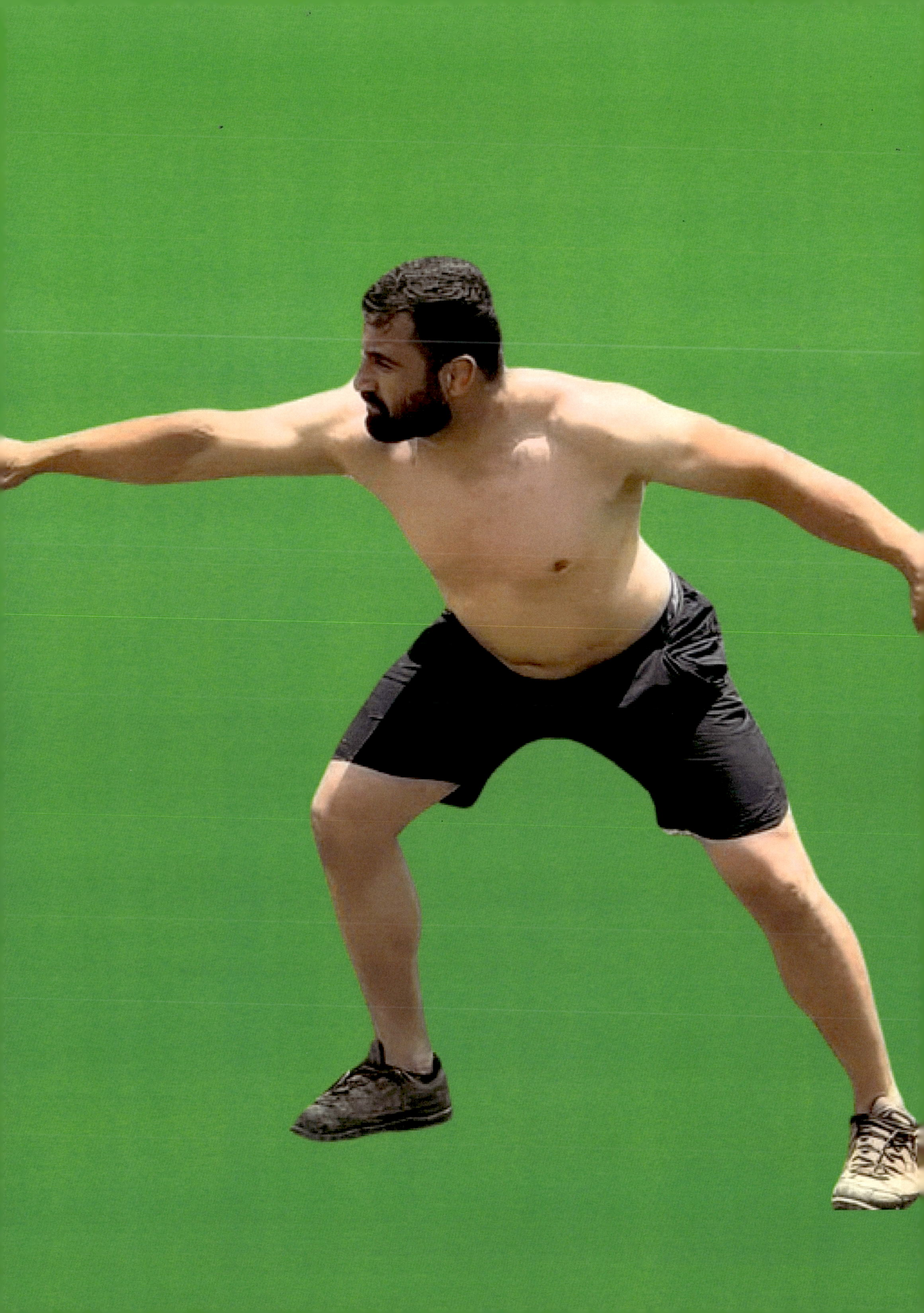

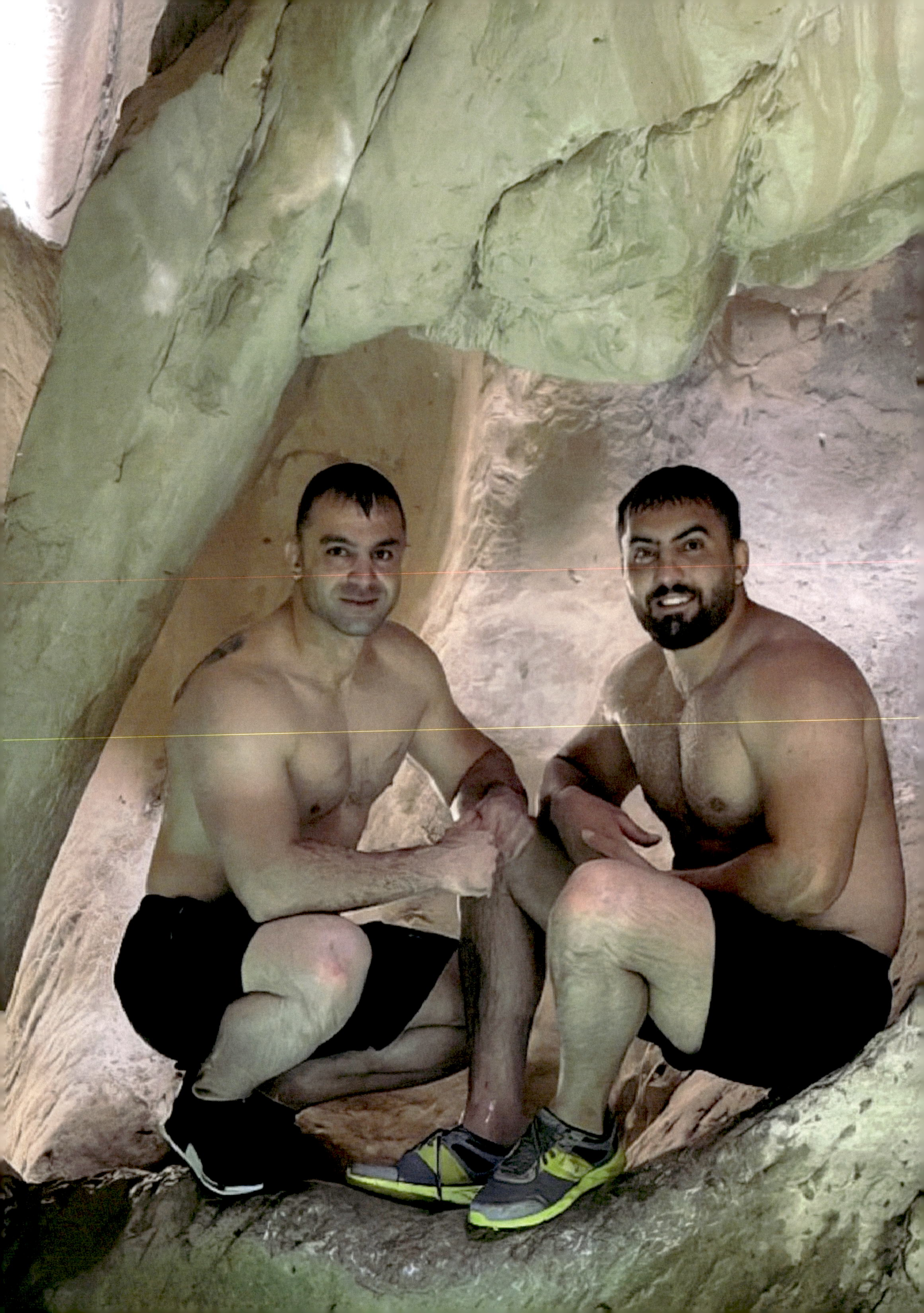

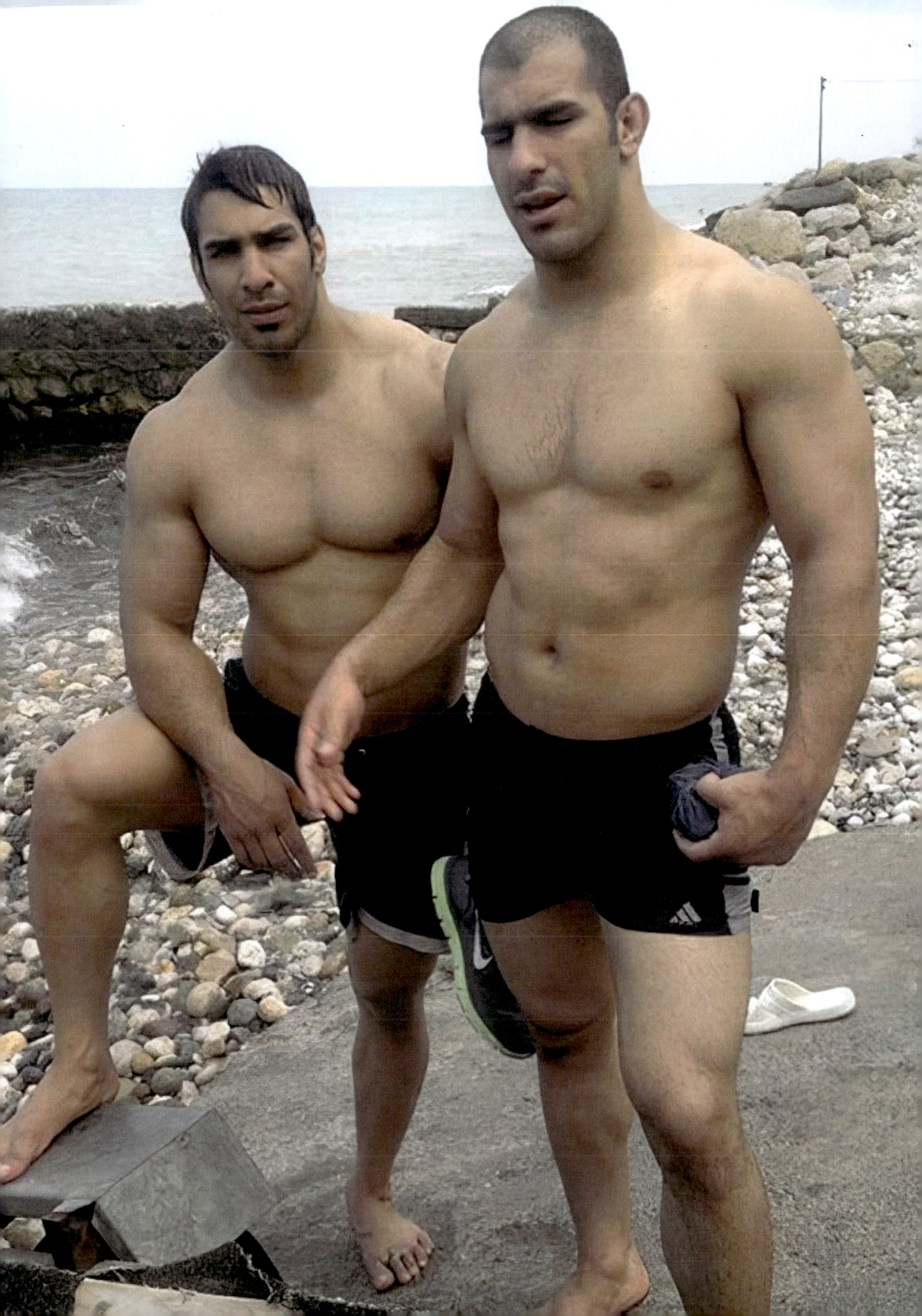

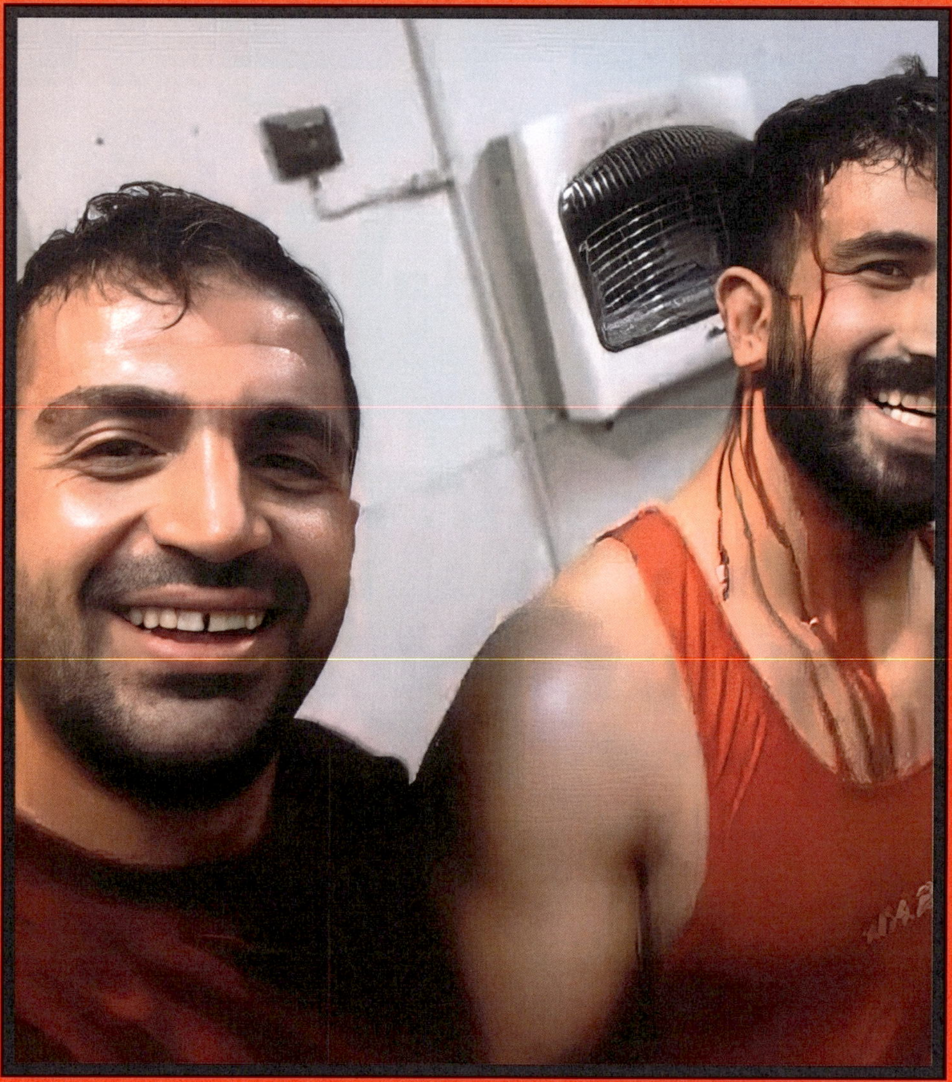

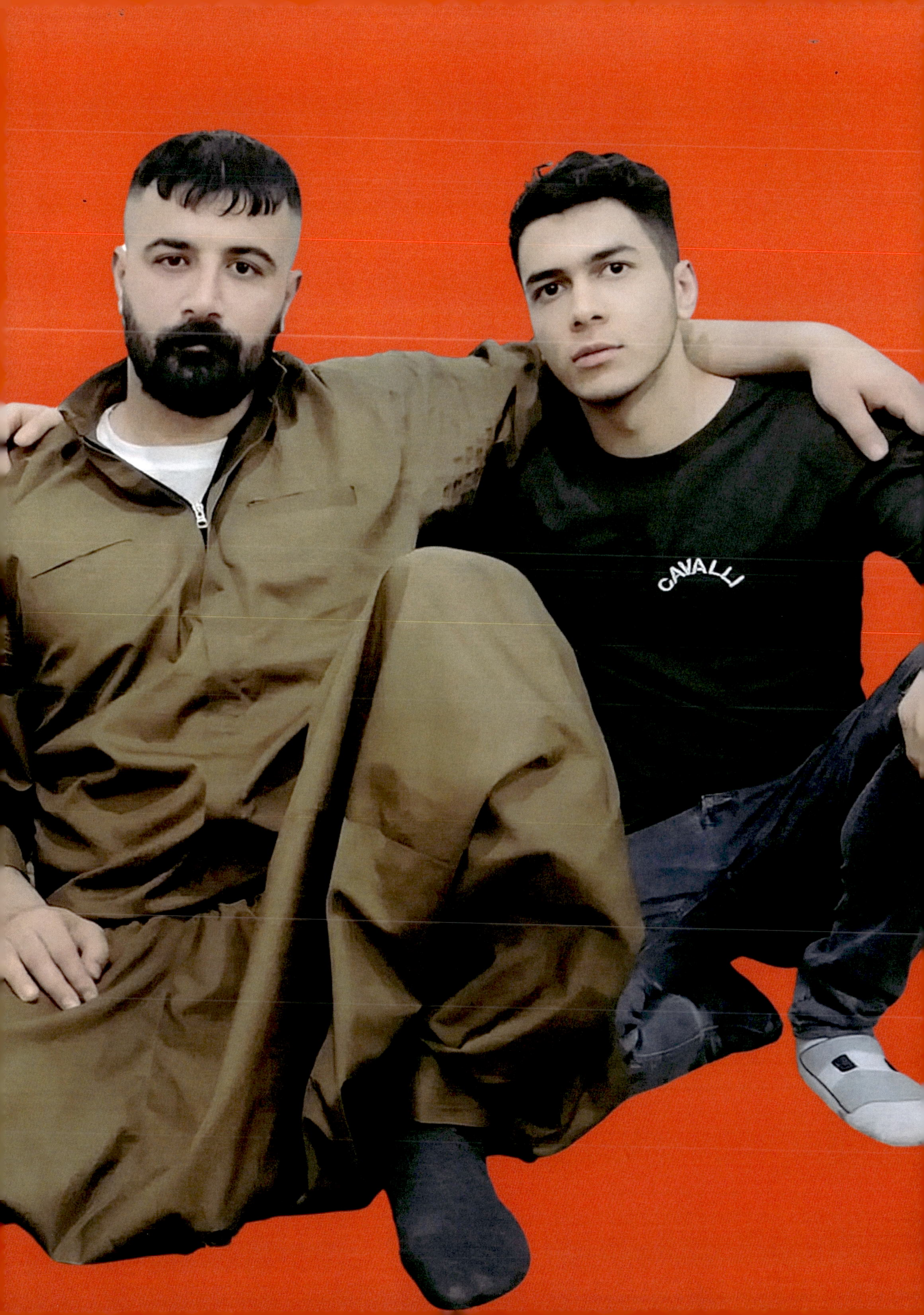
CAVALLI

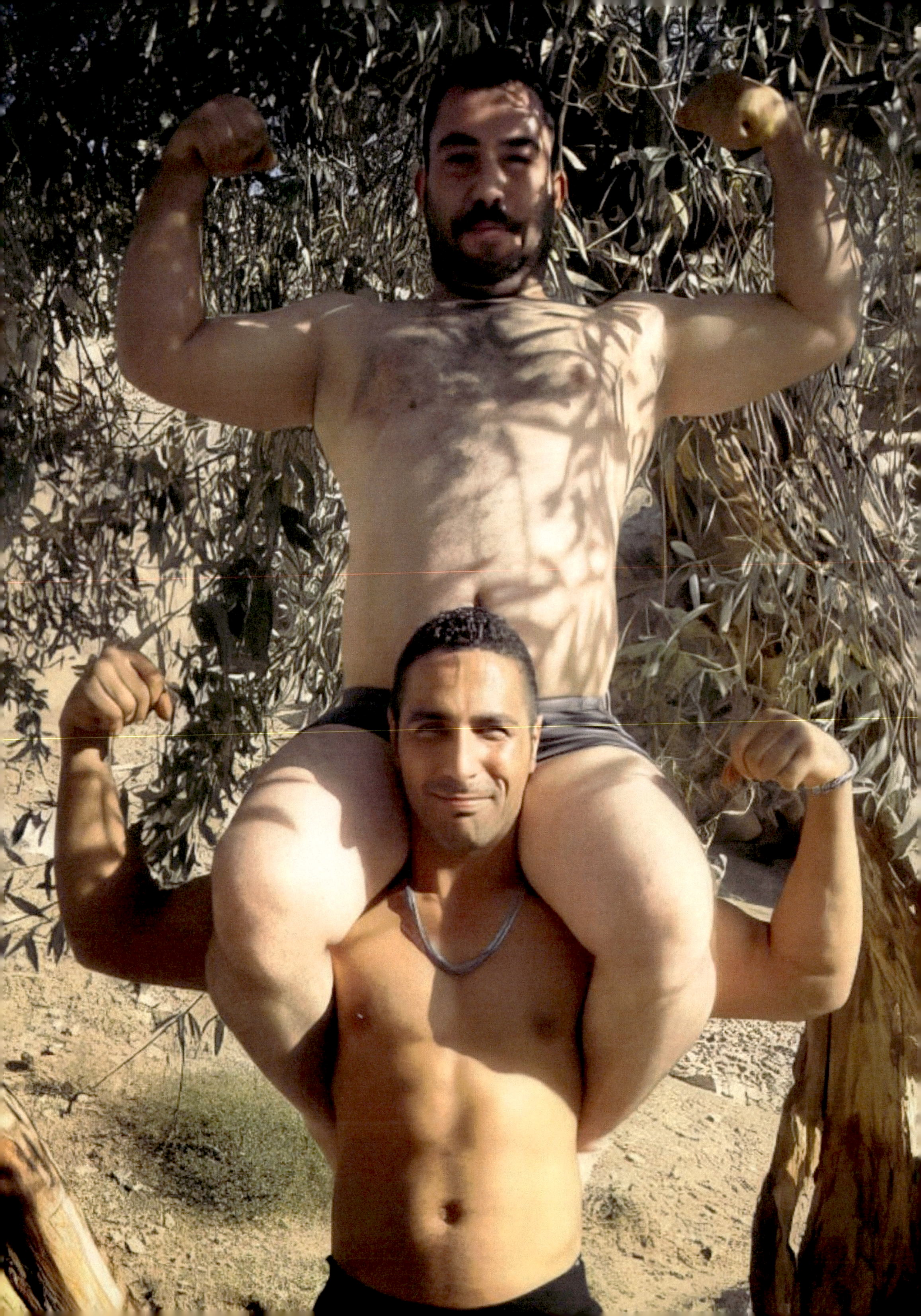

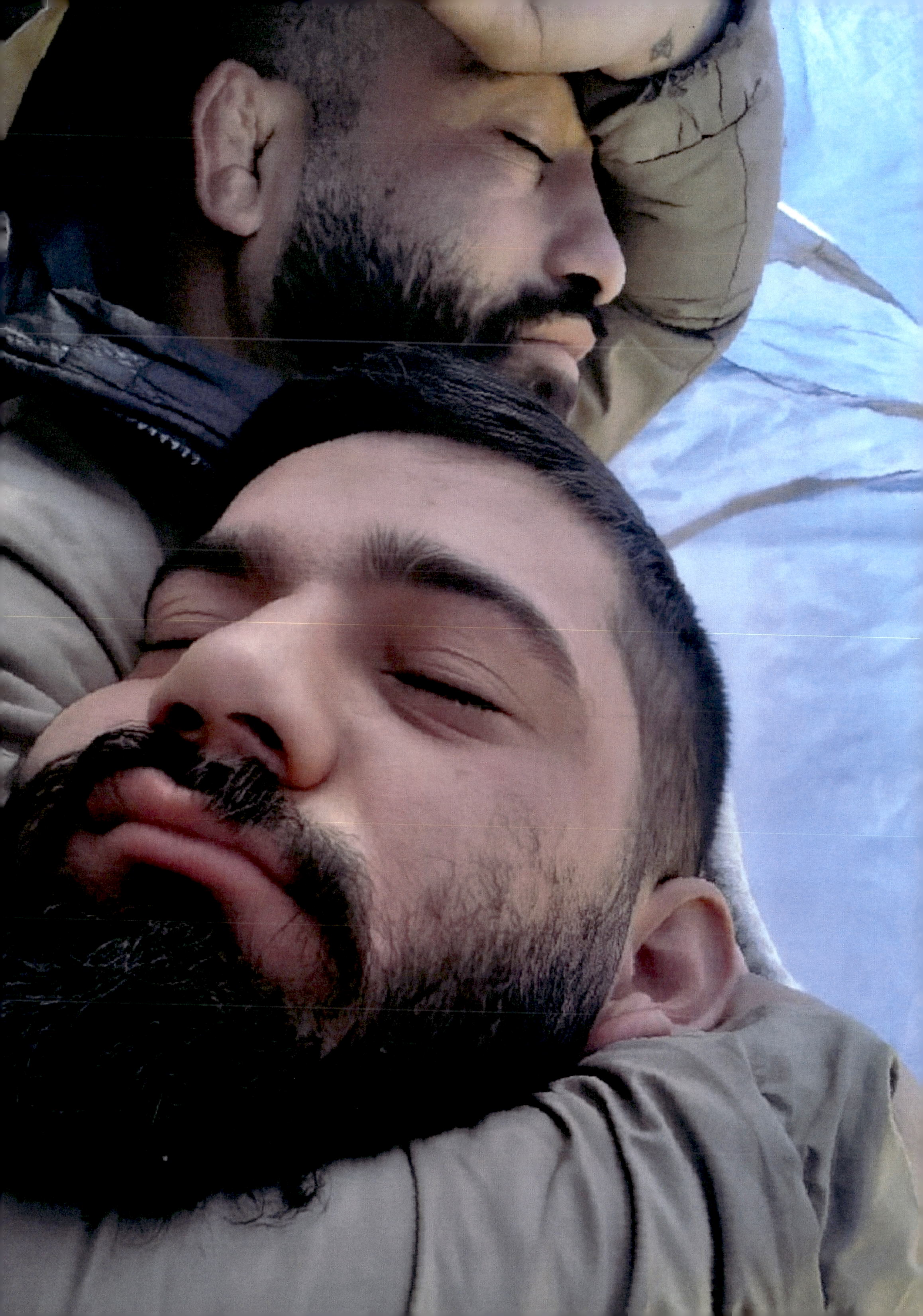

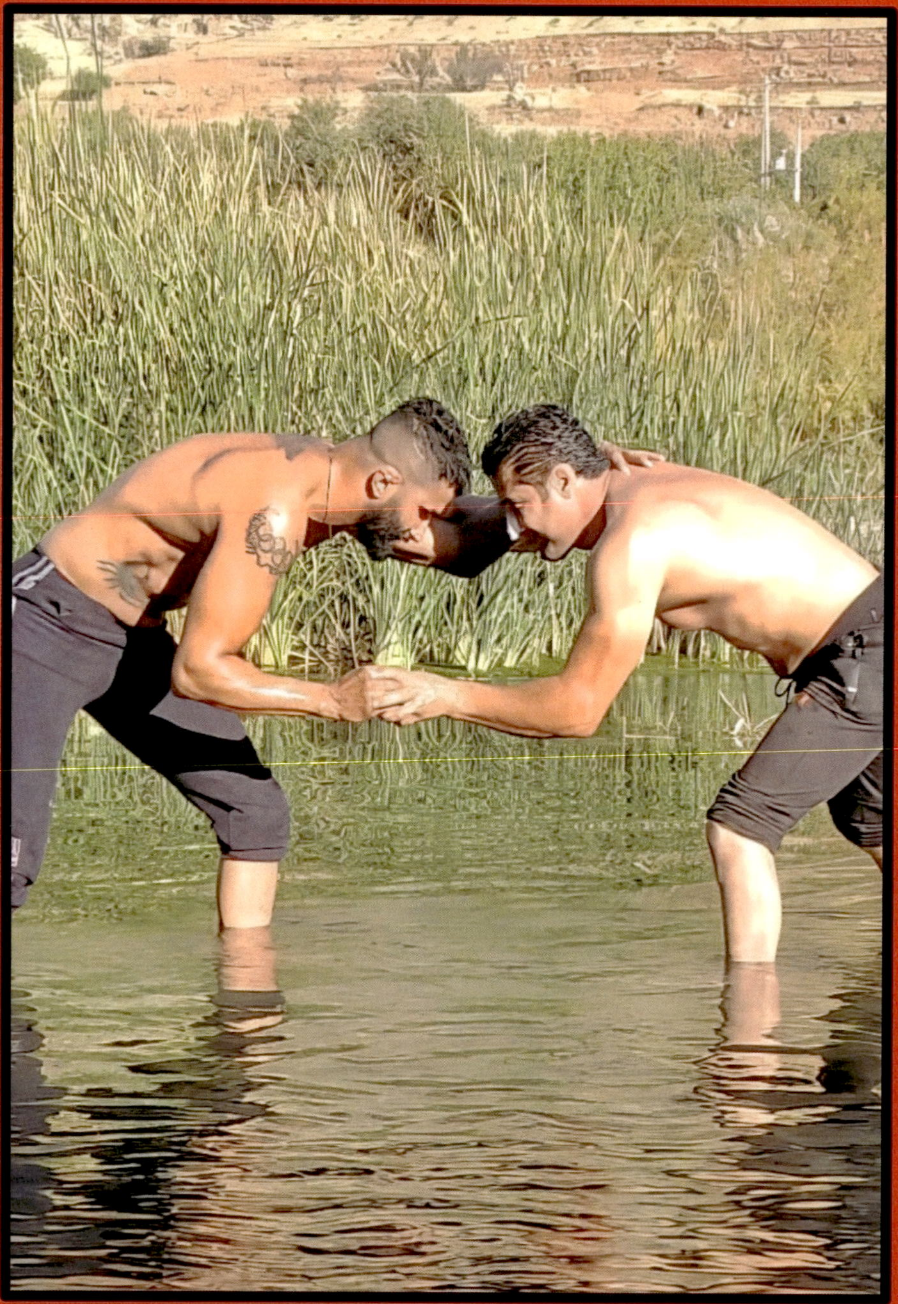

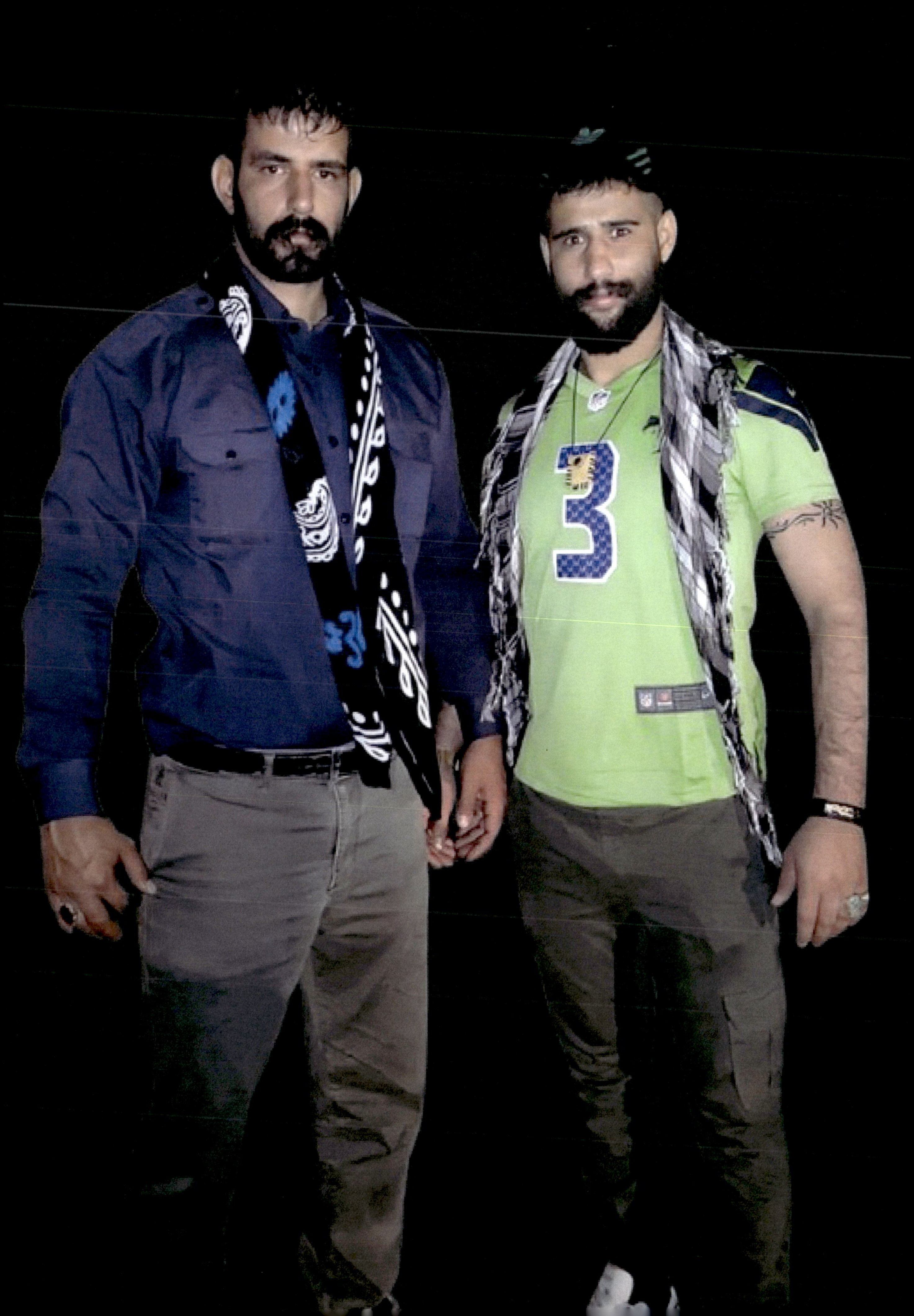

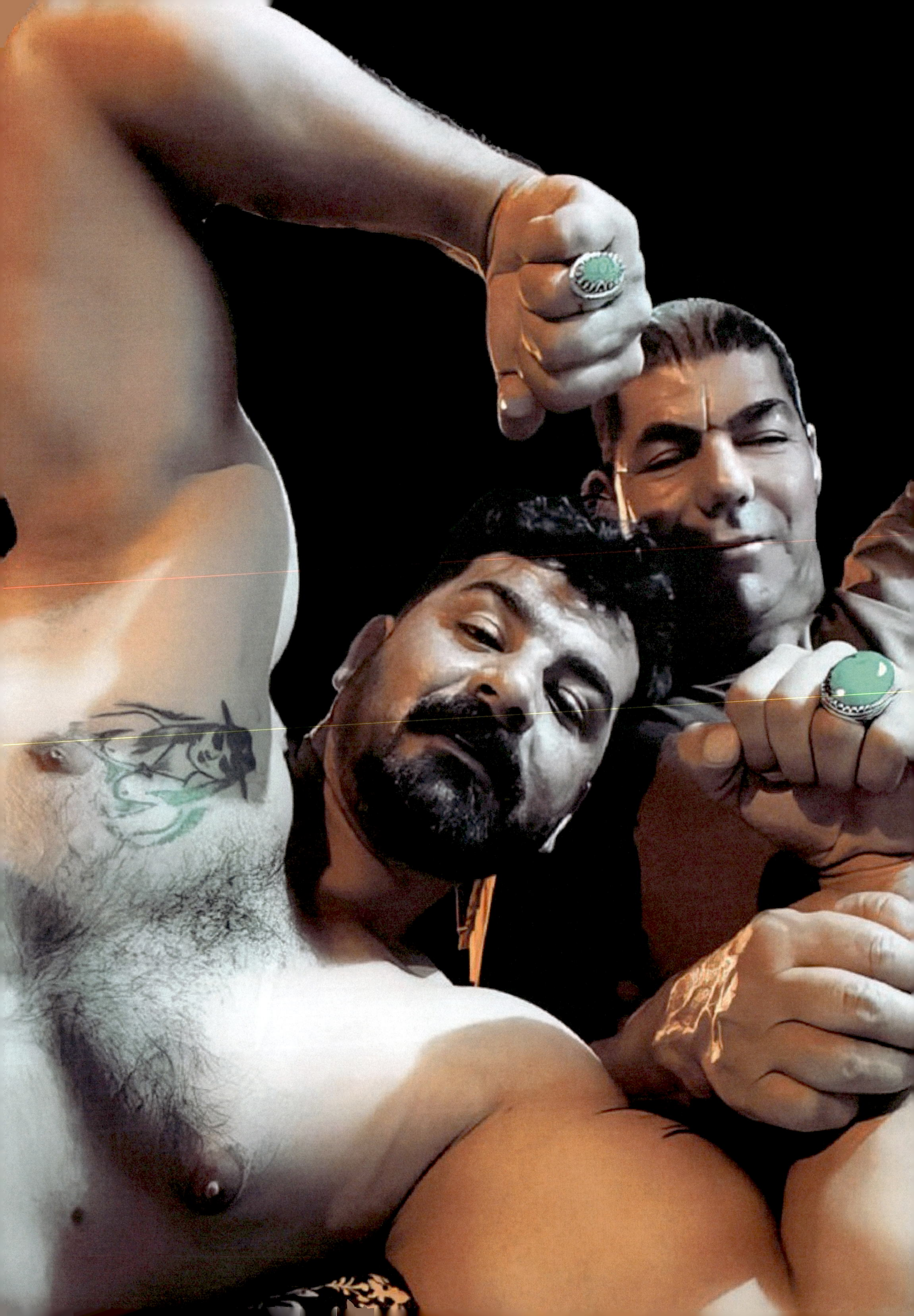

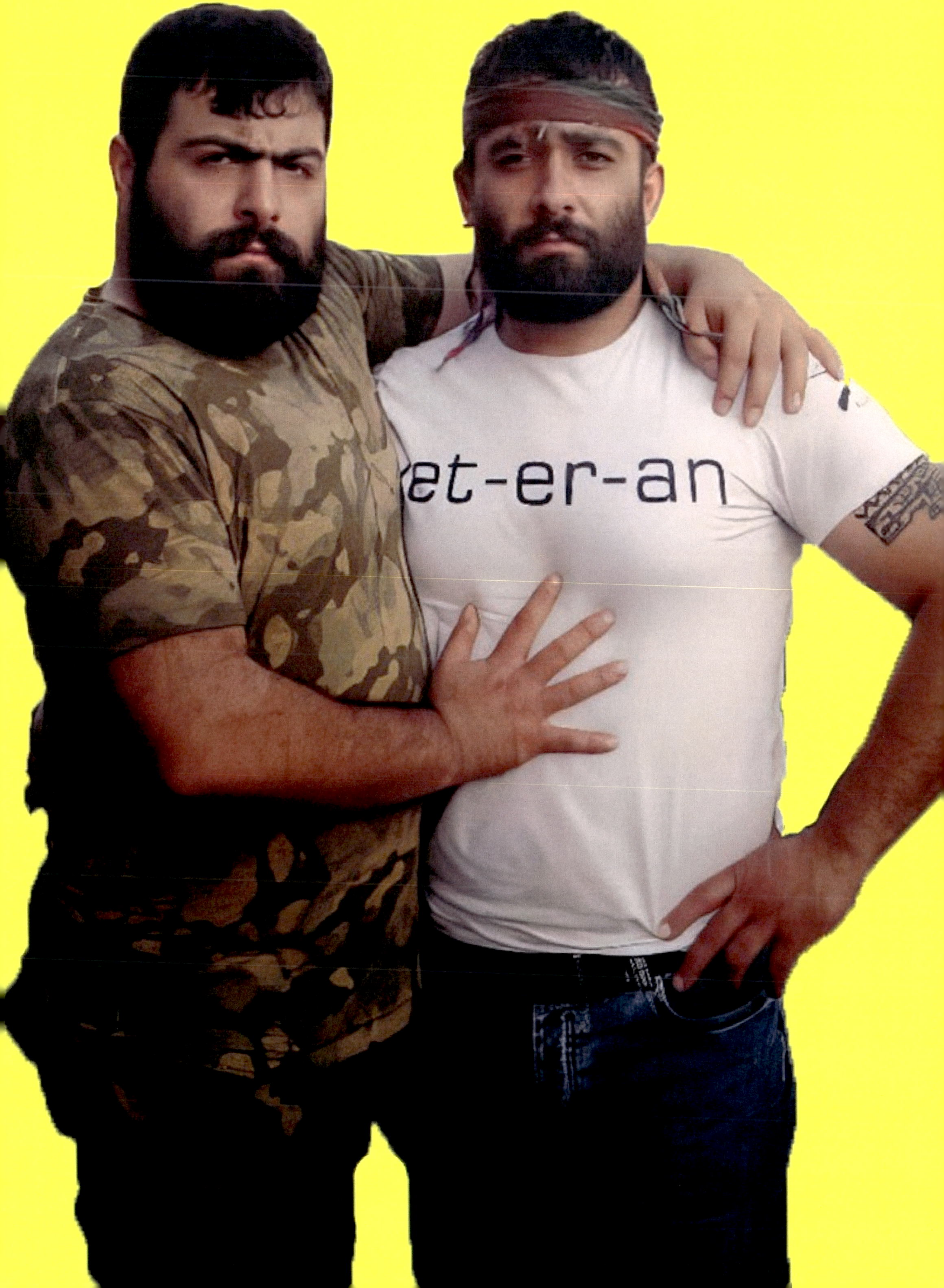
et-er-an

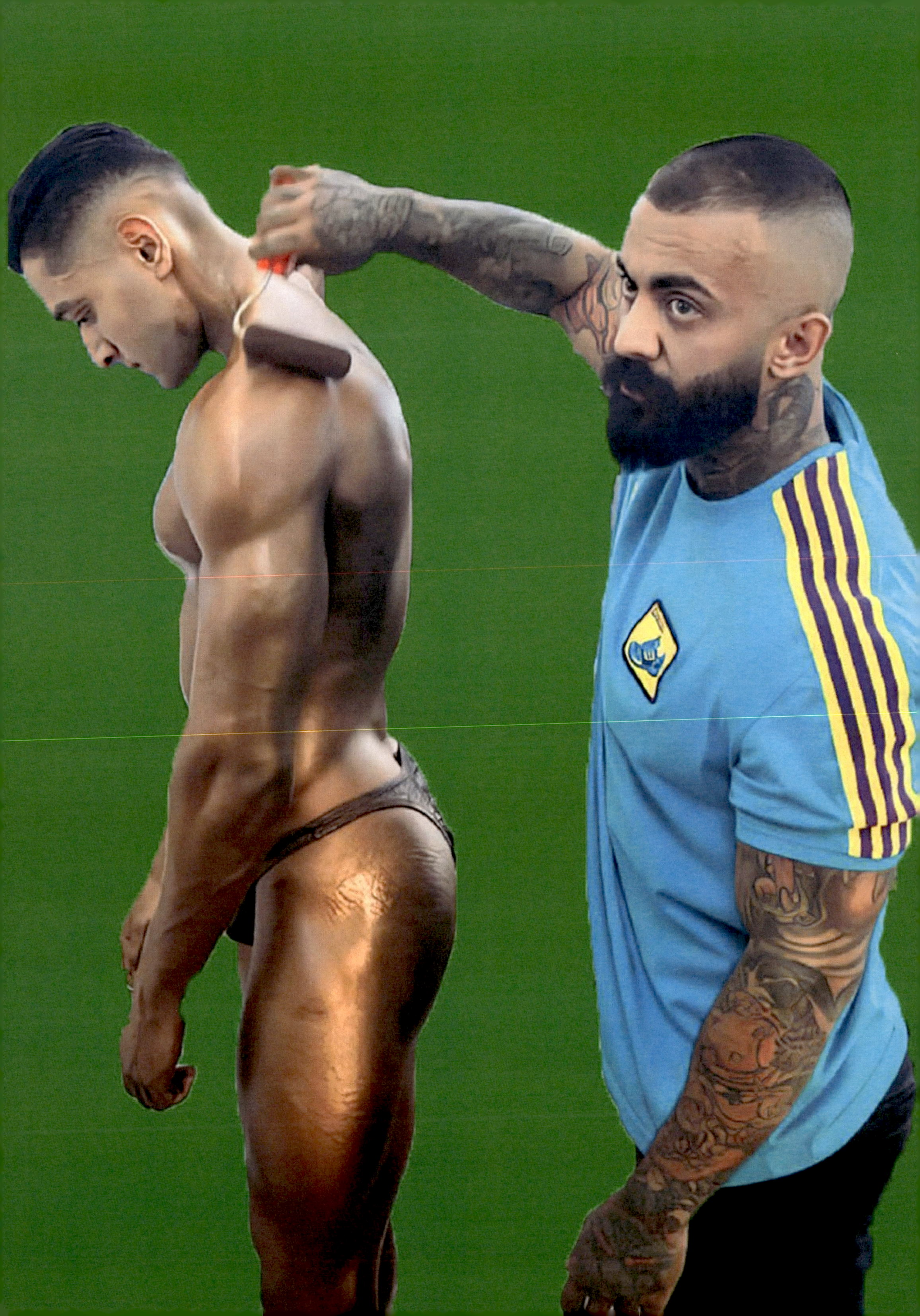

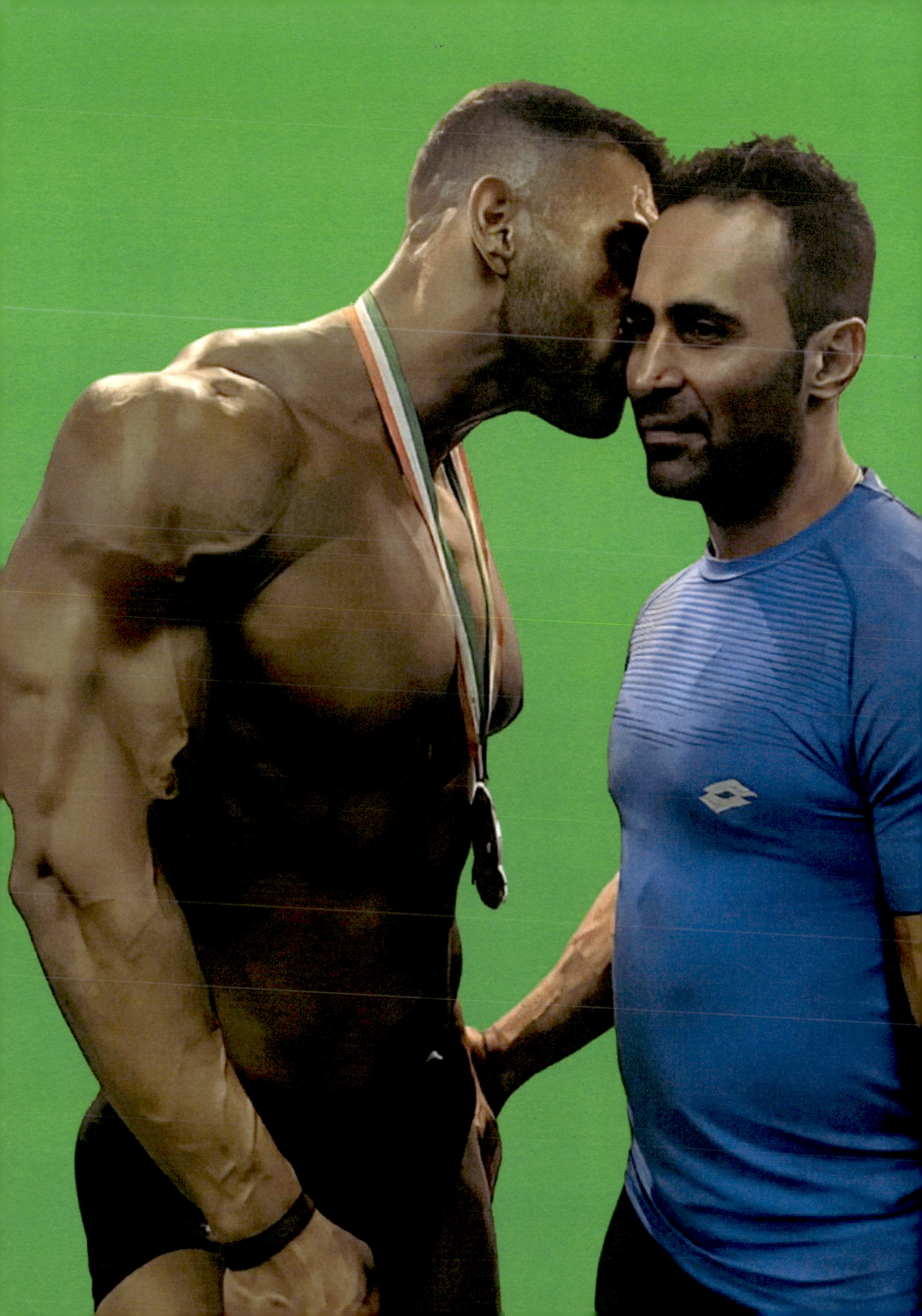

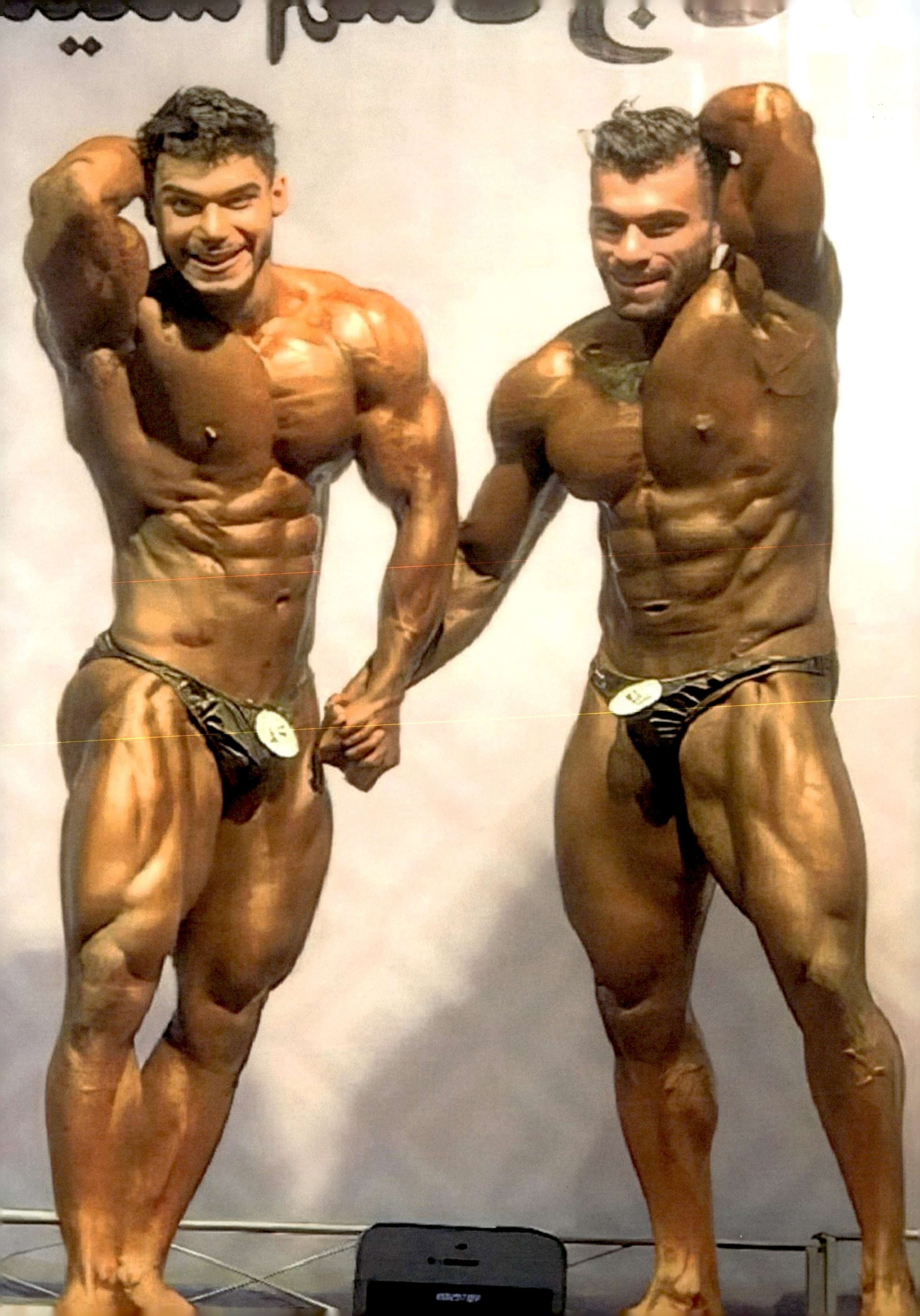

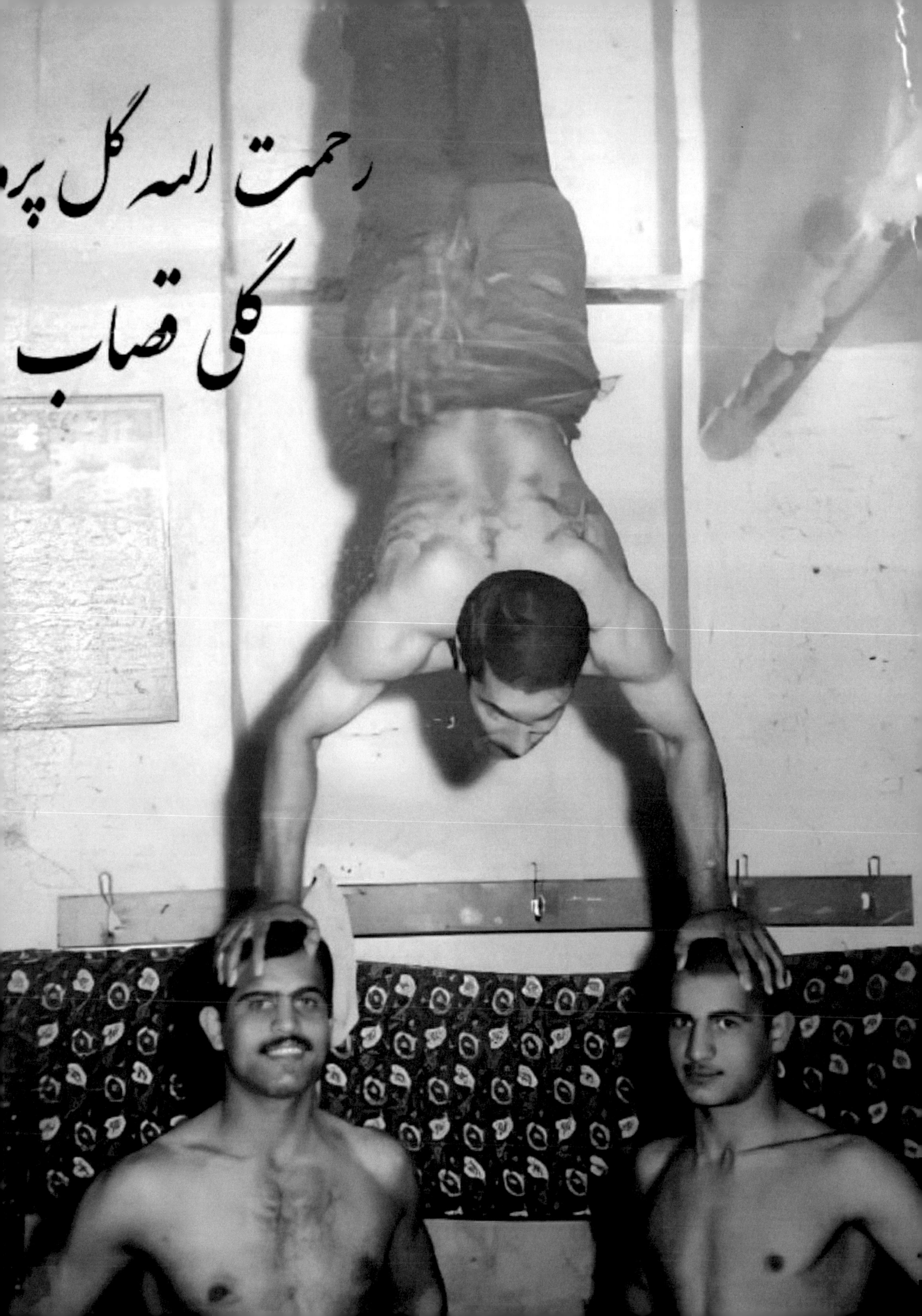
رحمت الله گل پر
گلی قصاب

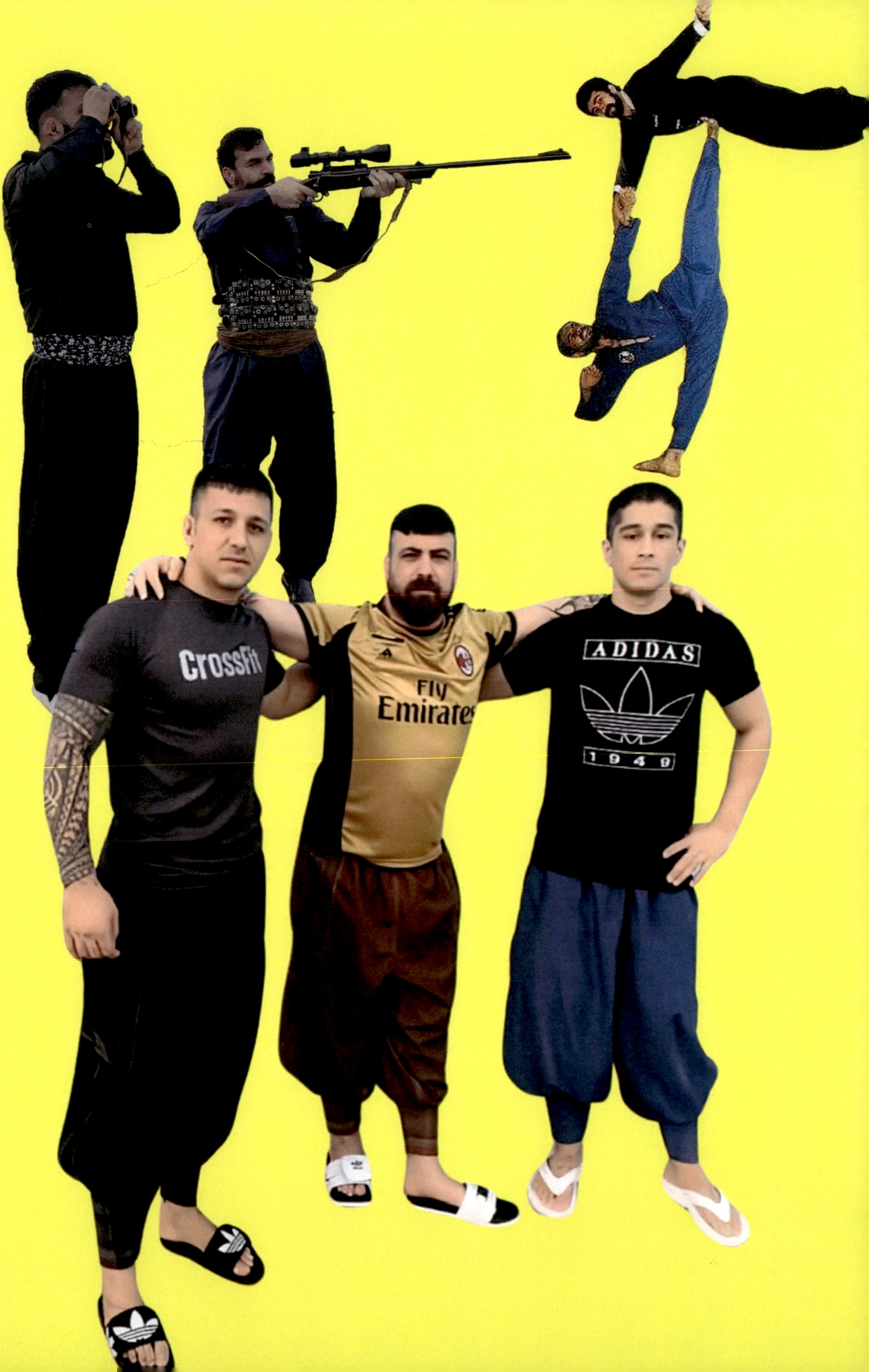
CrossFit
Fly
Emirates
ADIDAS
1949

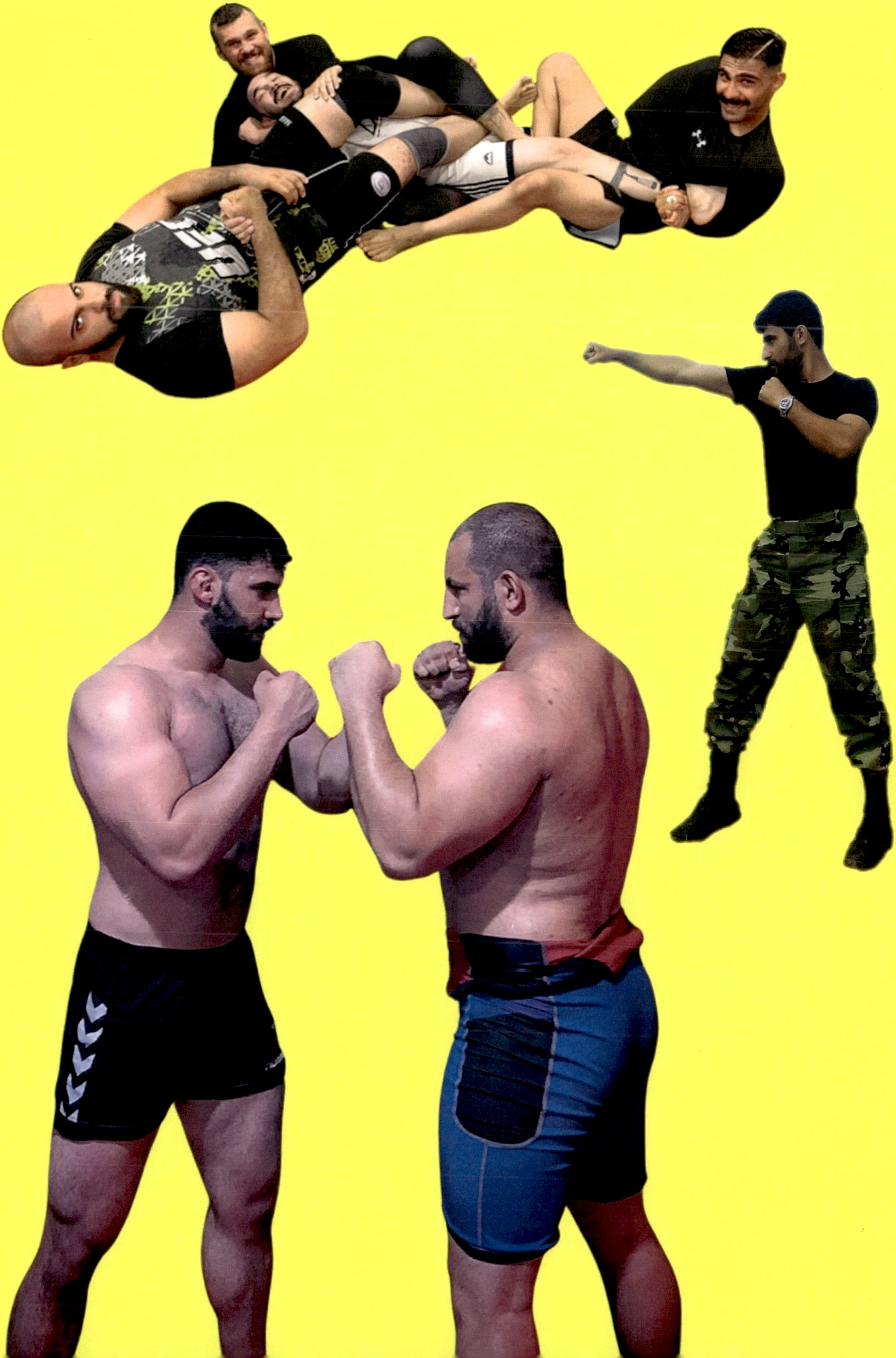

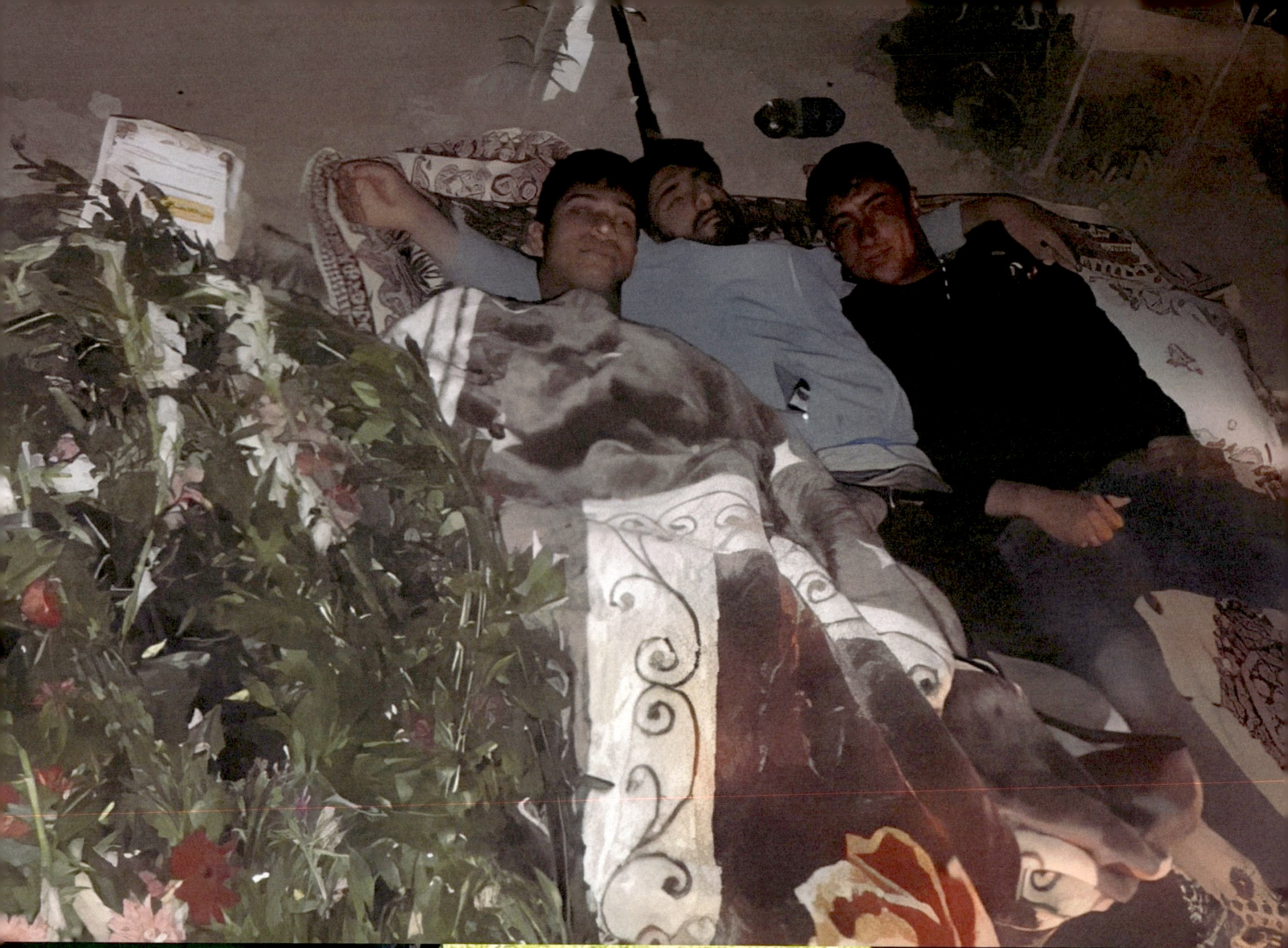

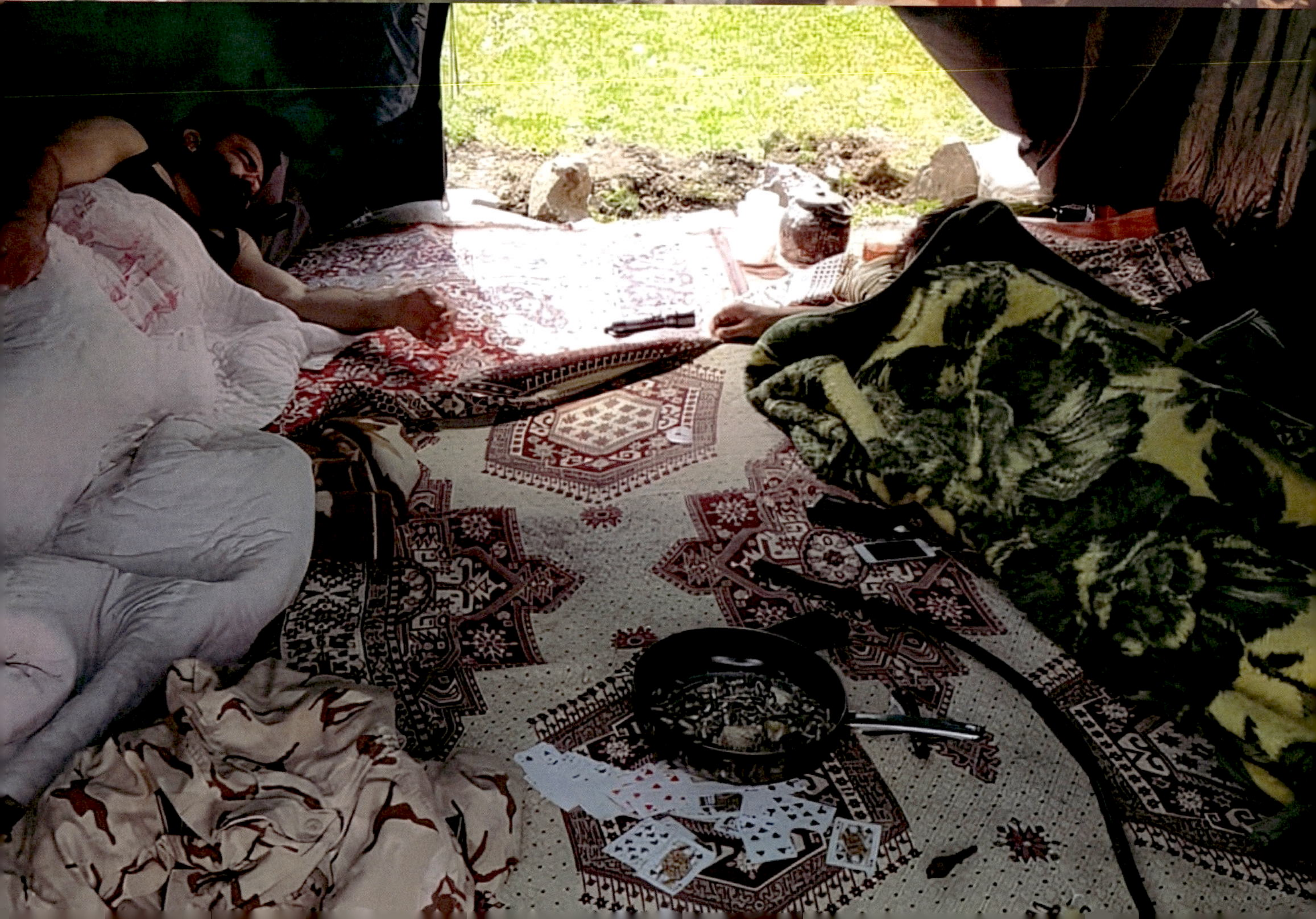

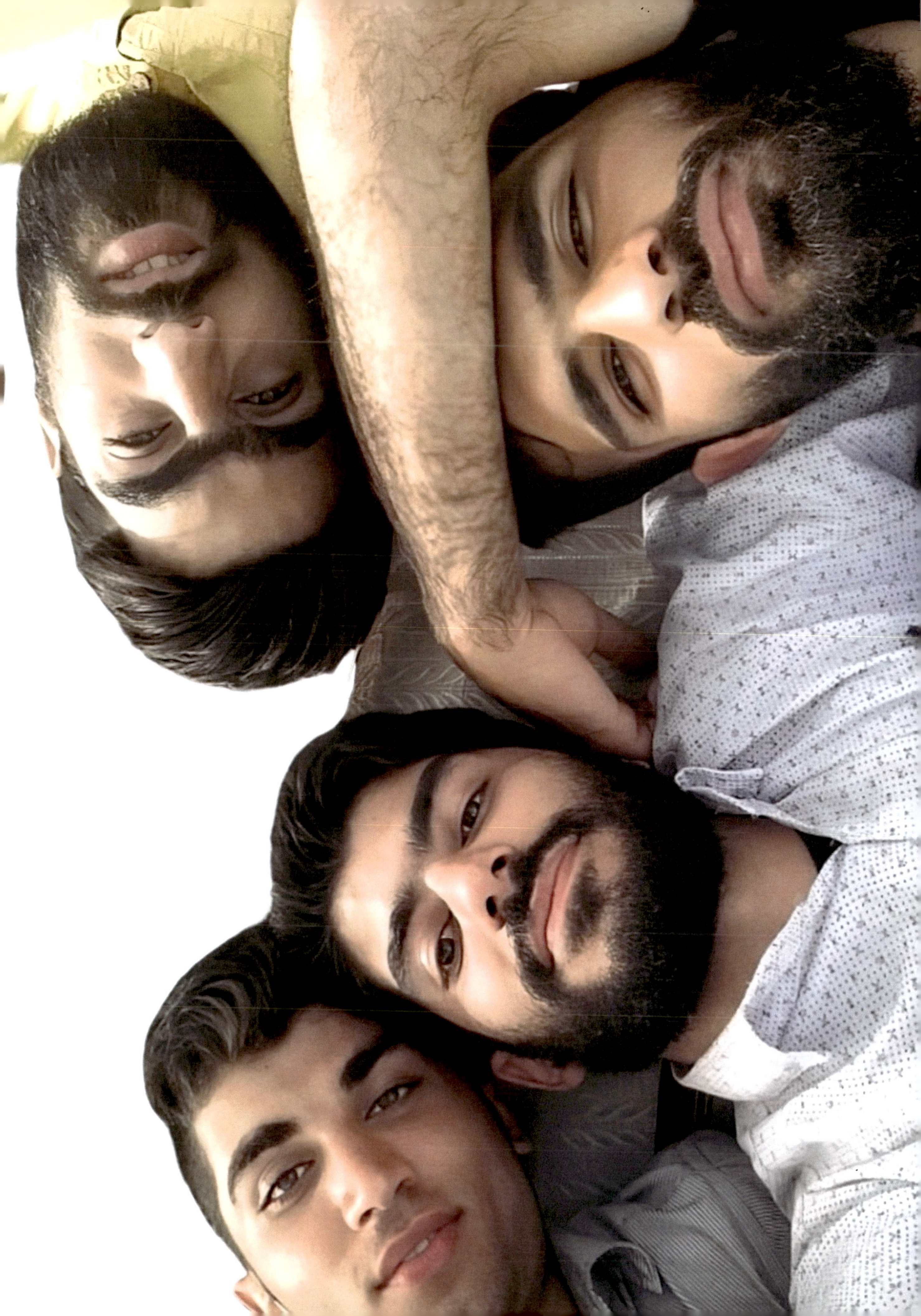

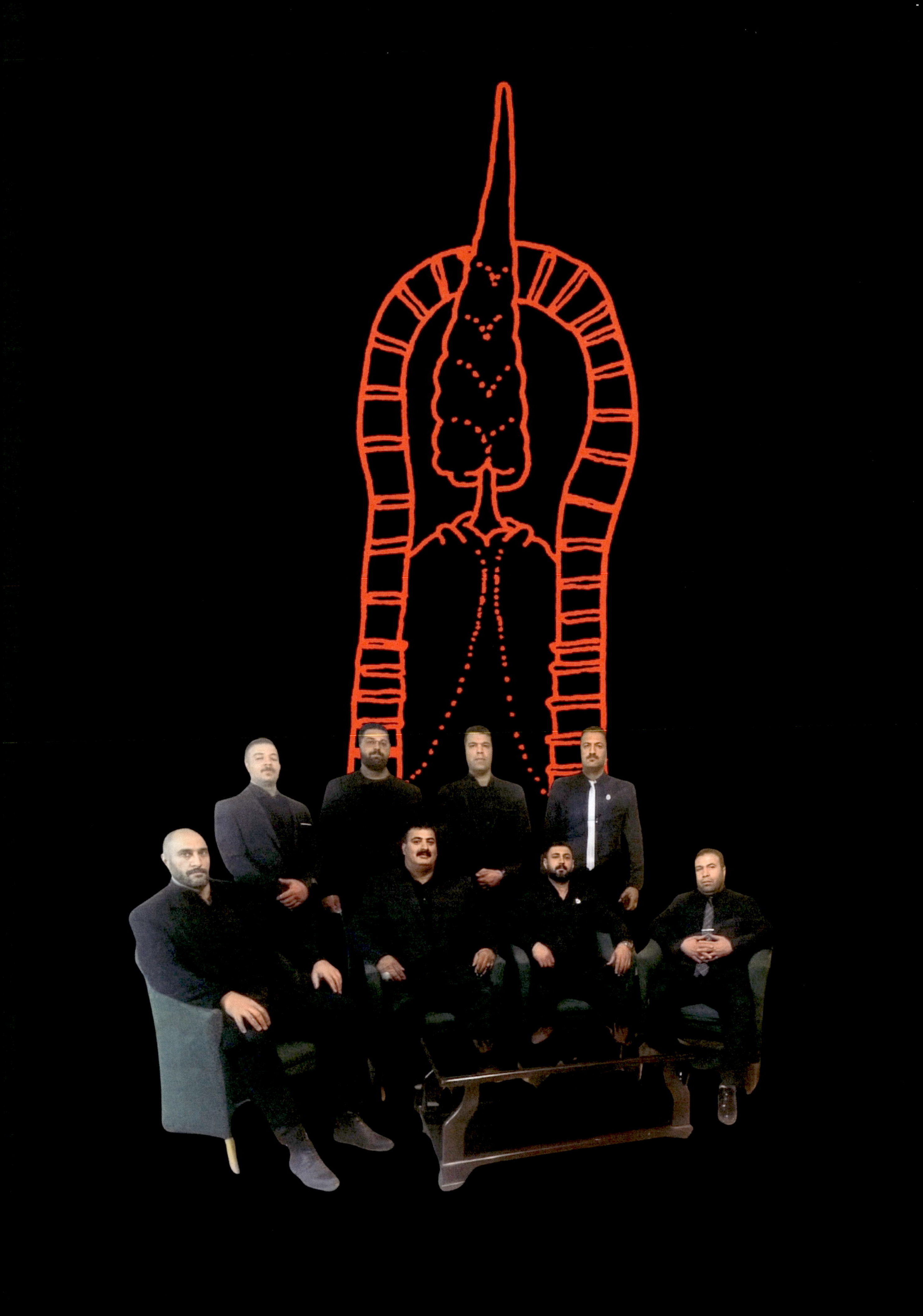

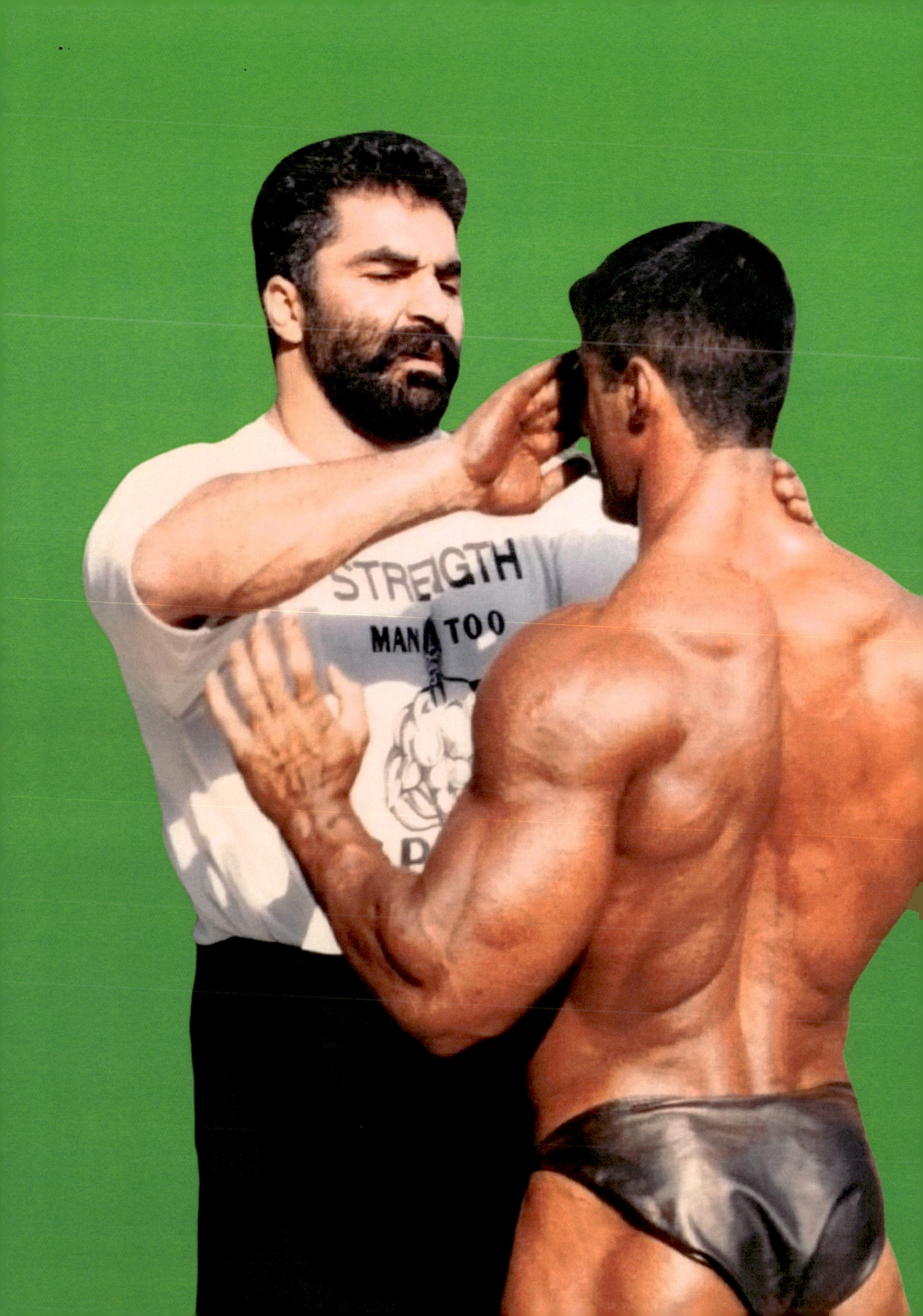

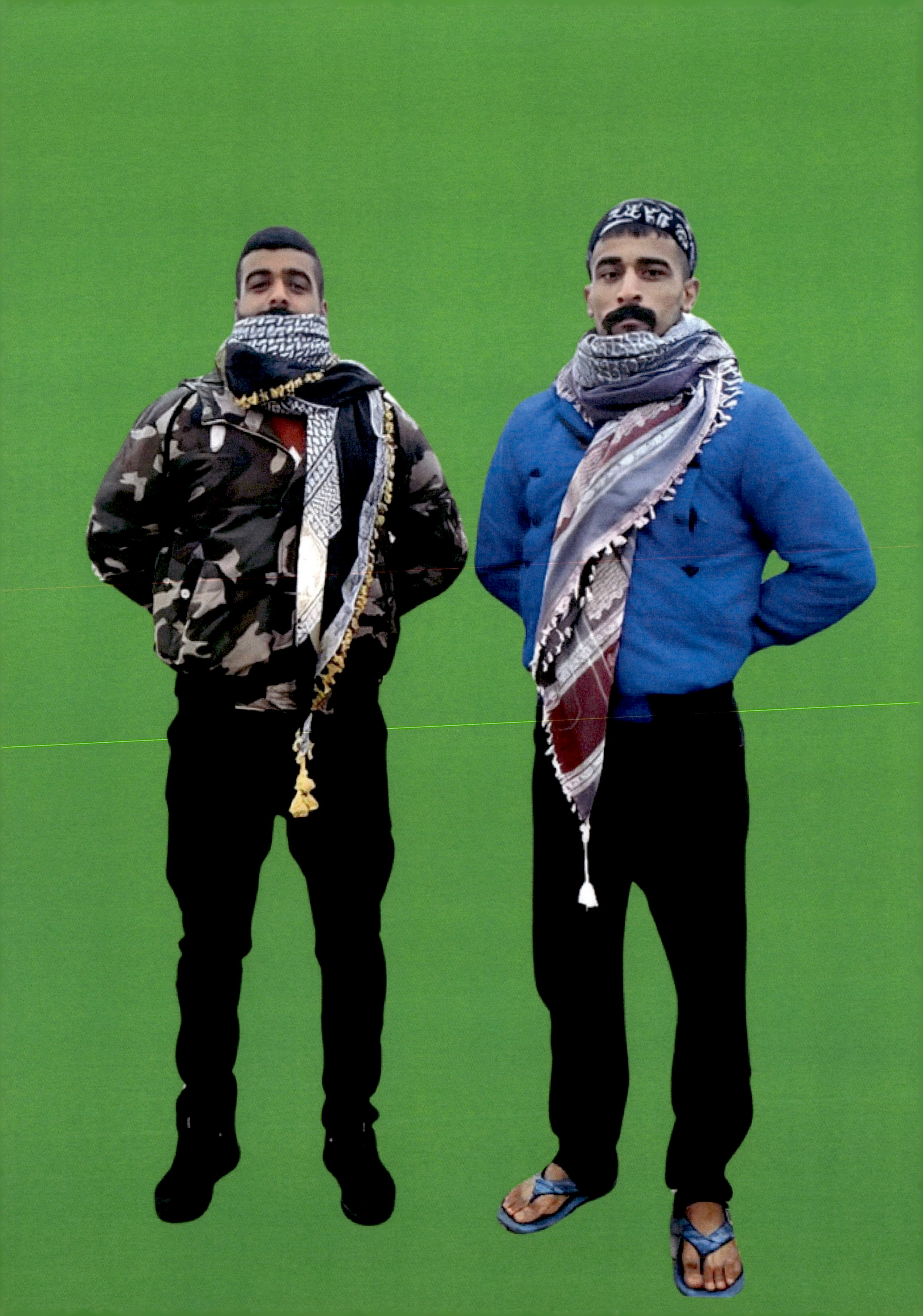

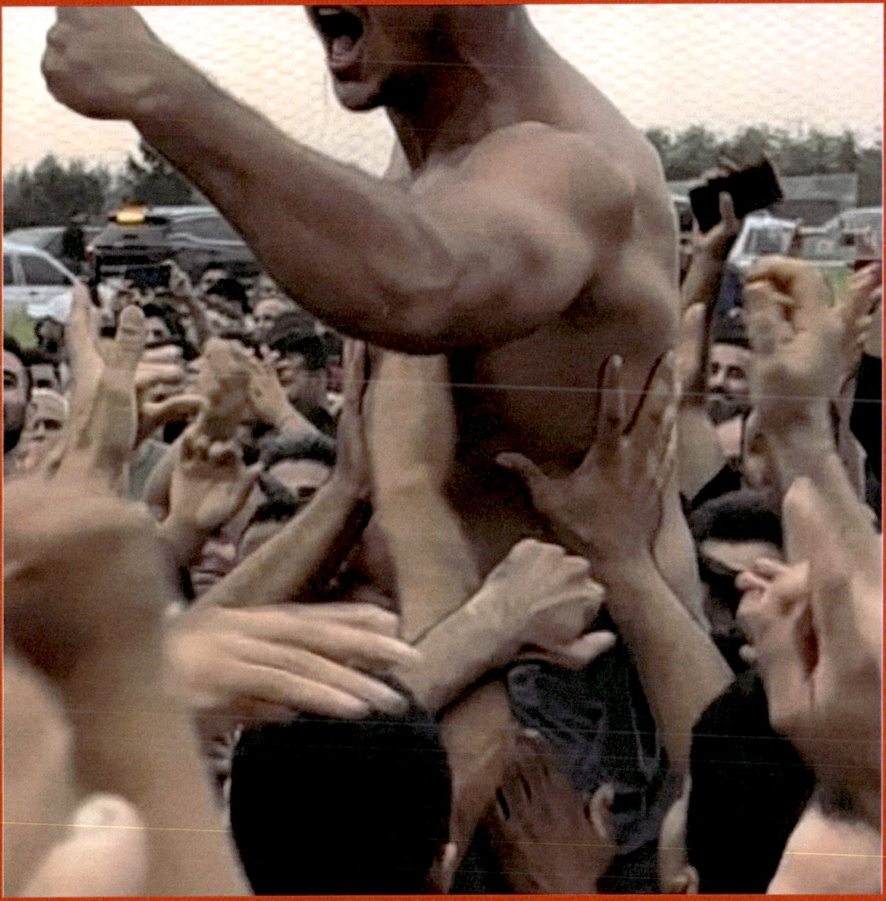

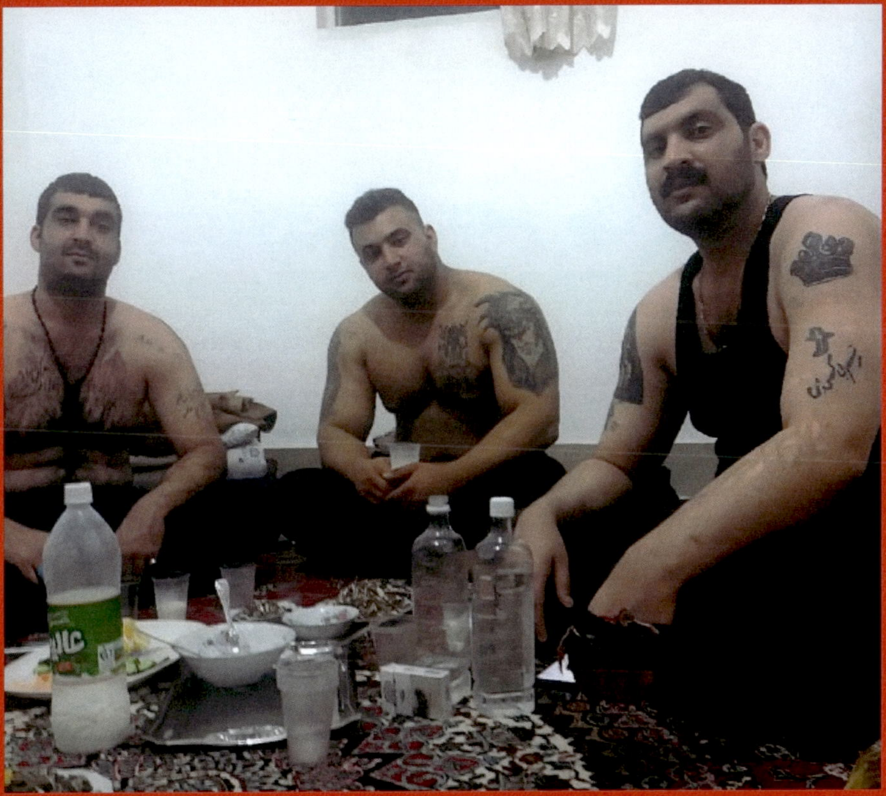

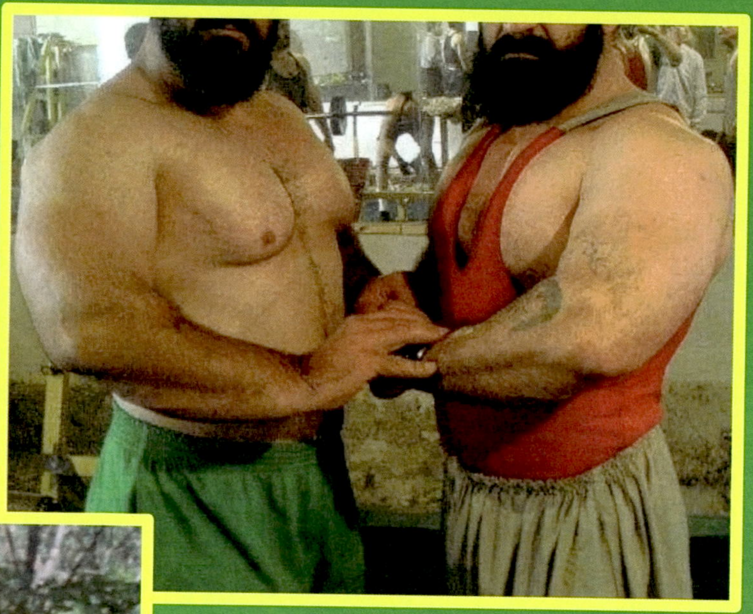

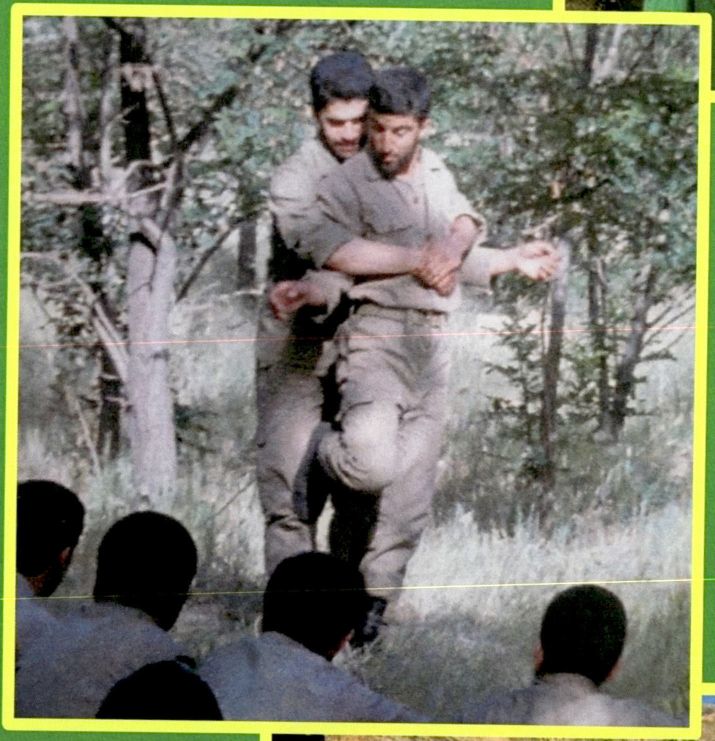

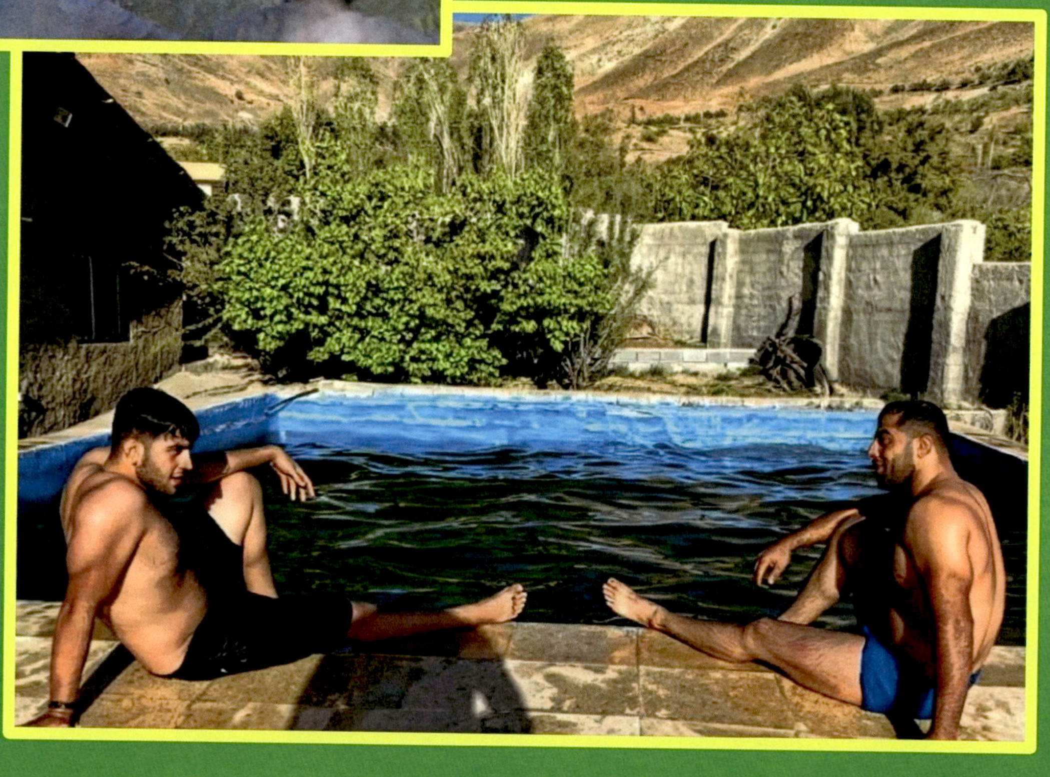

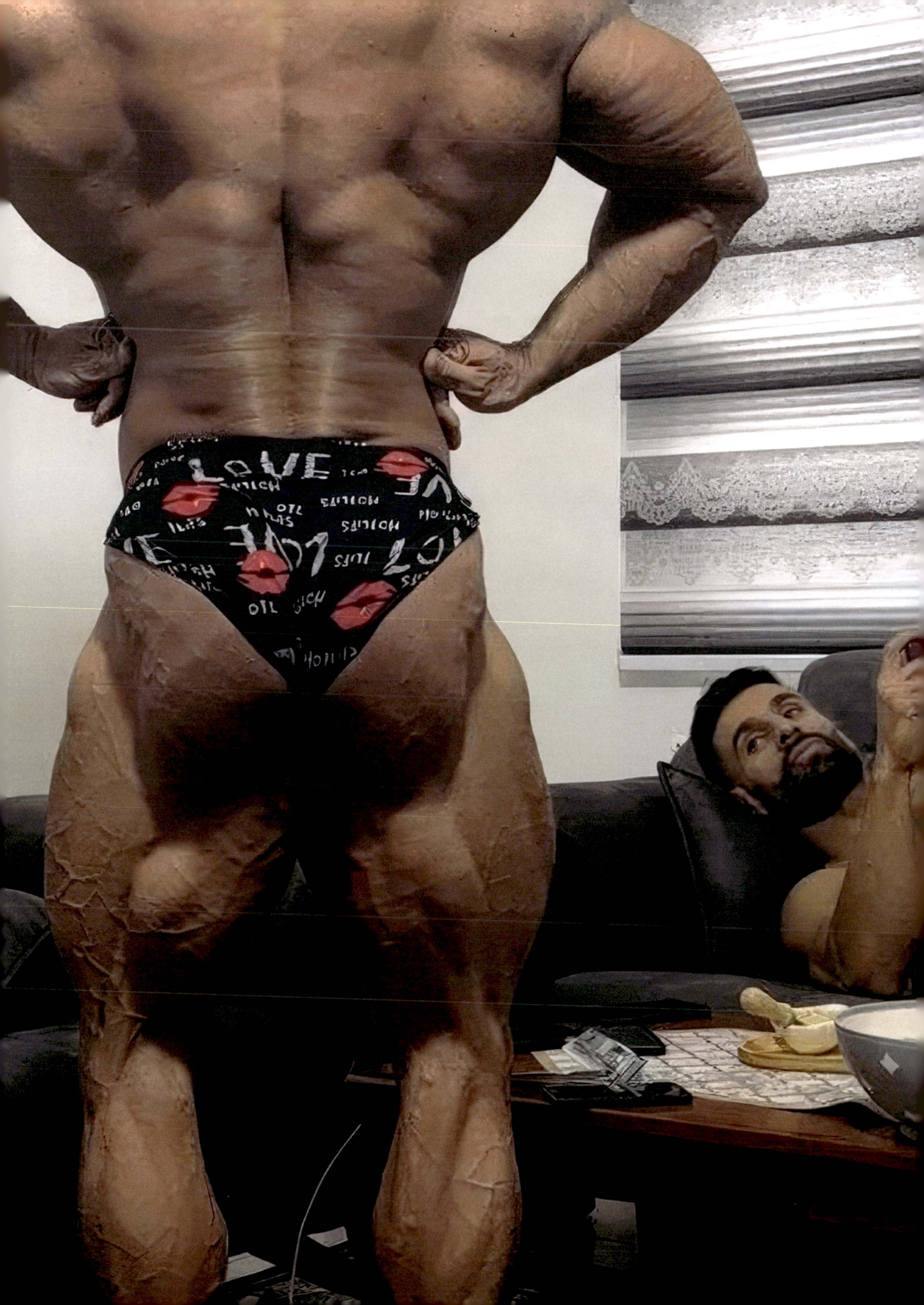
LOVE

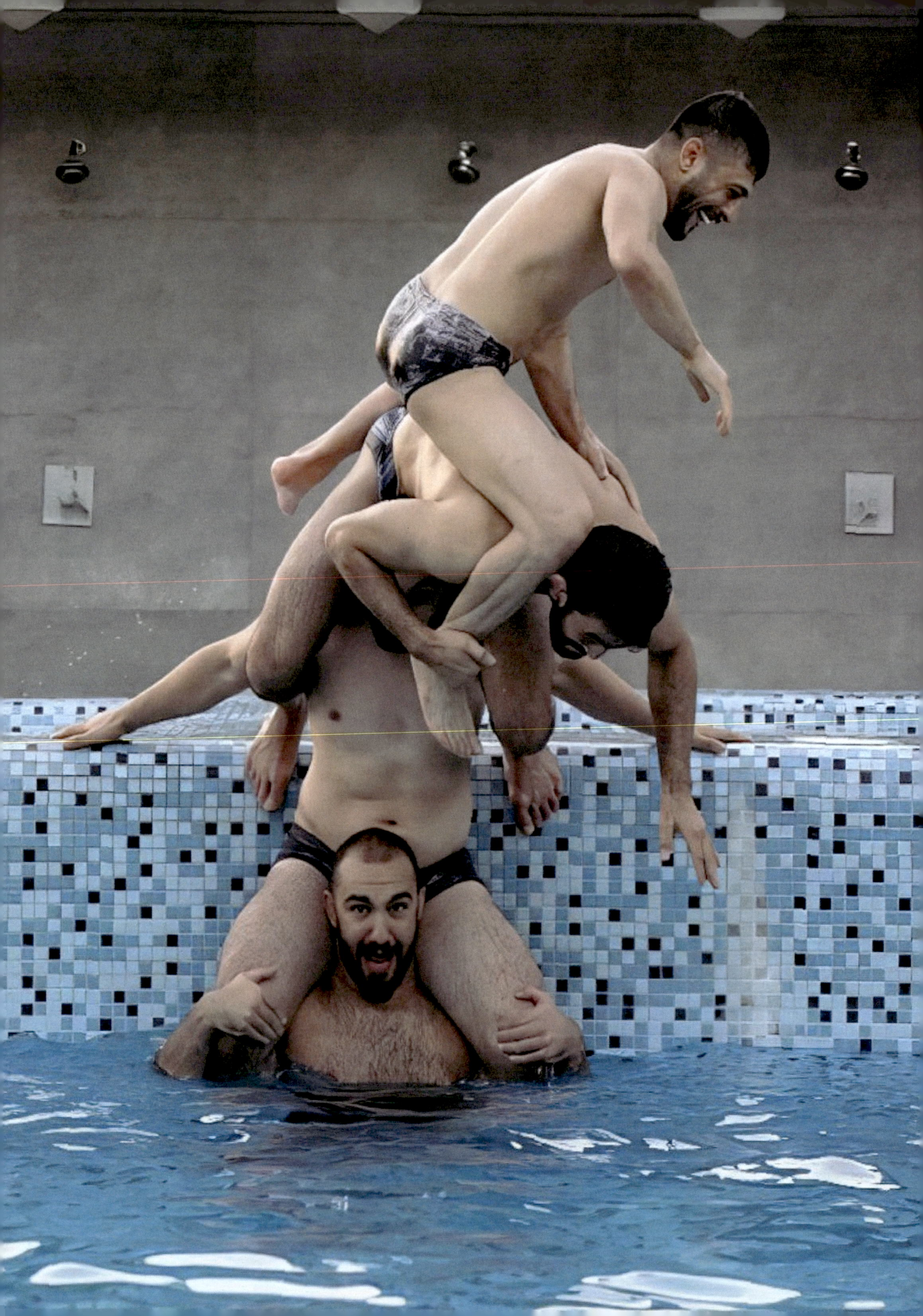

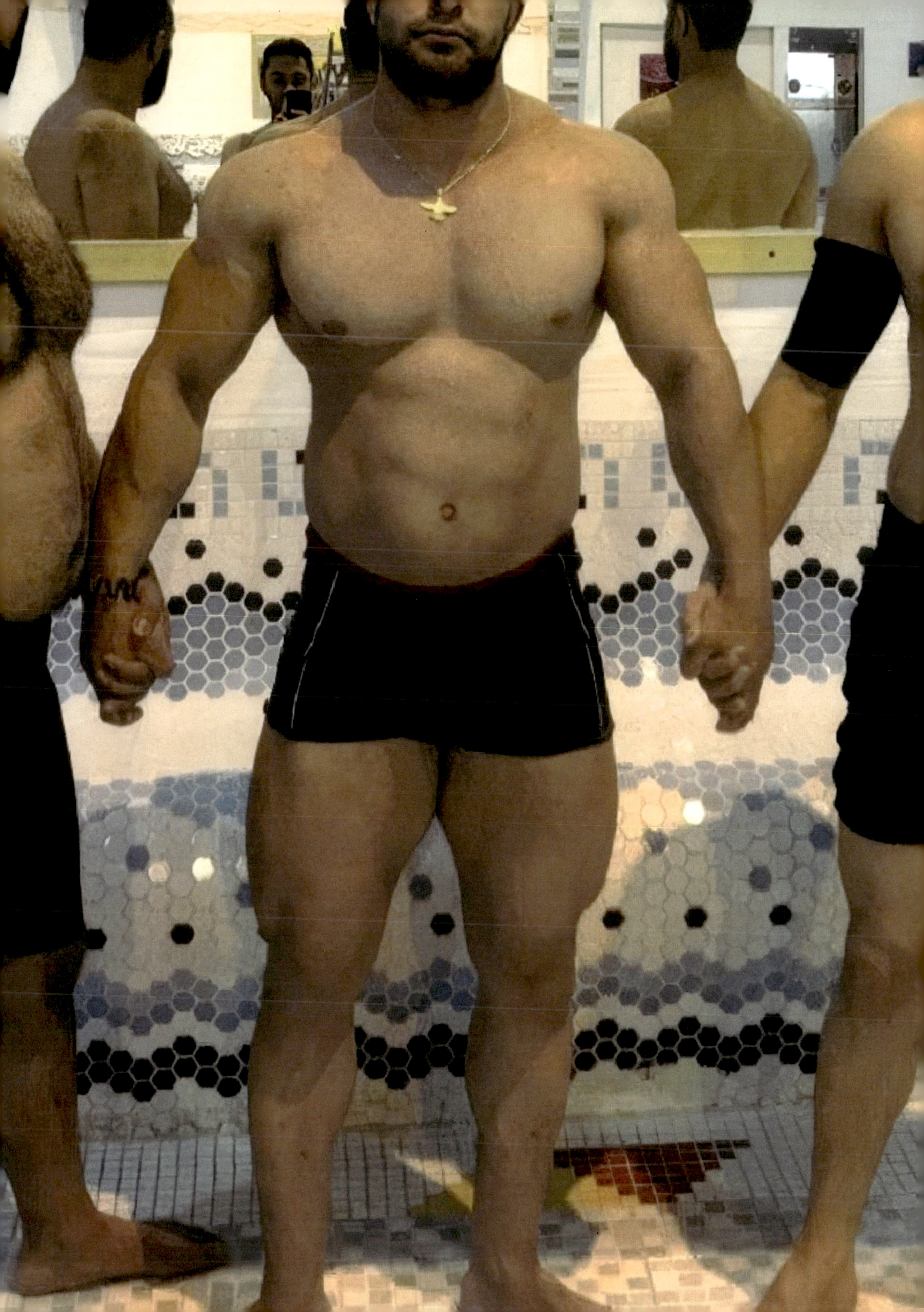

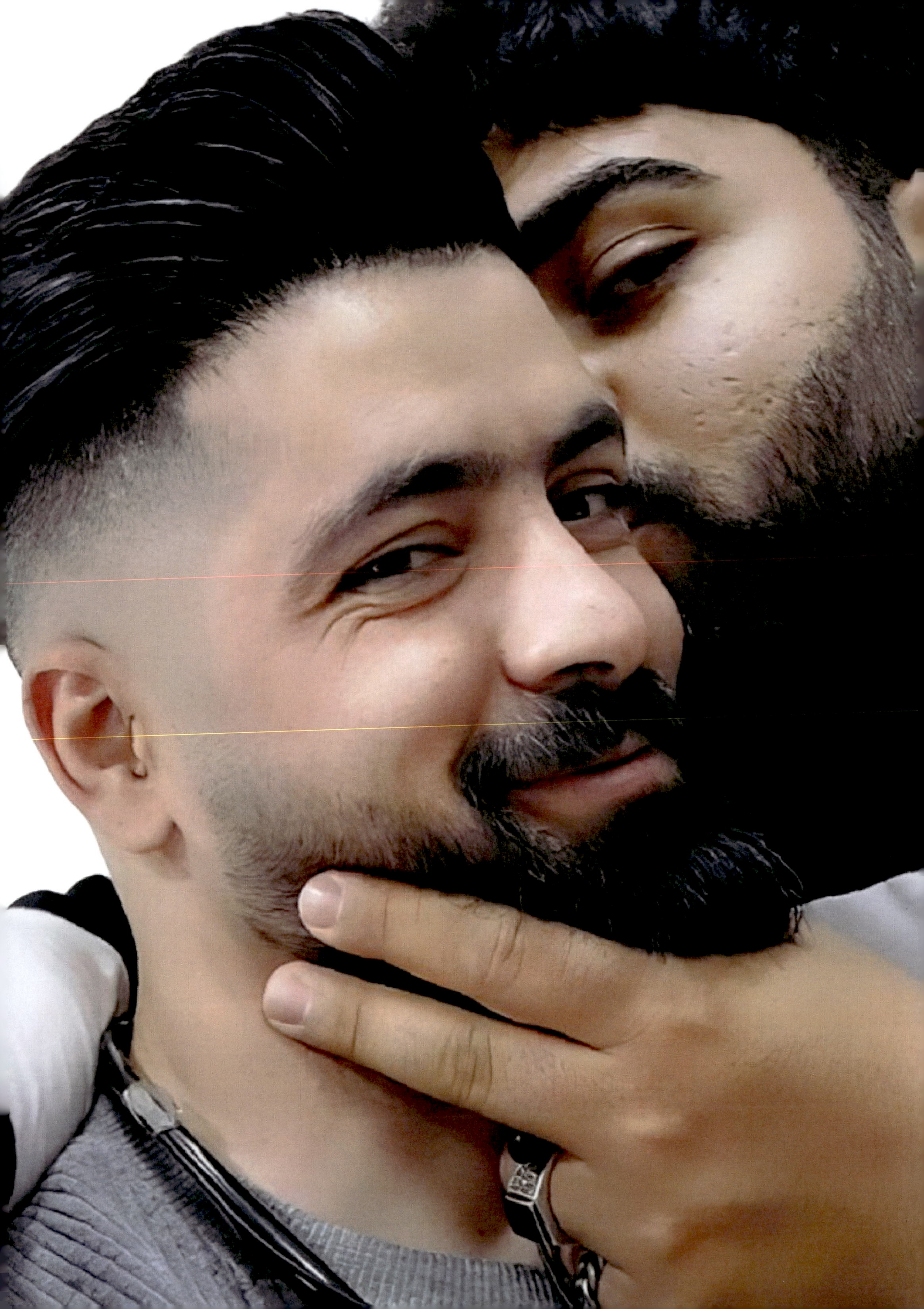

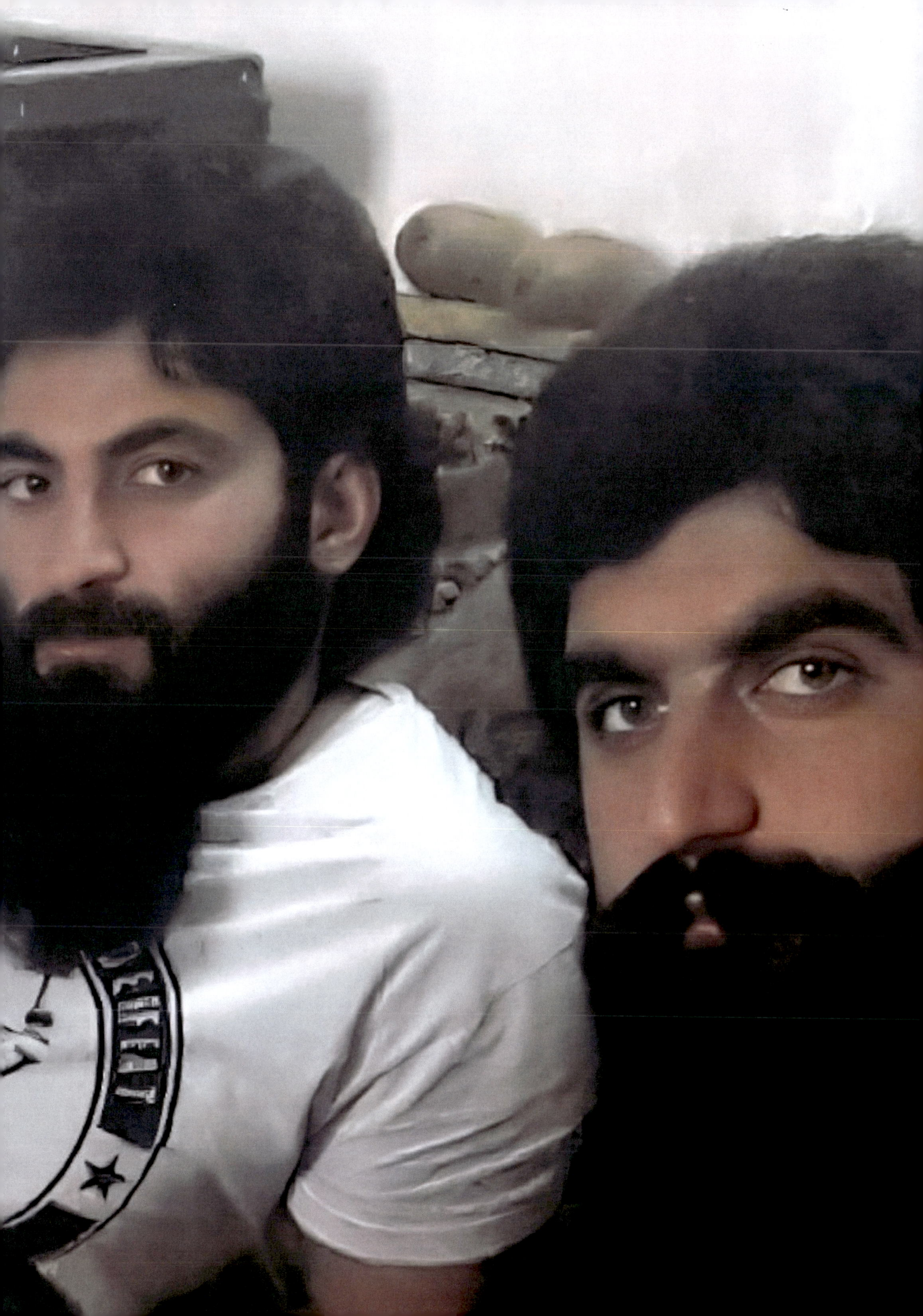

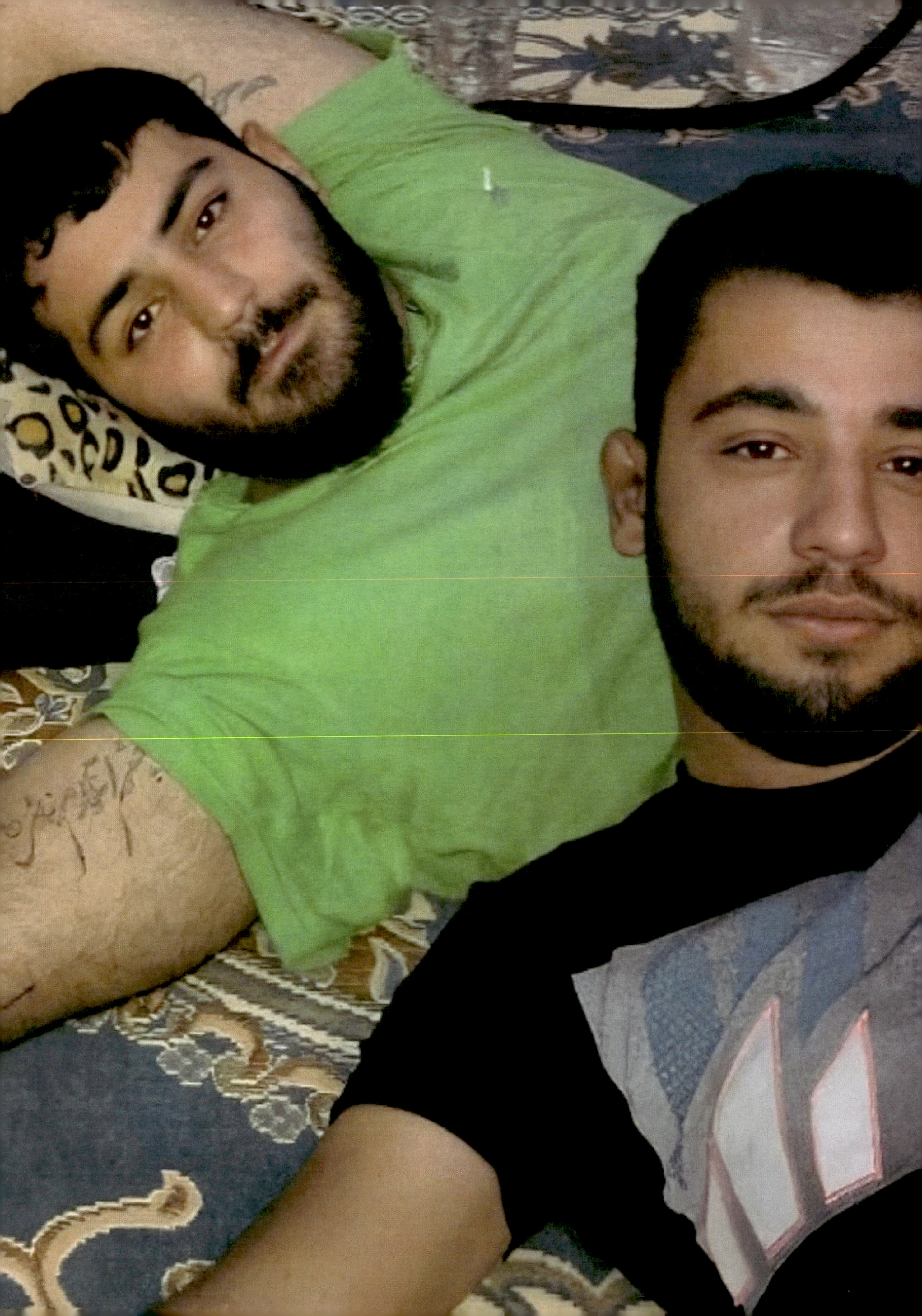

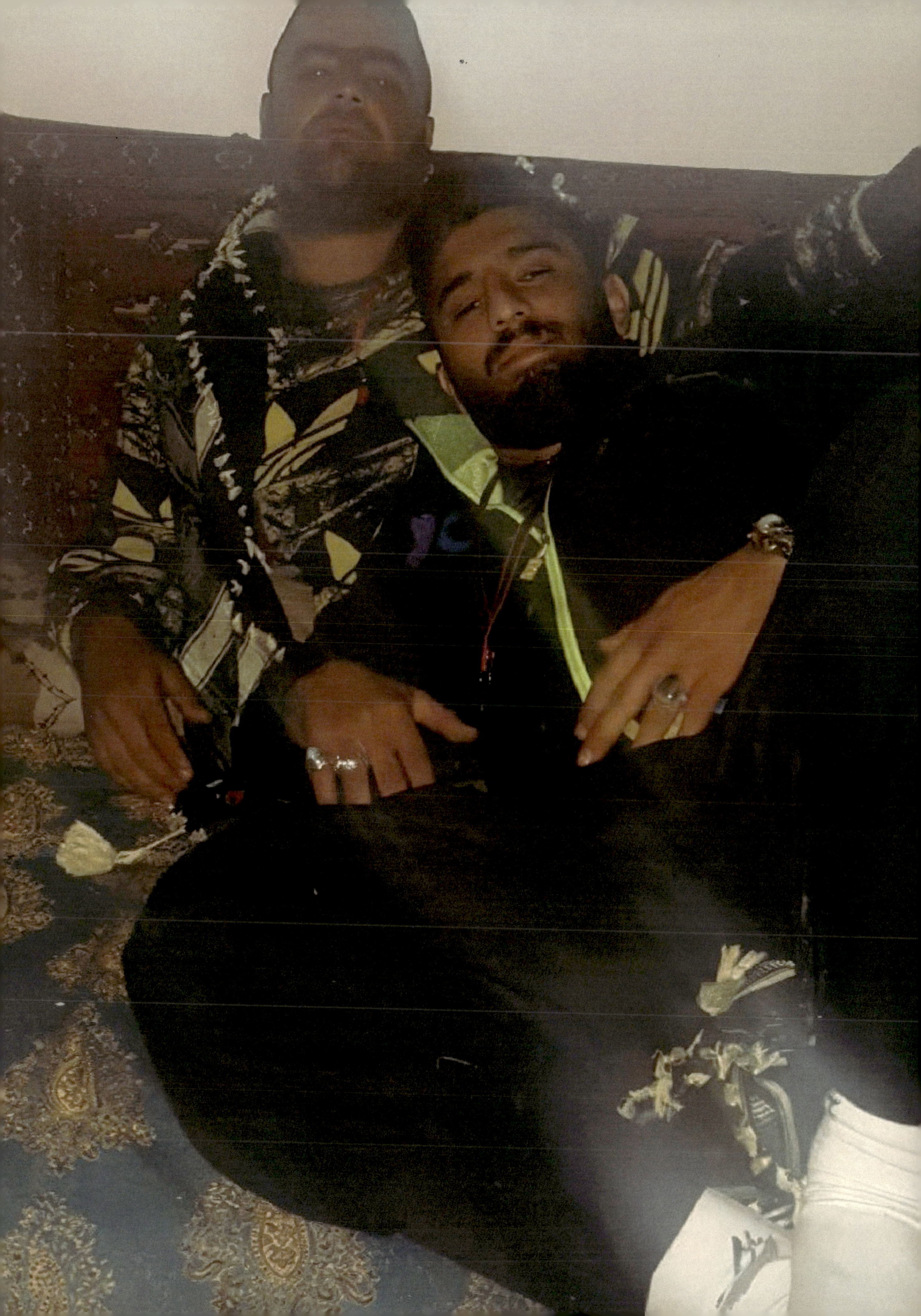

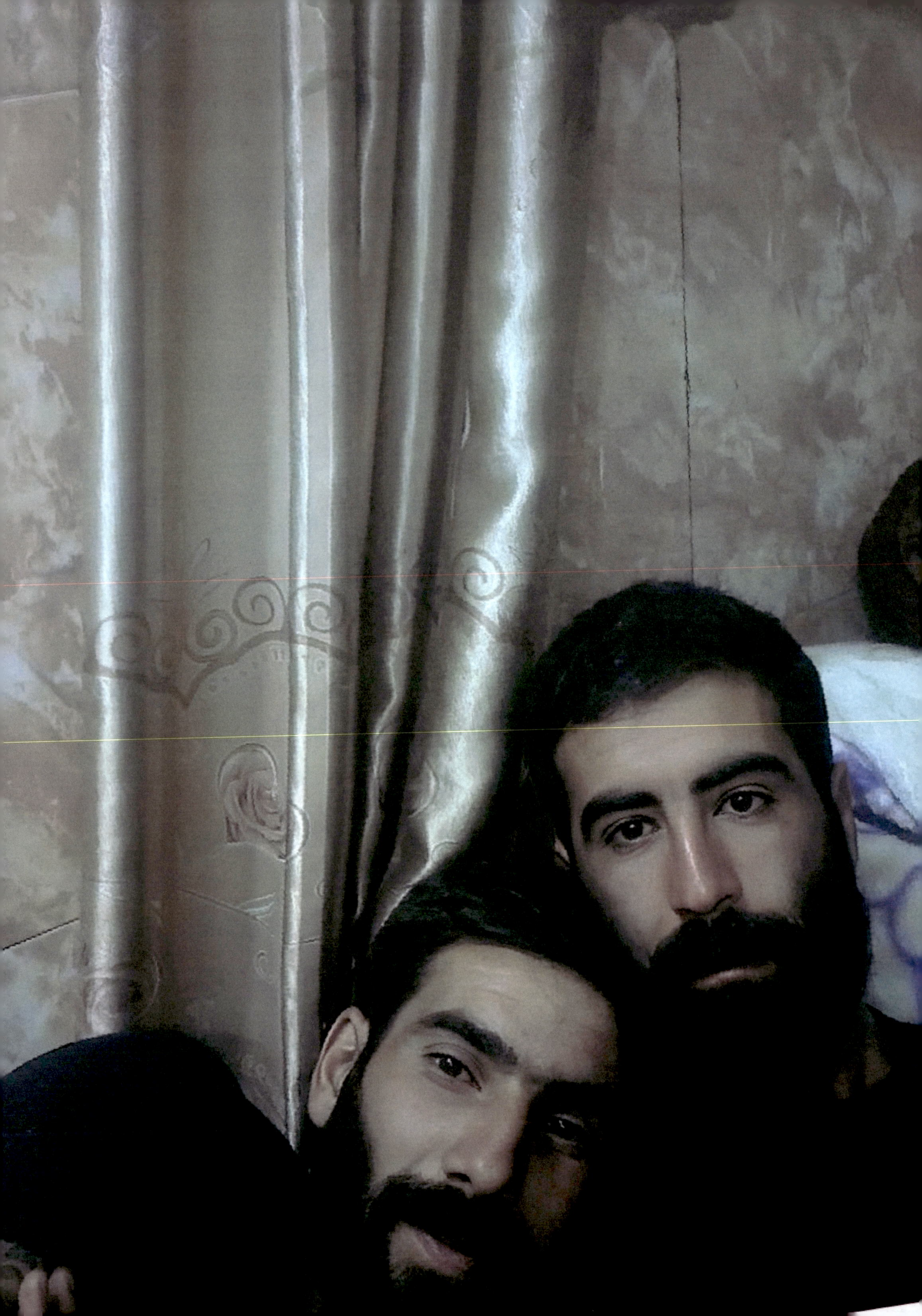

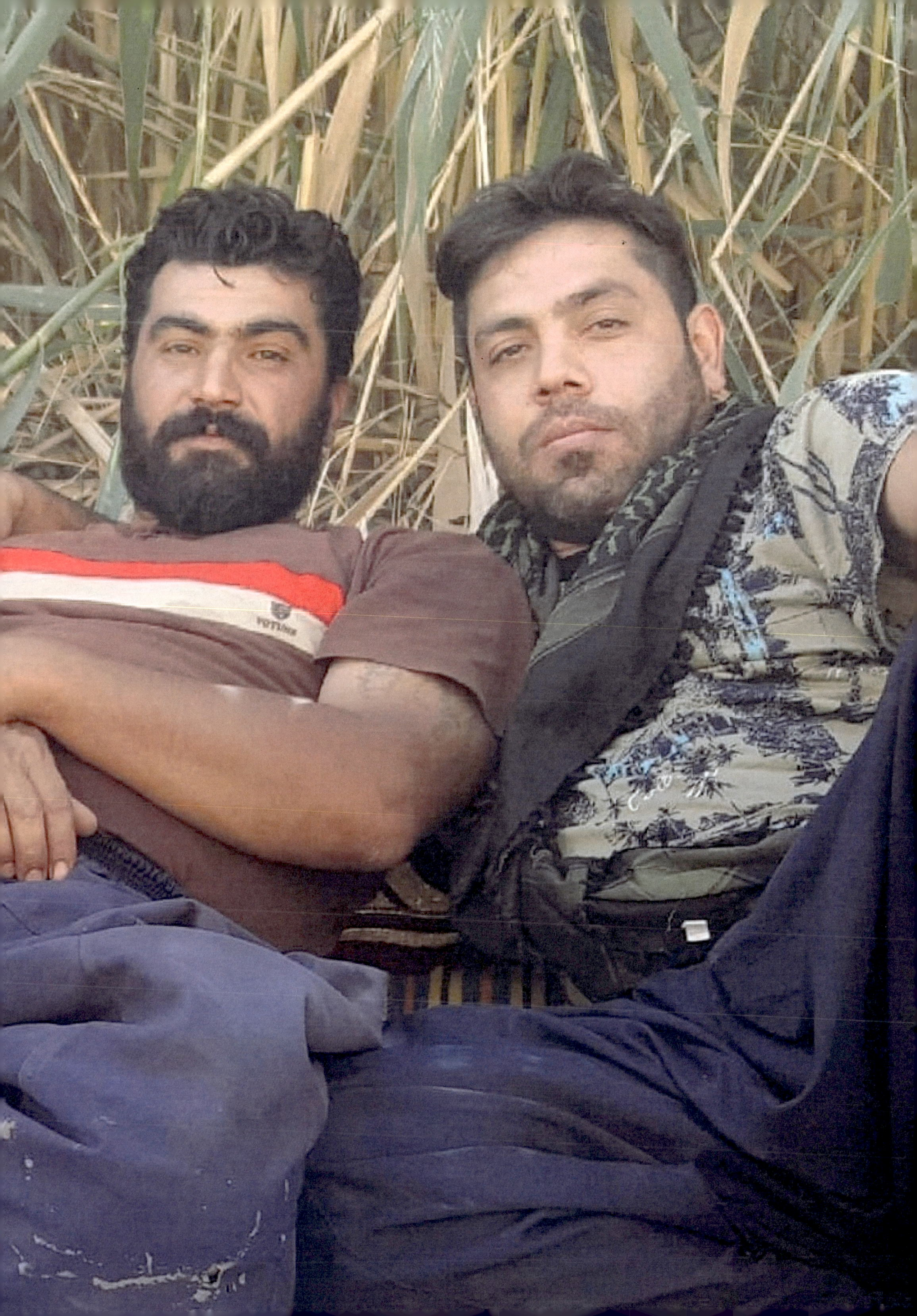

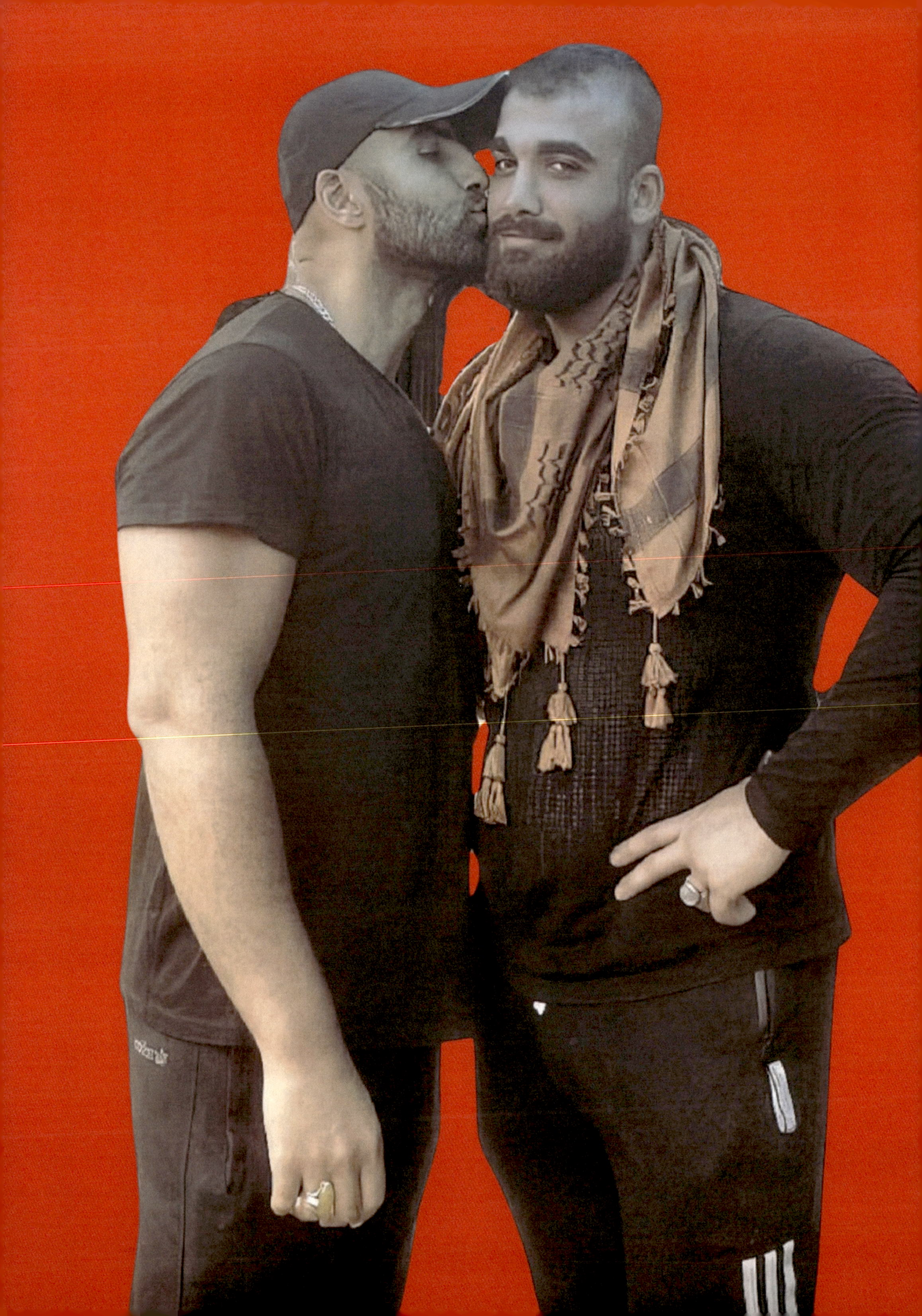

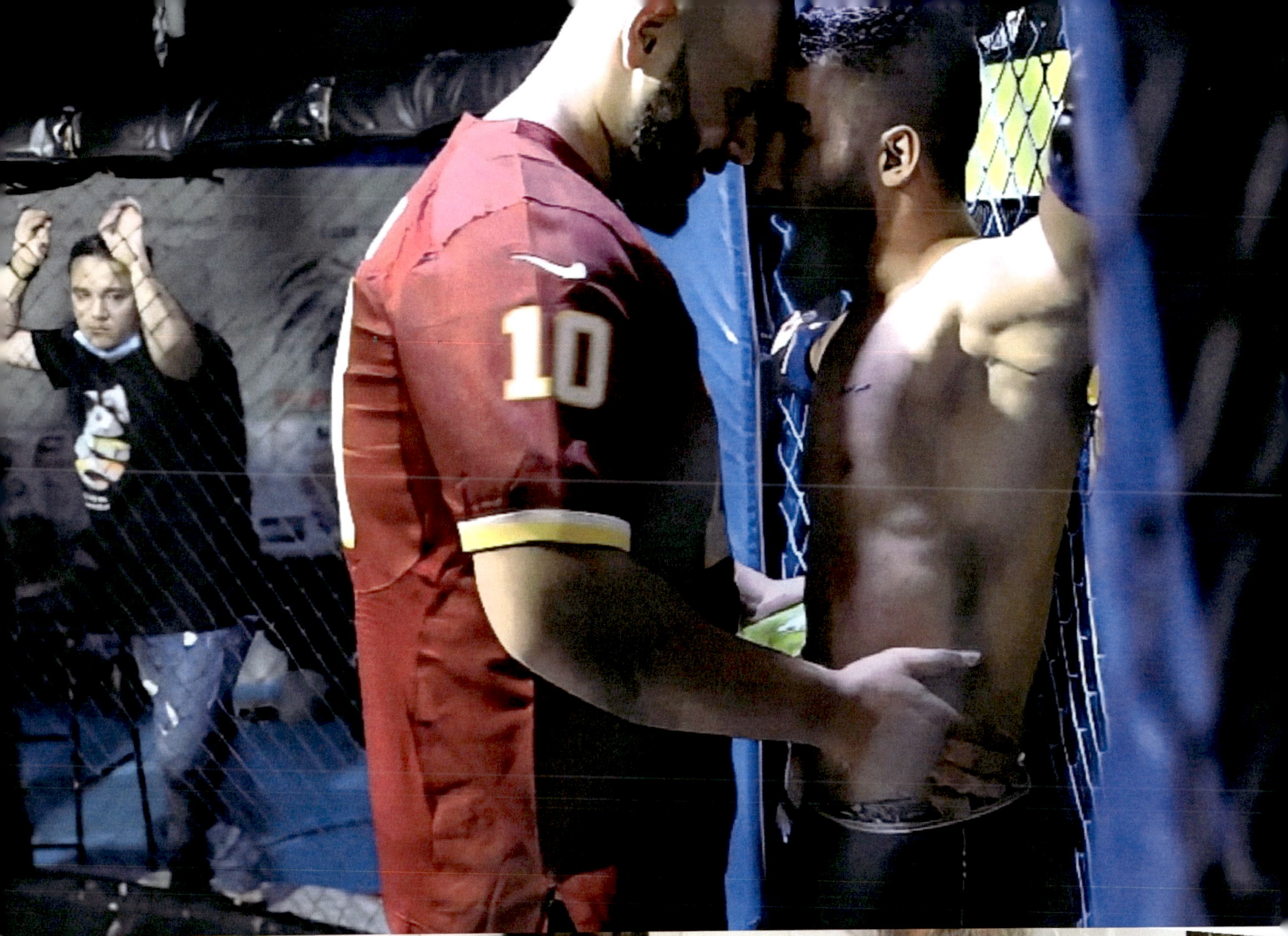
10

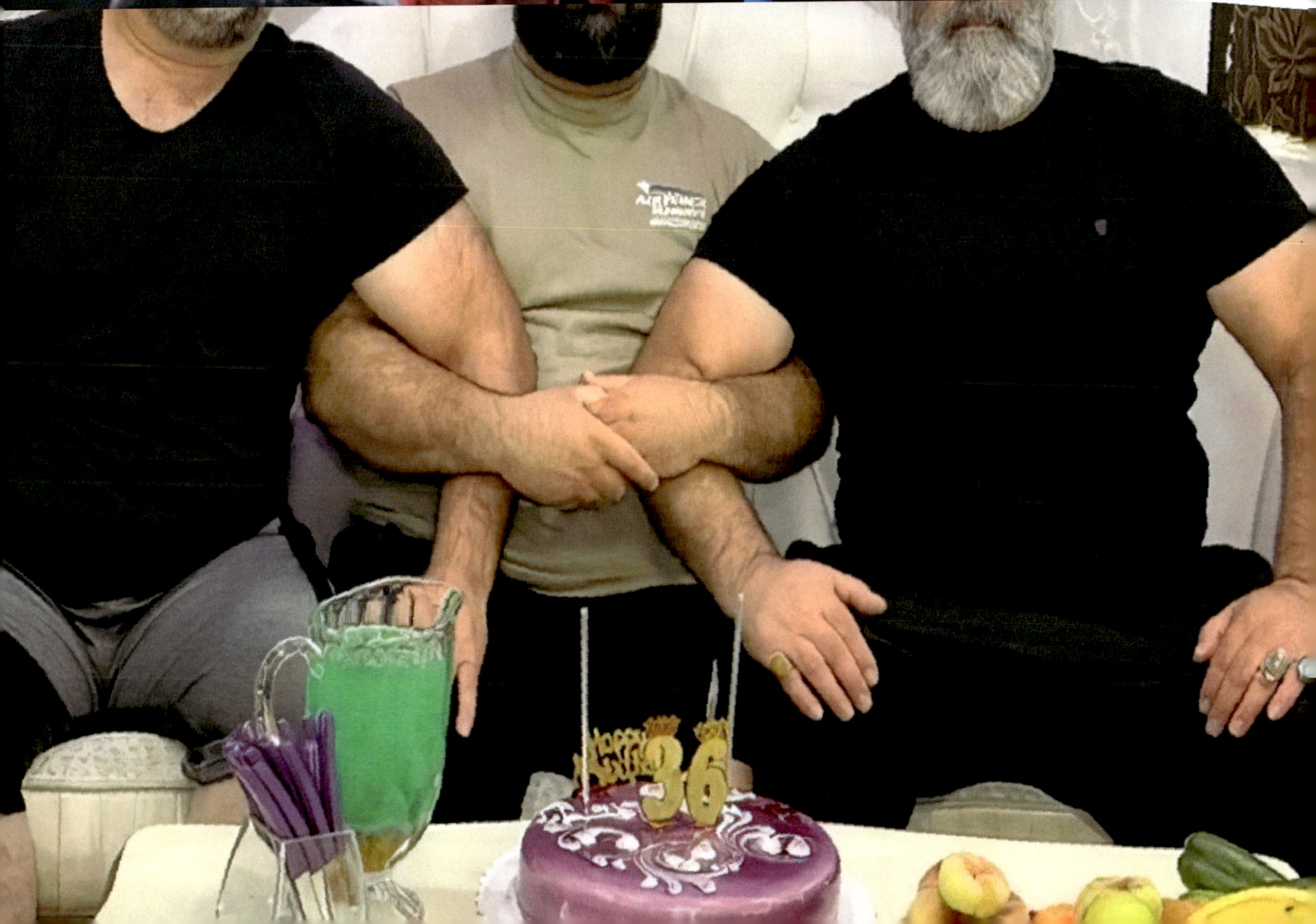
36

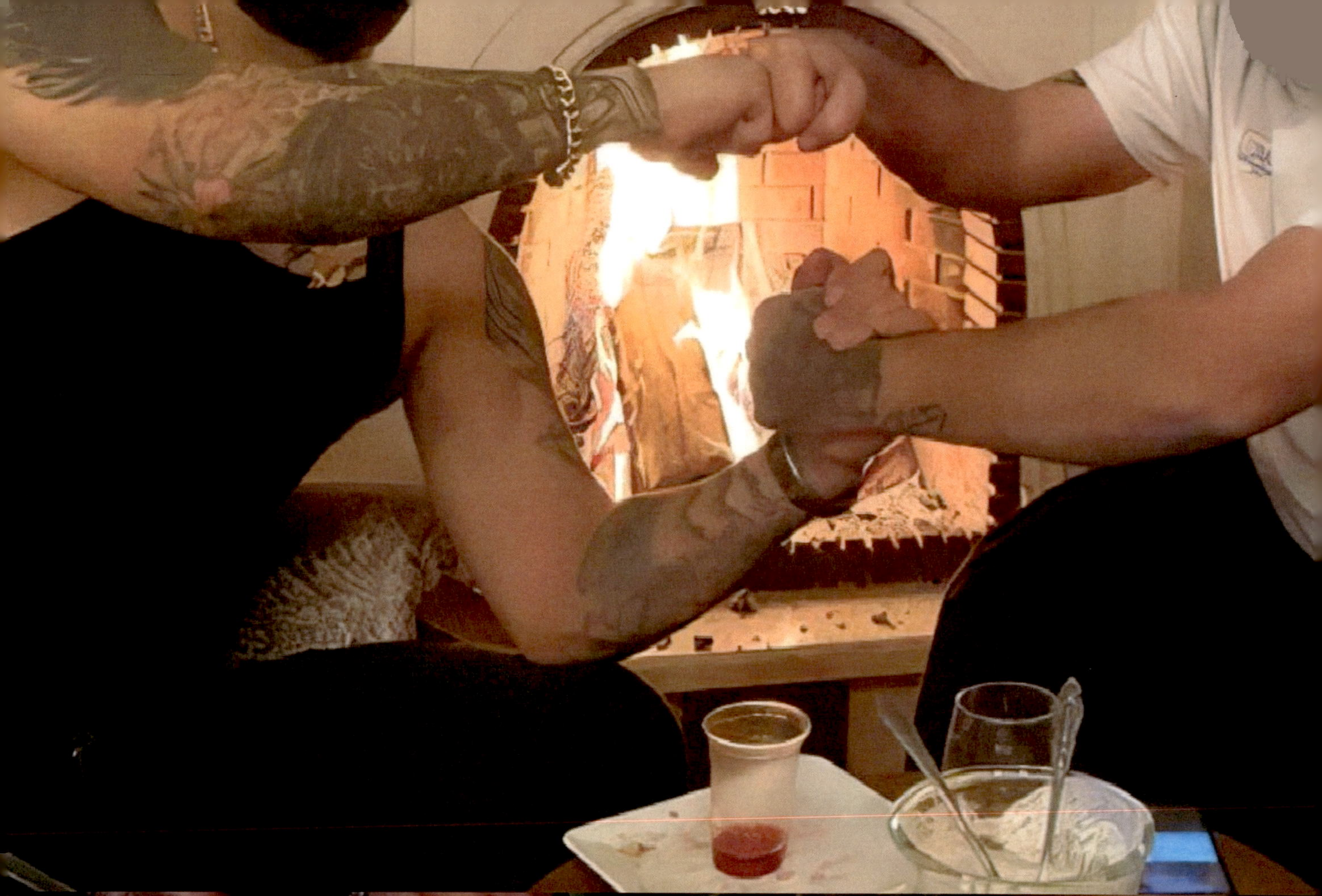

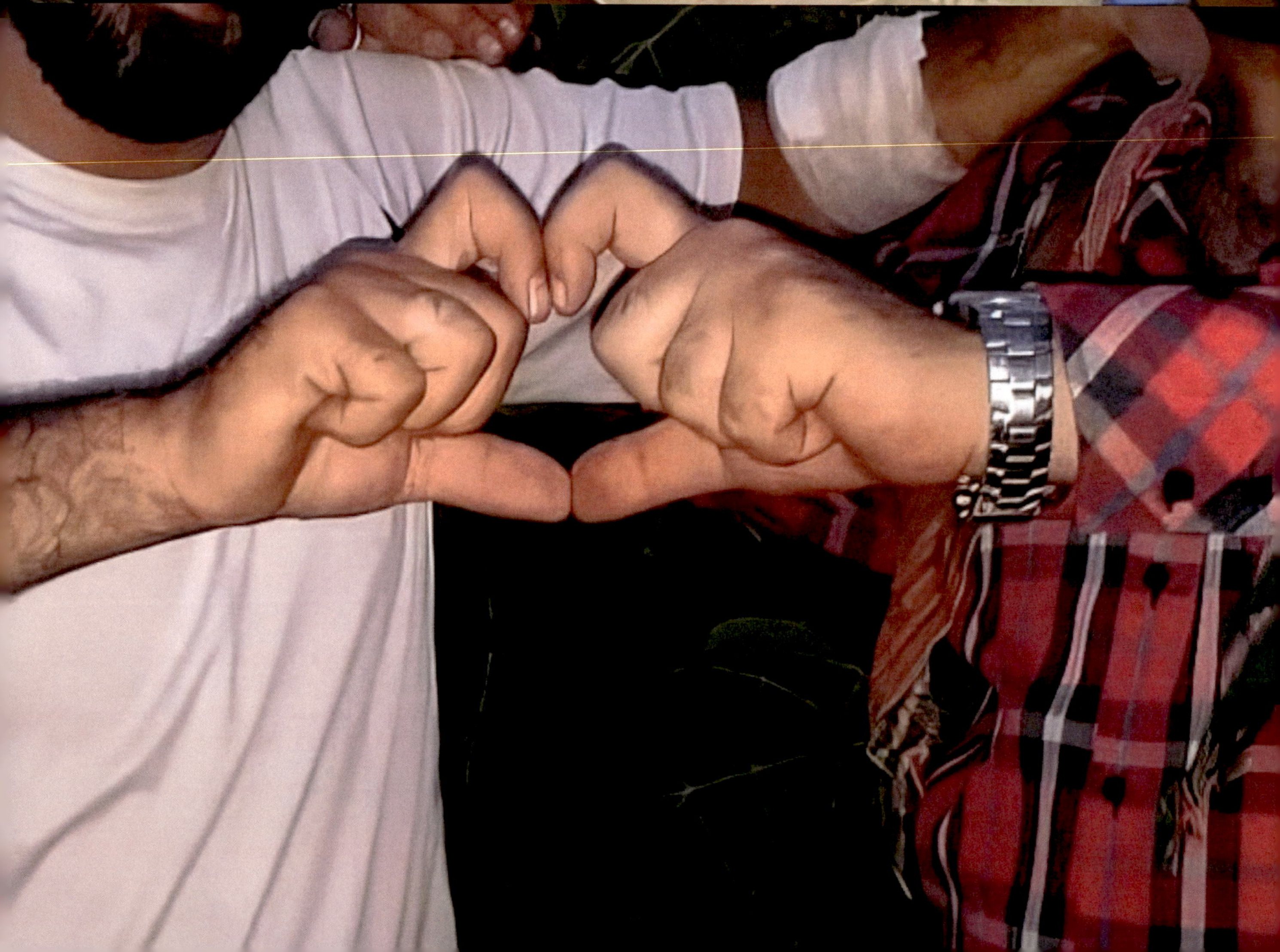

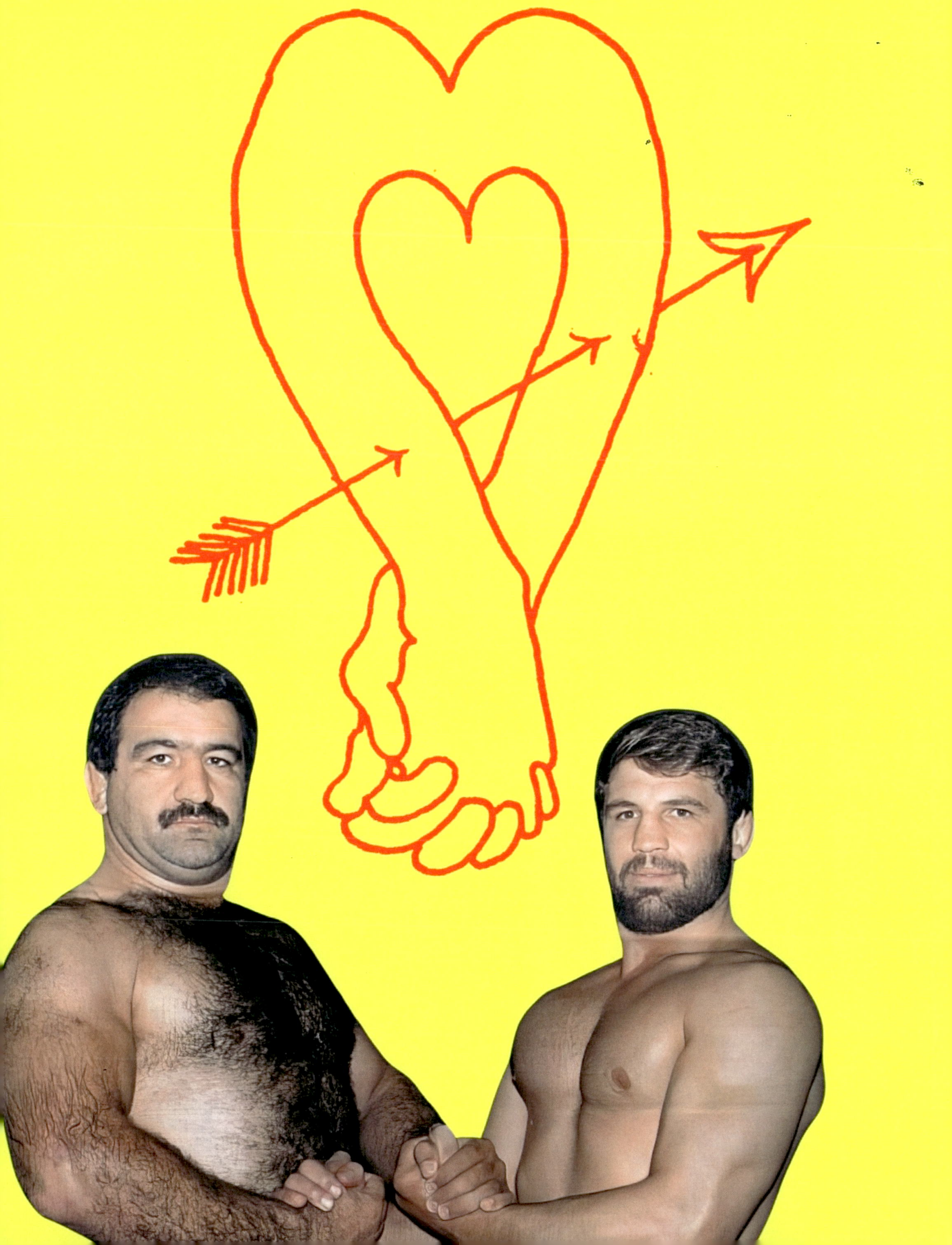

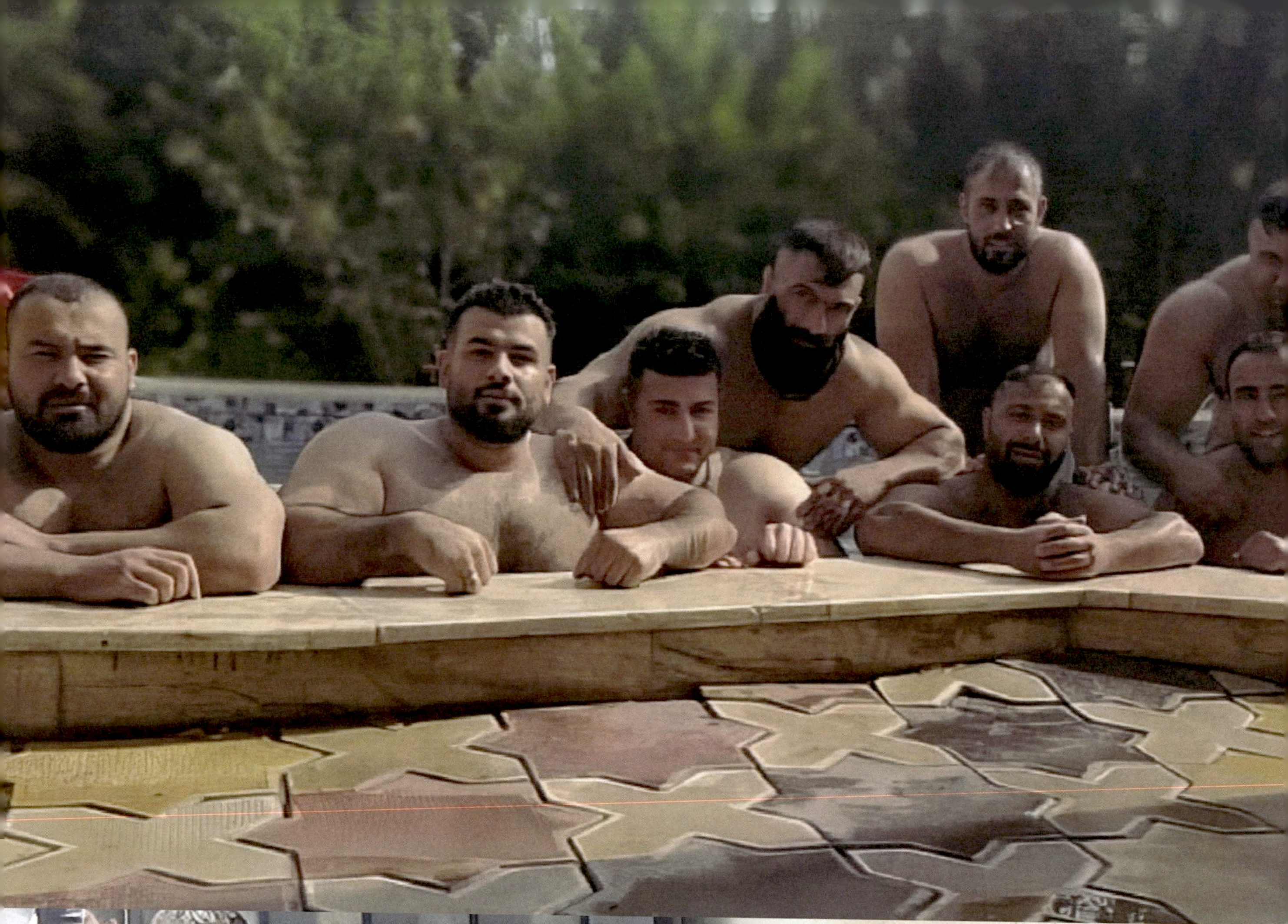
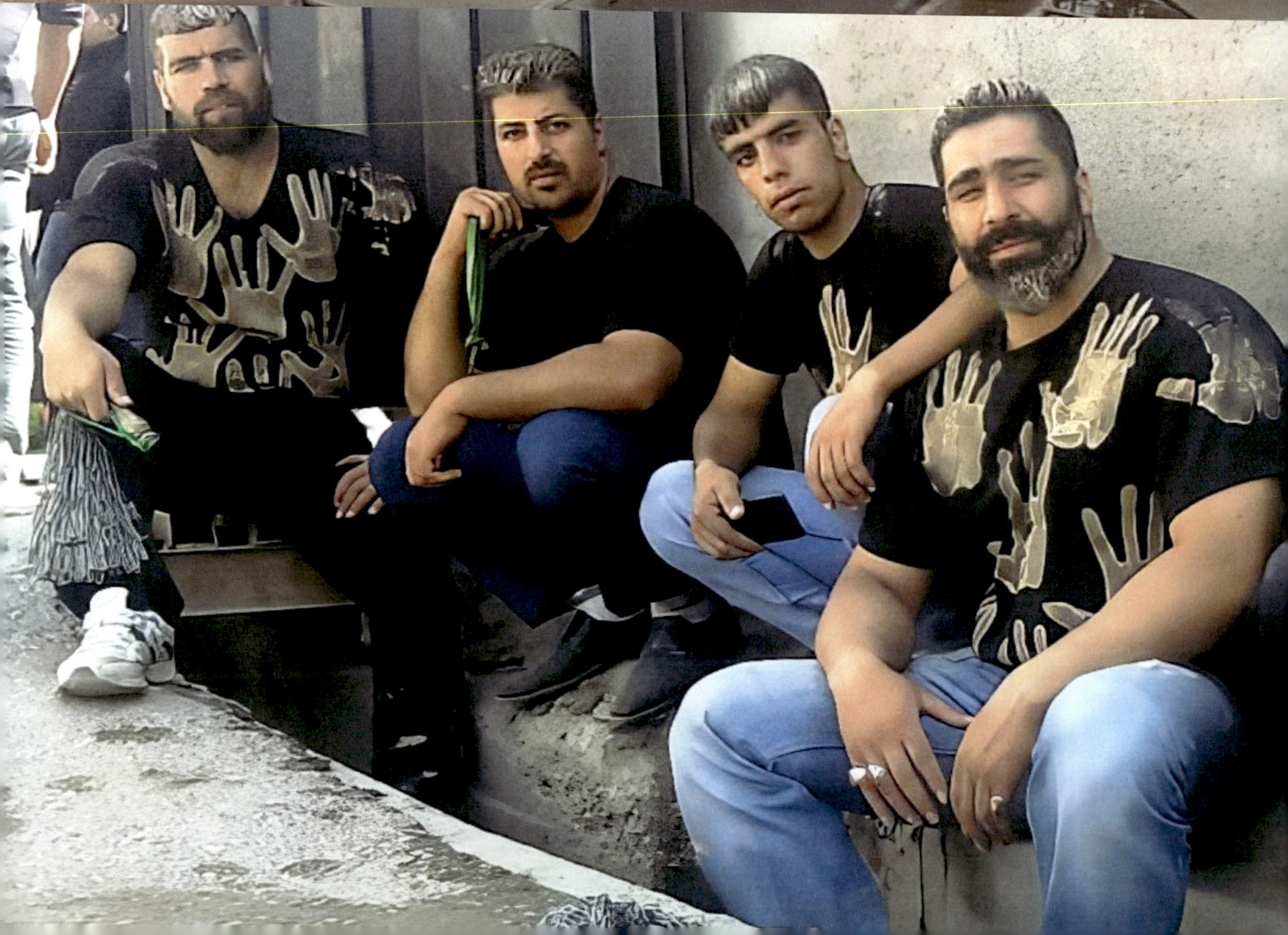

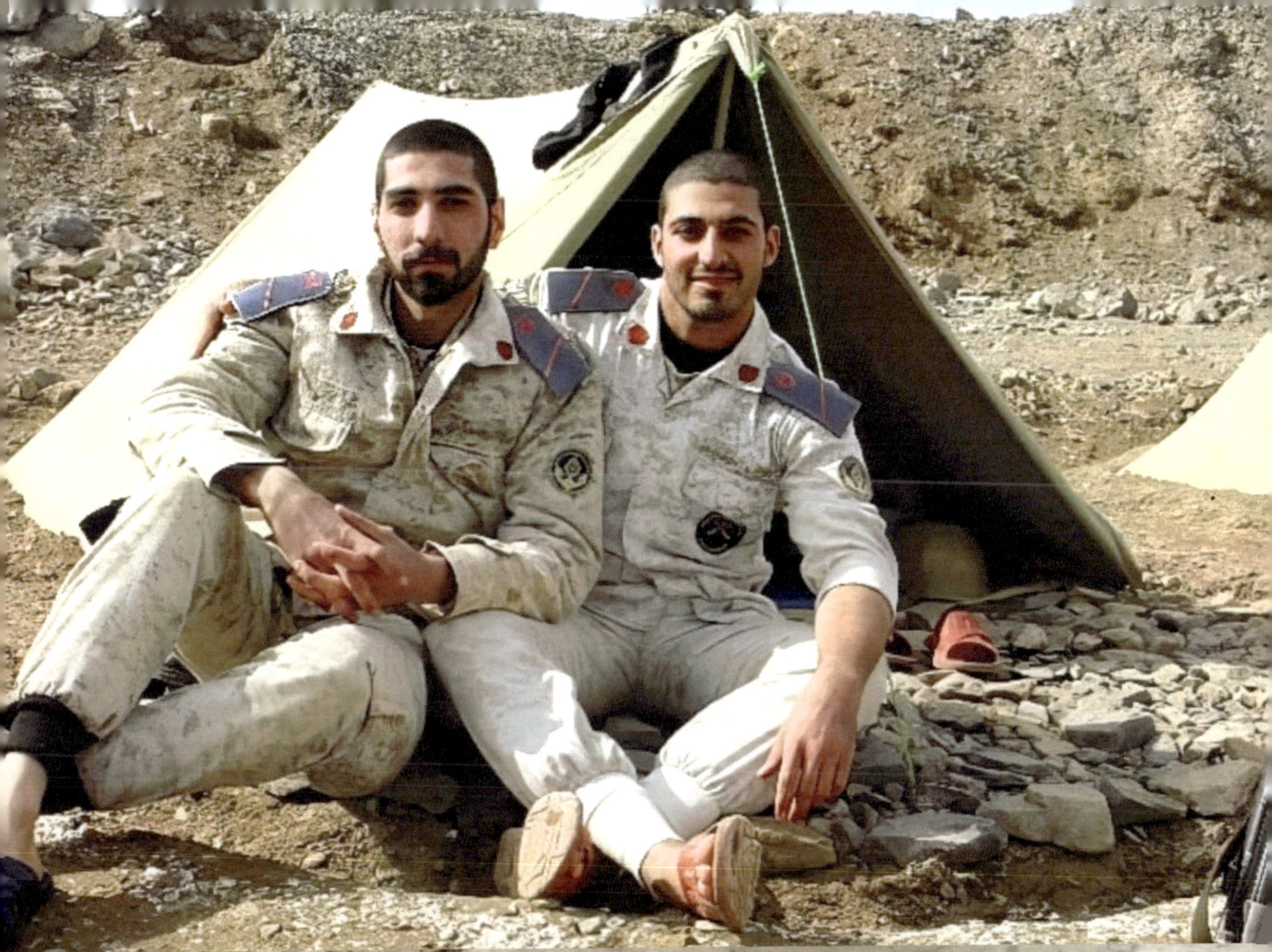
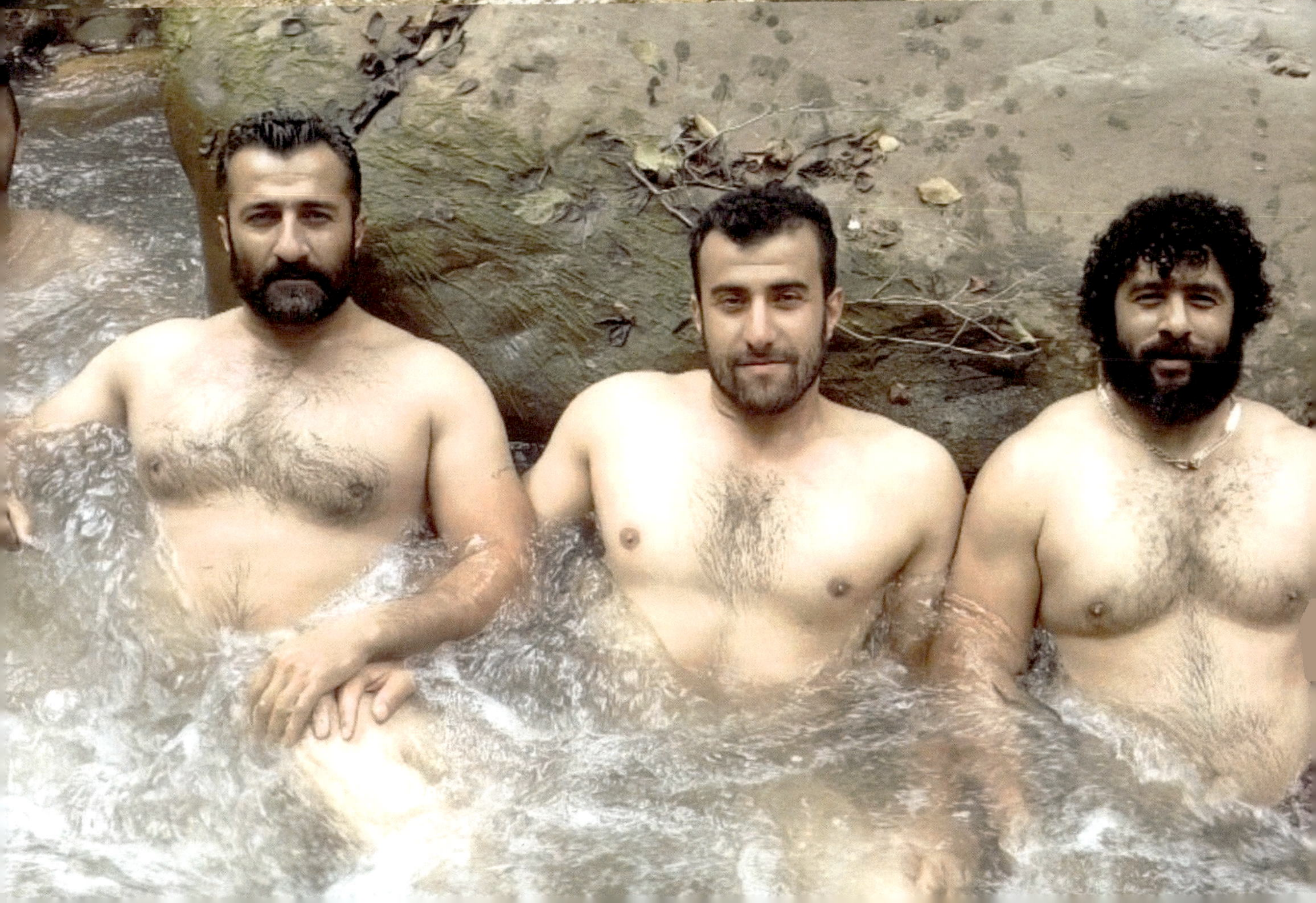

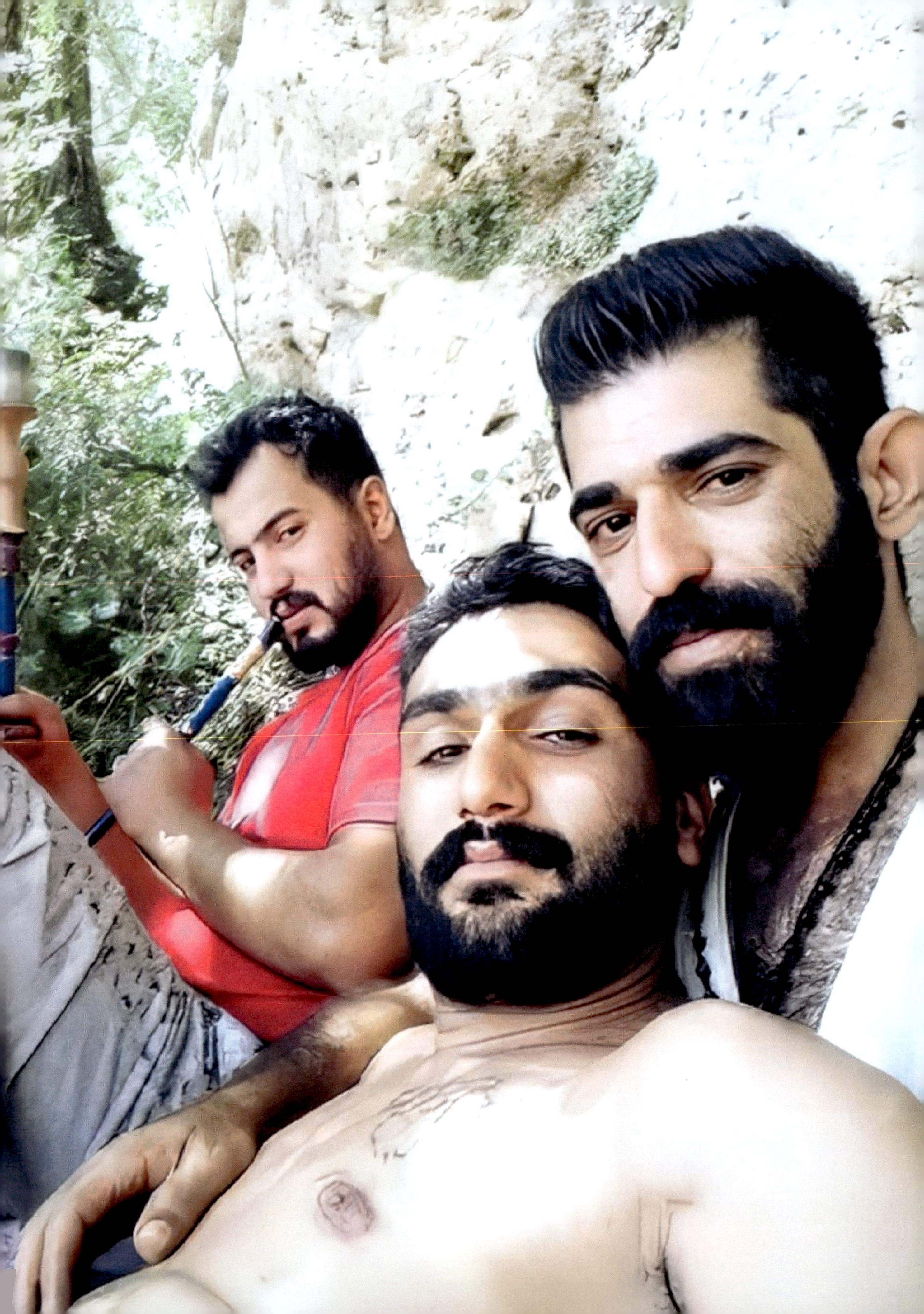

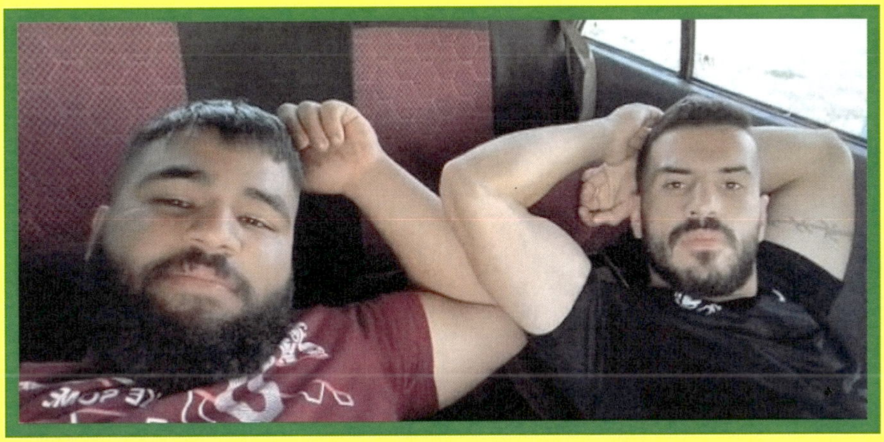

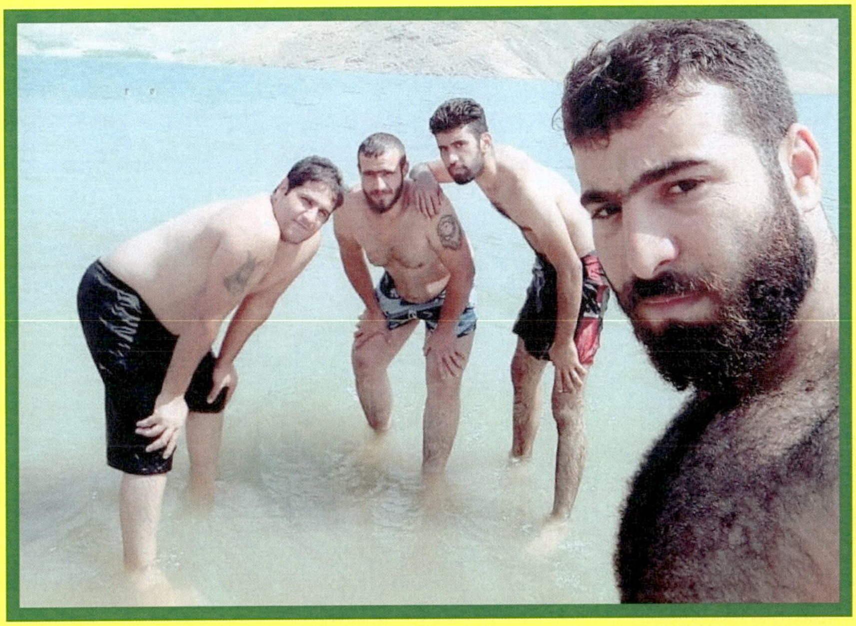

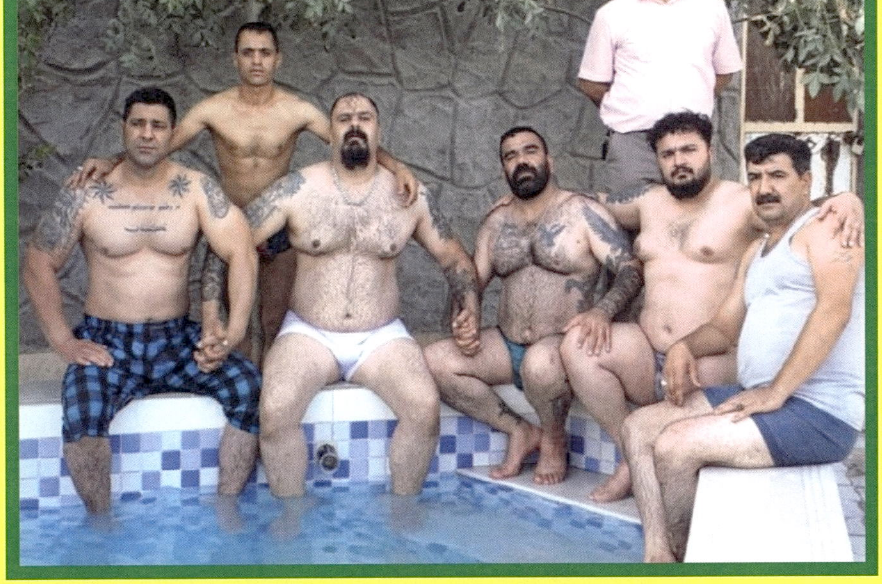

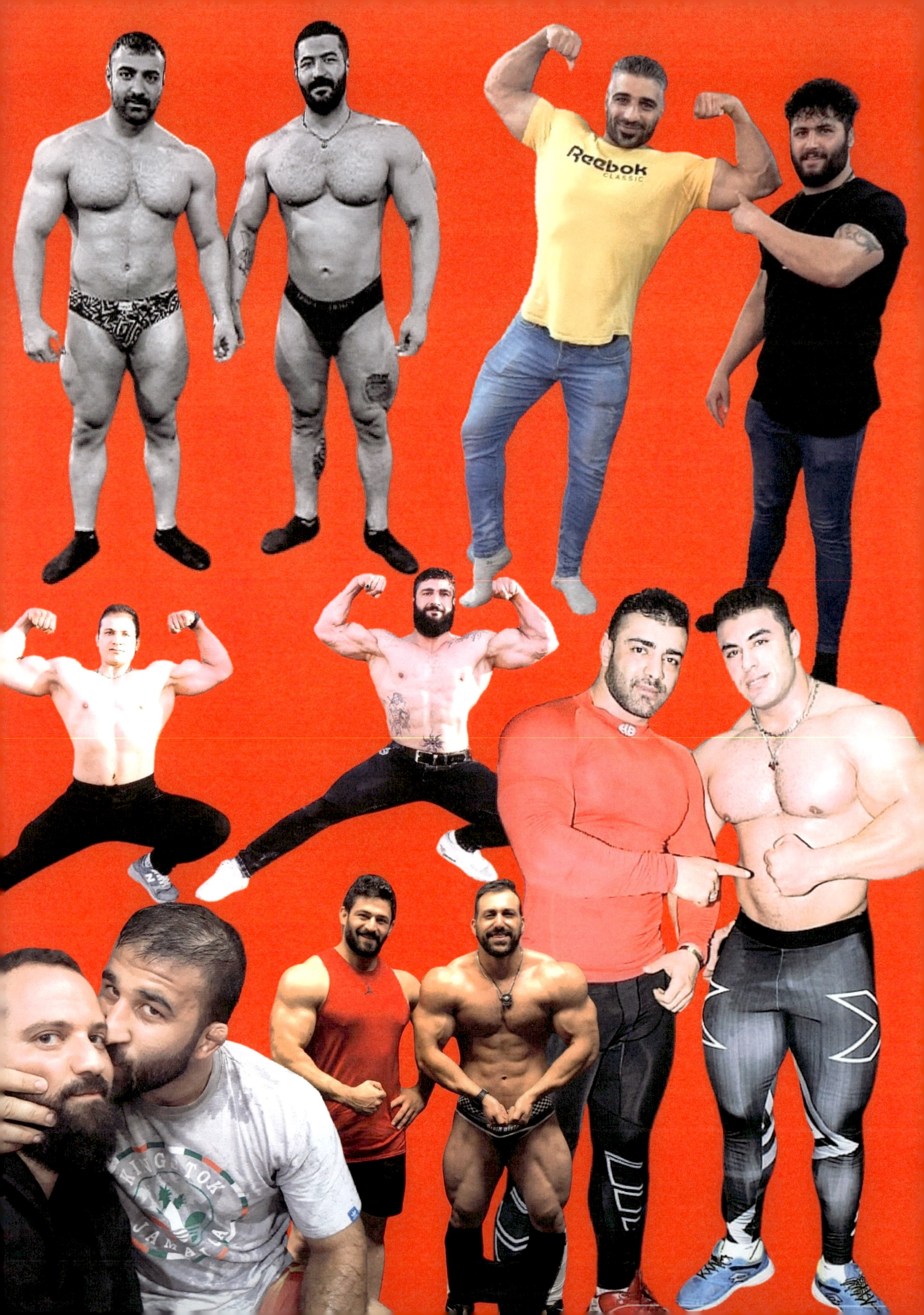
Reebok
CLASSIC

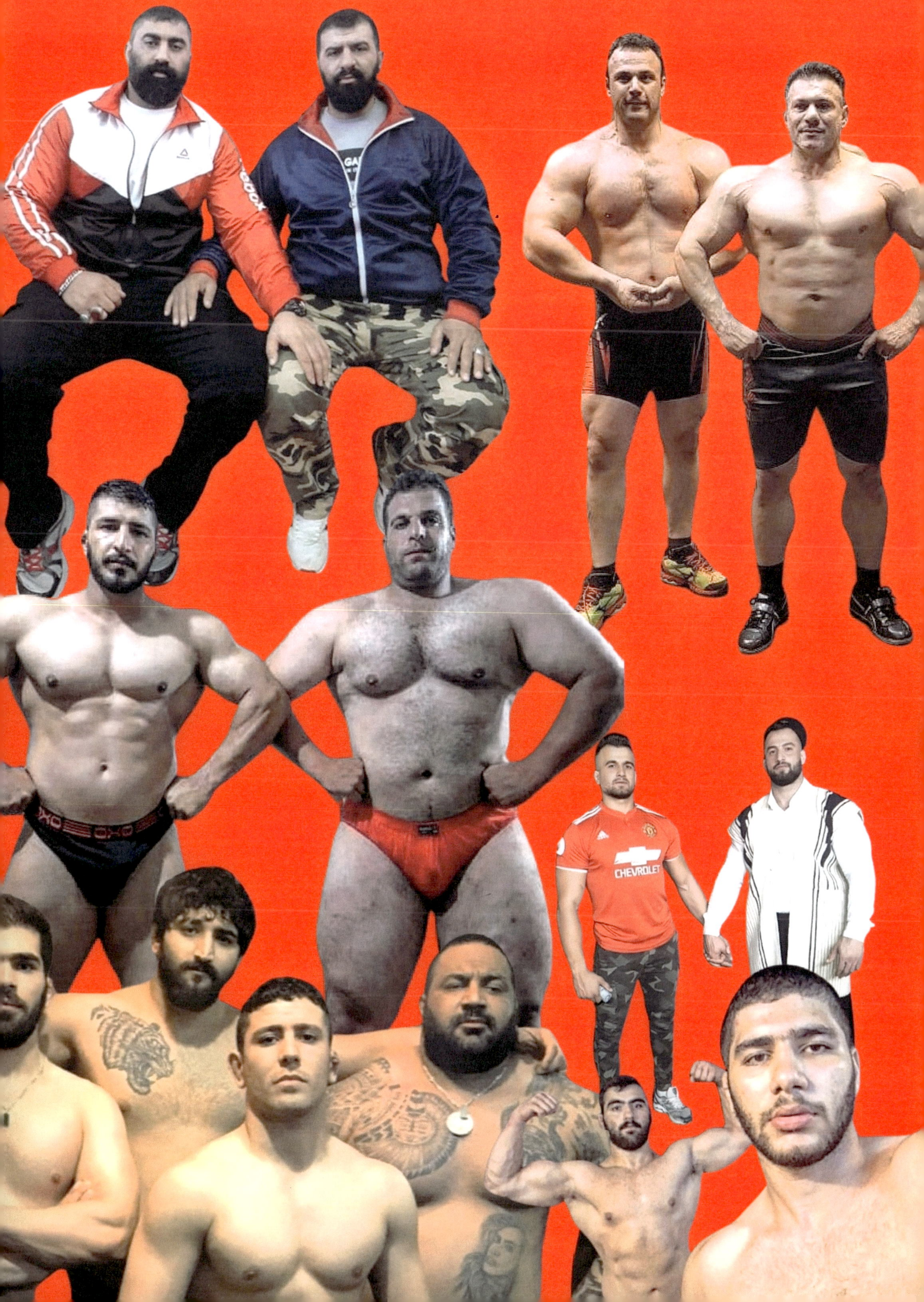
CHEVROLET

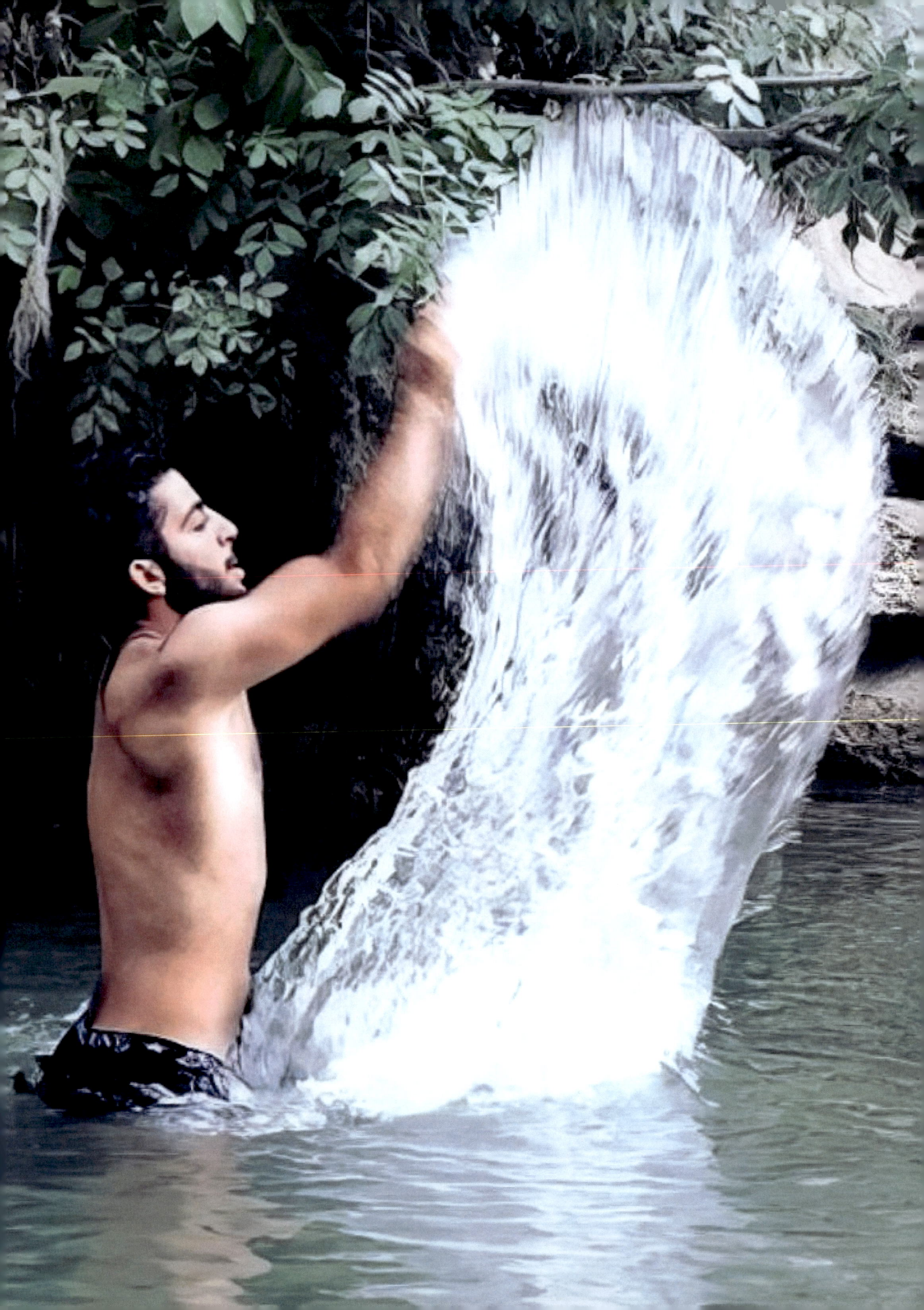

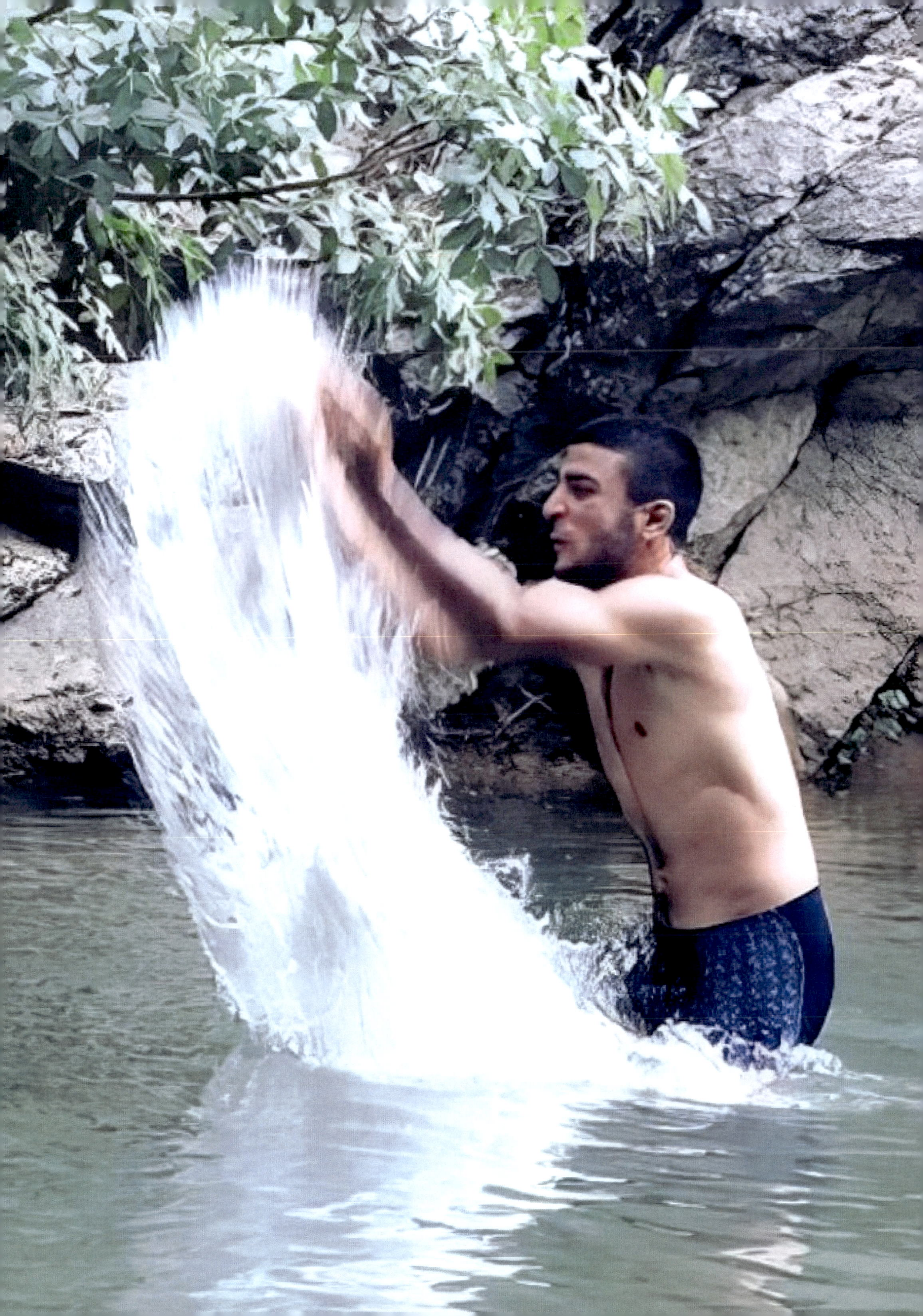

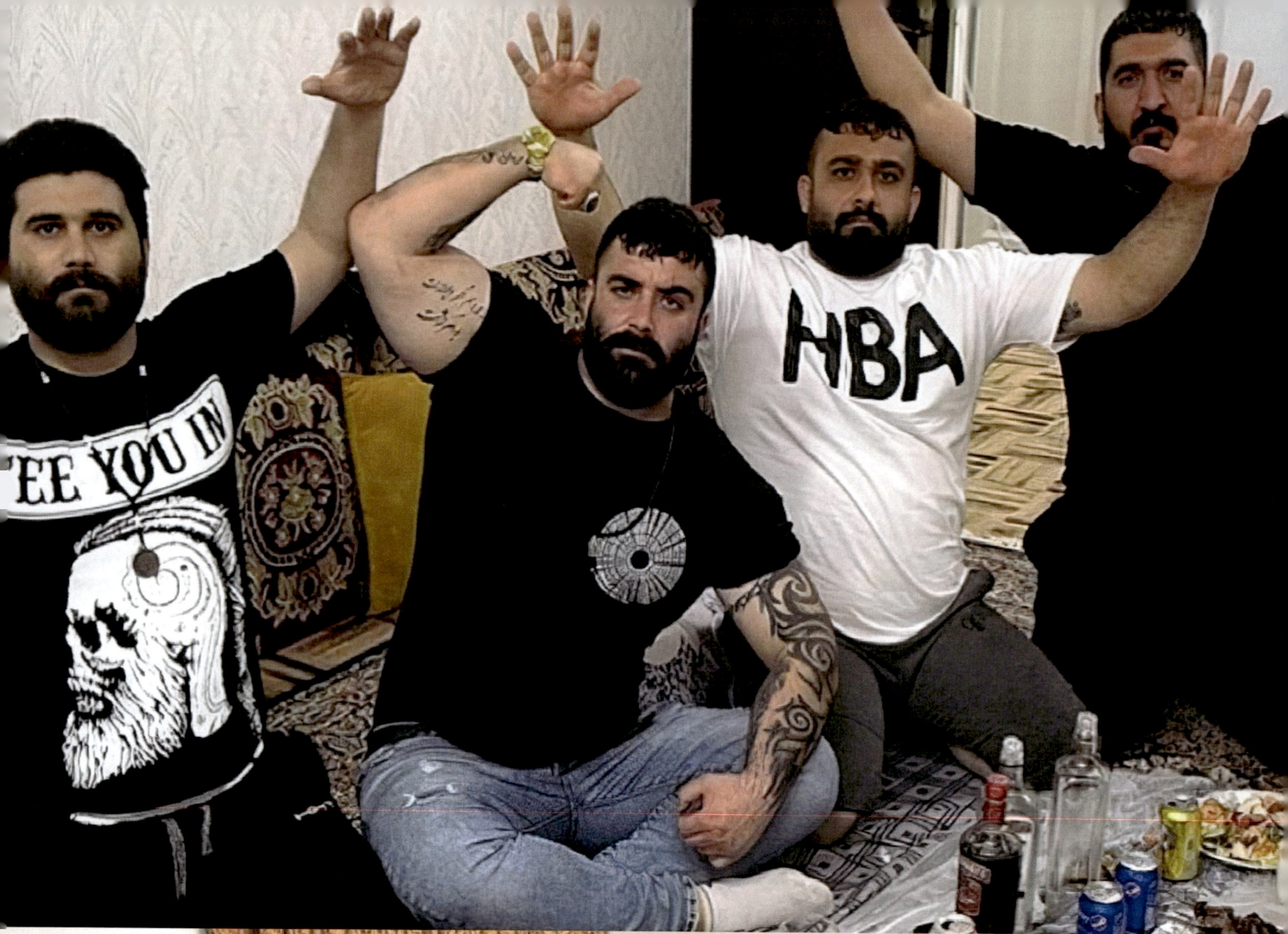
HBA

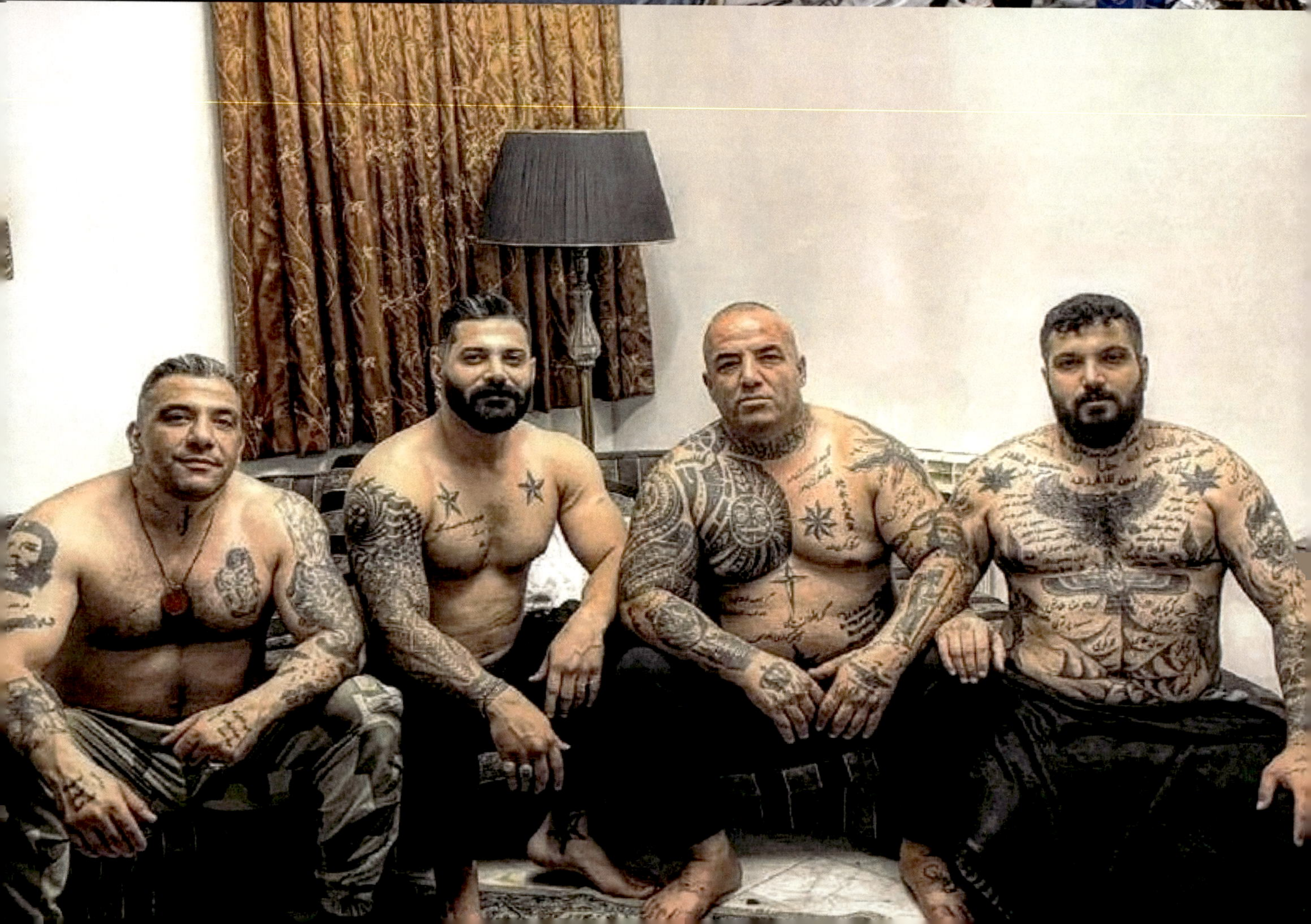

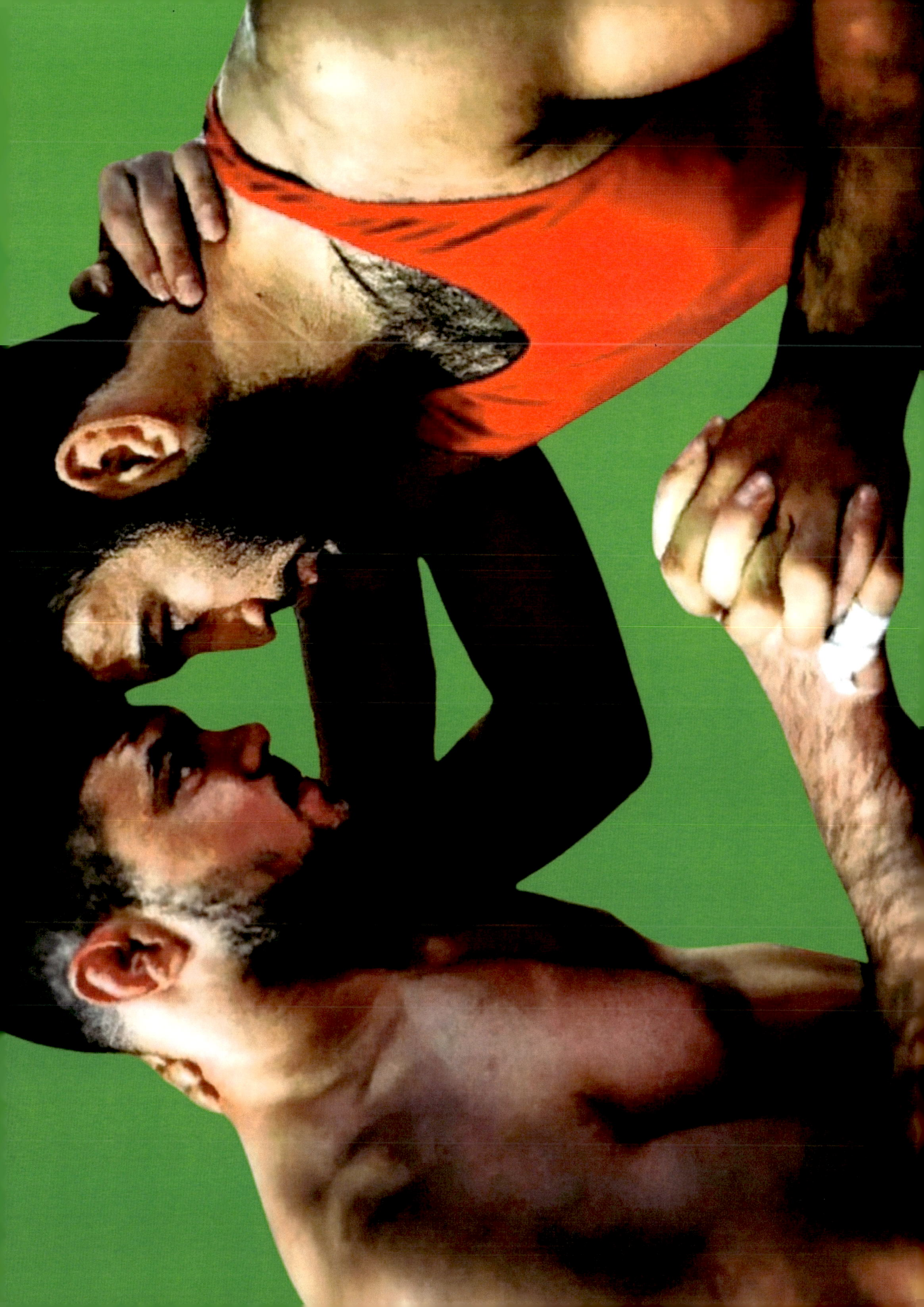

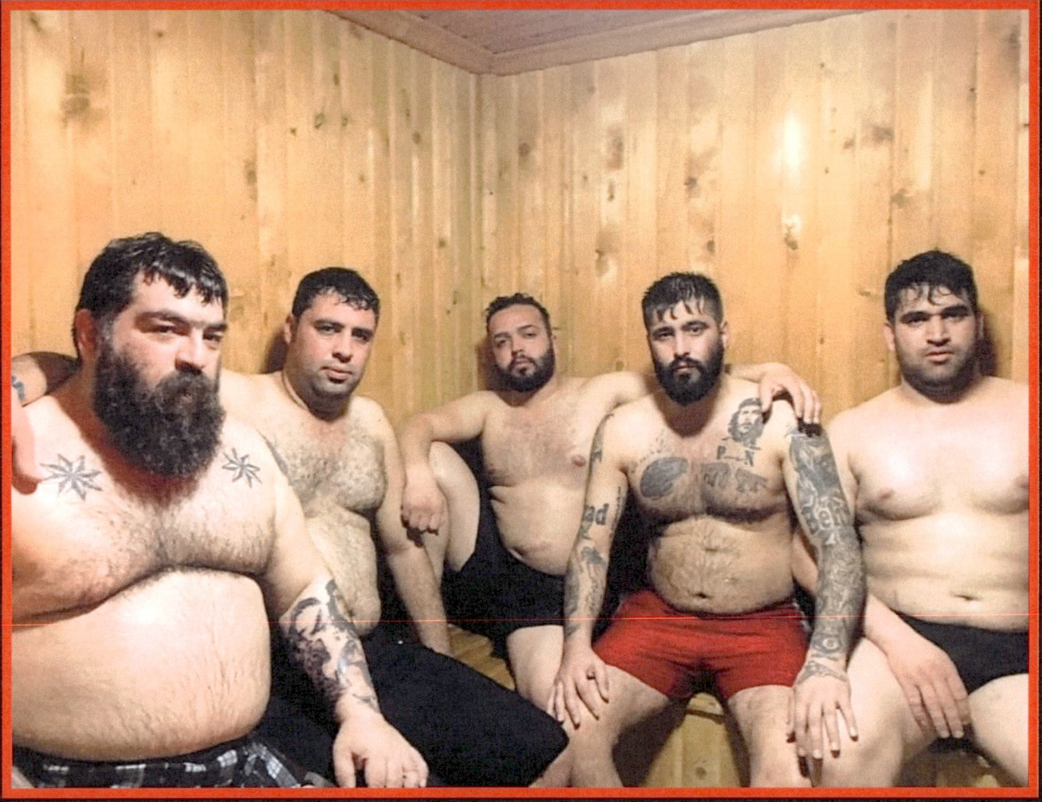

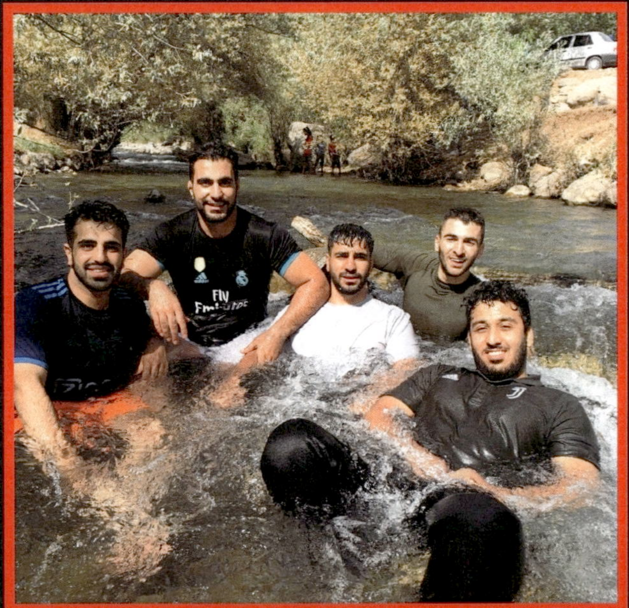

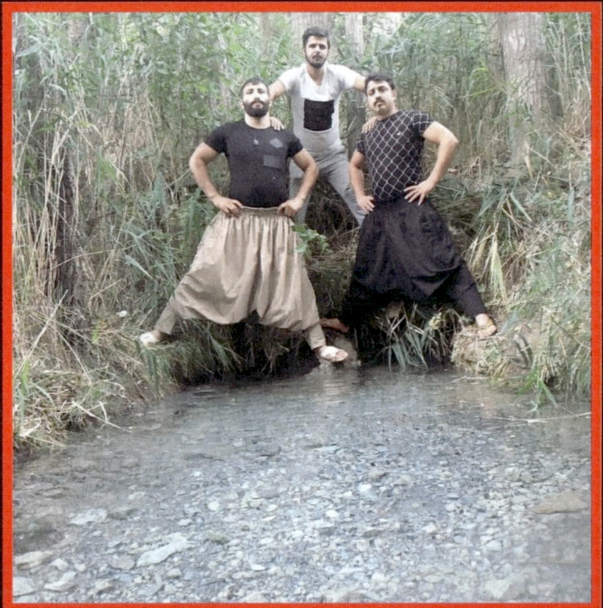

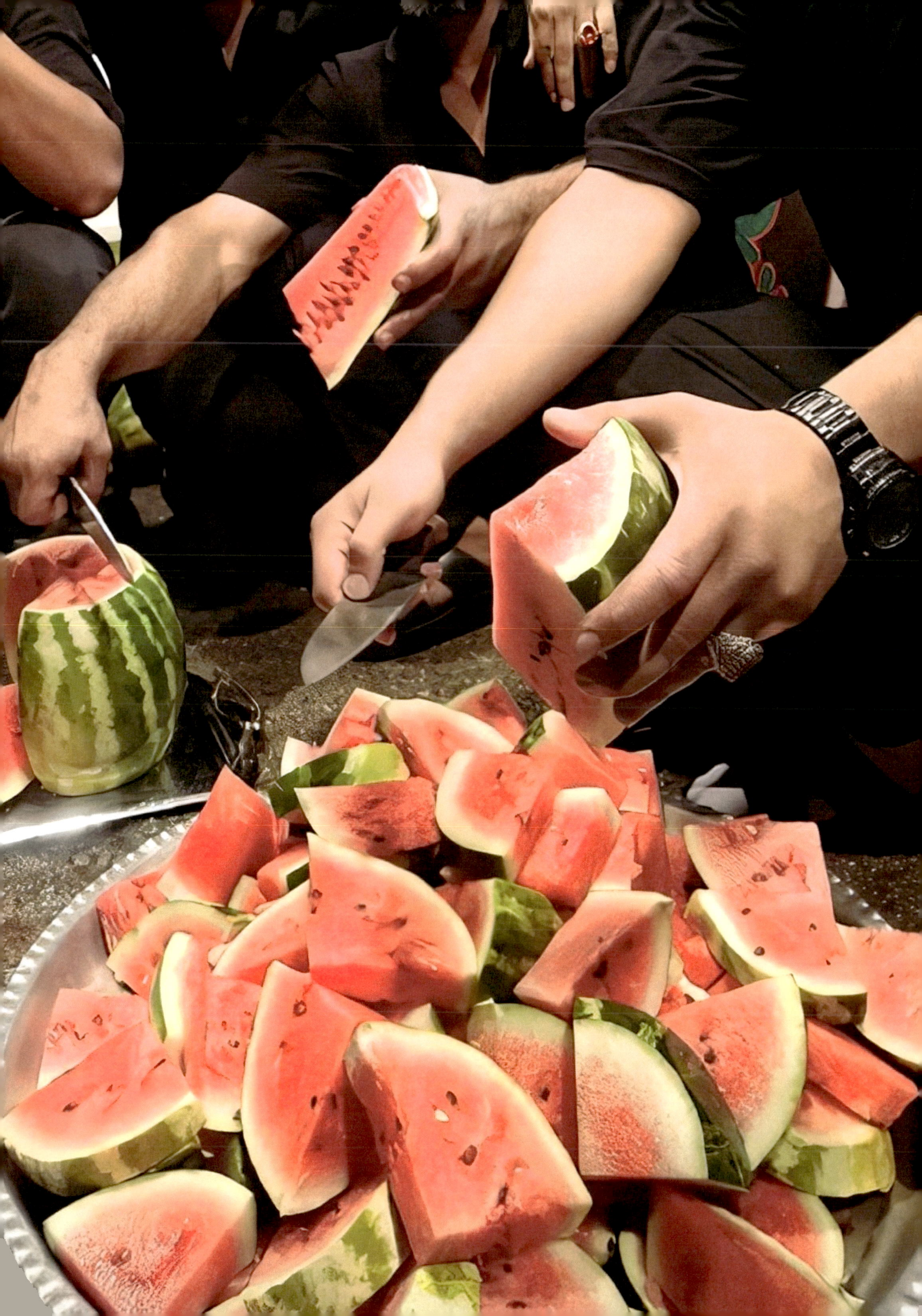

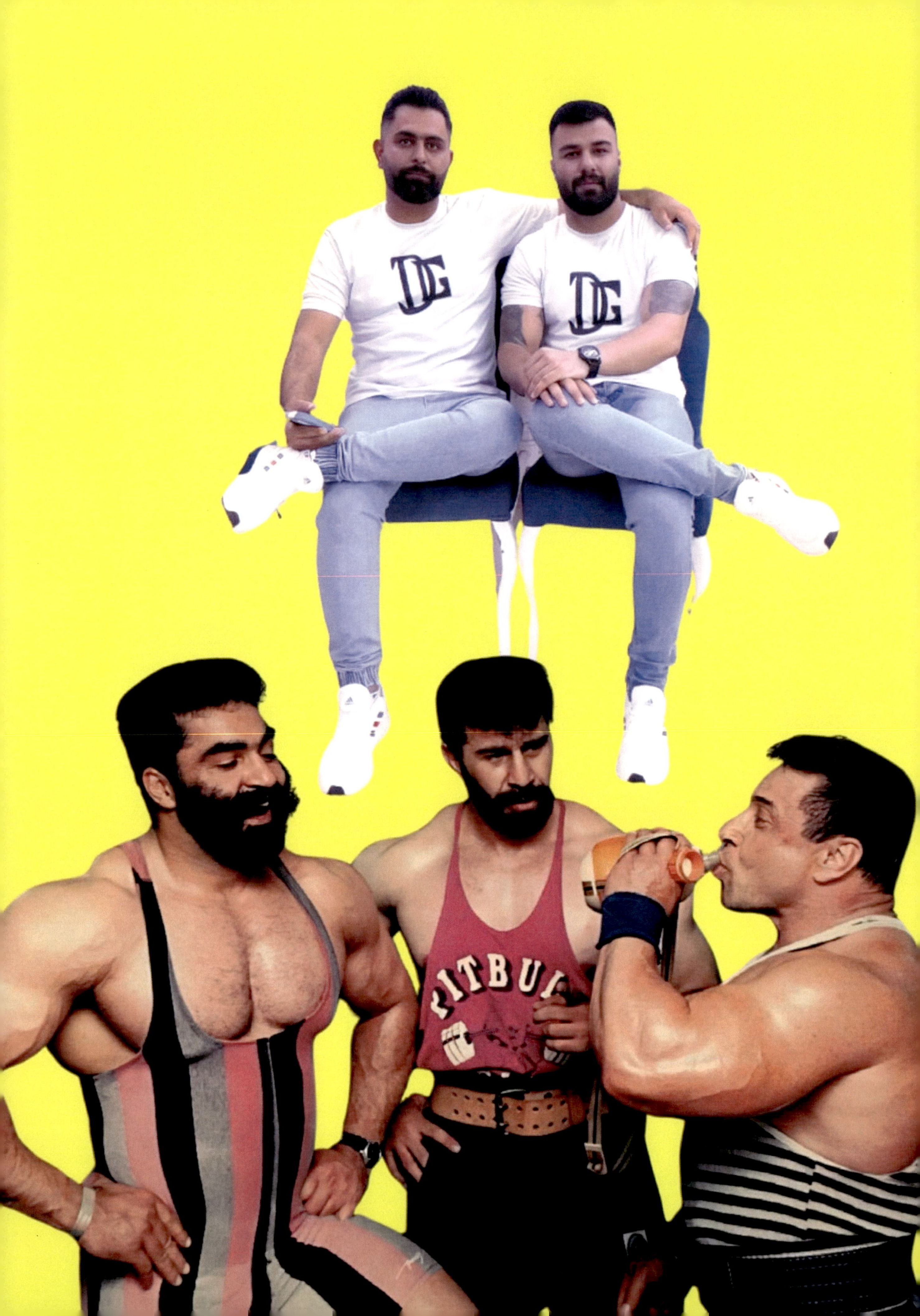
DG
DG

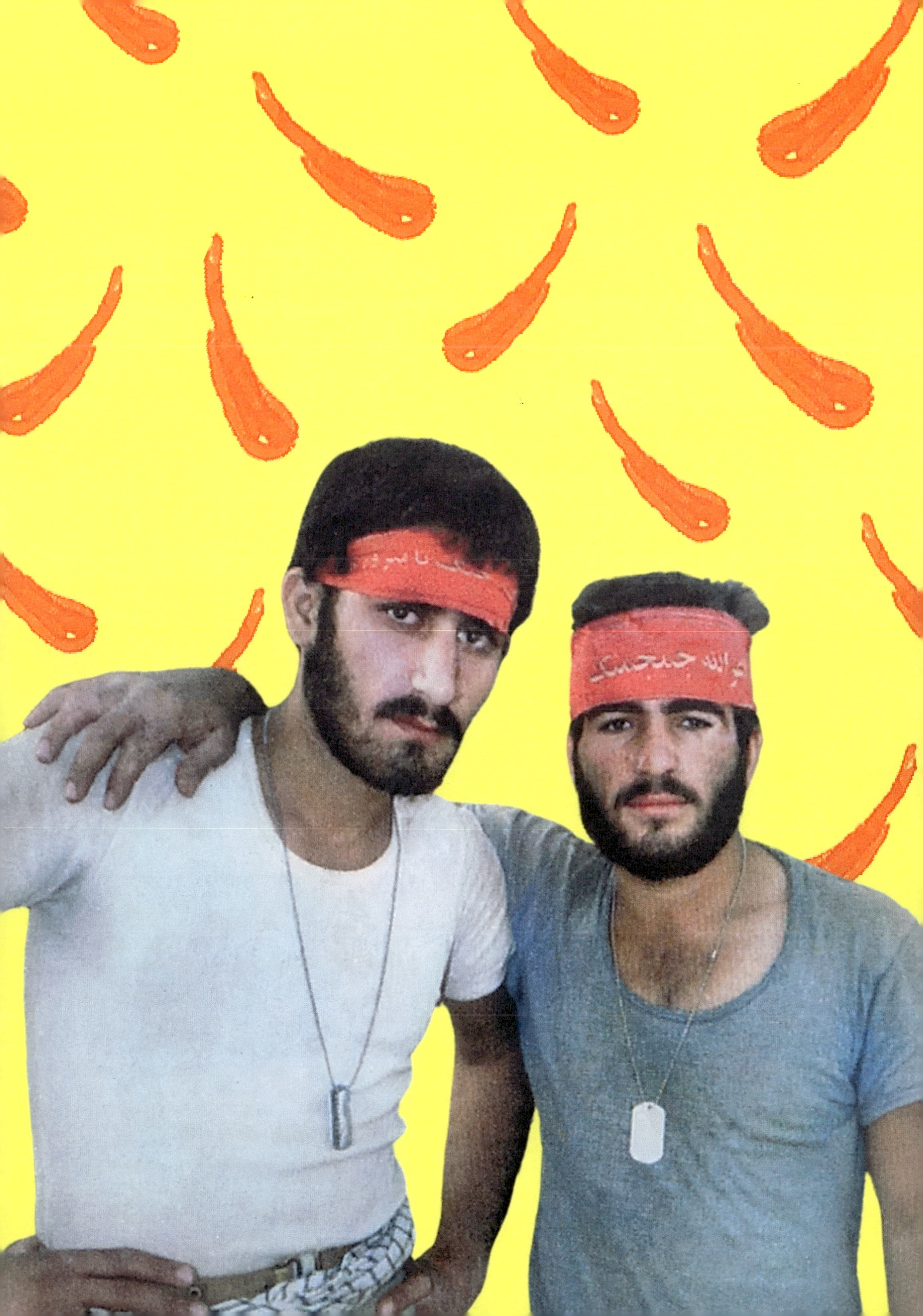

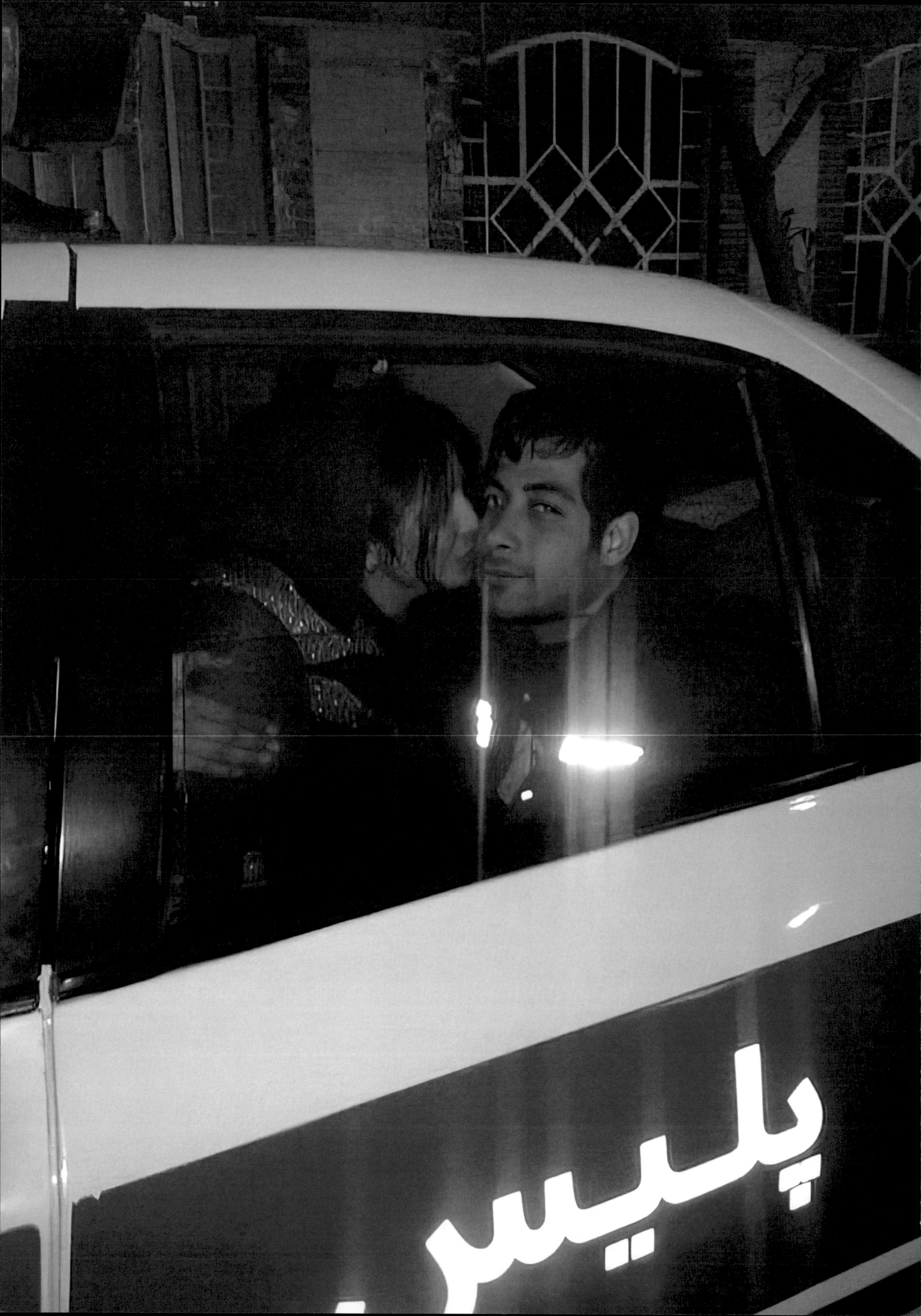
پلیس

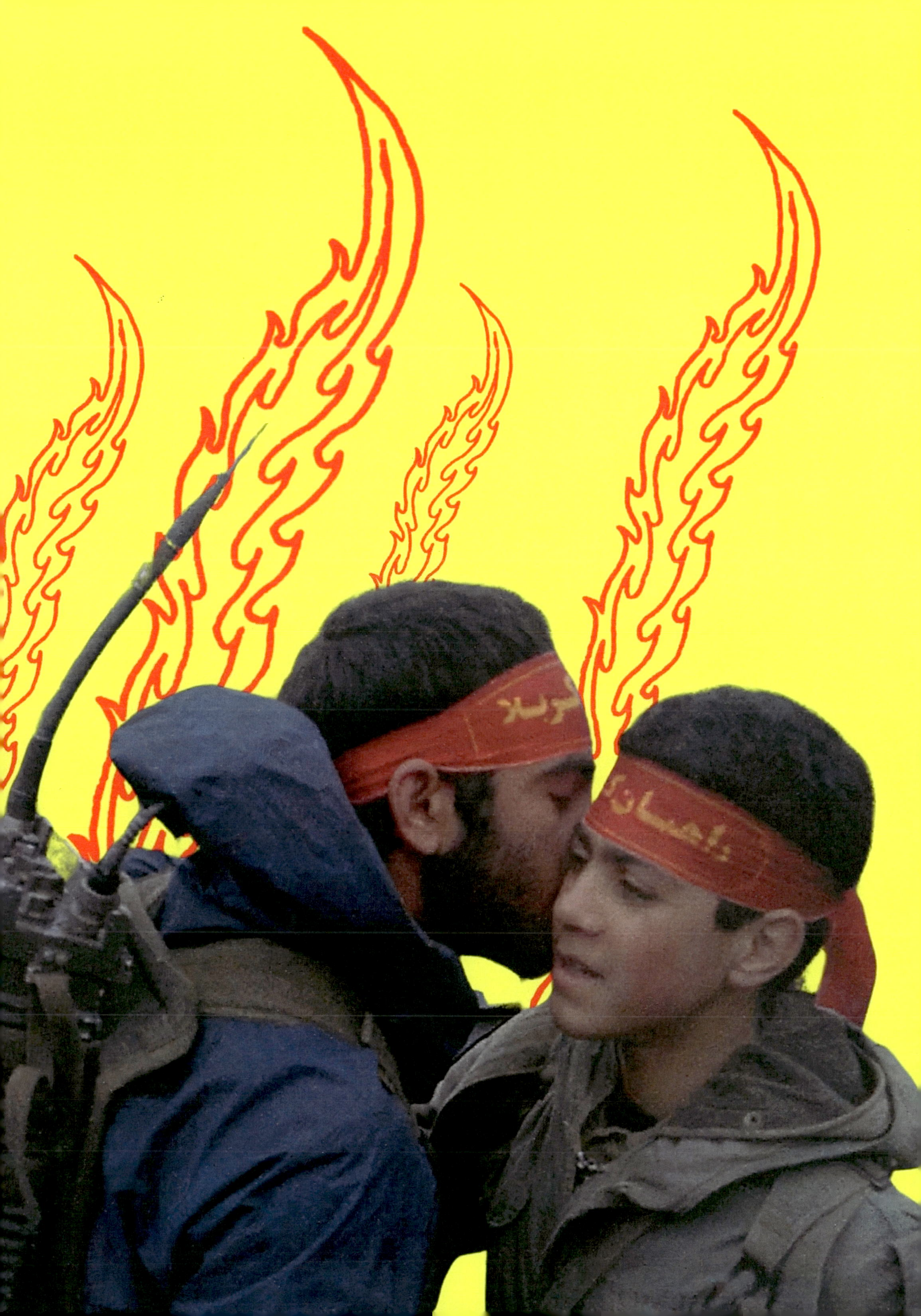

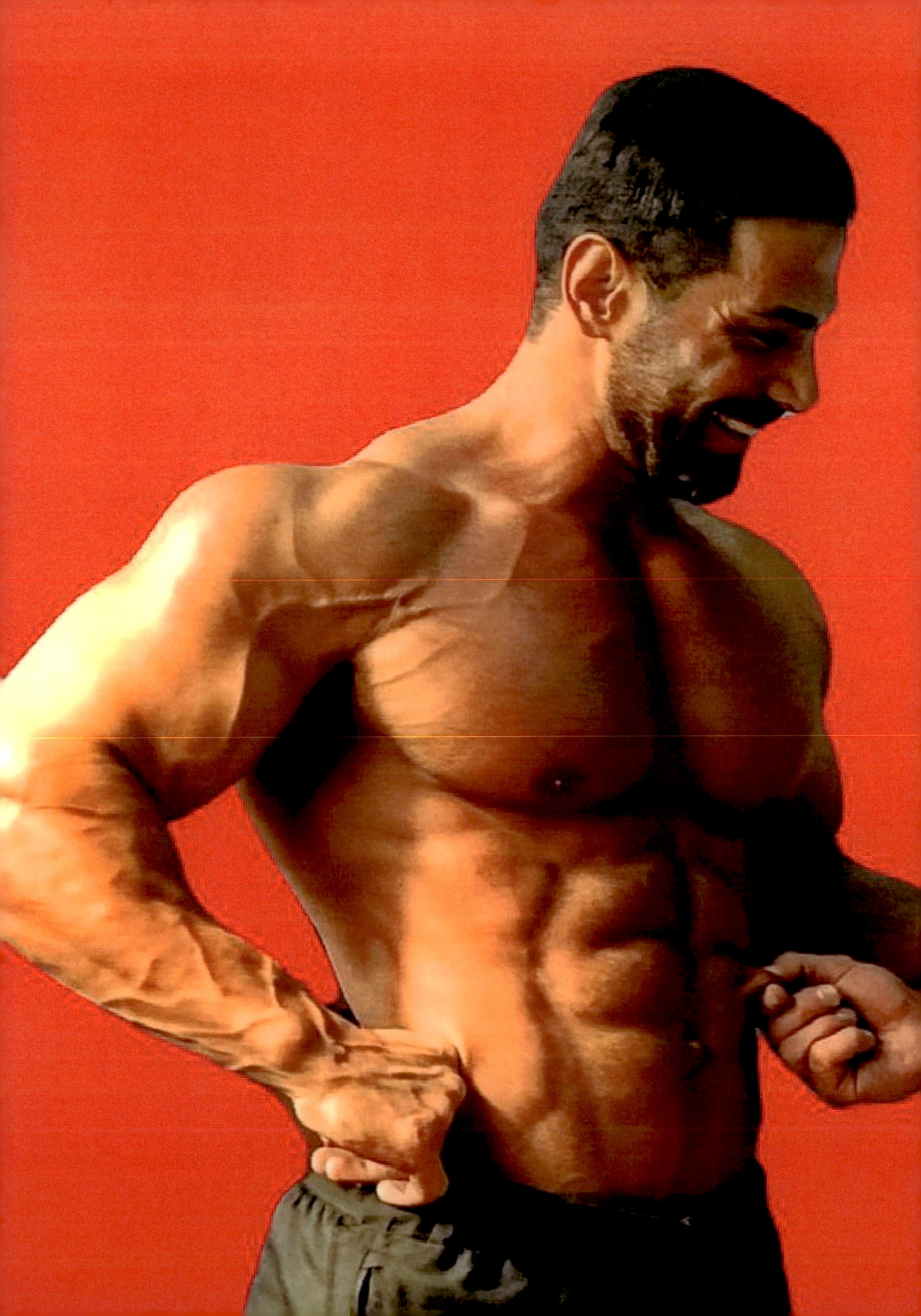

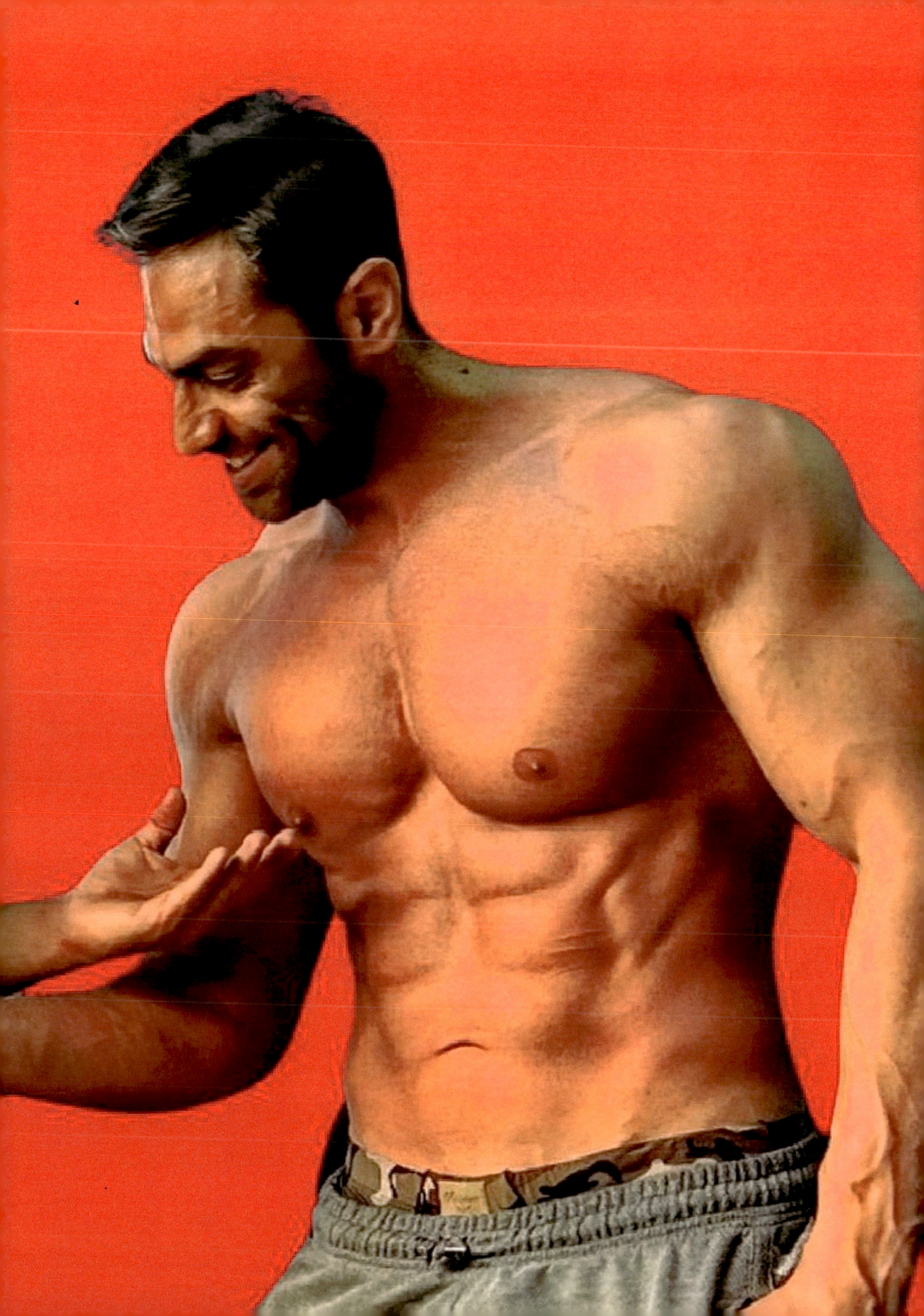

۲

زندگی

مردان خراباتی تعریف بسیار عمیقی از دوستی دارند. برای آنها دوستی بمعنائ برادری است حتی اگر همخون نباشد. دوستی لُتان با قدمت و همراه با اعتماد بسیار زیاد است. آنان حاضرند جانشان را برای برادر غیرخونی خود بدهند همنشینی با "داداشی" ها و بودن درجوار هم آنچیزی است که به رفاقت مردان خراباتی عمق بیشتری می بخشند لُتان با هم ورزش می کنند، سفر می روند، به باده گساری می پردازند، و پیوند عاطفی بسیار عمیقی با یکدیگر شکل می دهند این رفاقت ها معمولاً در محله ها، باشگاه های ورزشی، جمع های خانوادگی بزرگ، و یا زندانها شکل می گیرند. در رفاقت، خیانت، دورویی، بدعهدی و بی وفایی، نکوهش می شود و یکرنگی، وفاداری، اعتماد و صداقت ارزشی است. در این بخش از کتاب به بررسی جزئی تر روابط عاطفی و دوستانه.

Lifestyle

Kharabati men have a distinctive style—hairstyles, clothing, and tattoos—that often mirrors Iran's regional diversity. Their days unfold in communal gatherings, revelry, street fights, motorcycle rides, and the care of pigeons and dogs—practices that set them apart from mainstream society. Yet, this lifestyle often invites scorn, with outsiders labeling them as delinquents or morally suspect. For many Kharabati men, societal stigma leads them to avoid marriage altogether or cling to traditional unions, while their loyalty to brotherhood and cultural identity remains unyielding. This section explores the rhythms of Kharabati daily life, before shifting in the following chapter to the symbolism of their tattoos and body art—a visual lexicon etched into the skin.

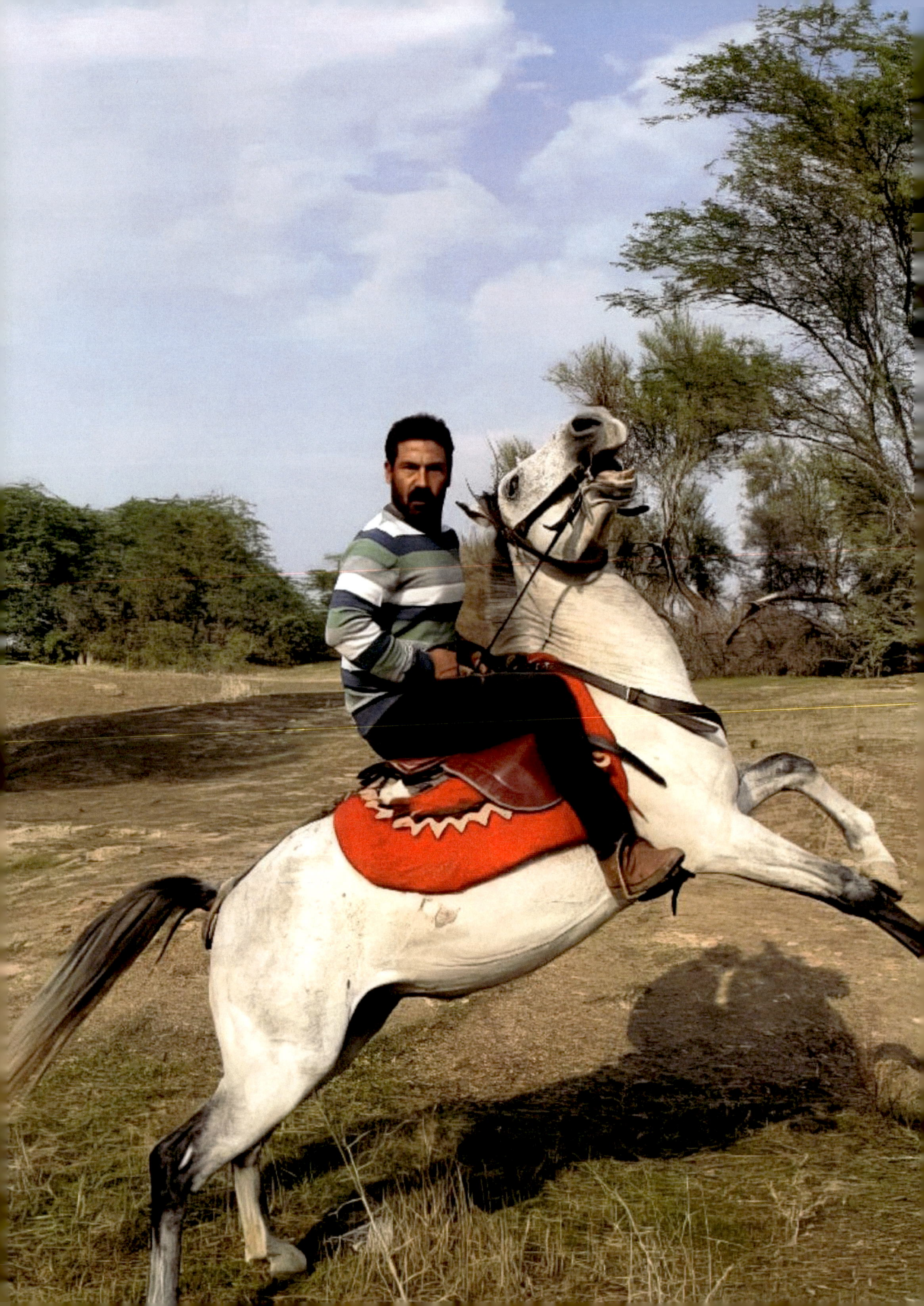

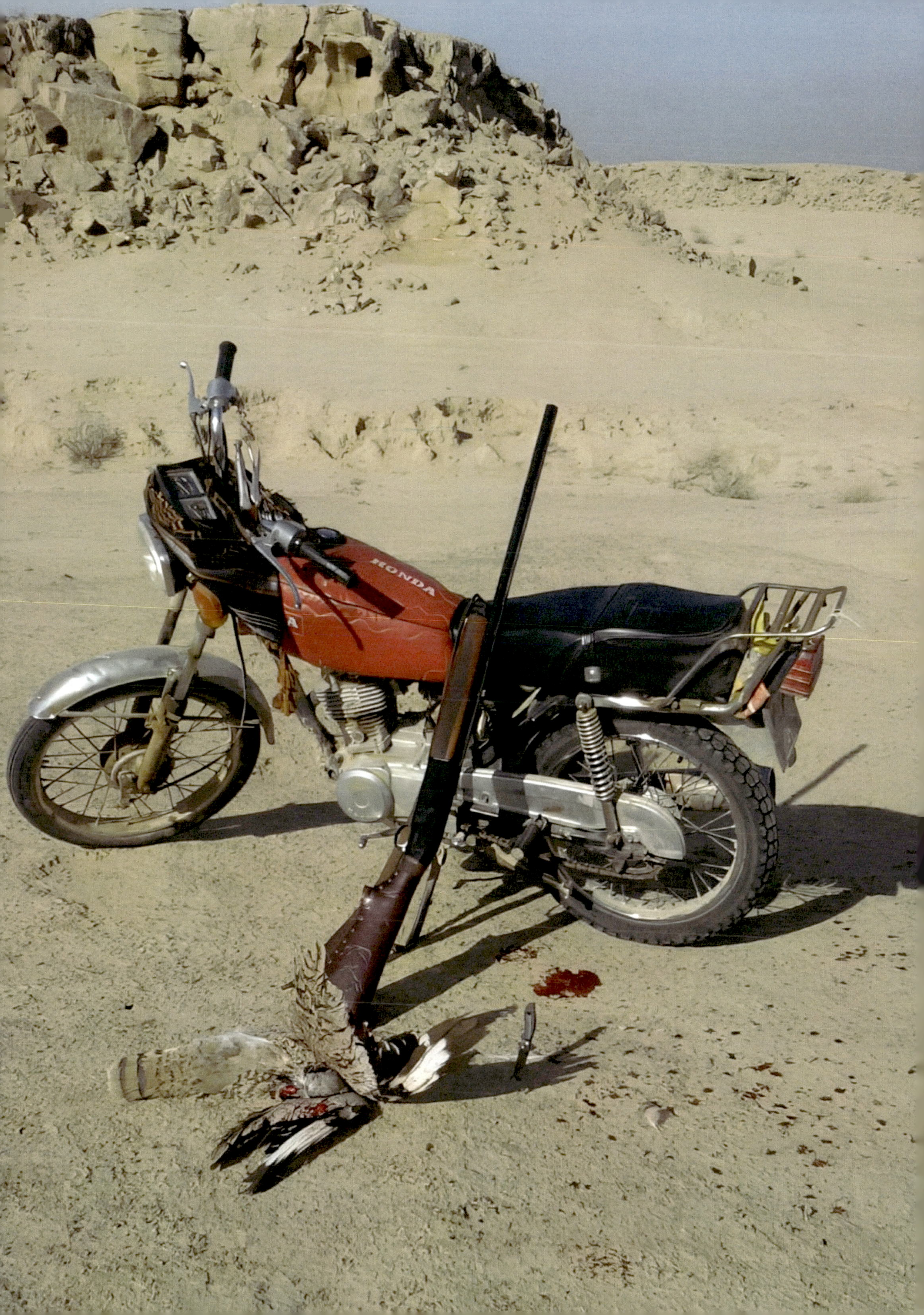
HONDA

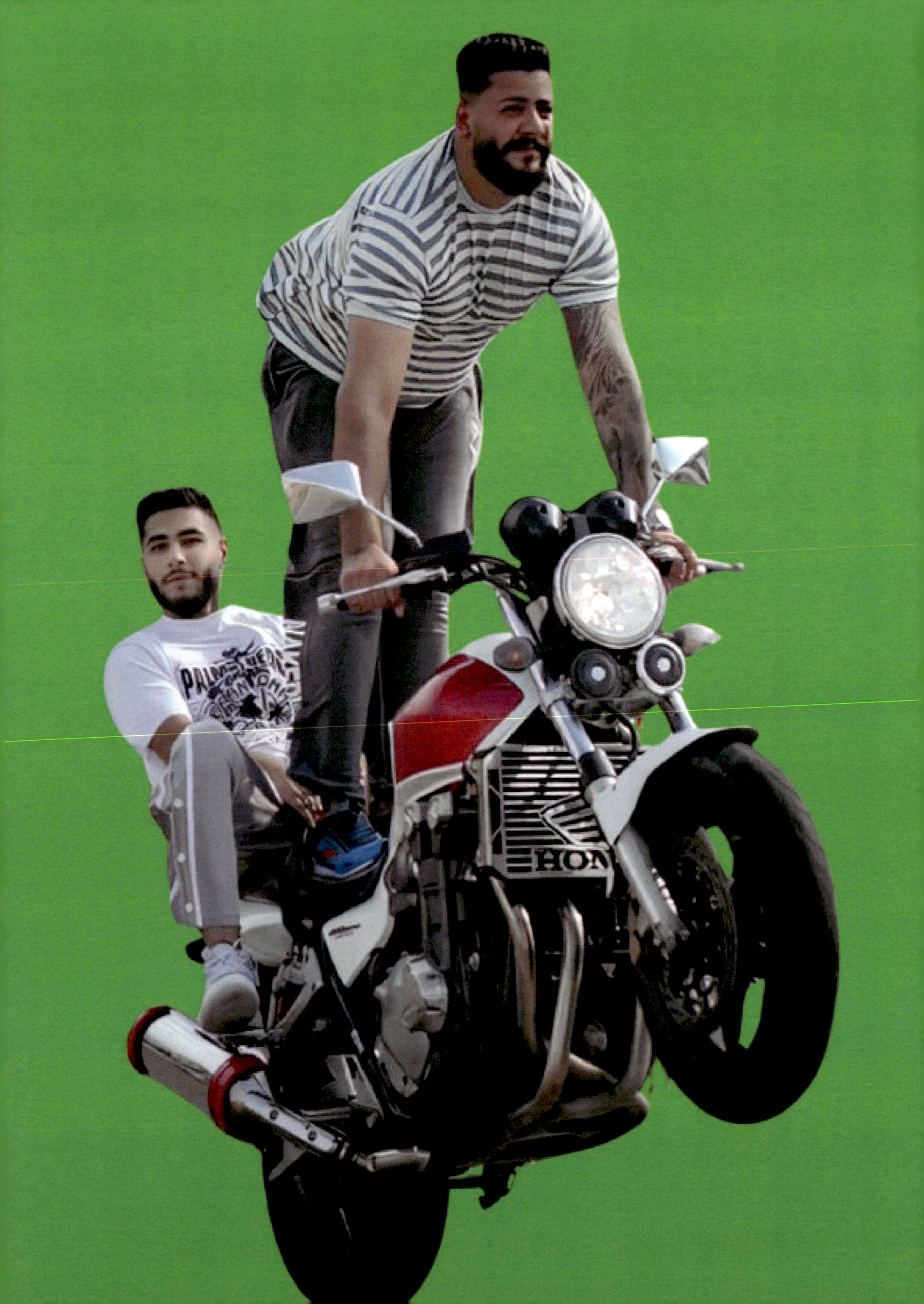
HON

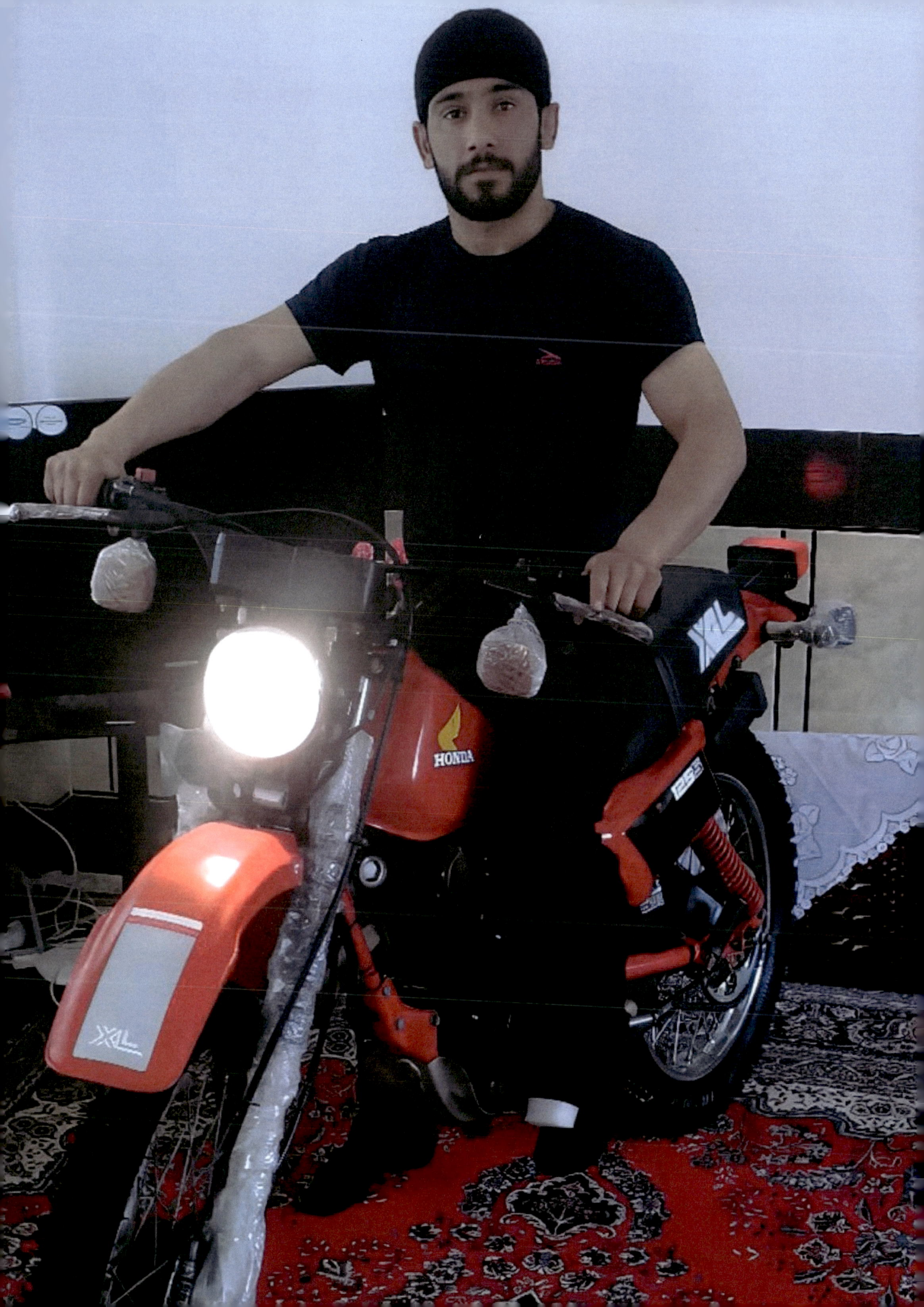
HONDA
XL
XL

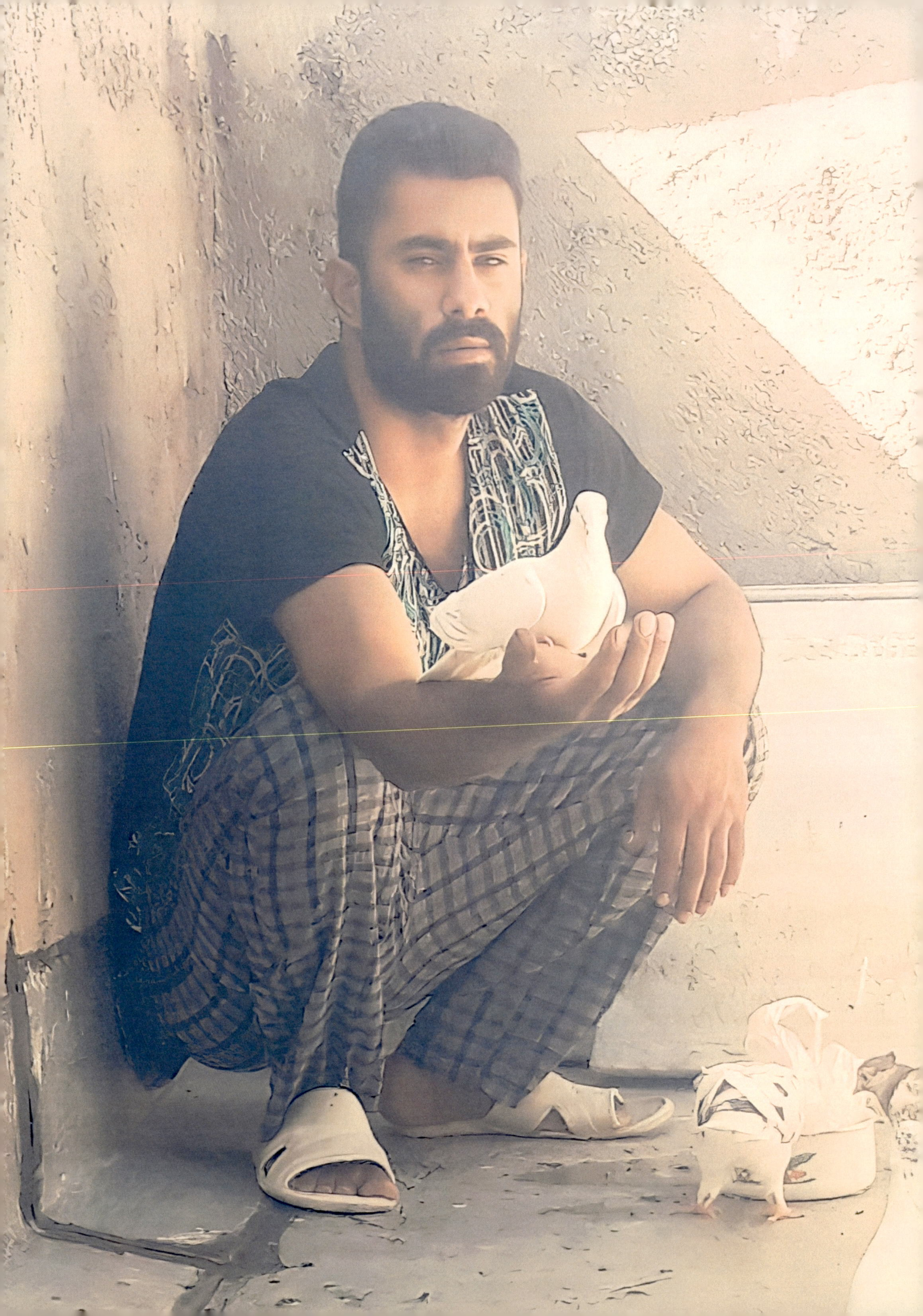

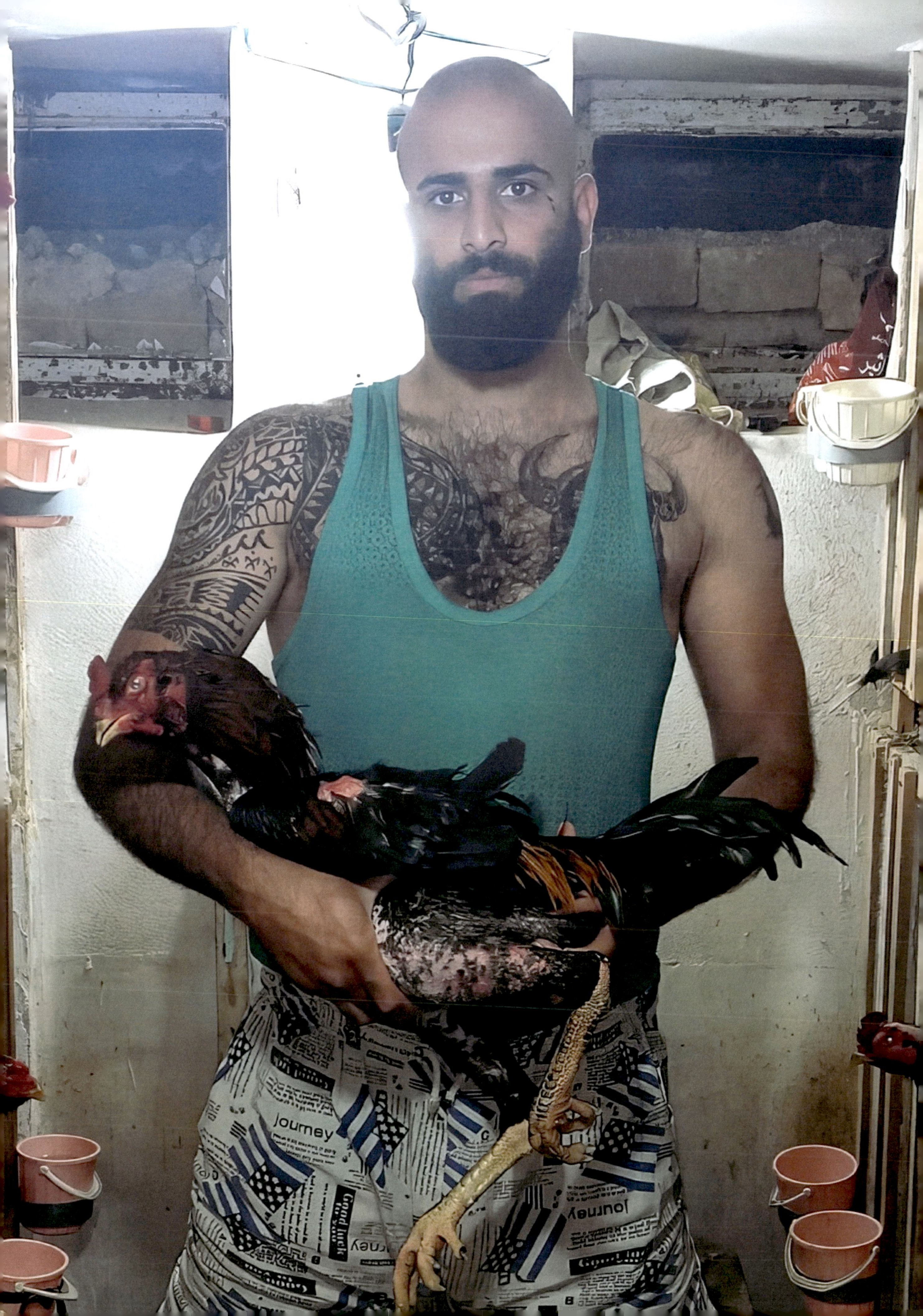
journey
journey

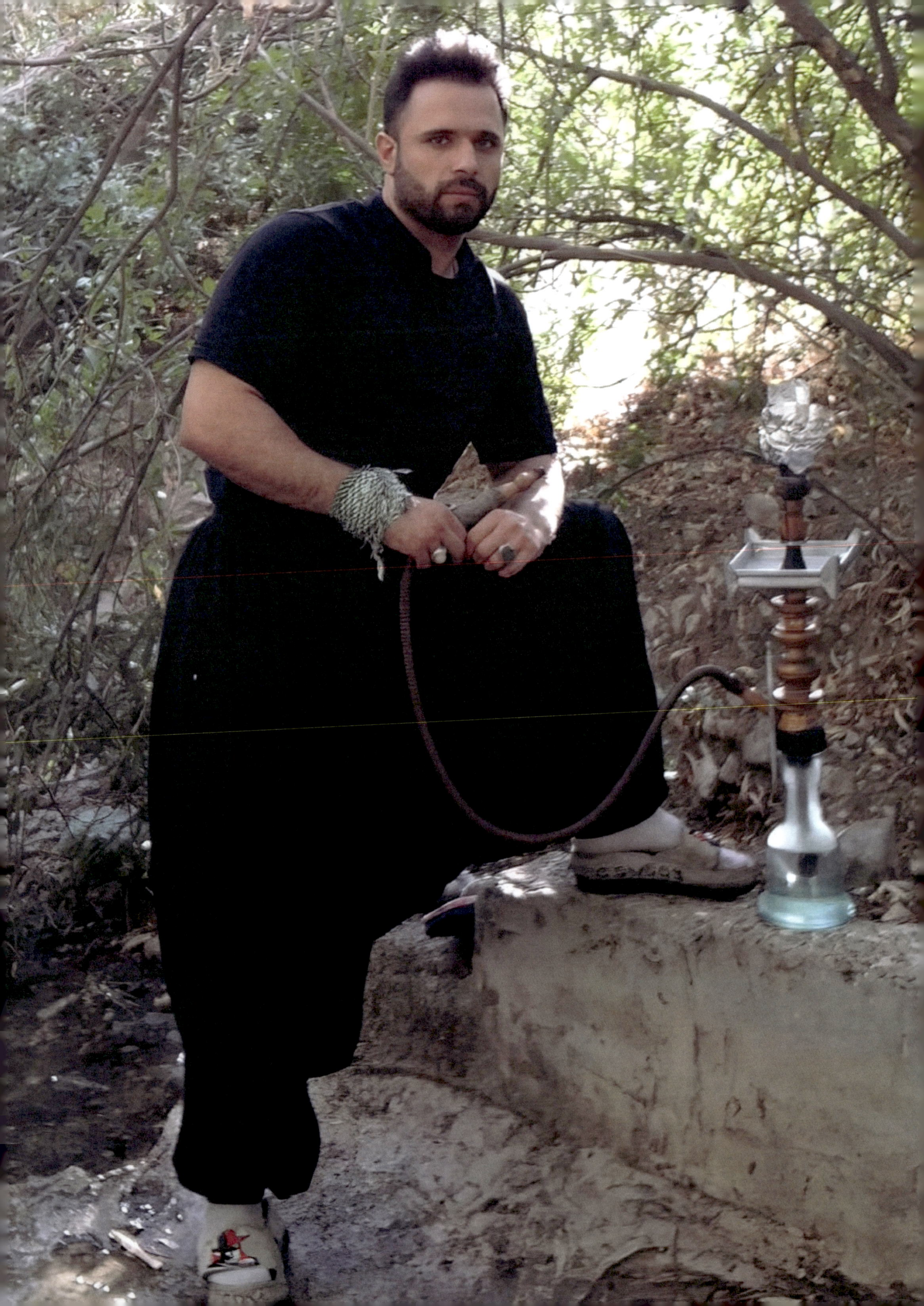

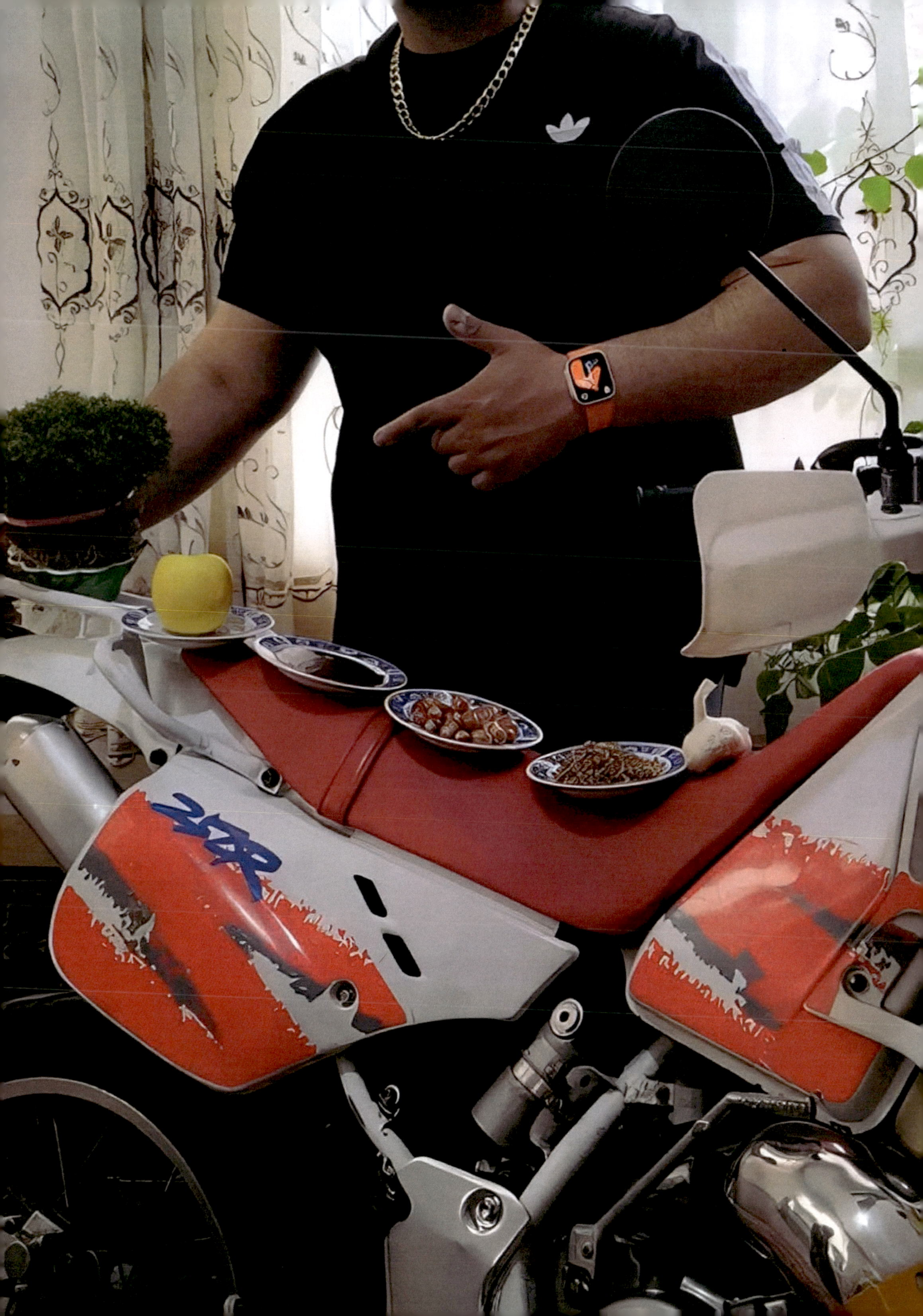

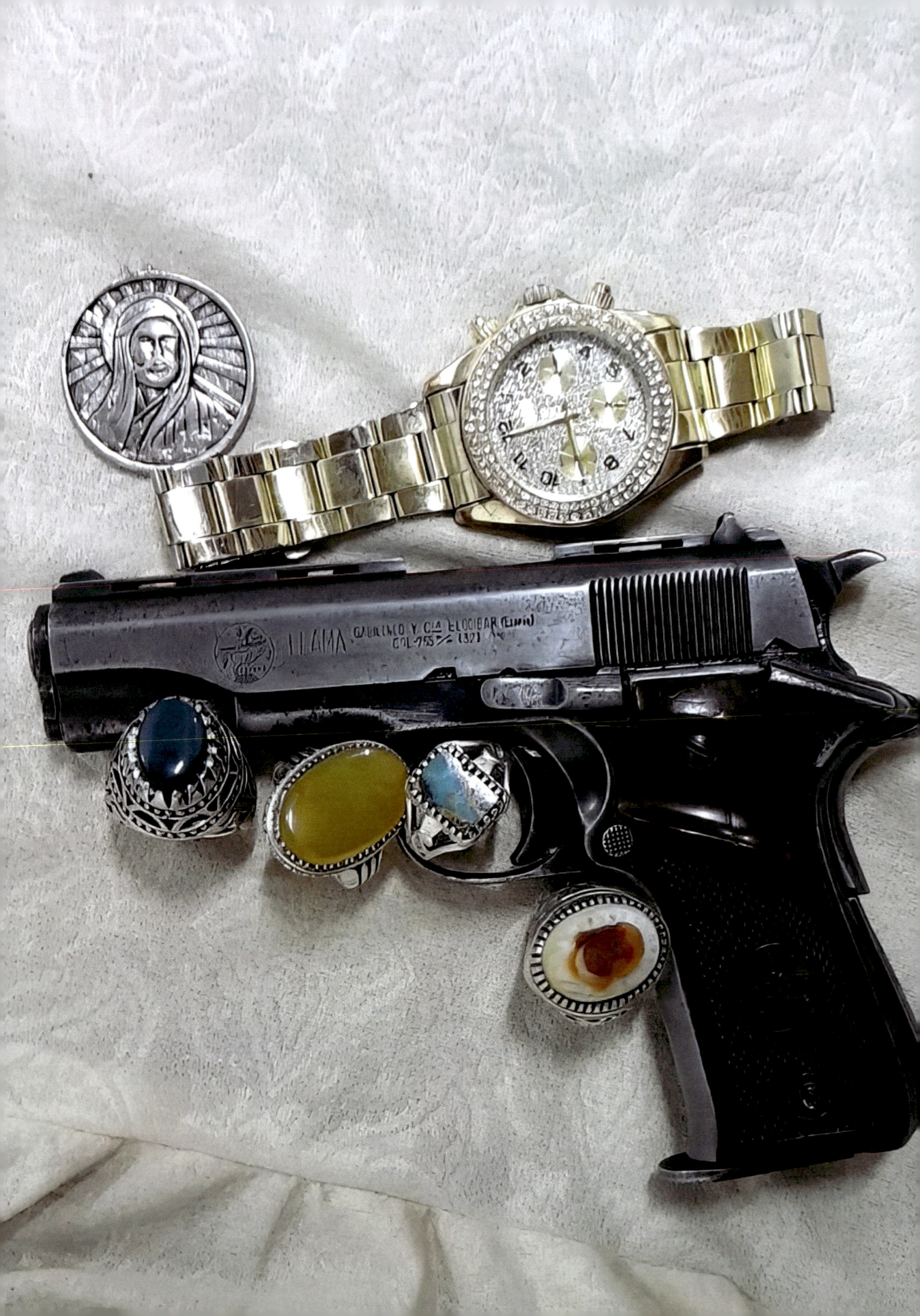
LLAMA

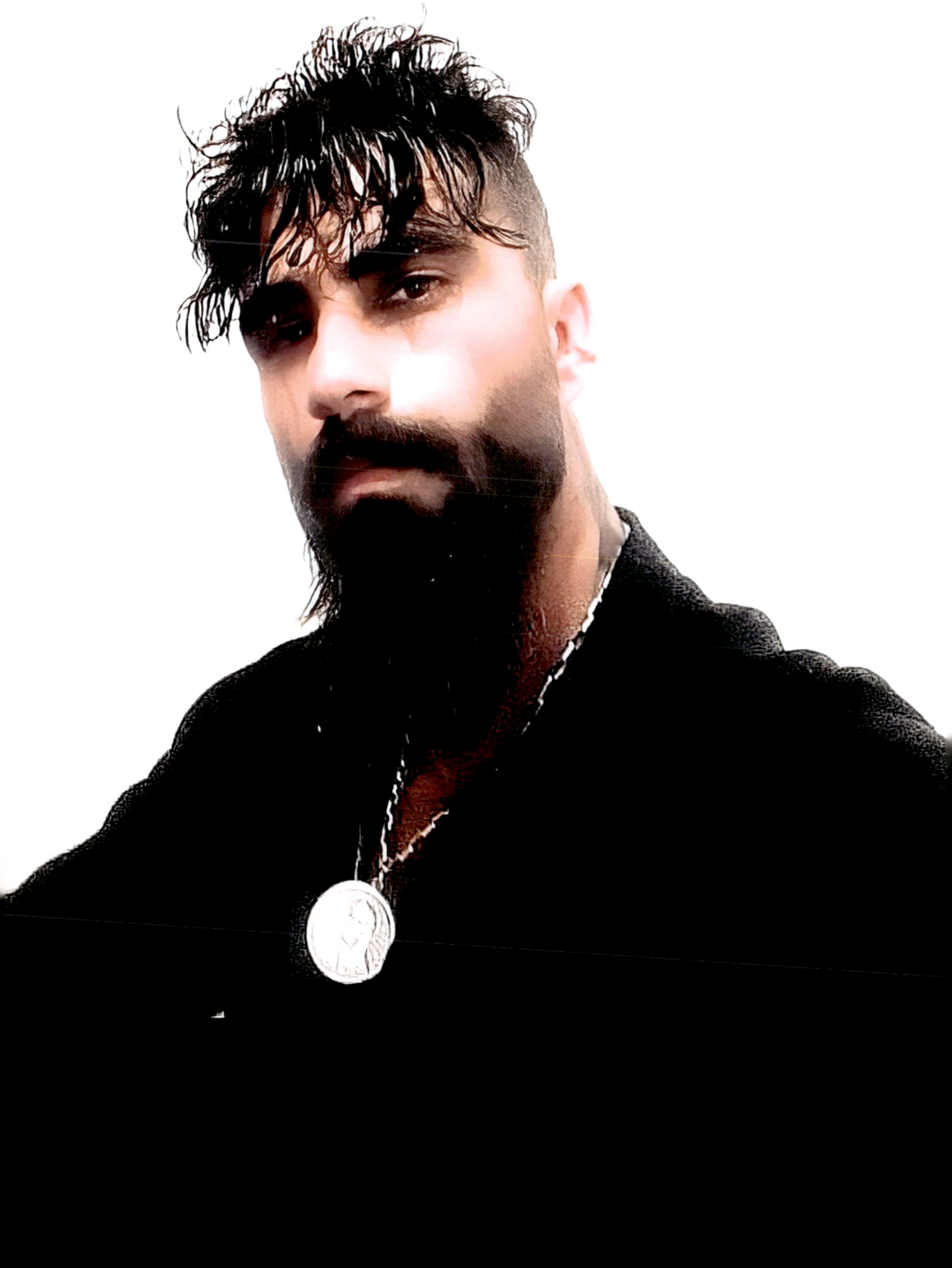

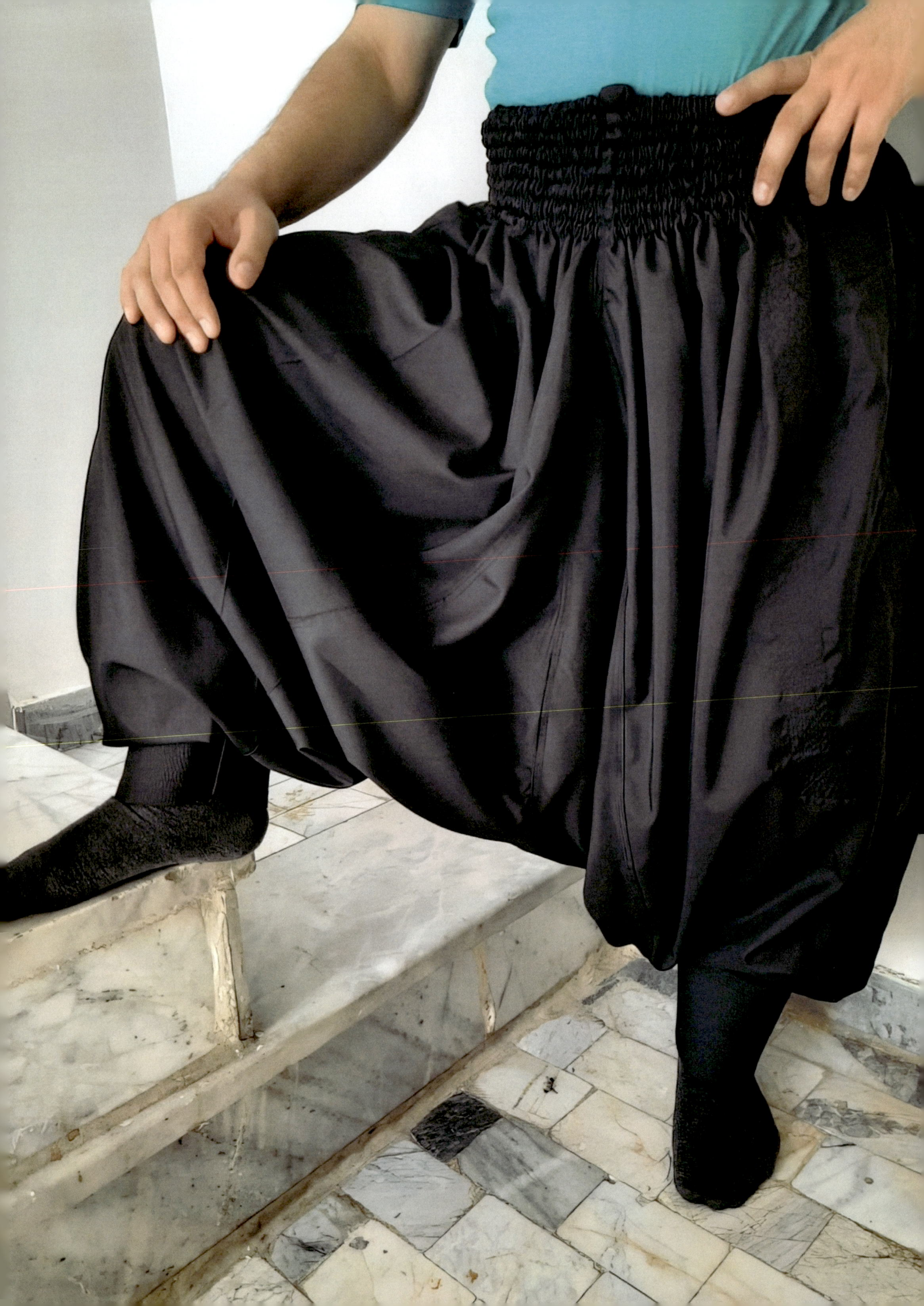

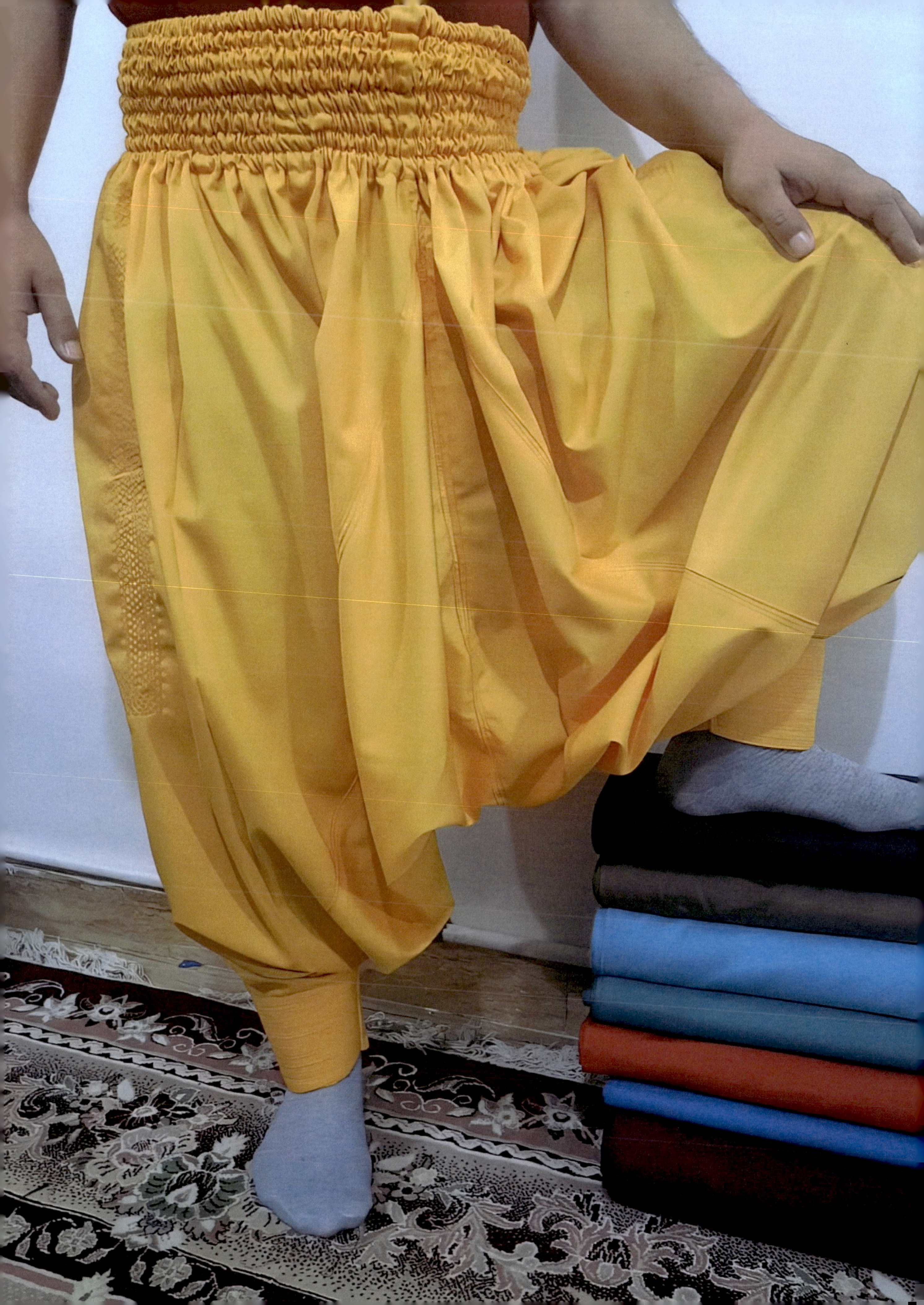

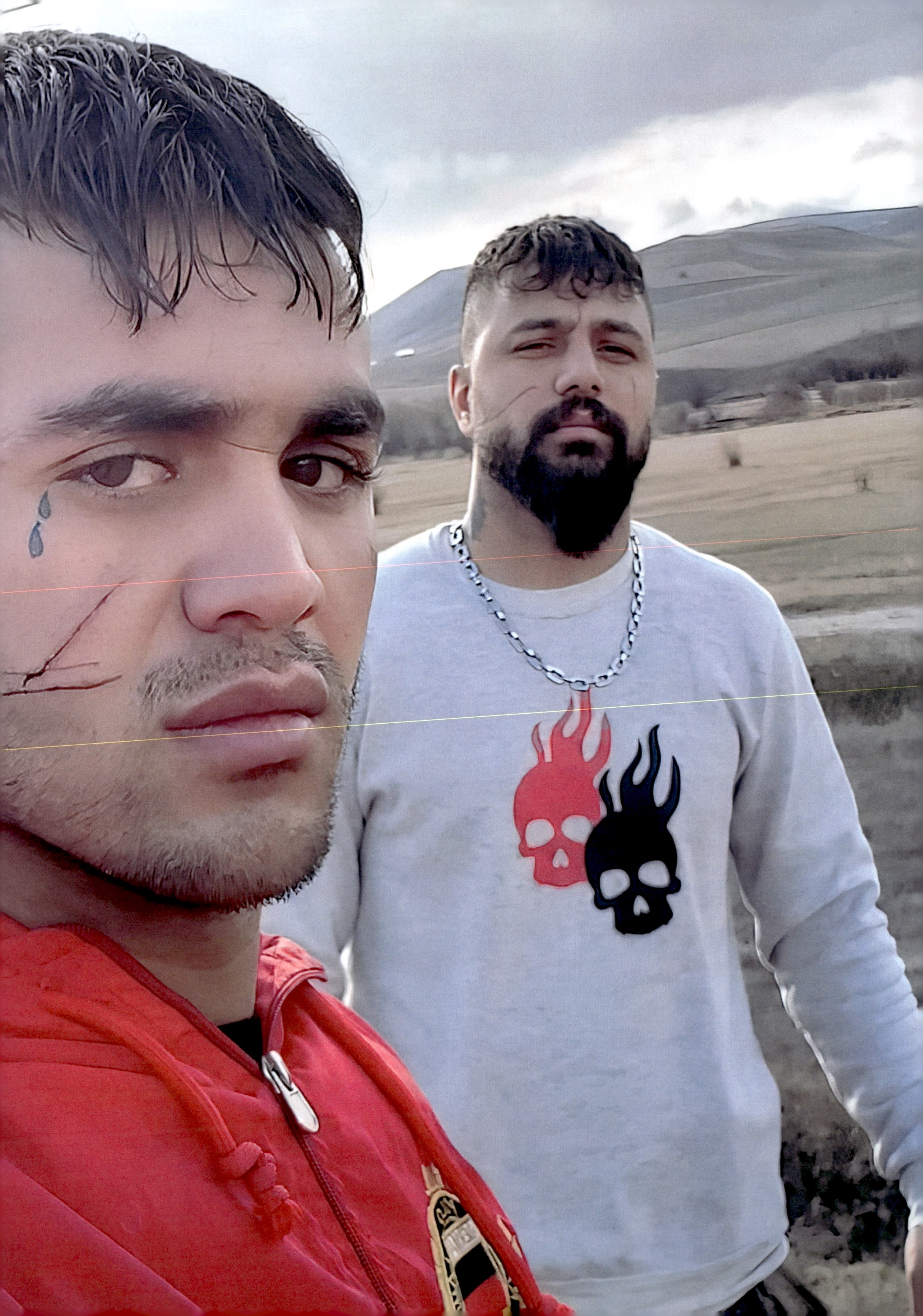

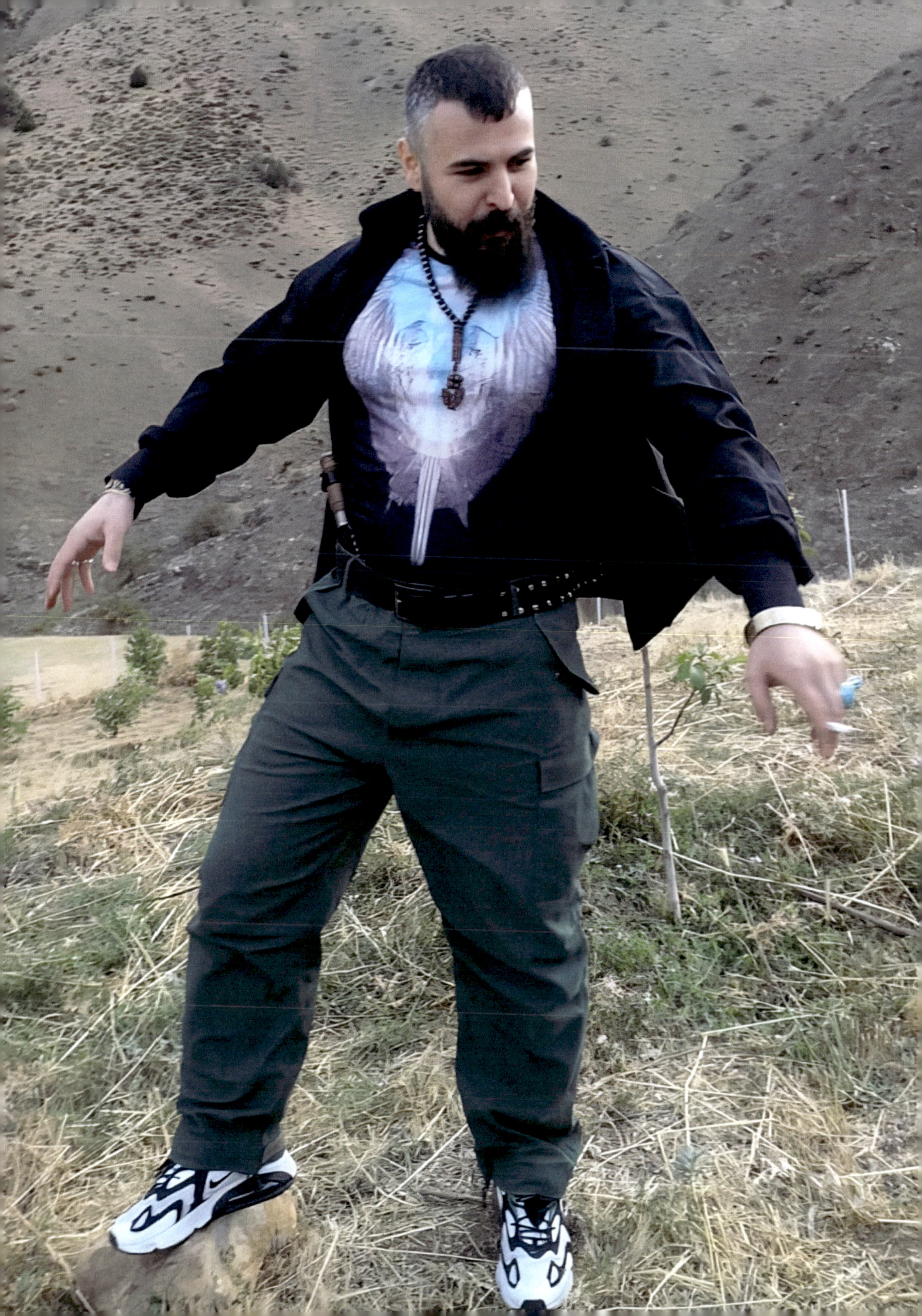

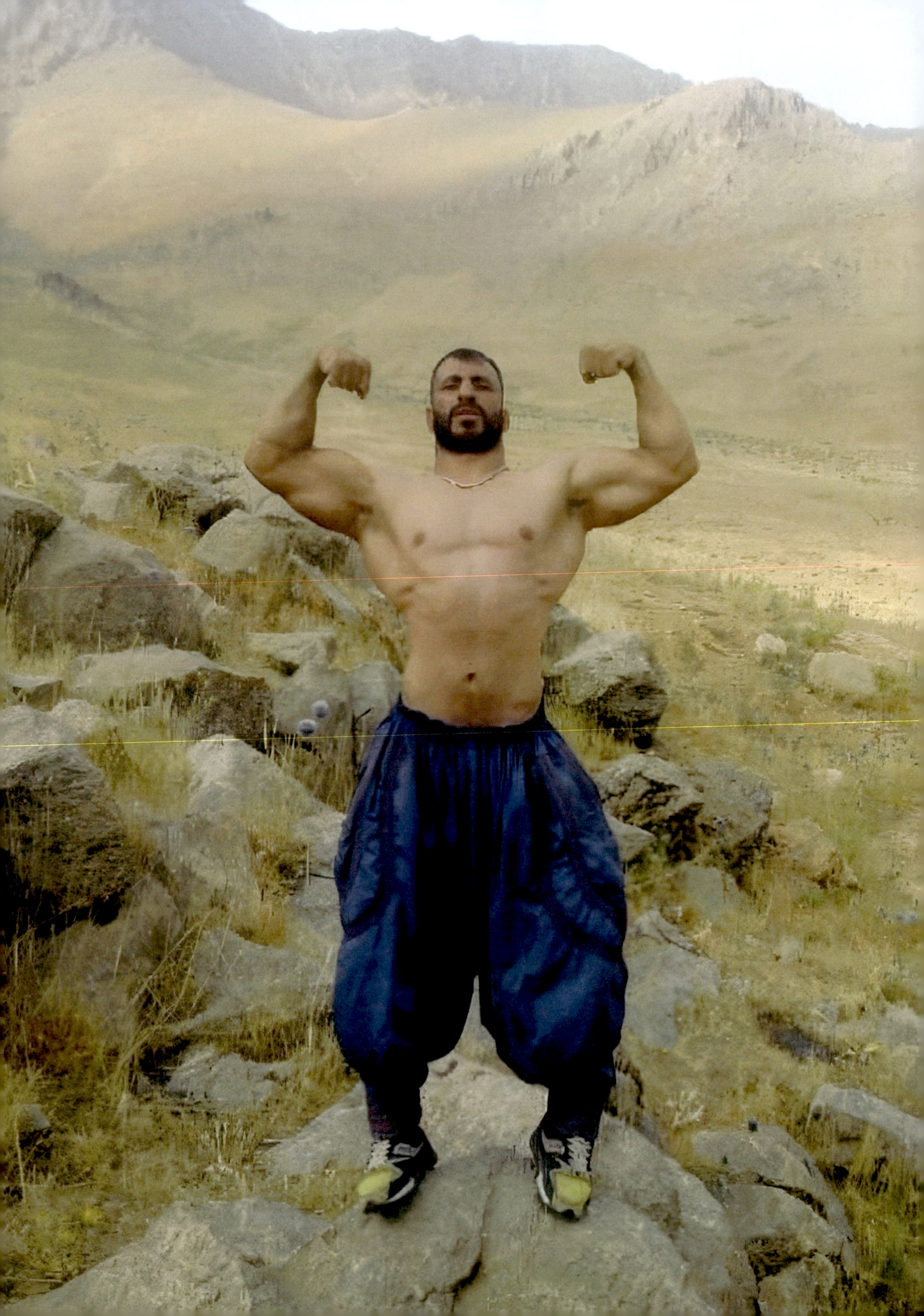

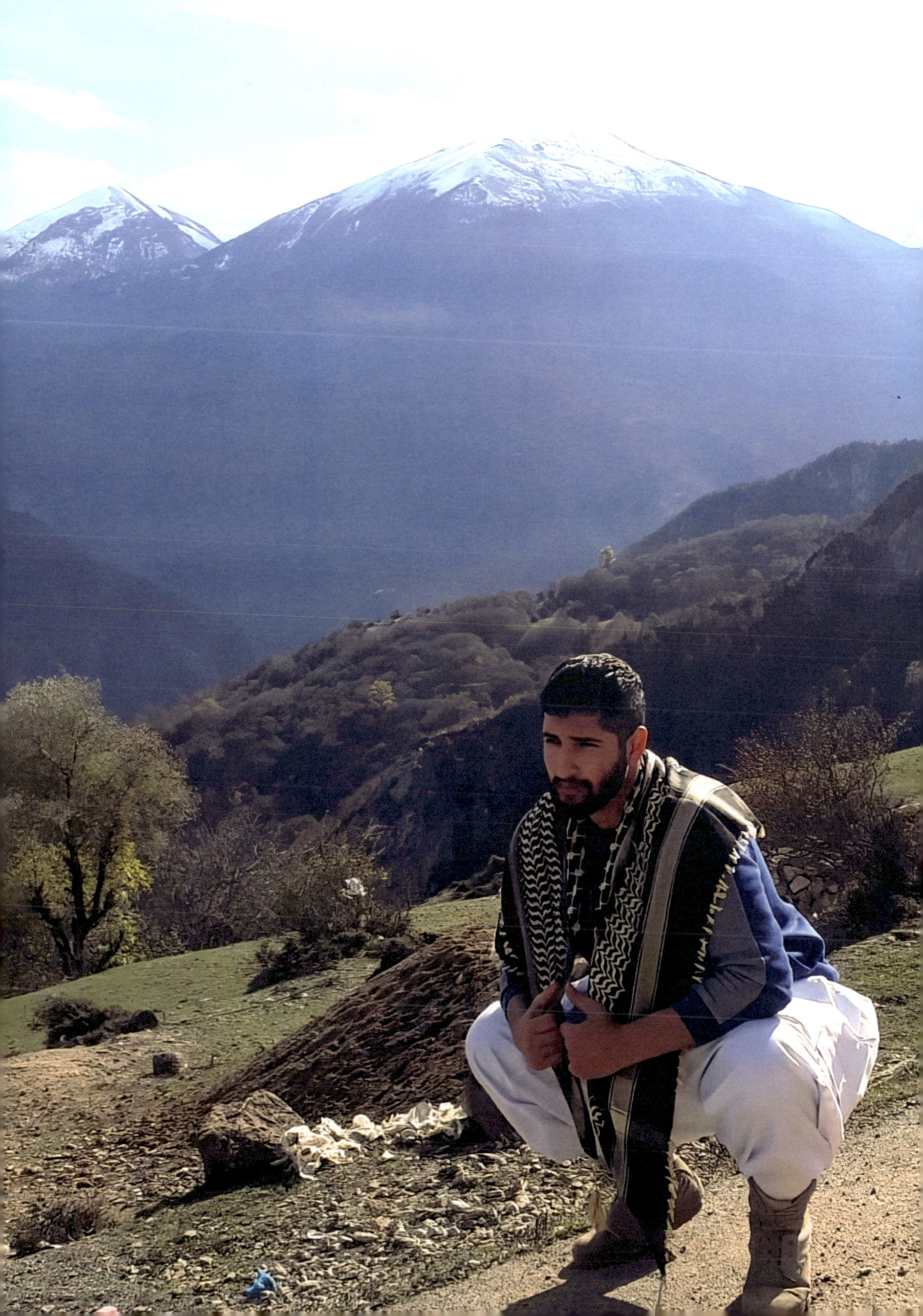

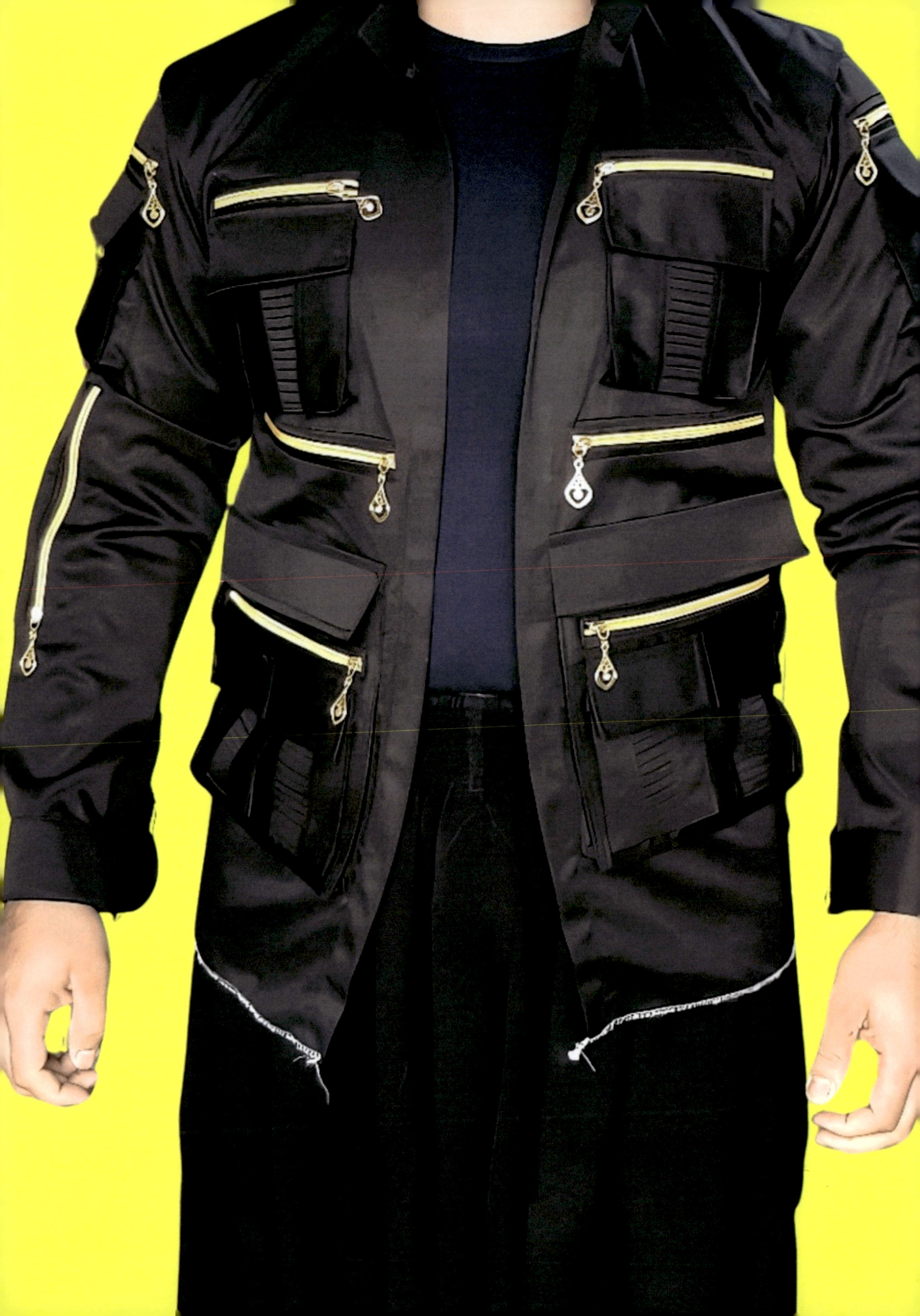

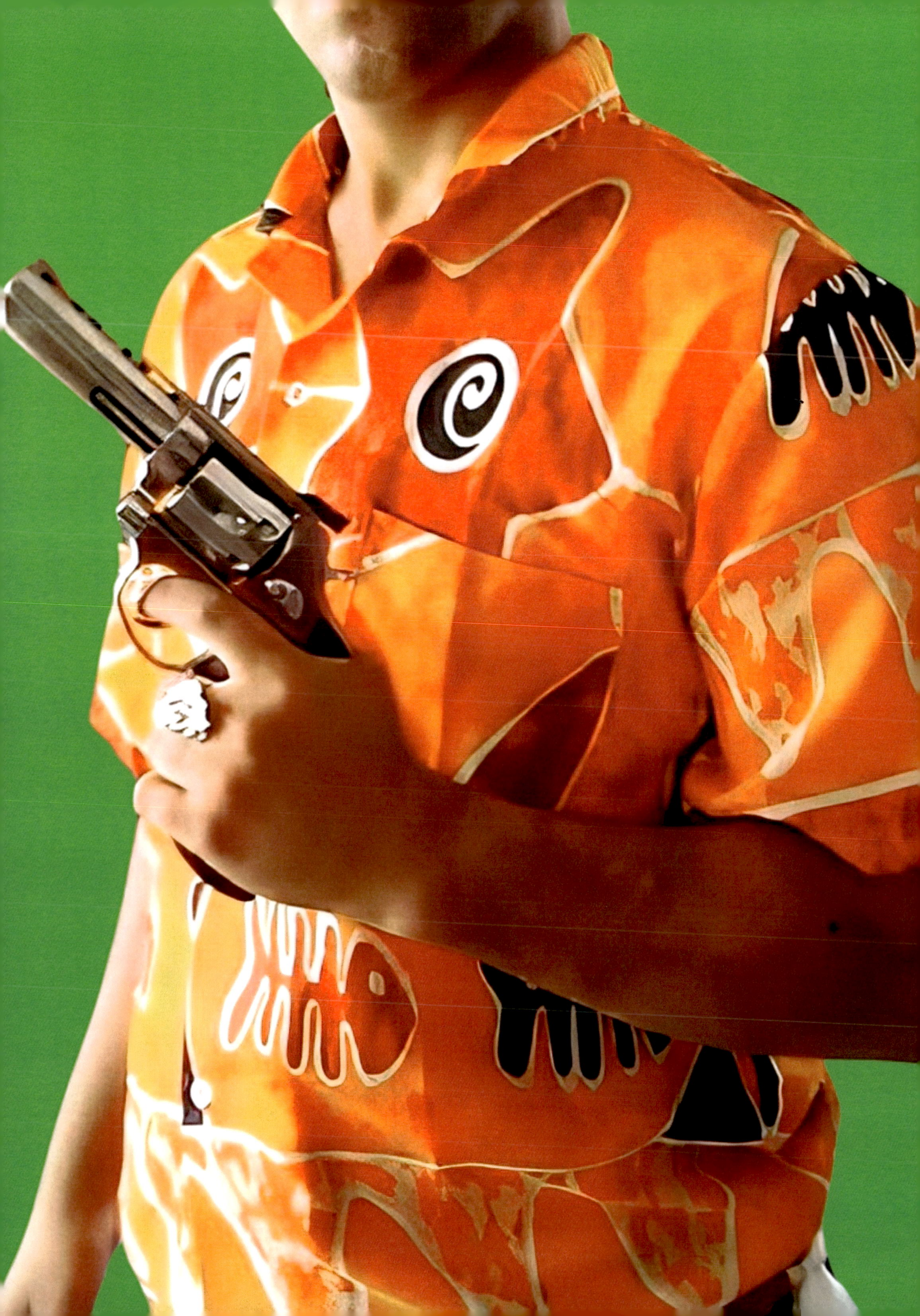

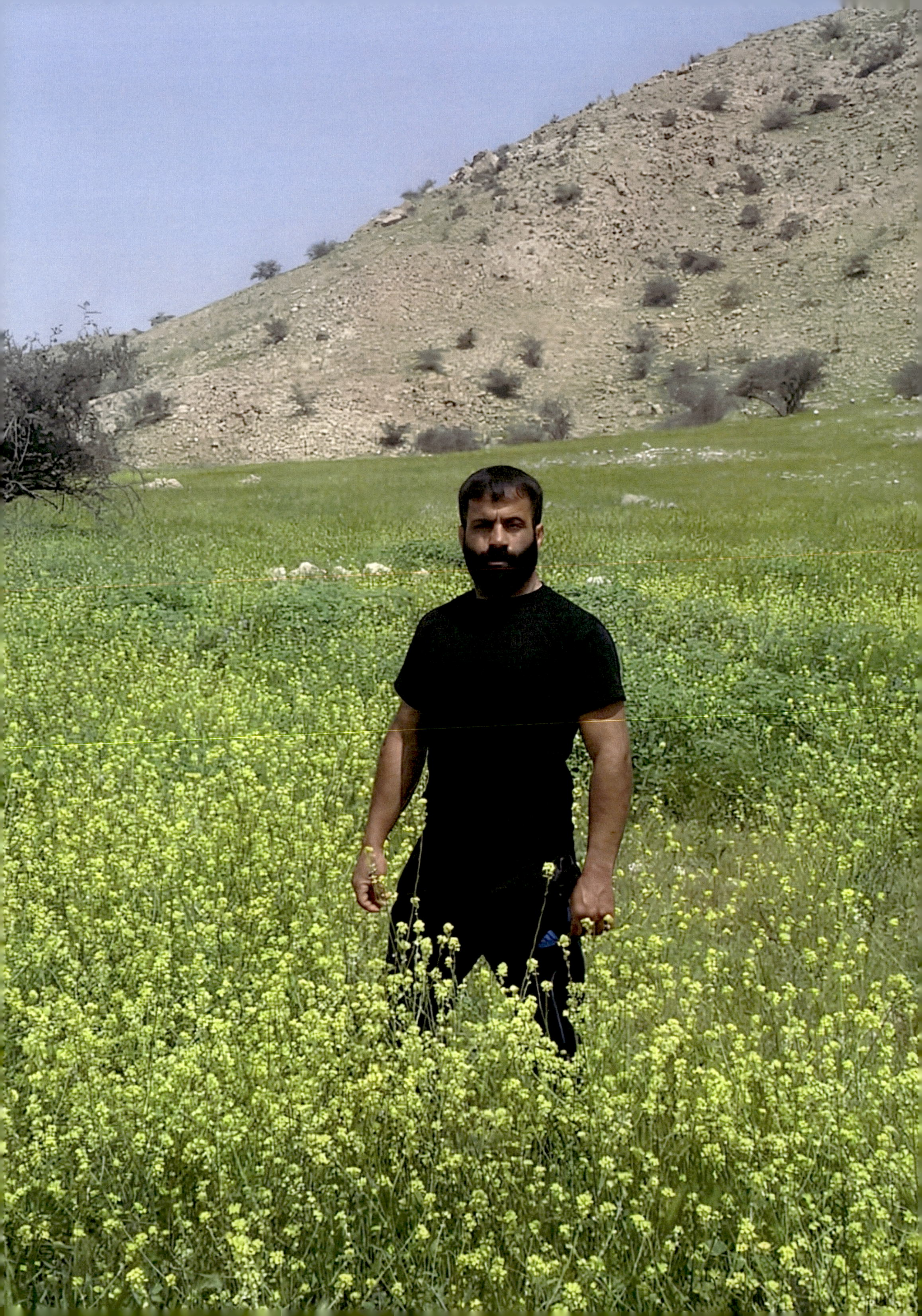

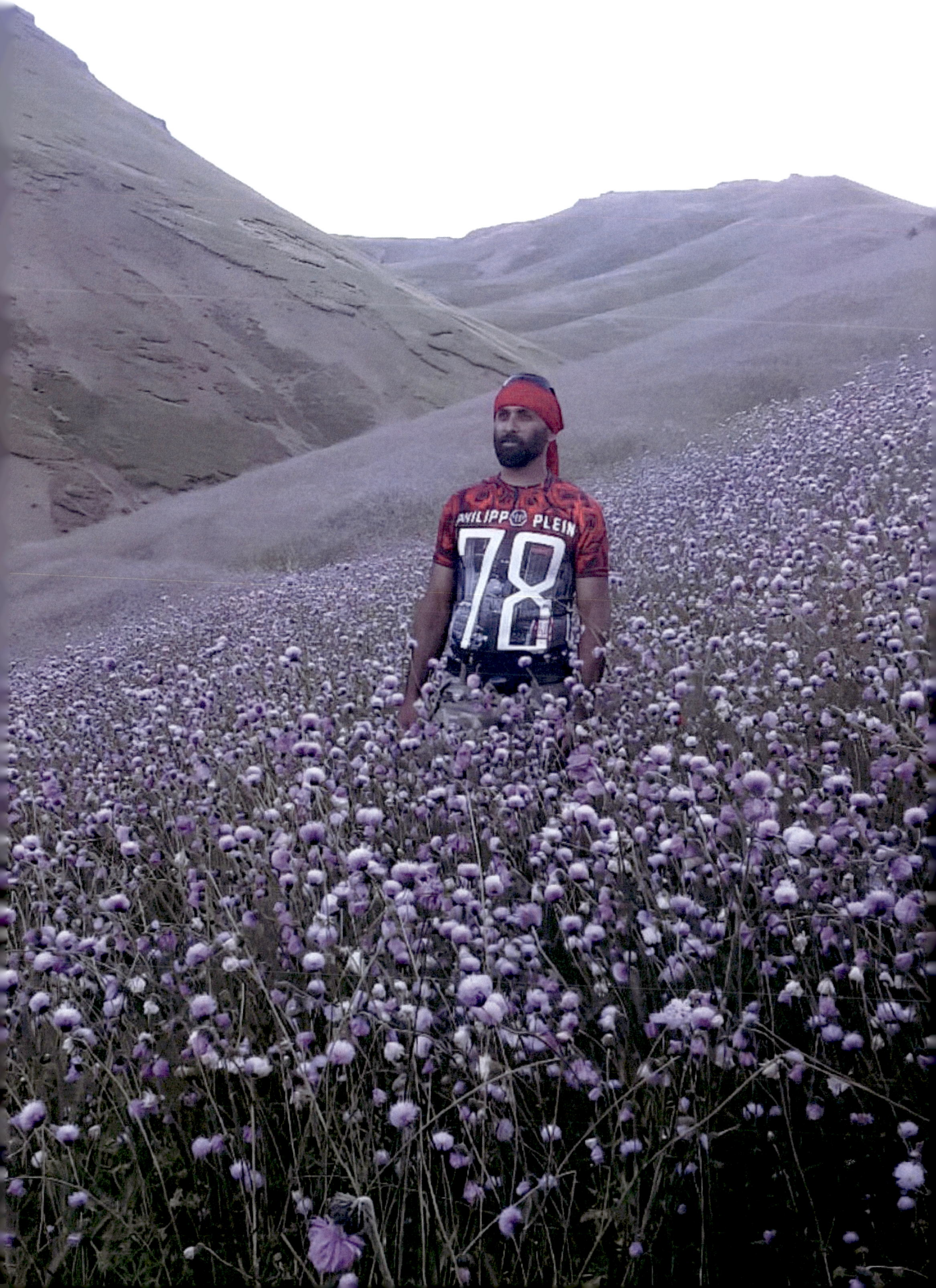
PHILIPP PLEIN
78

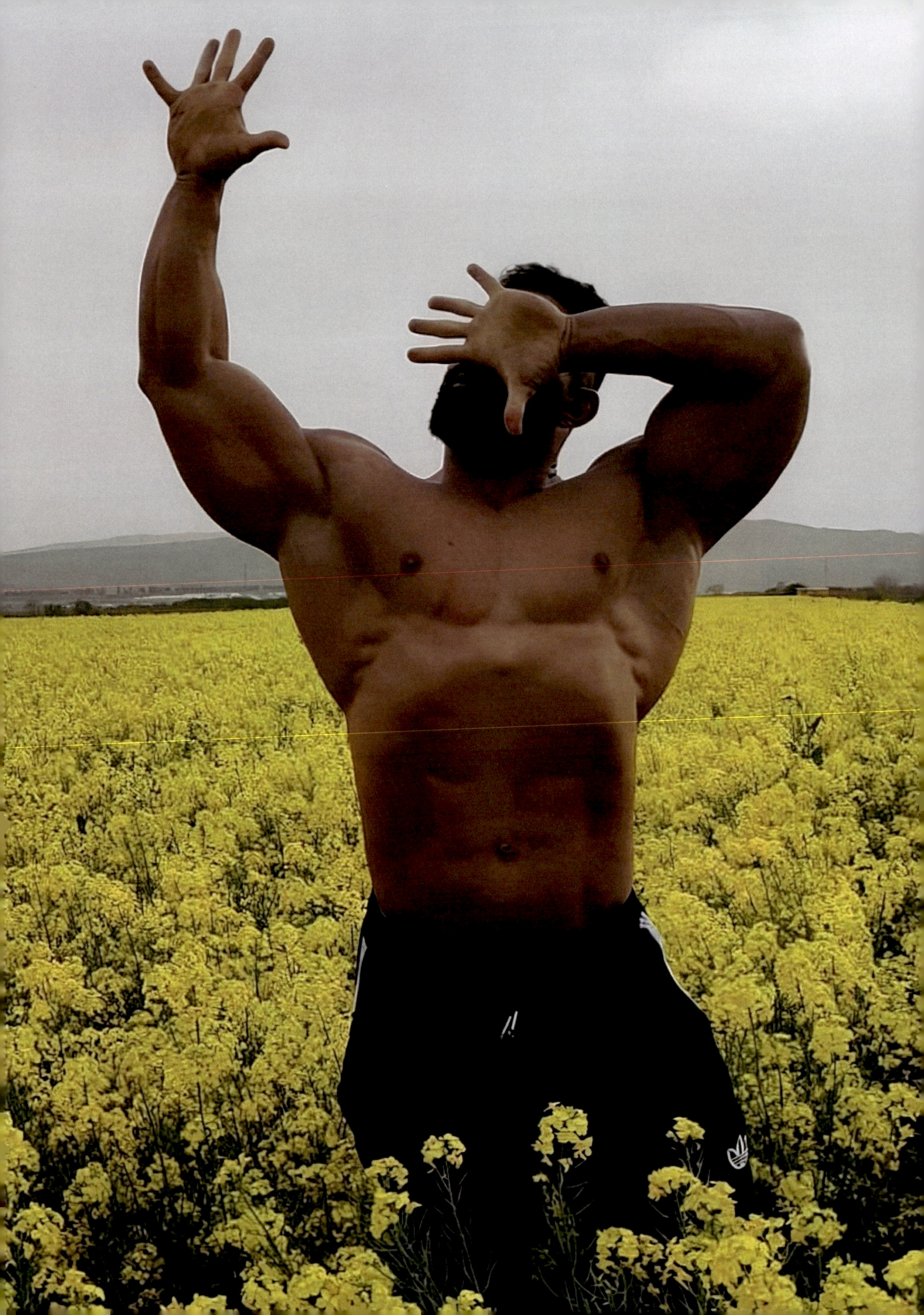

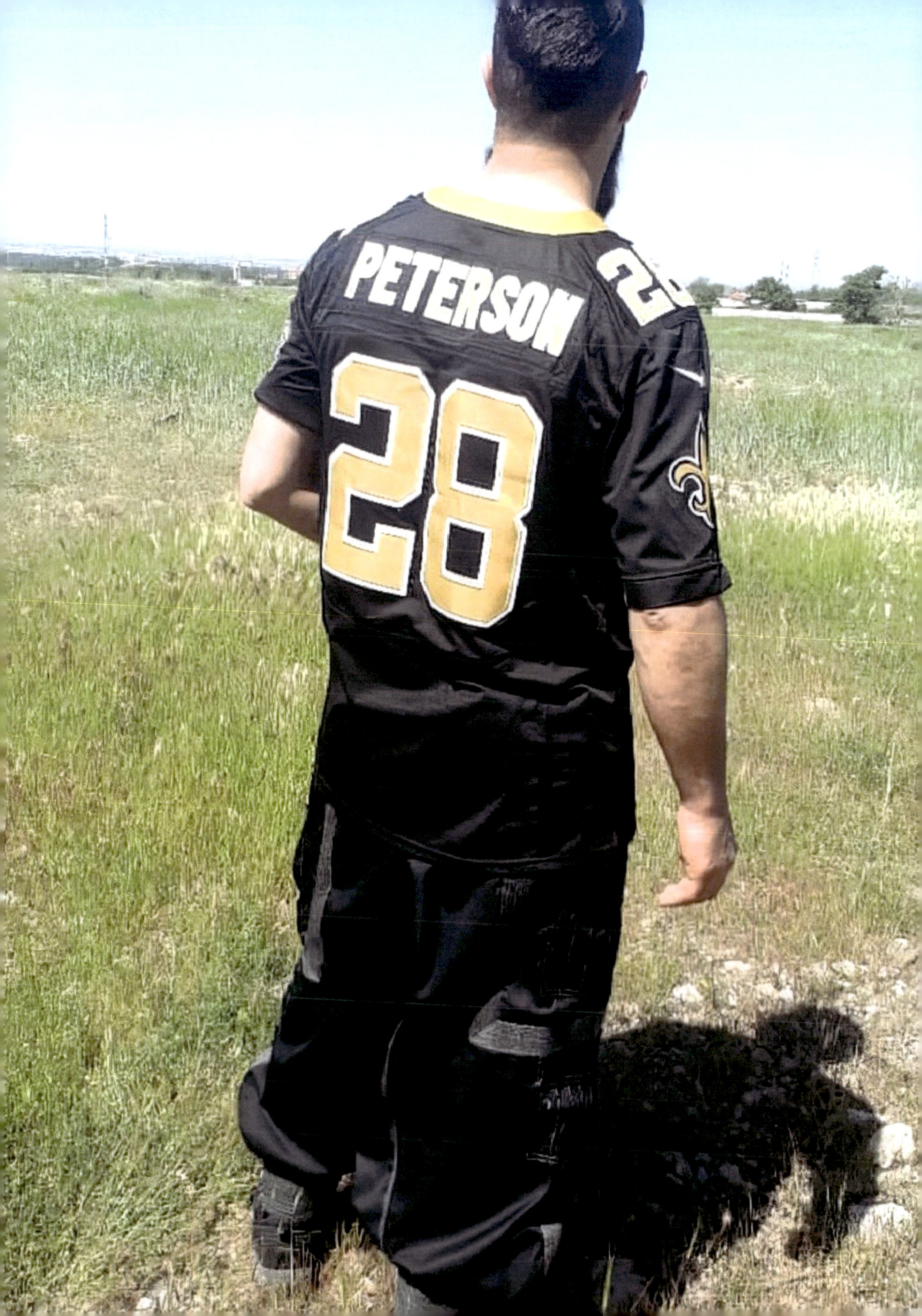
PETERSON
28

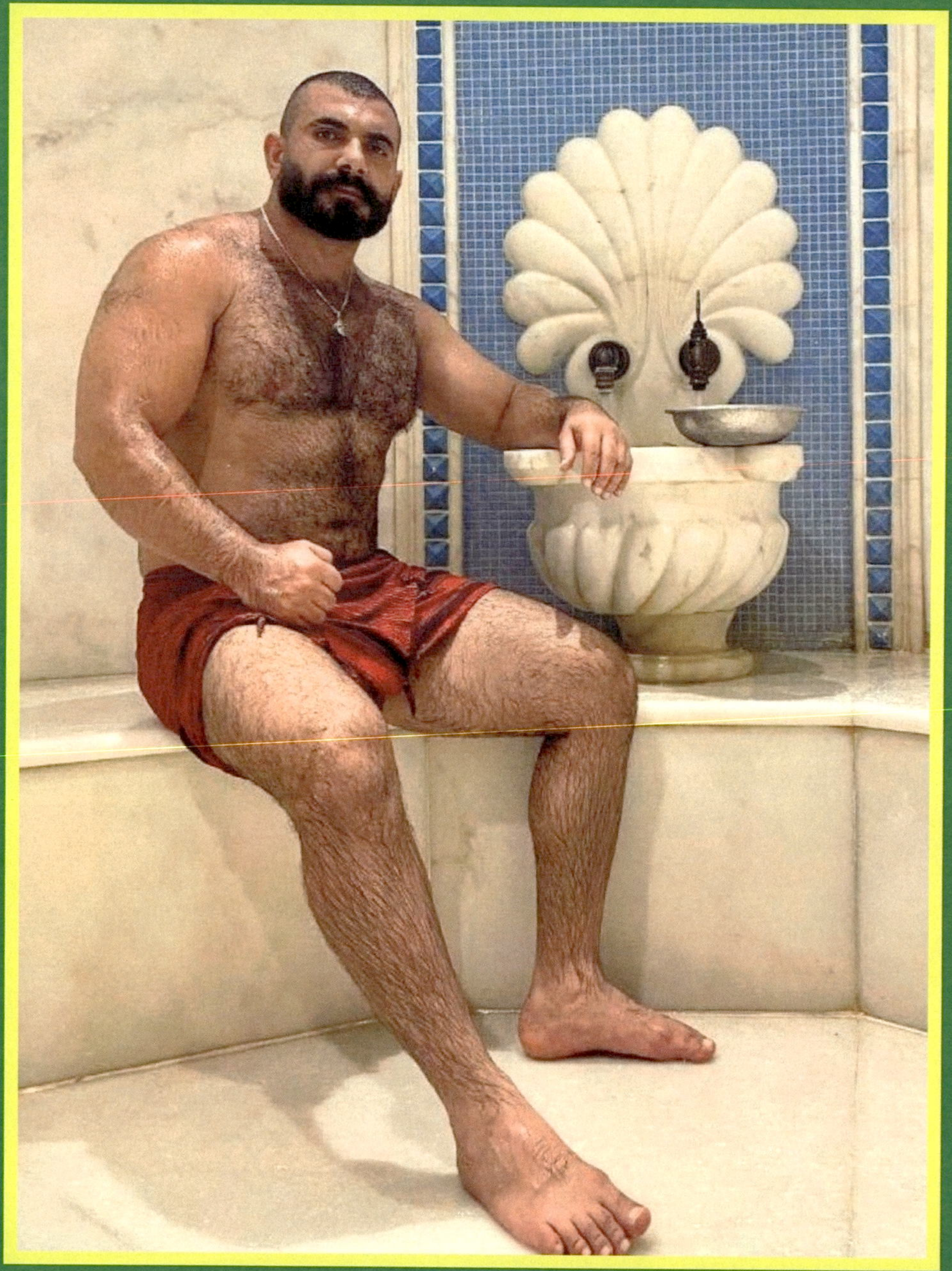

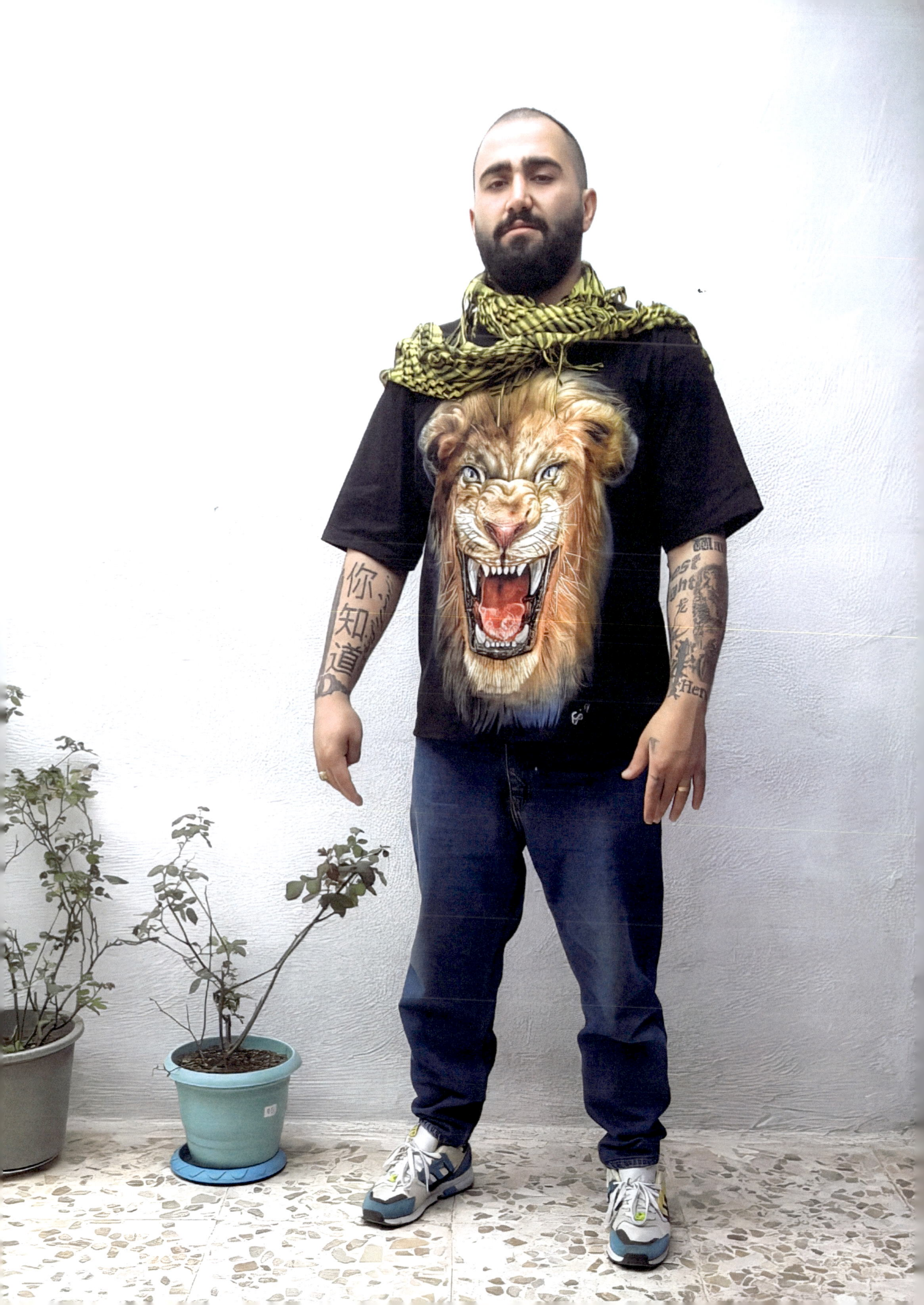
你知道

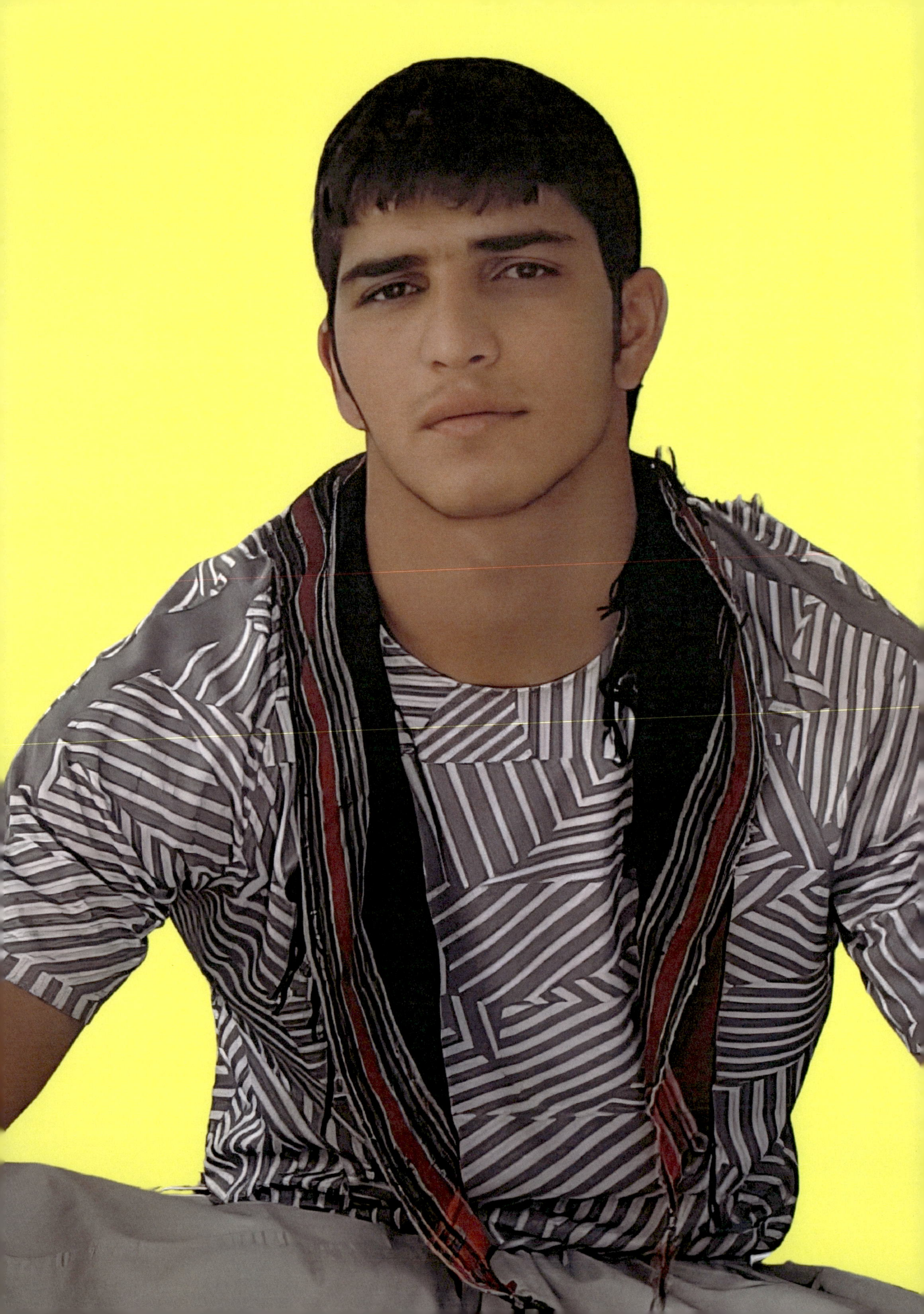

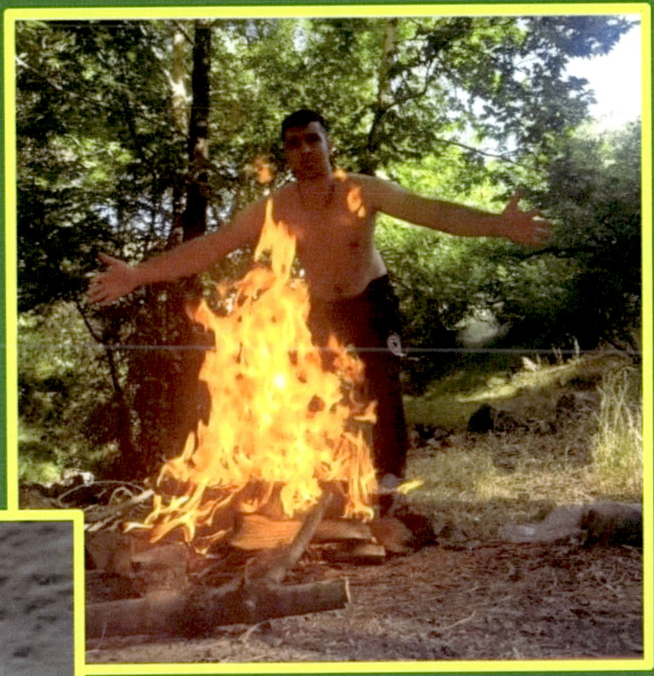
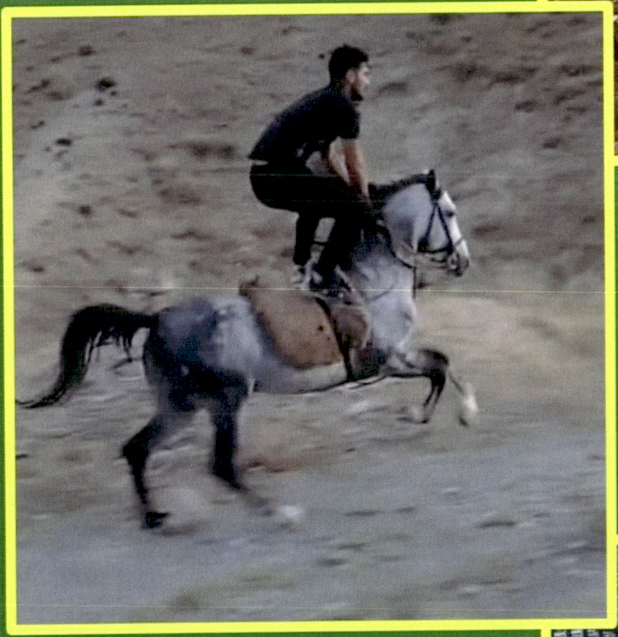
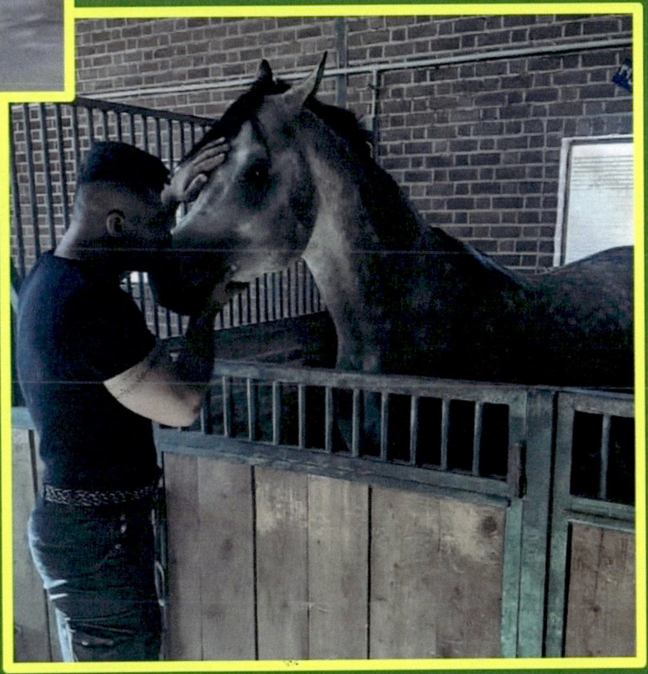

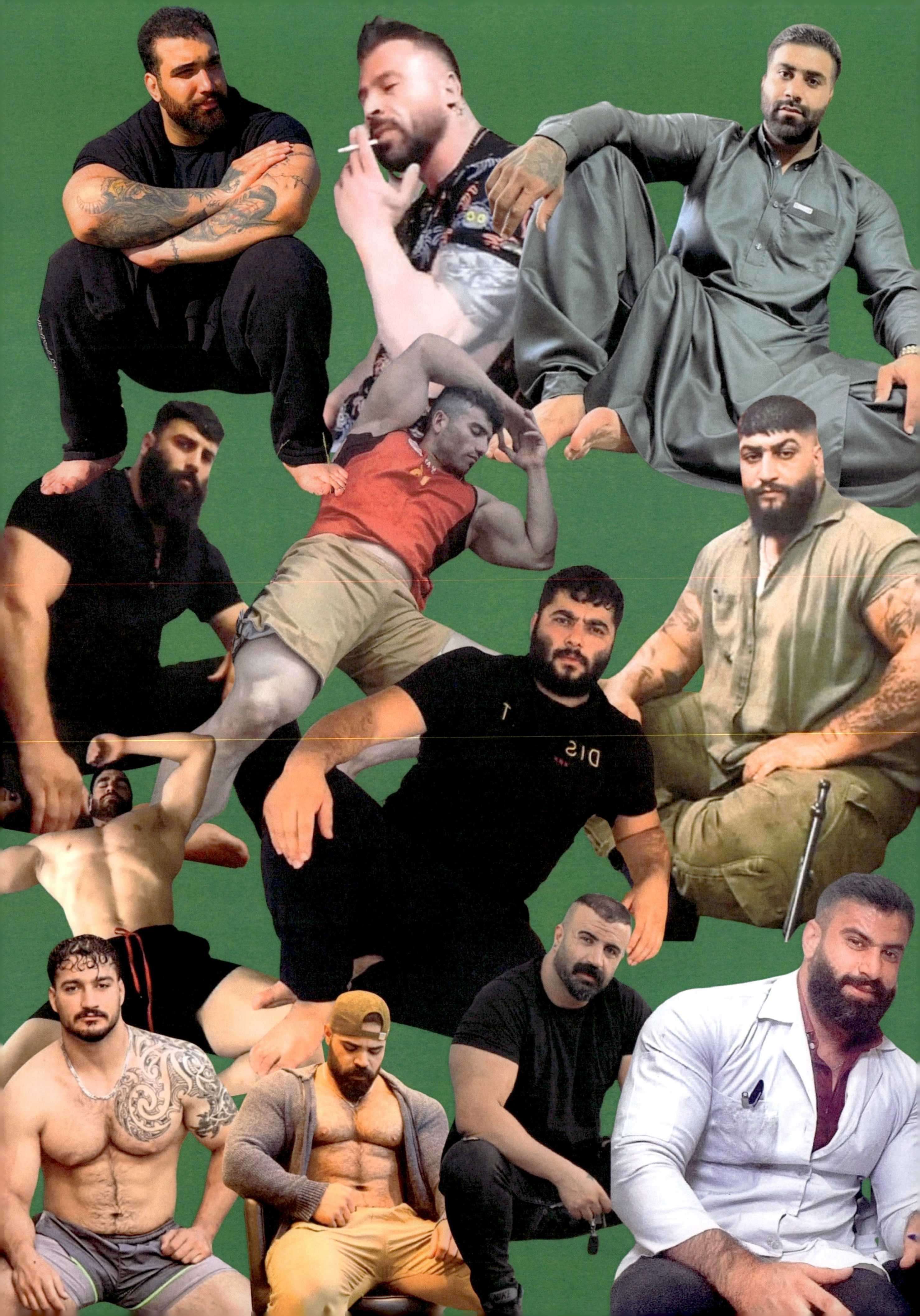

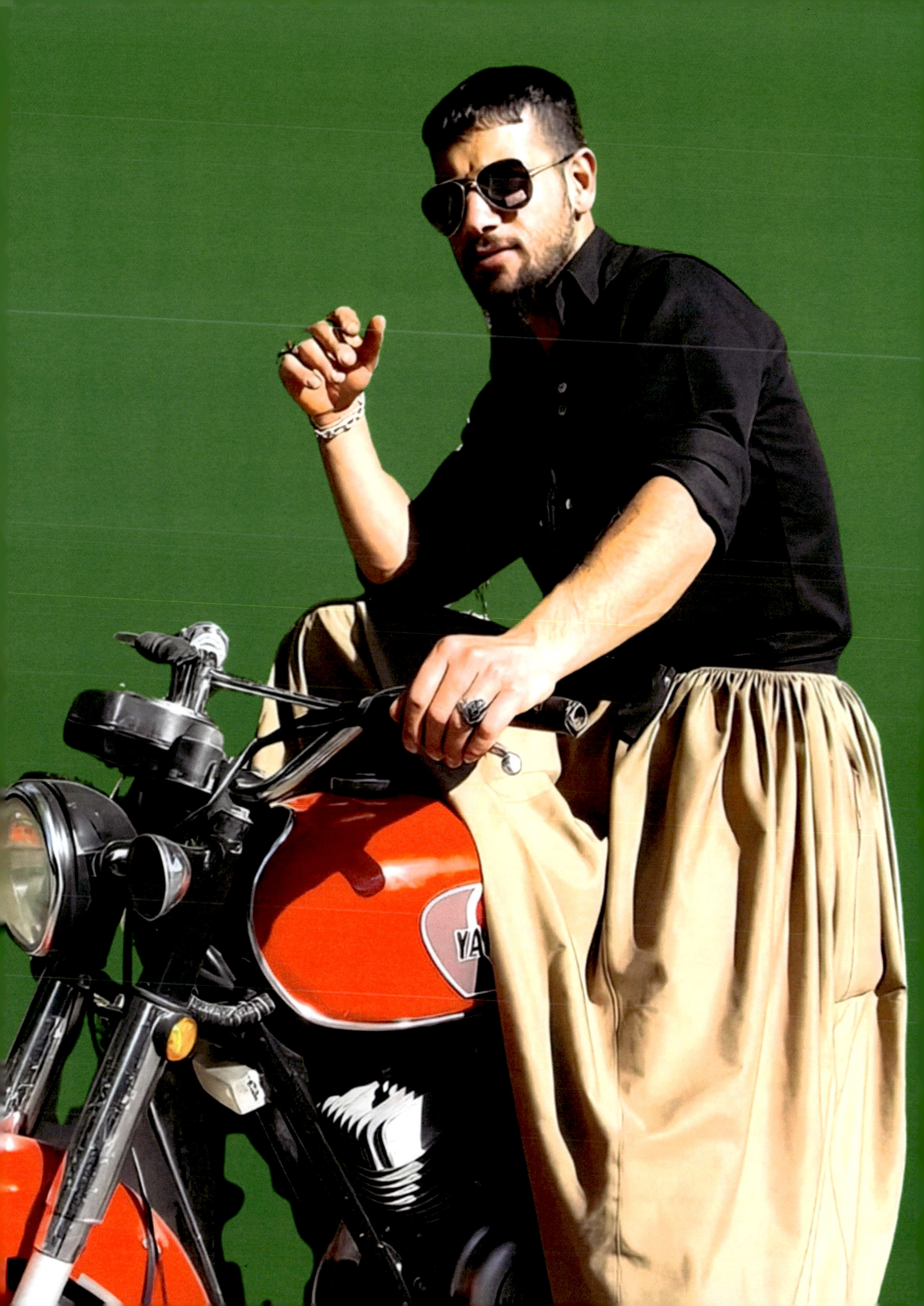

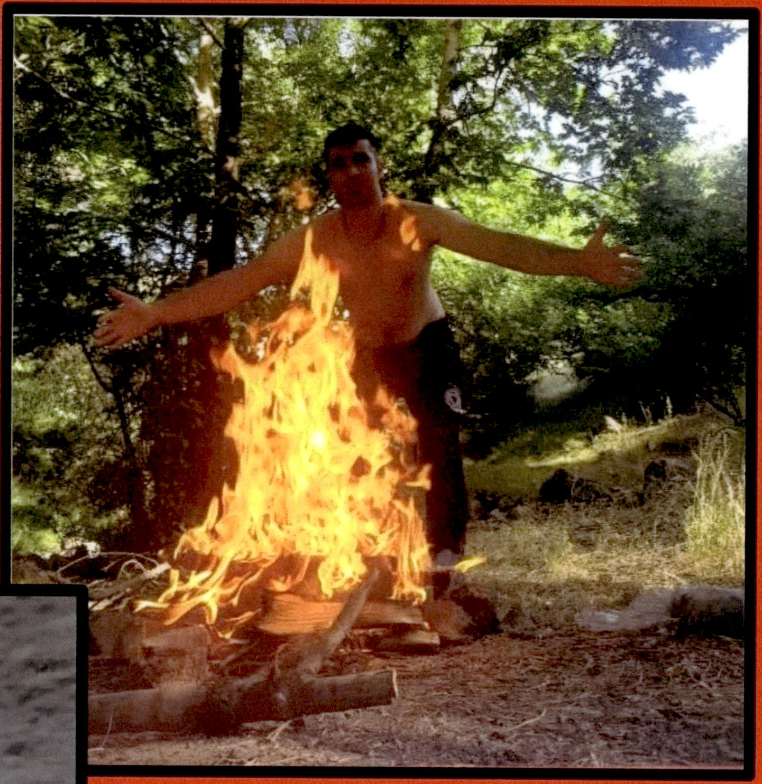
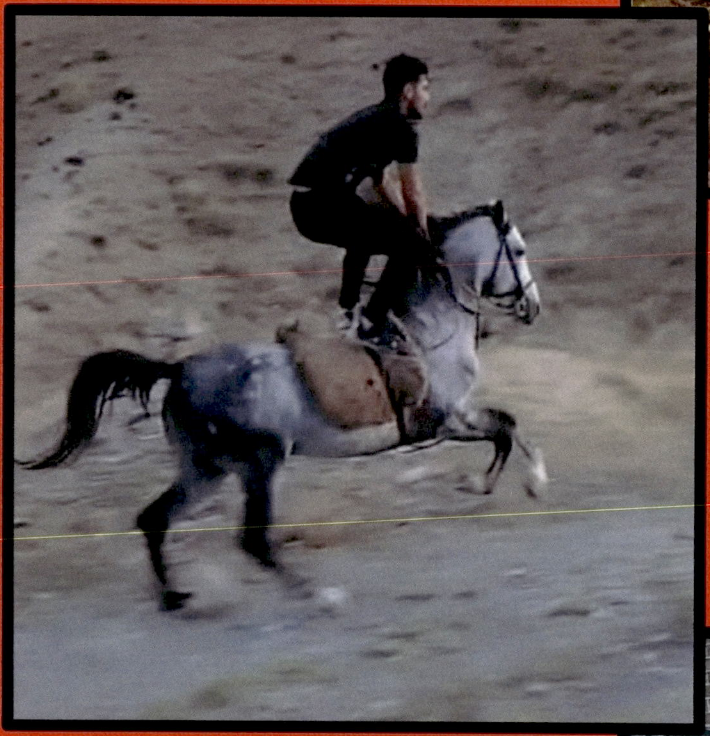
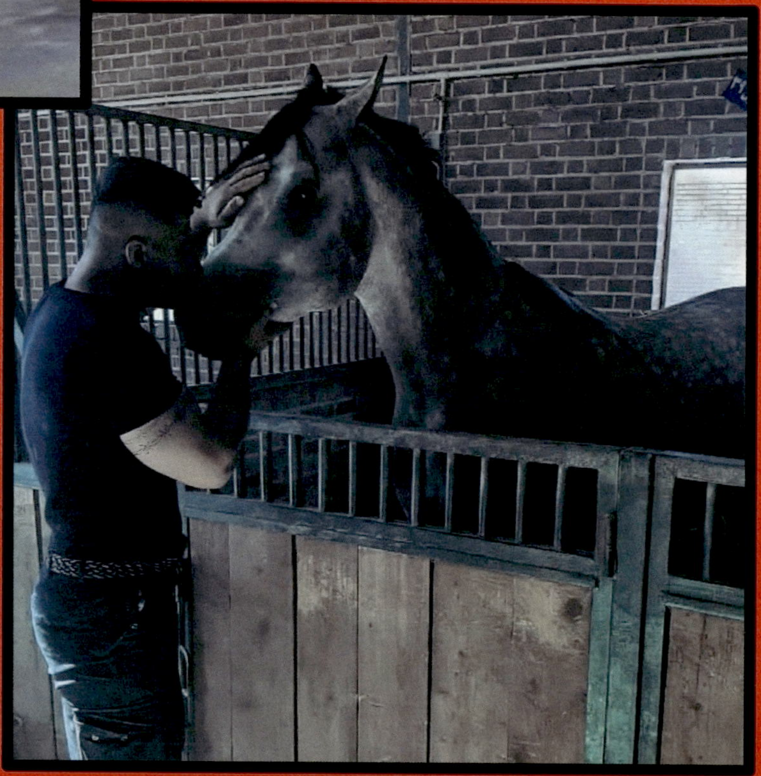

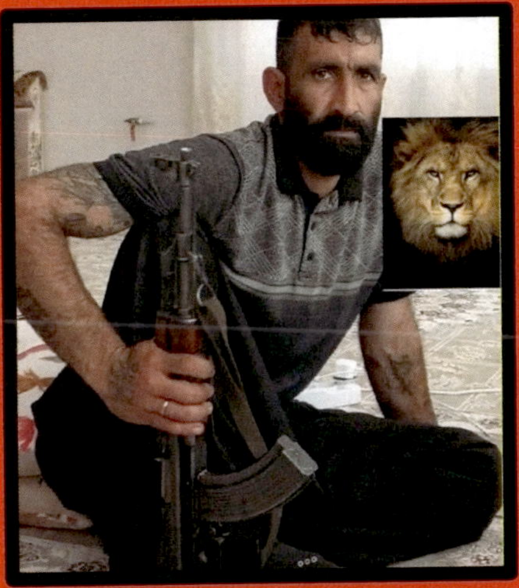

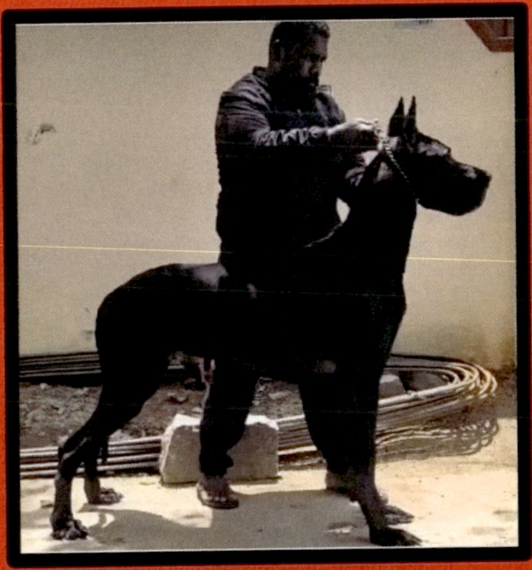

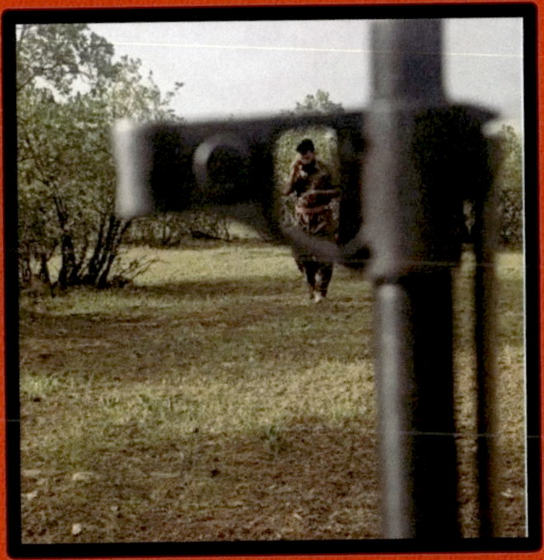

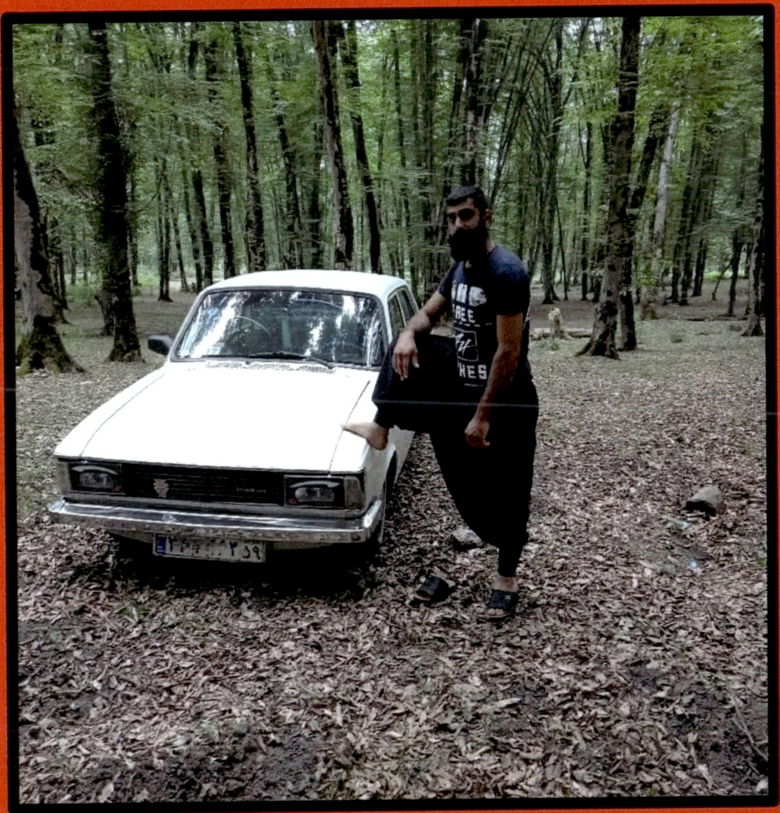

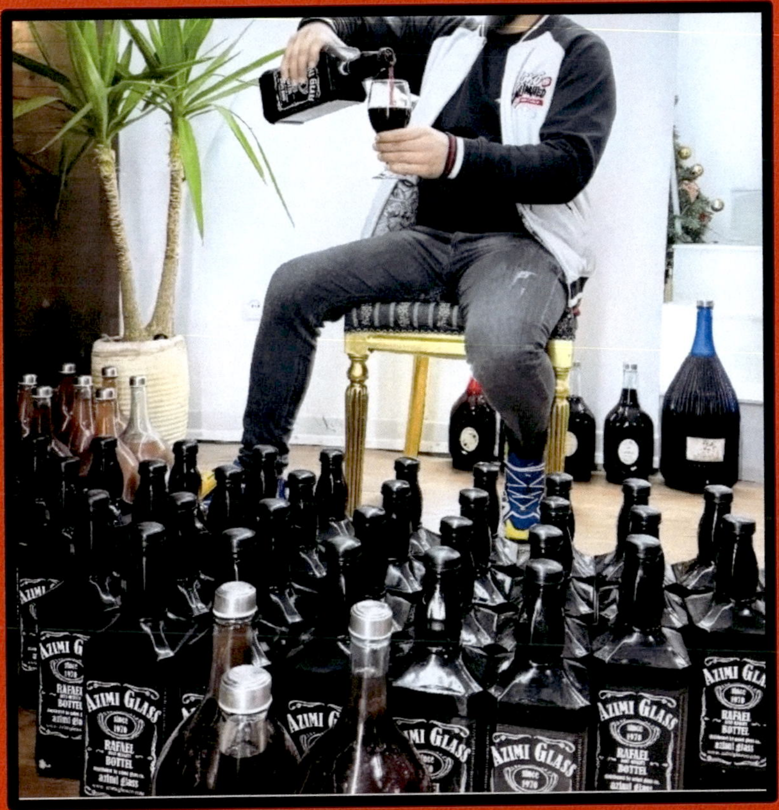
AZIMI GLASS
RAFAEL
BOTTEL
azimi glass

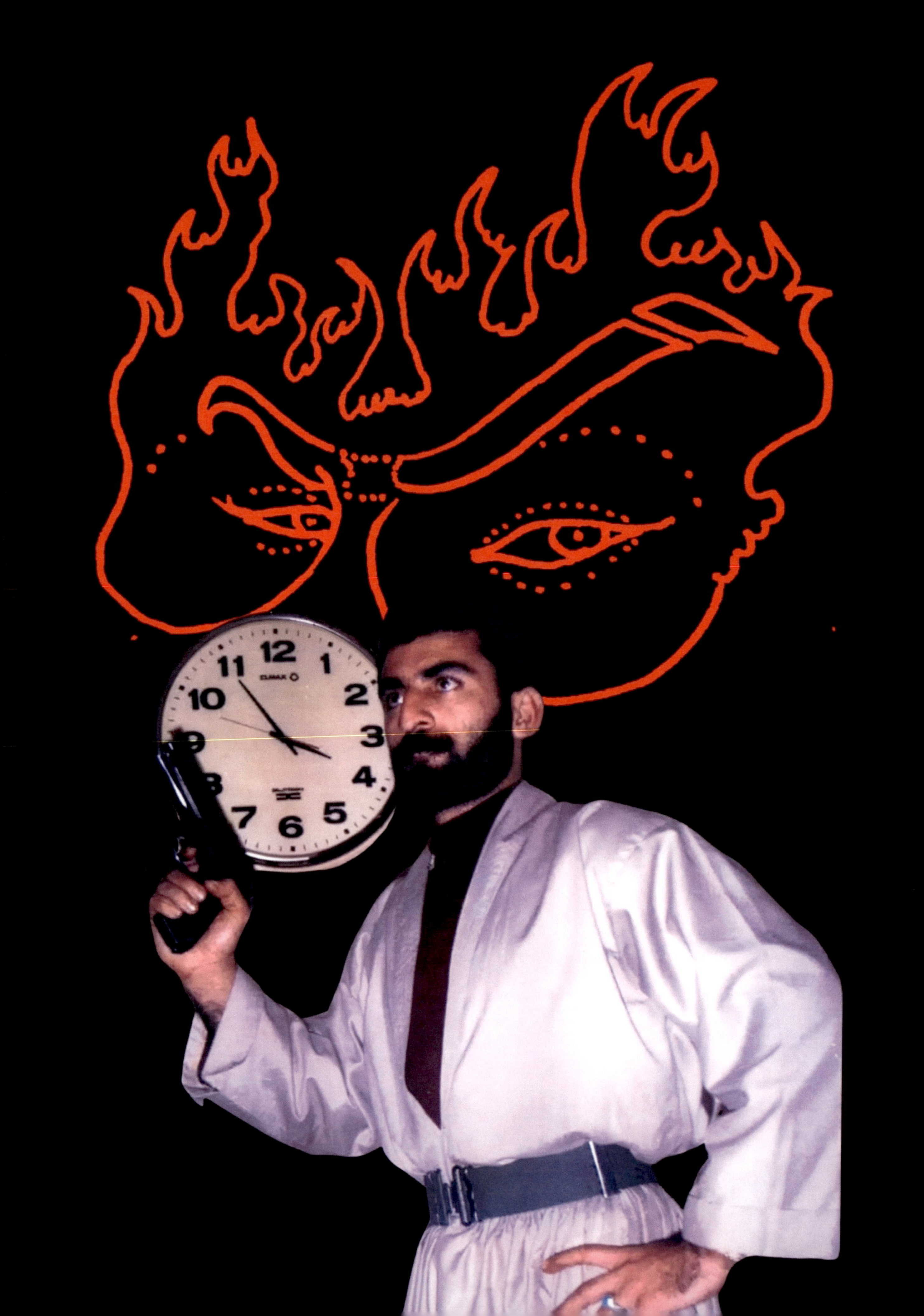

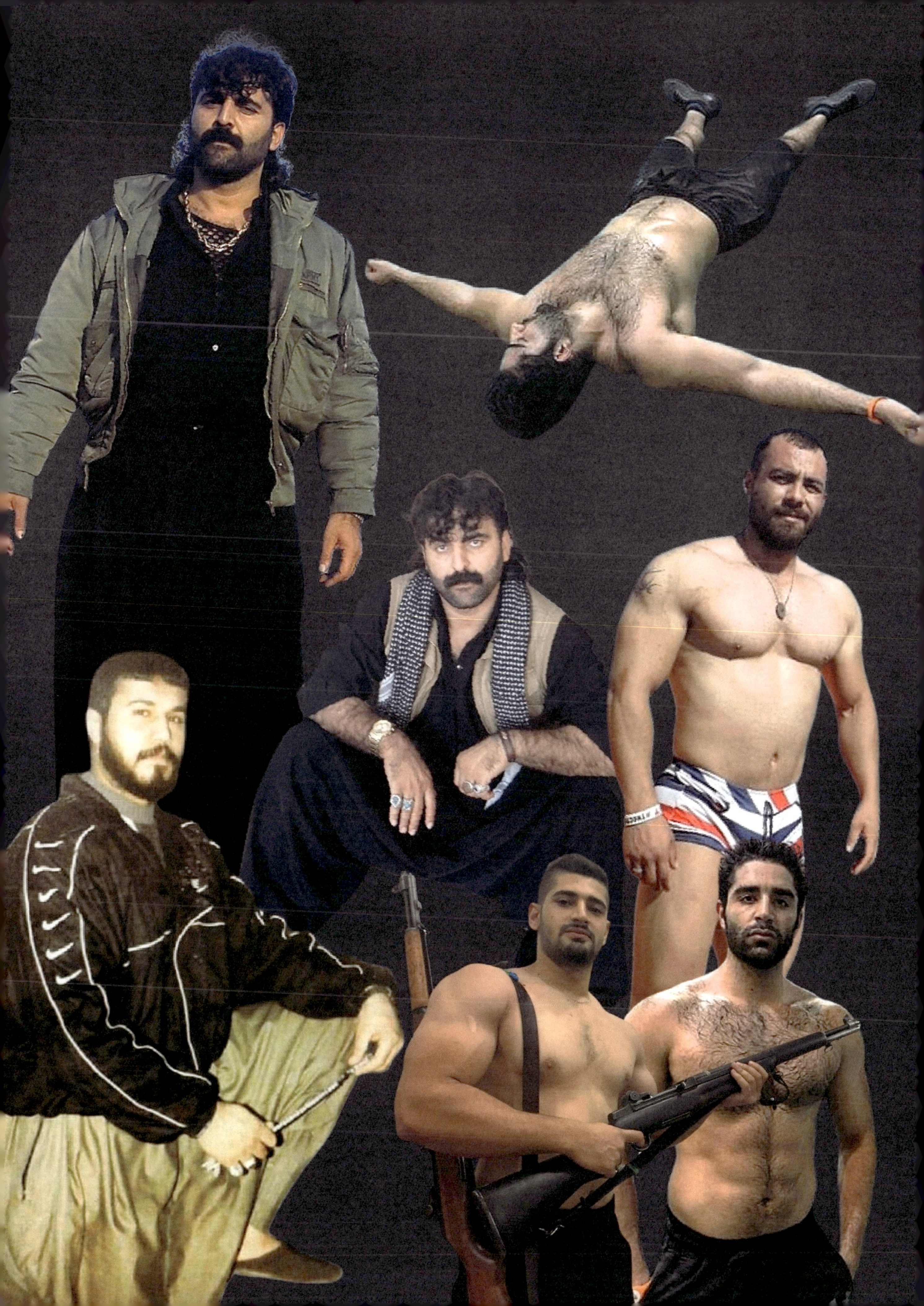

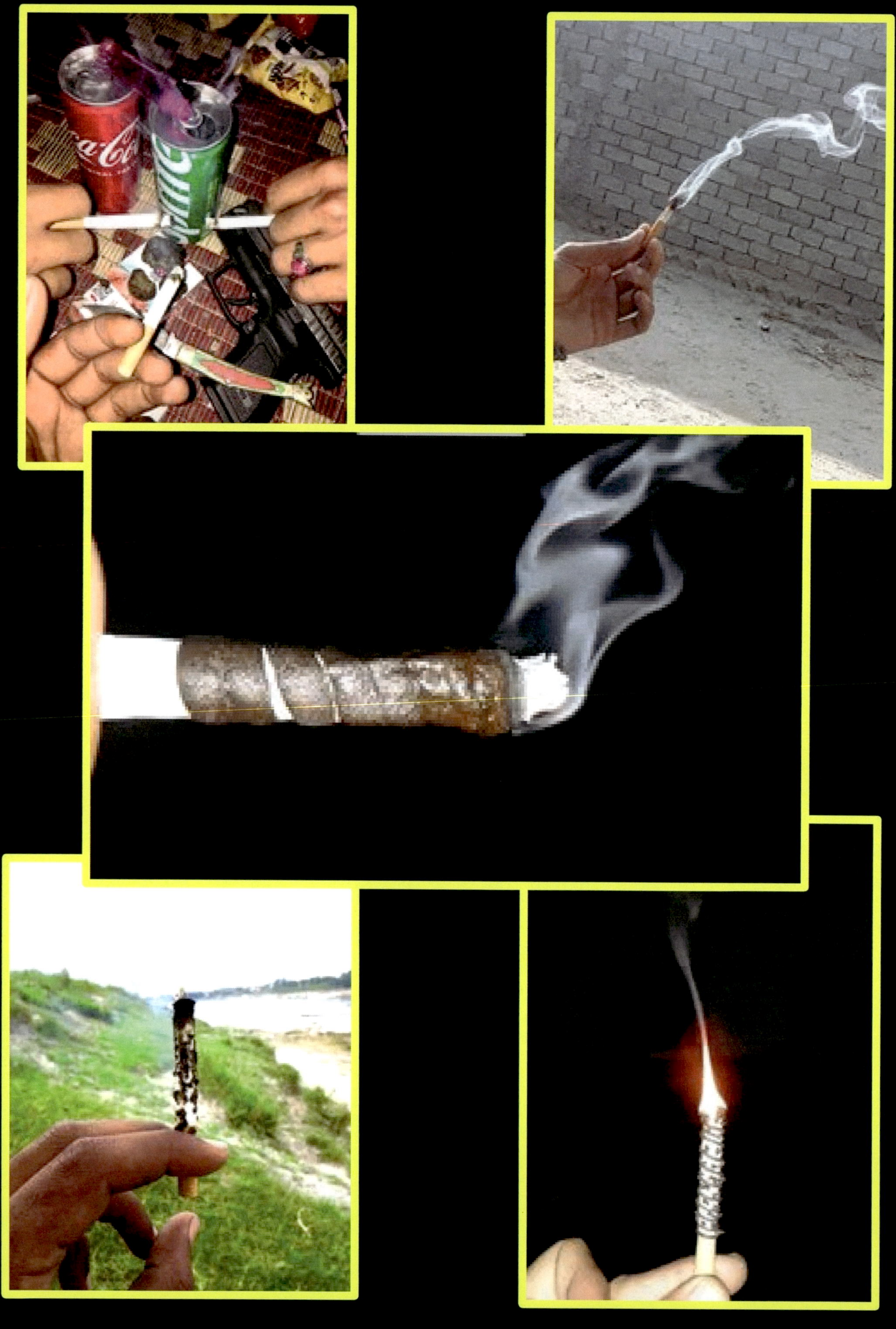

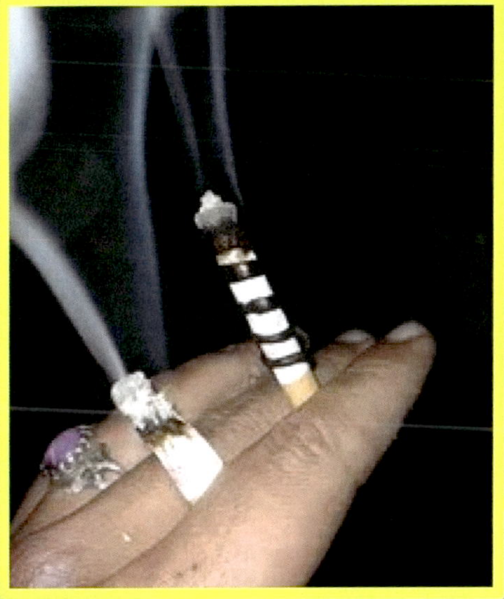

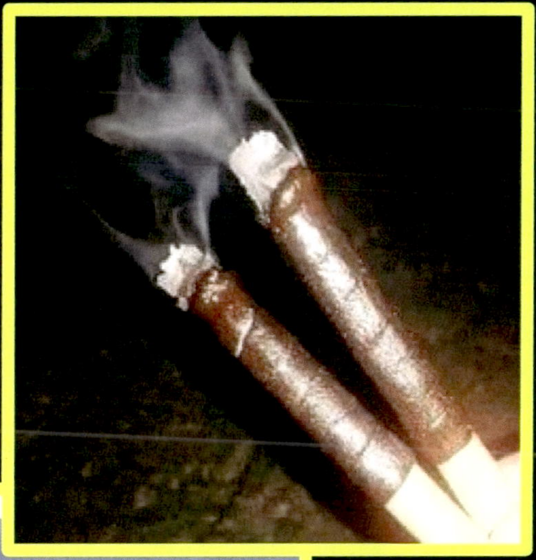

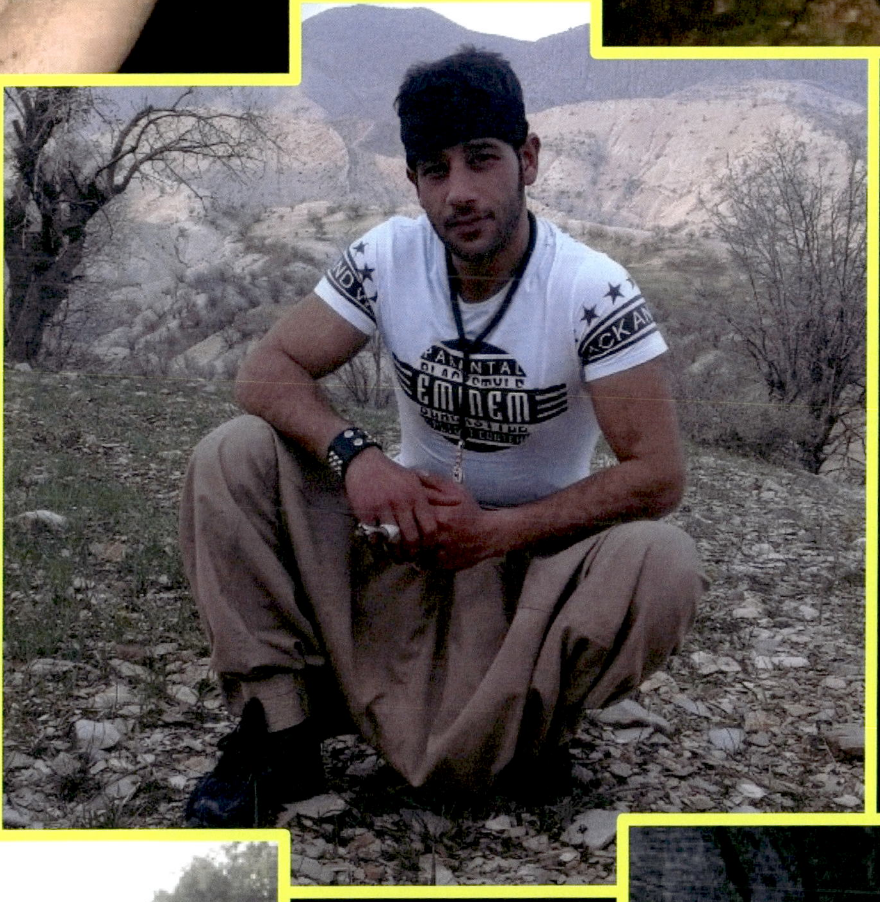
EMINEM

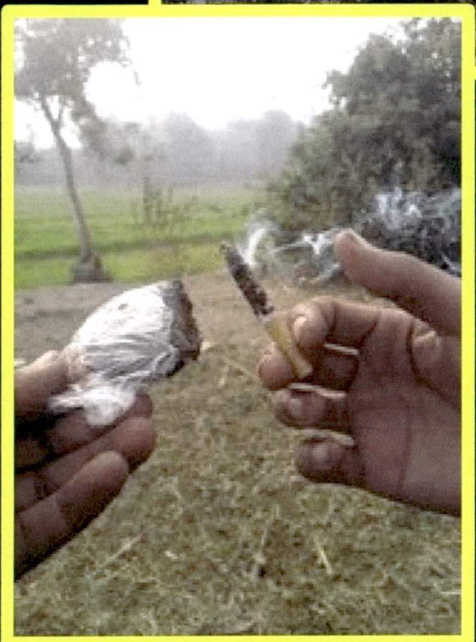

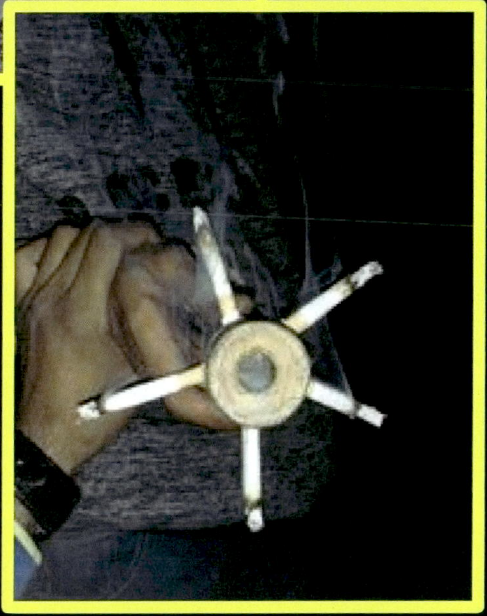

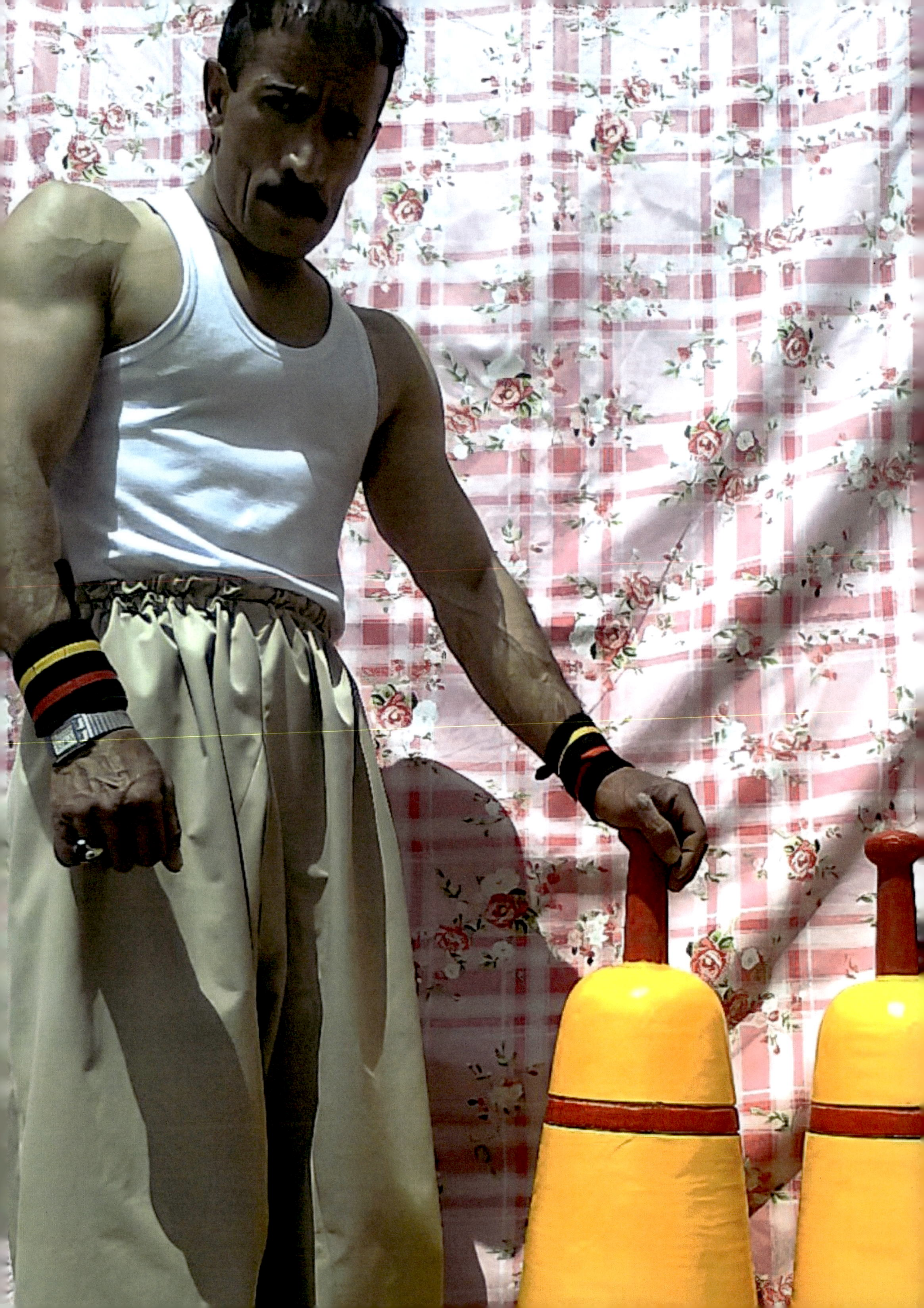

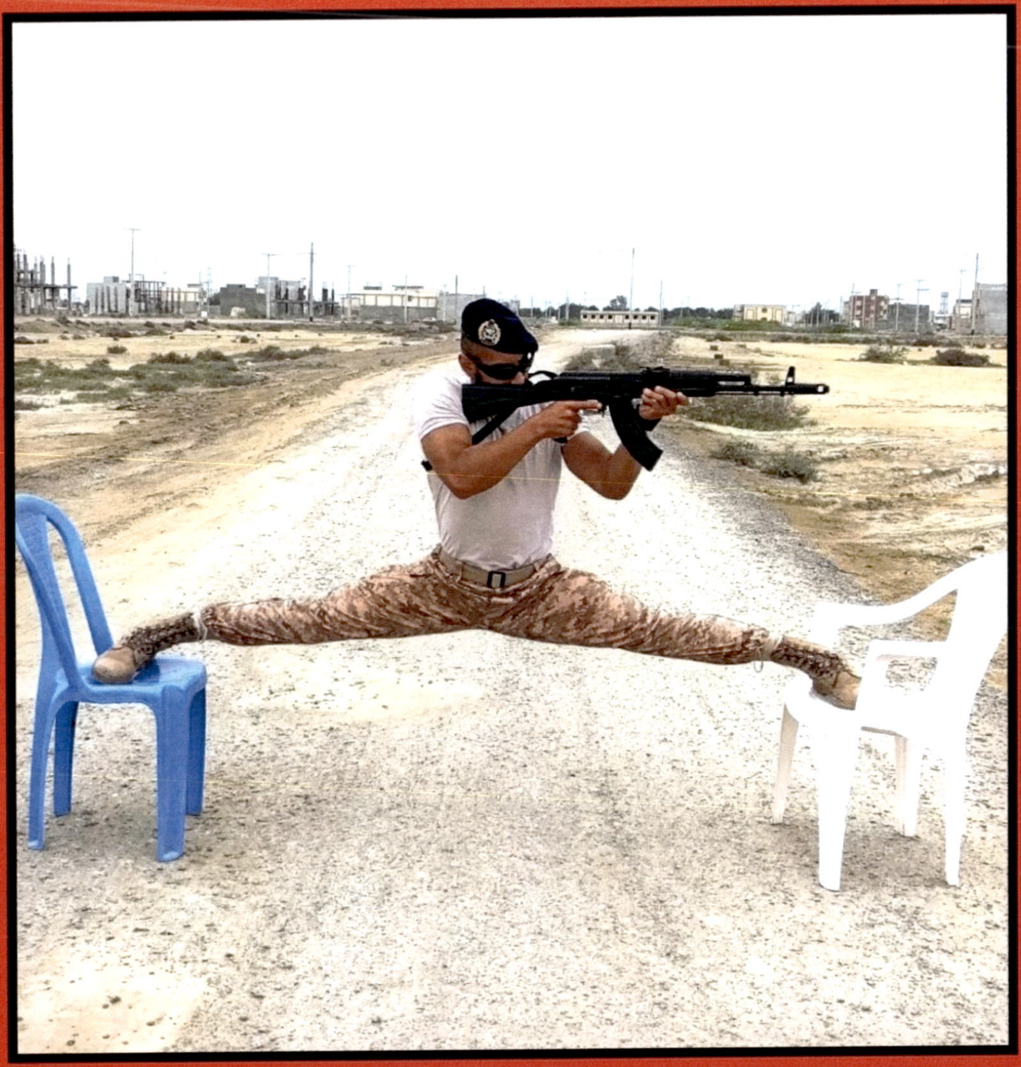

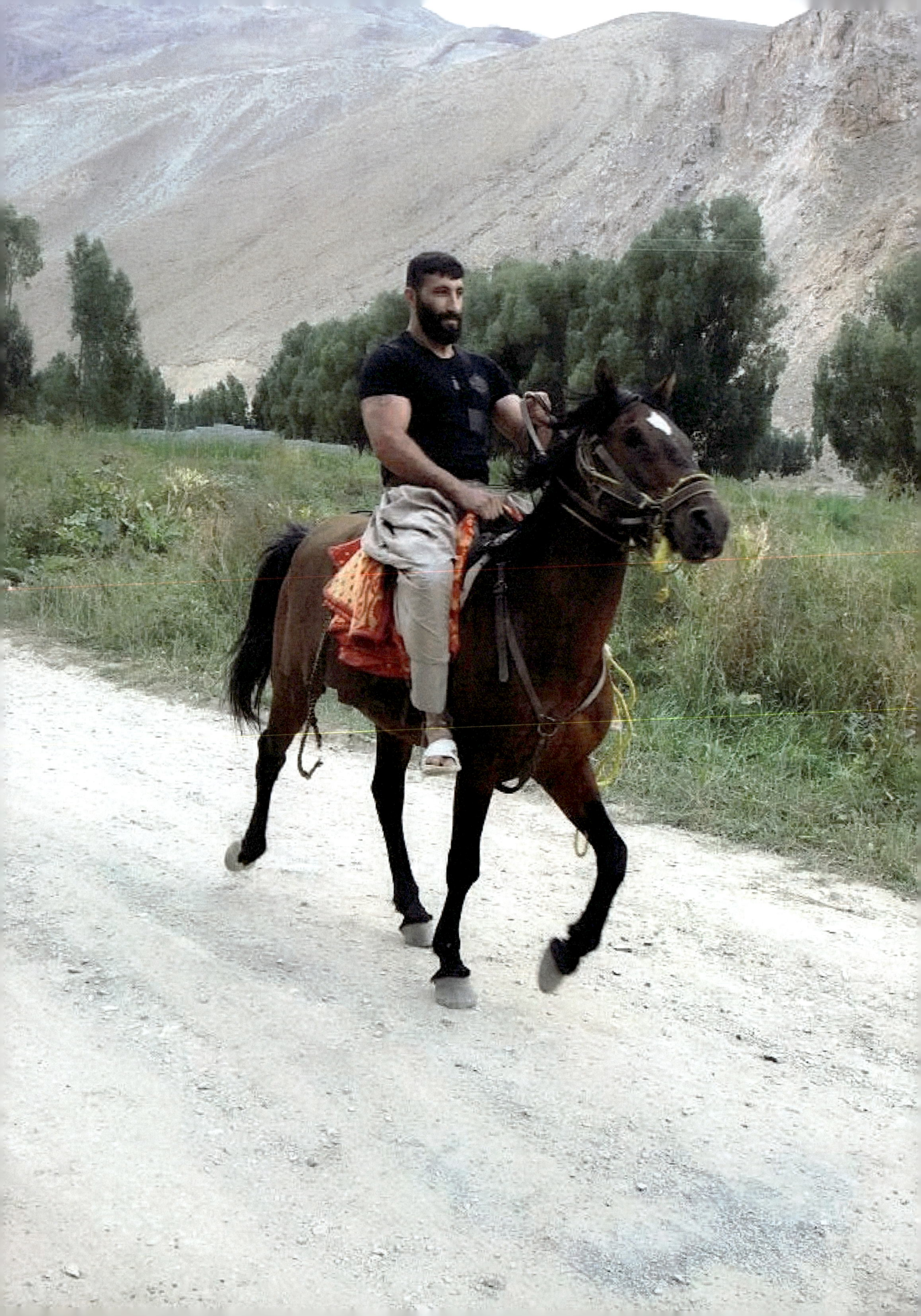

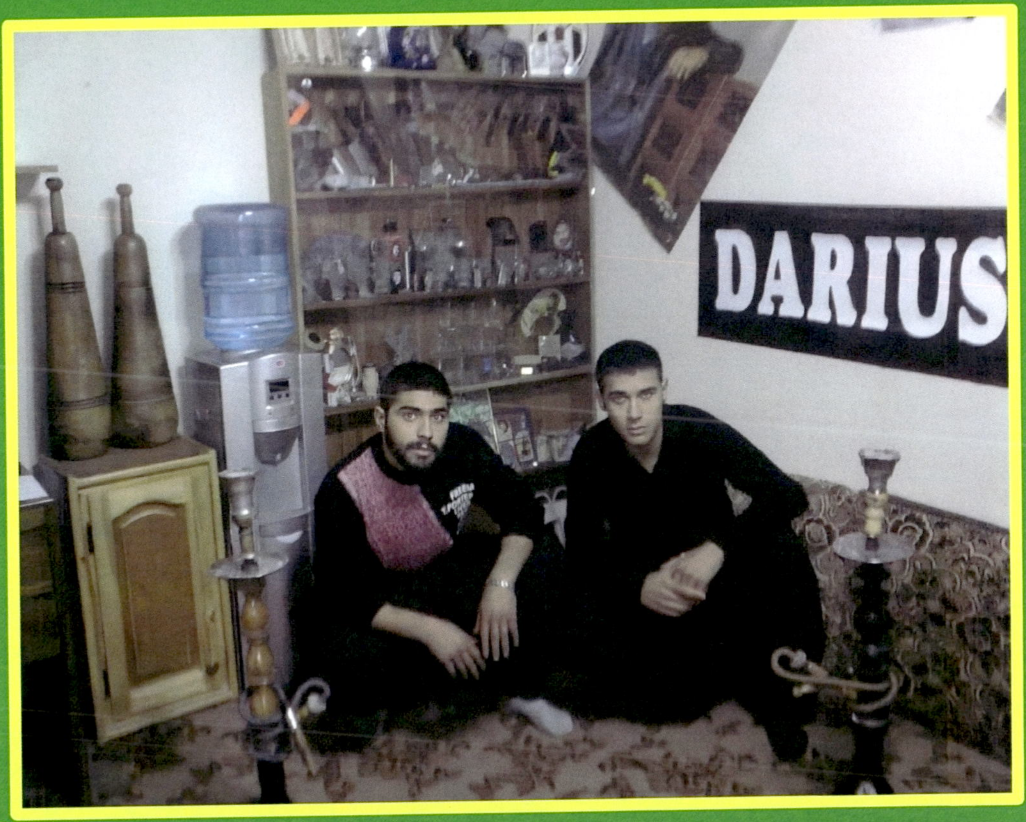
DARIUS

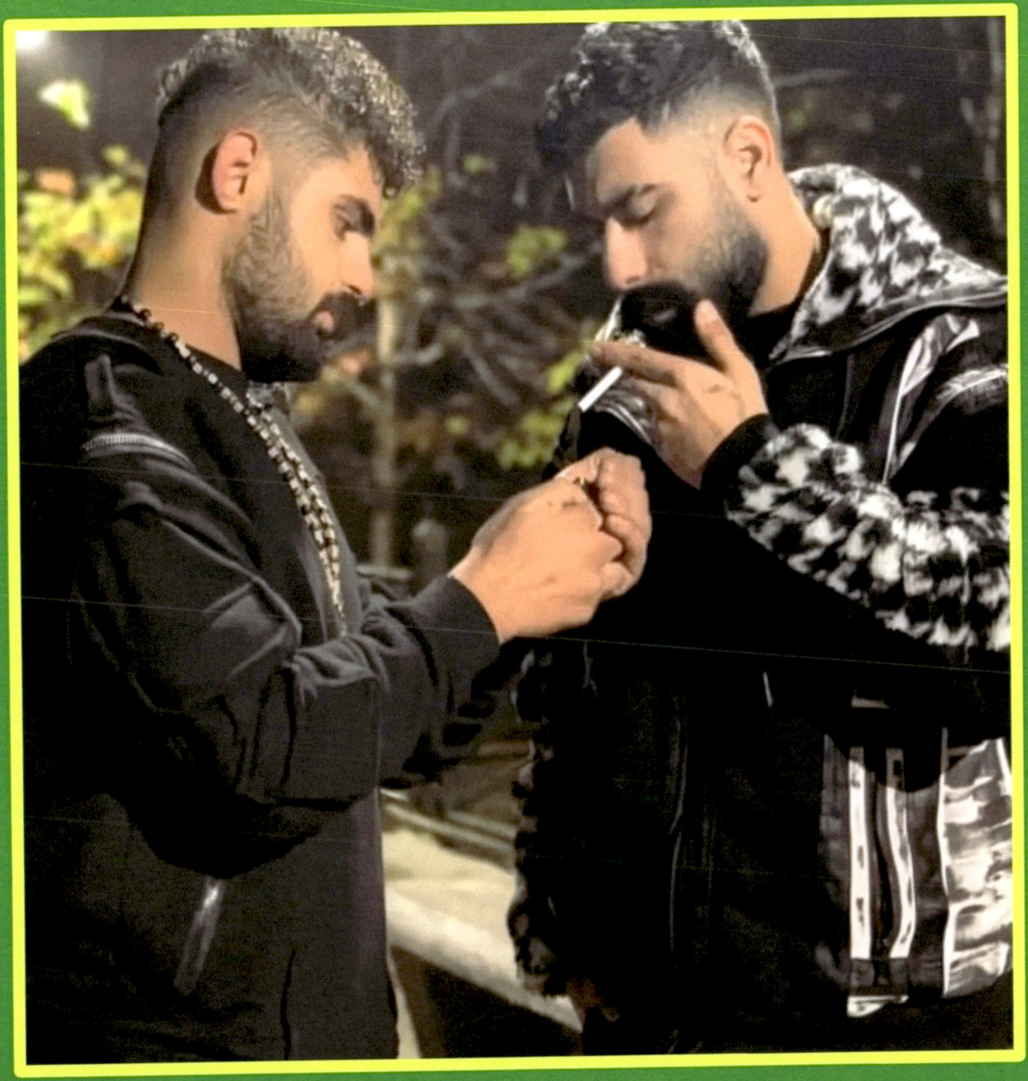

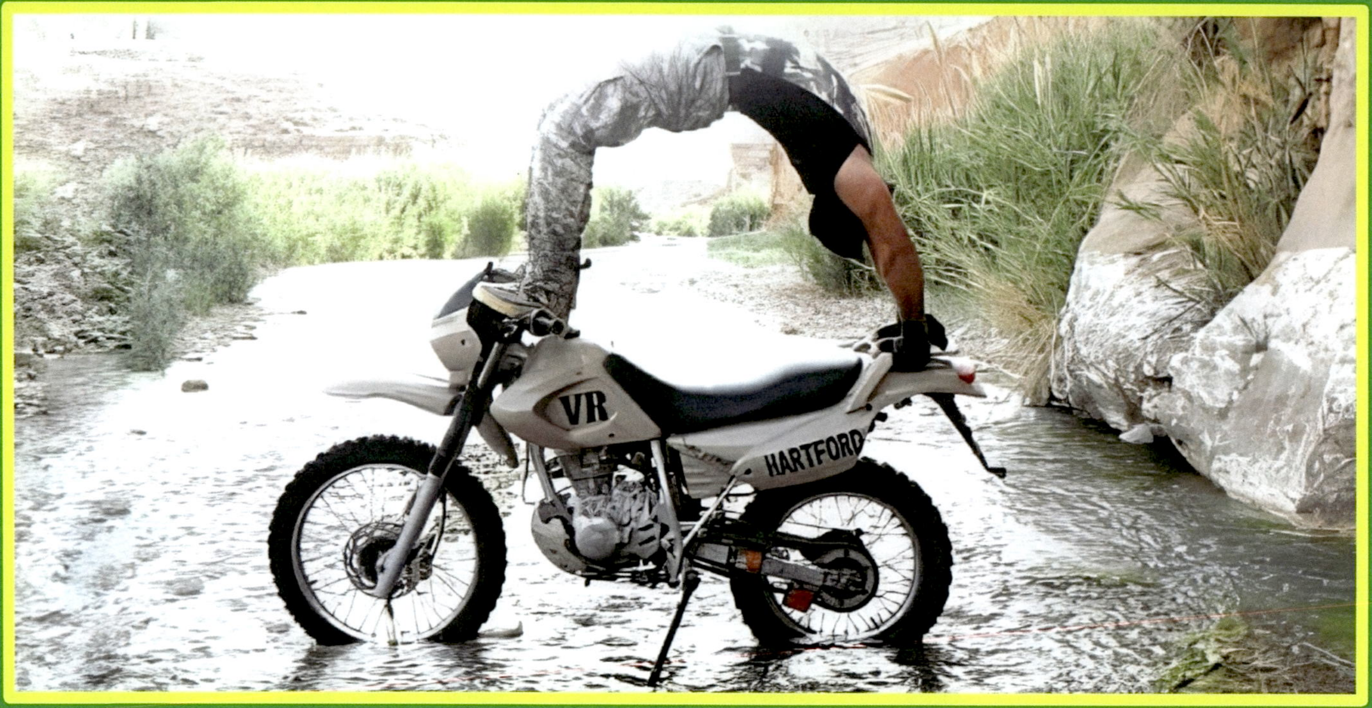
VR
HARTFORD

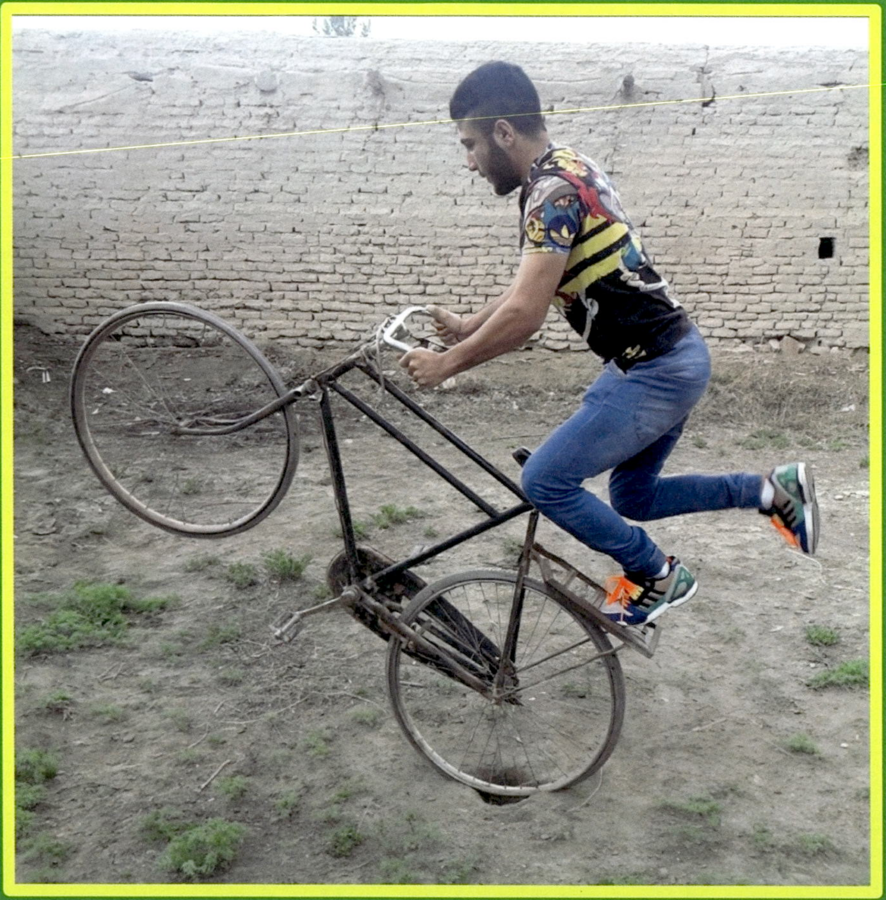

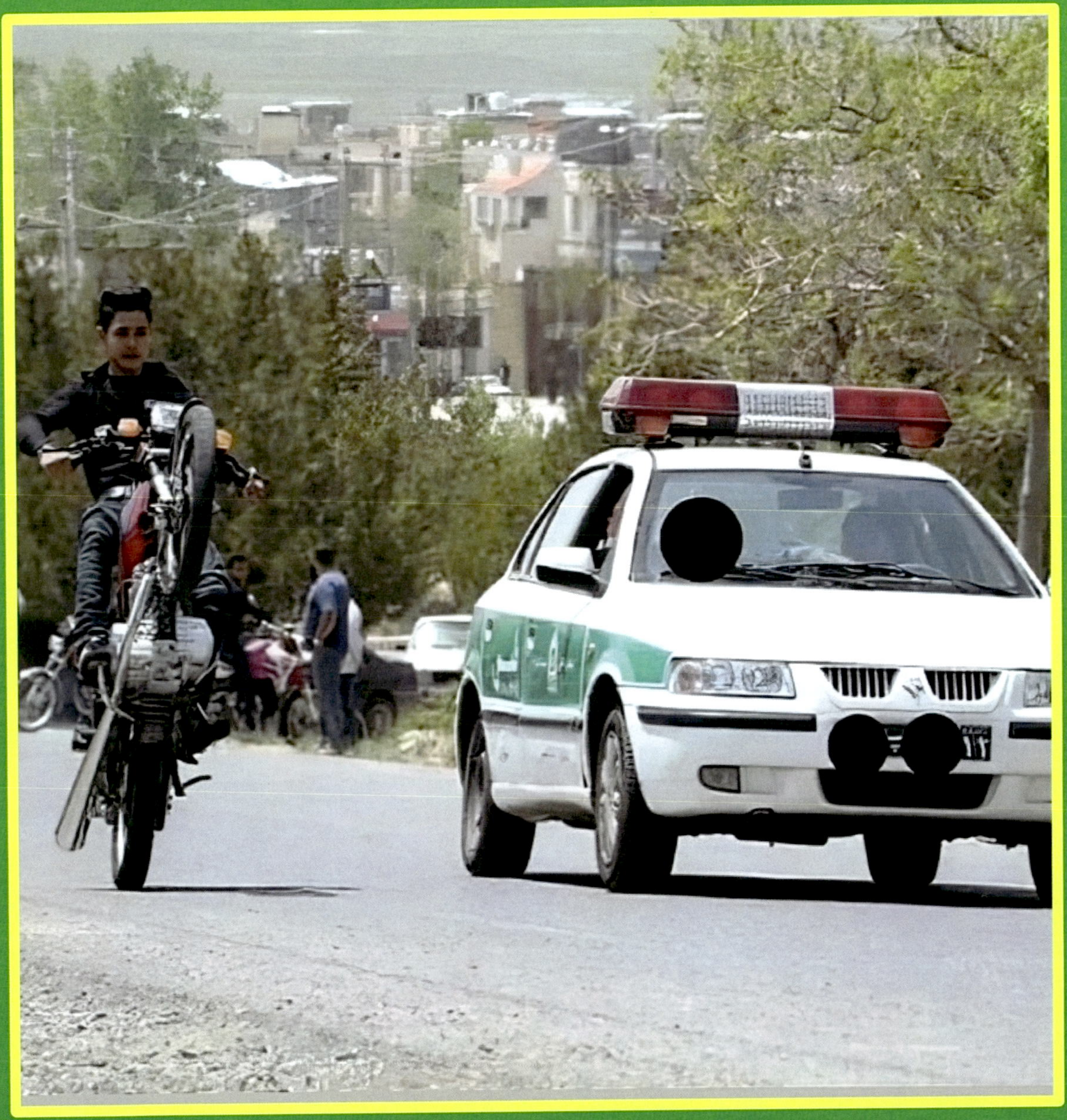

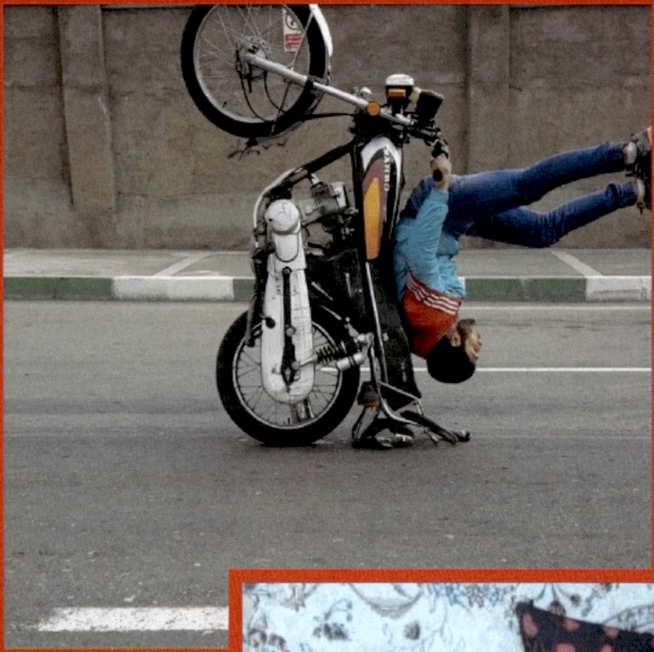

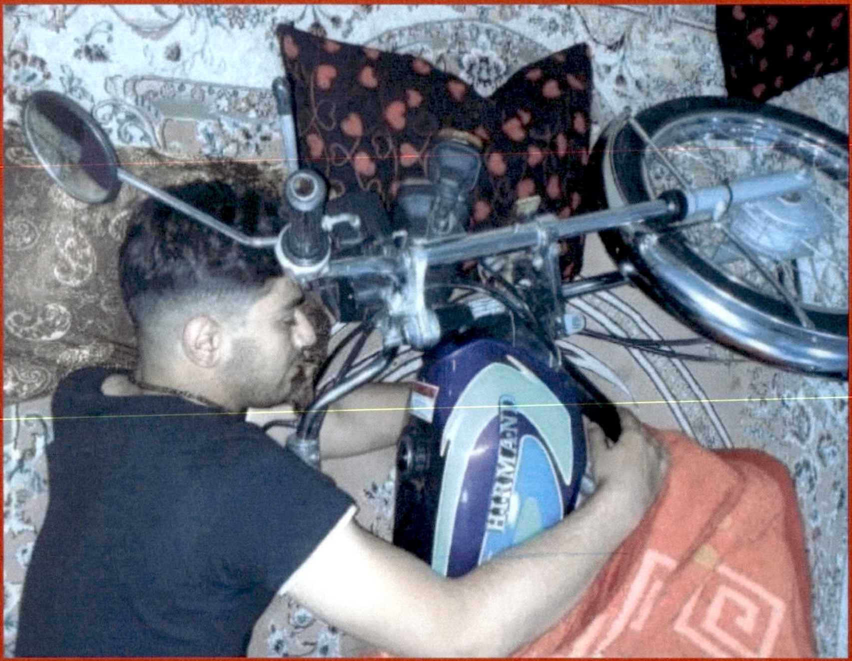

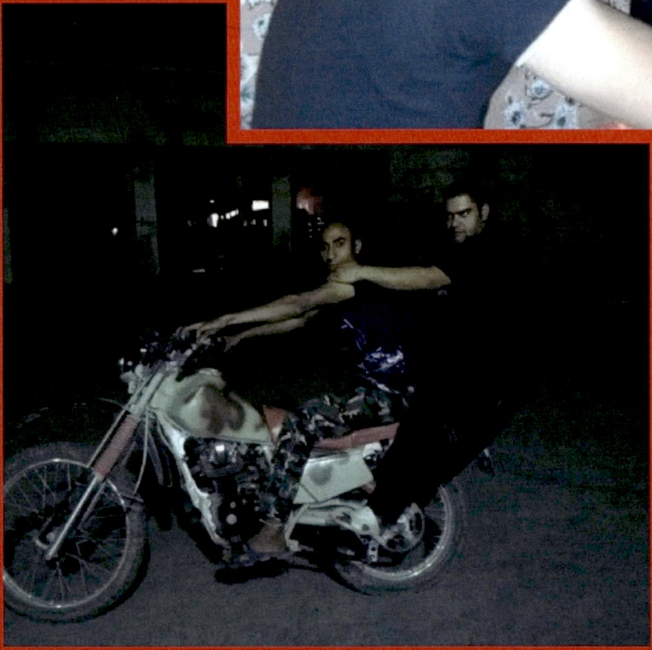

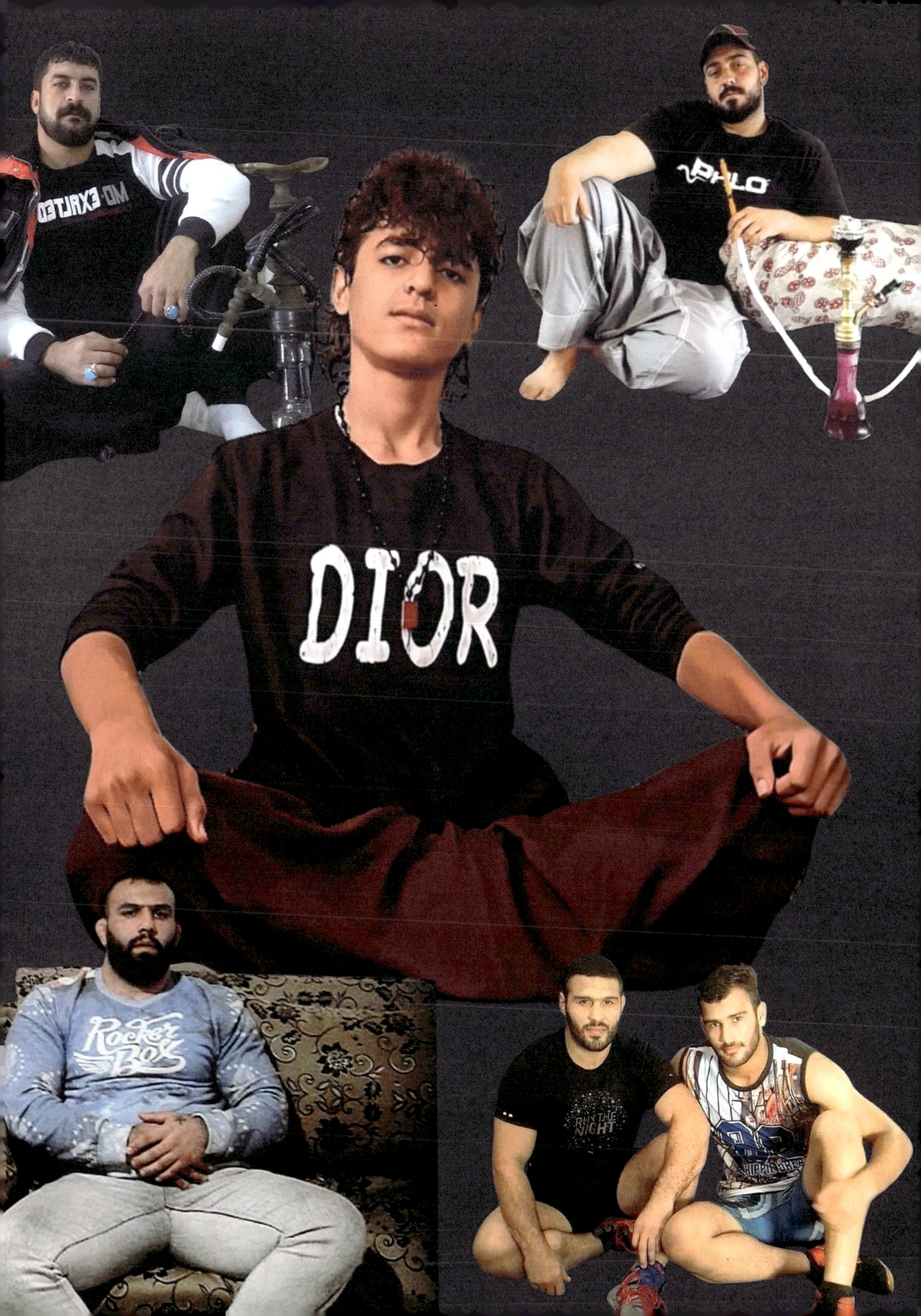
PHLO
DIOR
Rocker Box

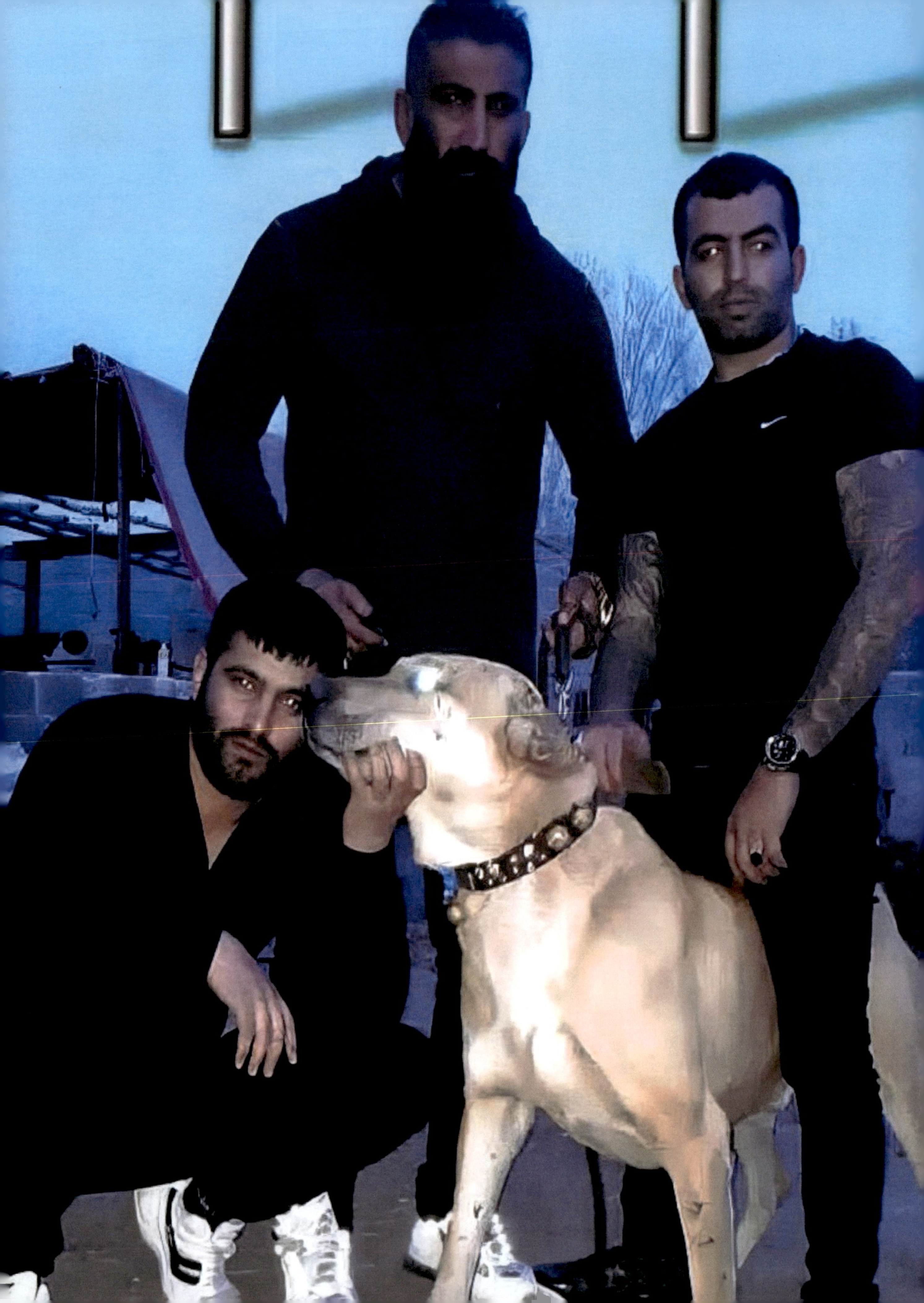

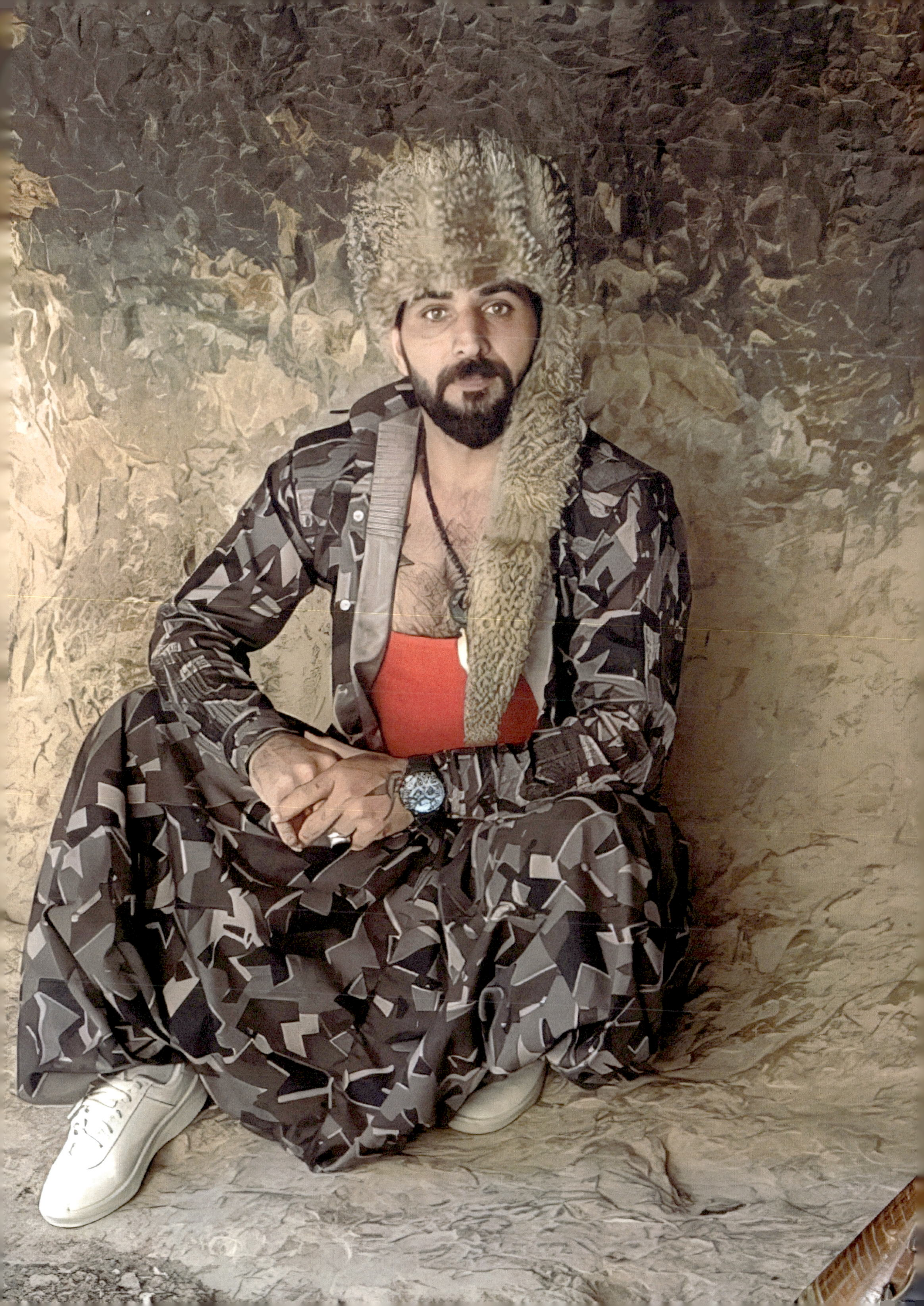

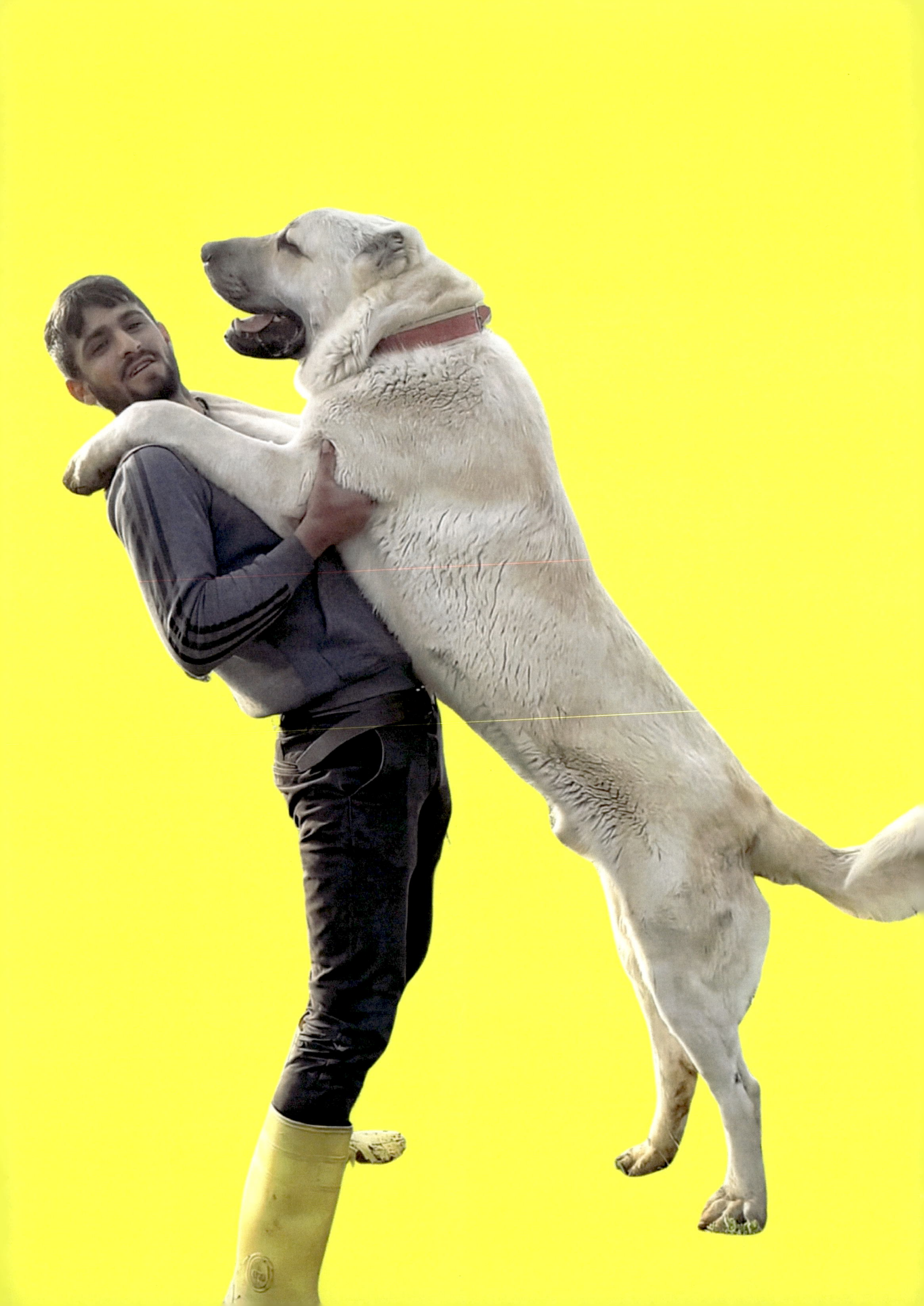

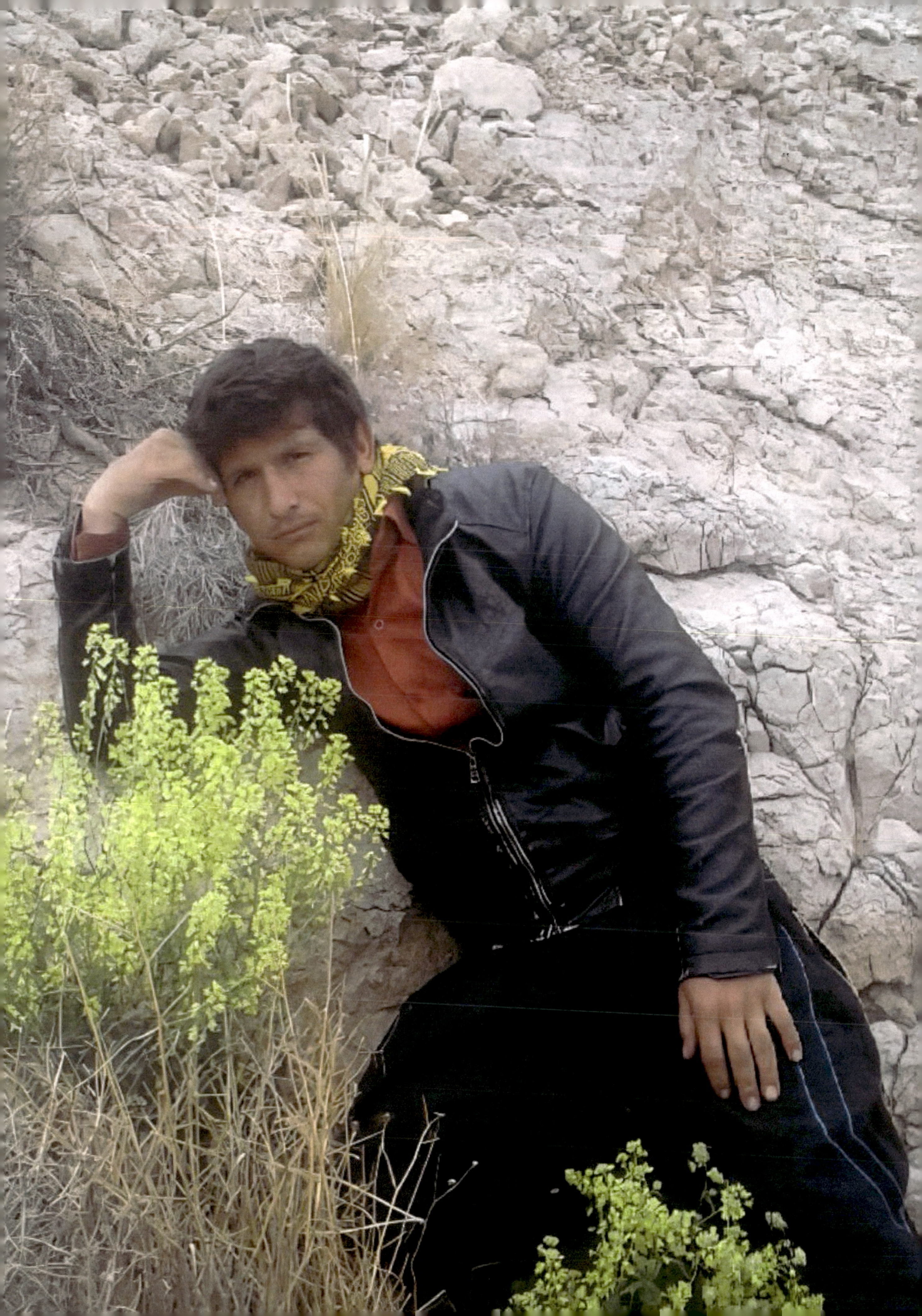

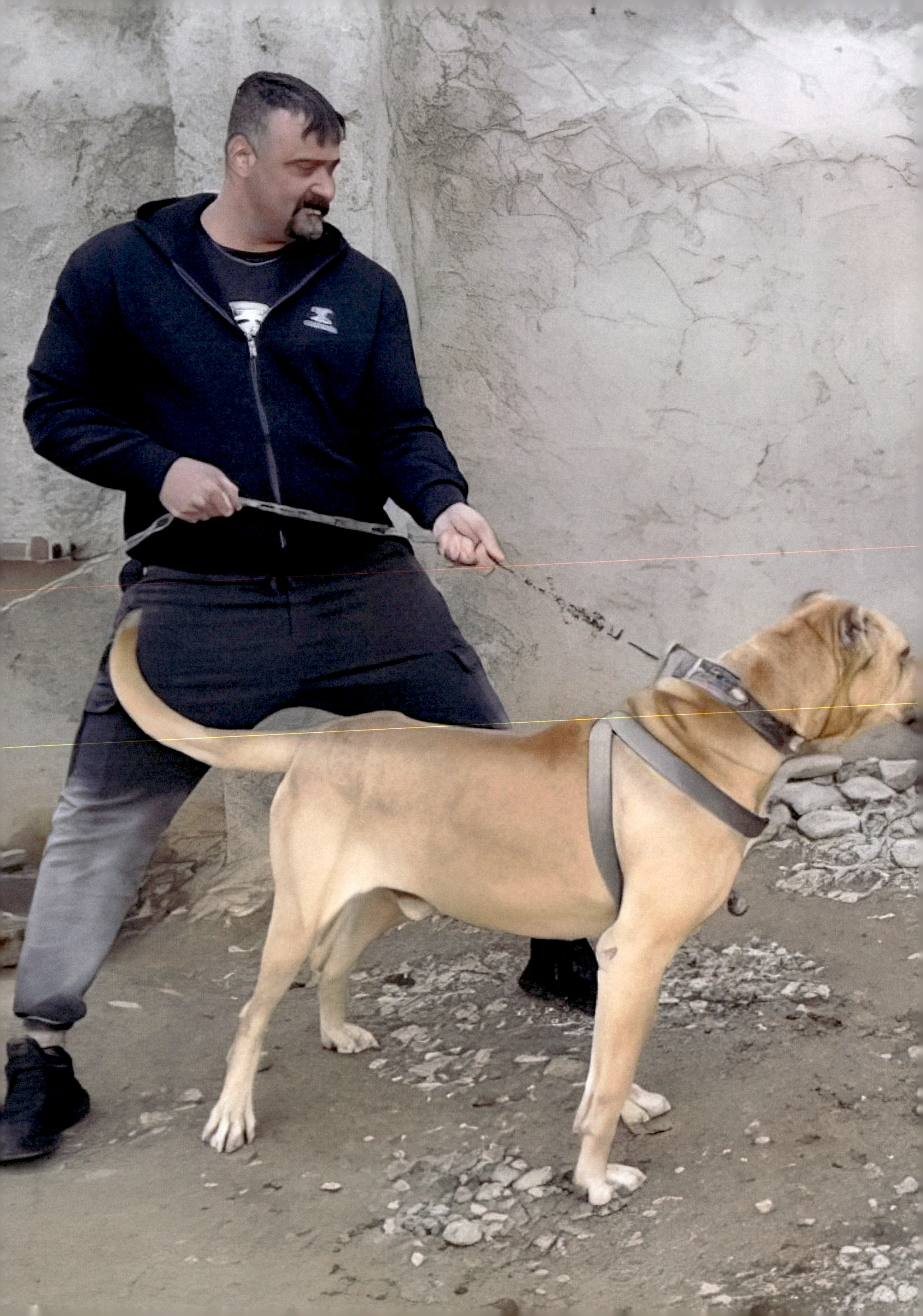

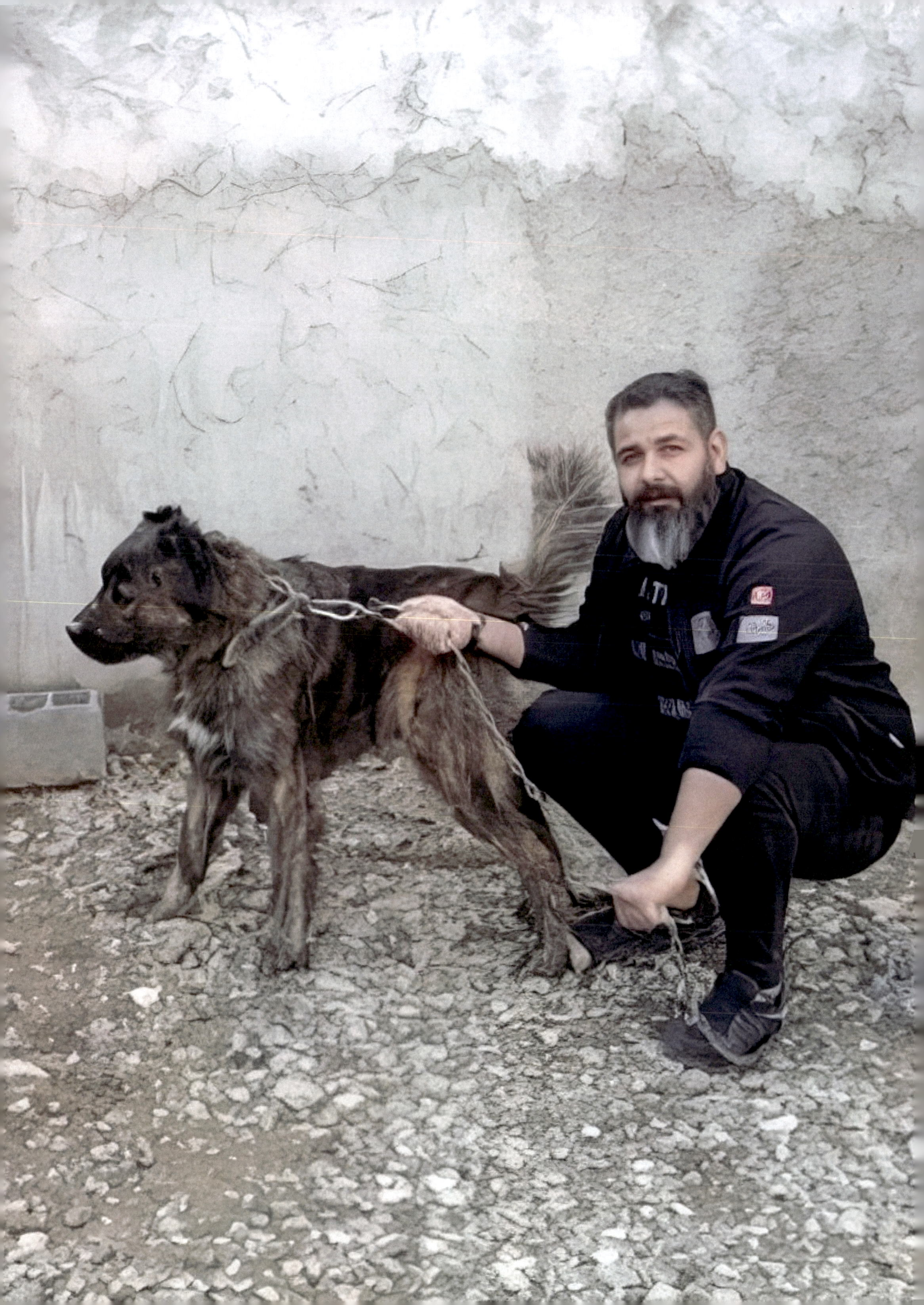

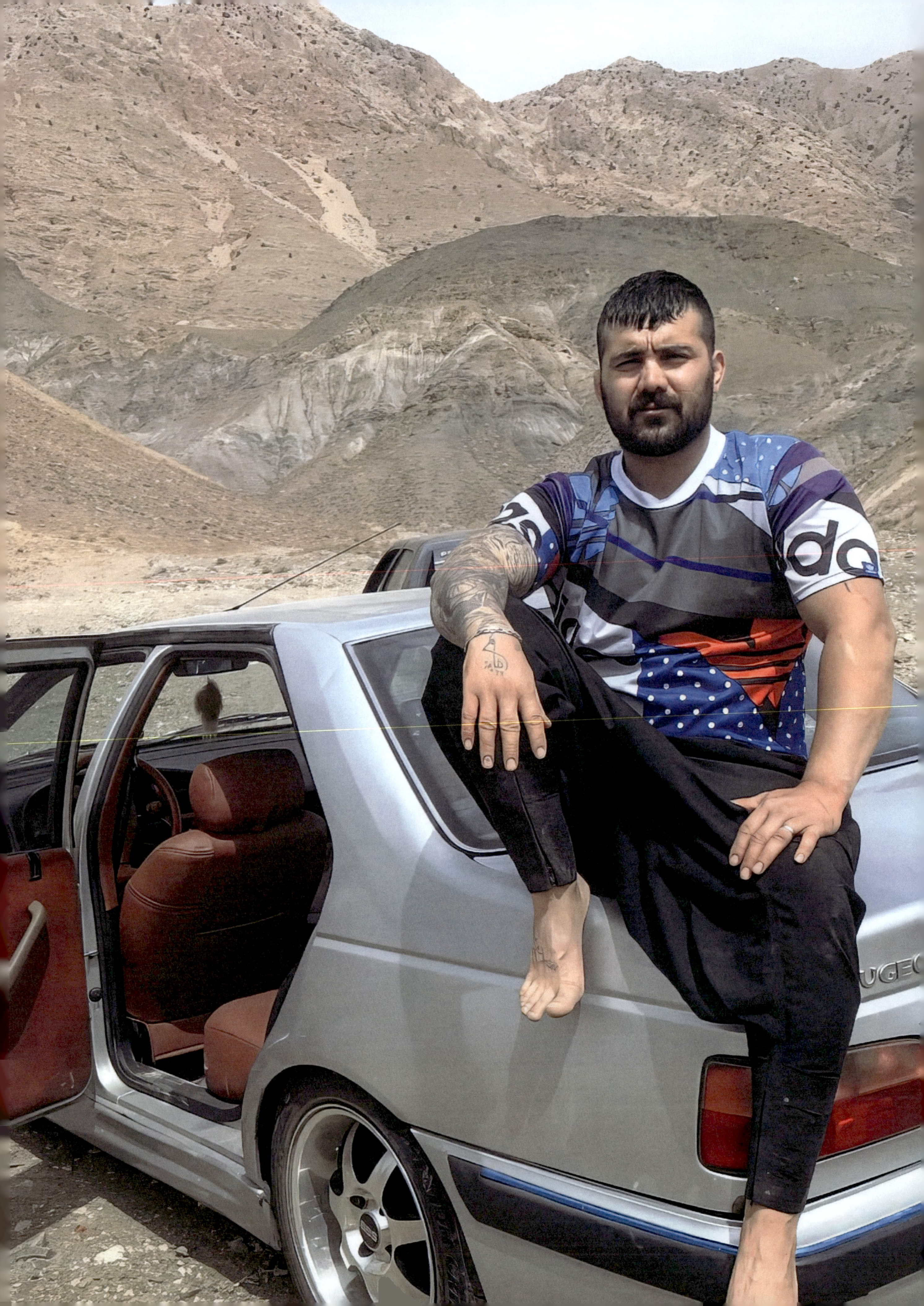

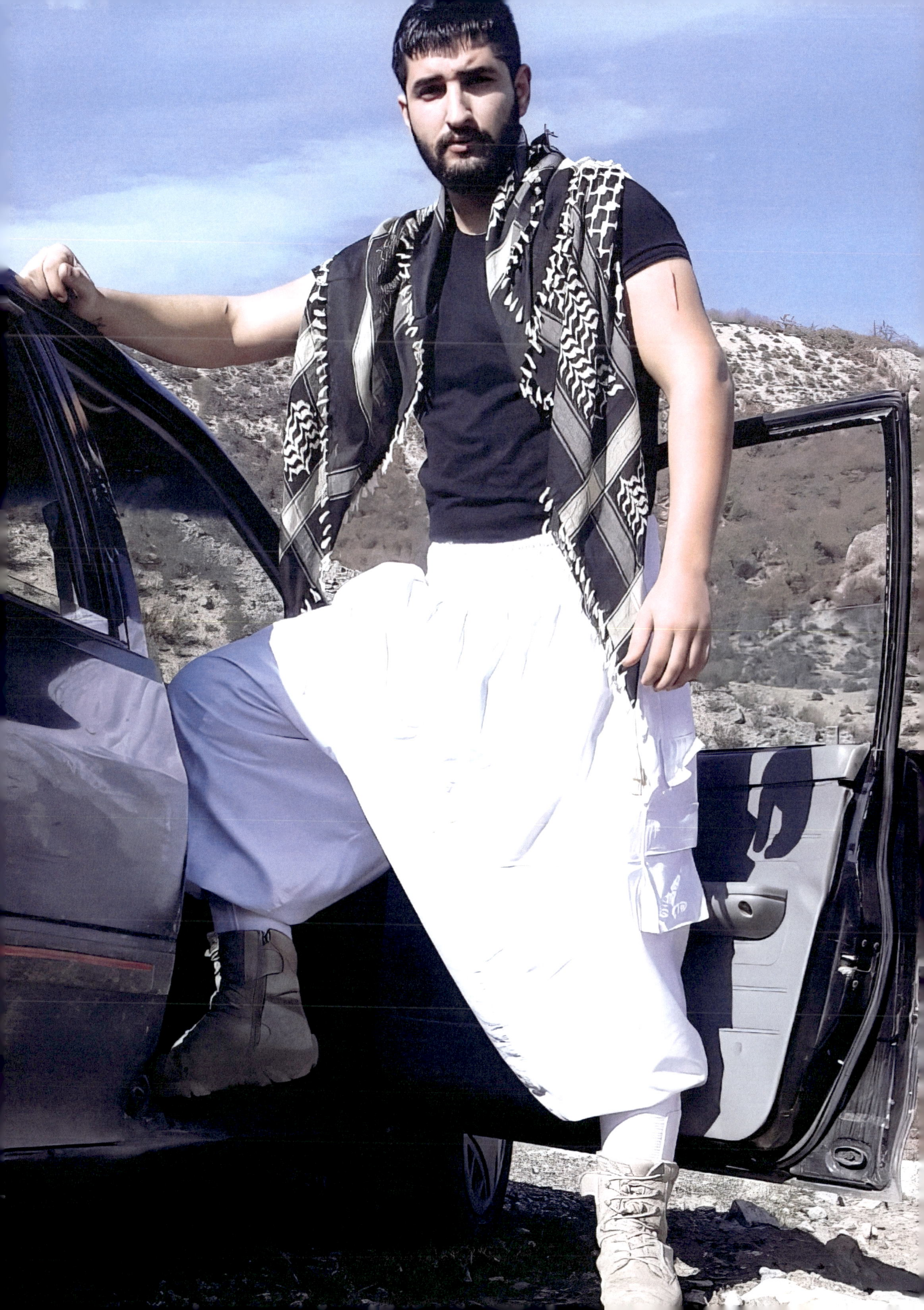

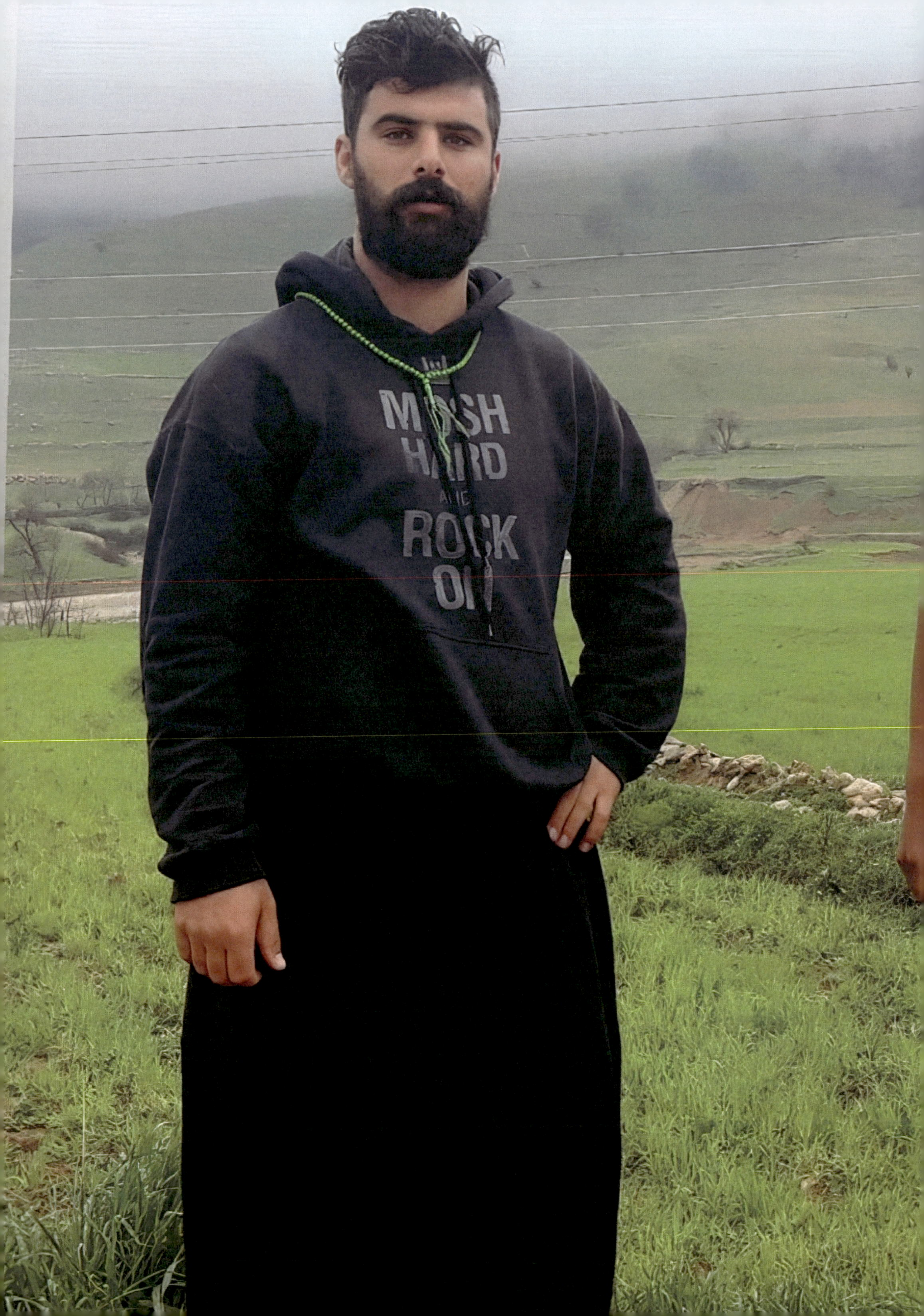
ROCK

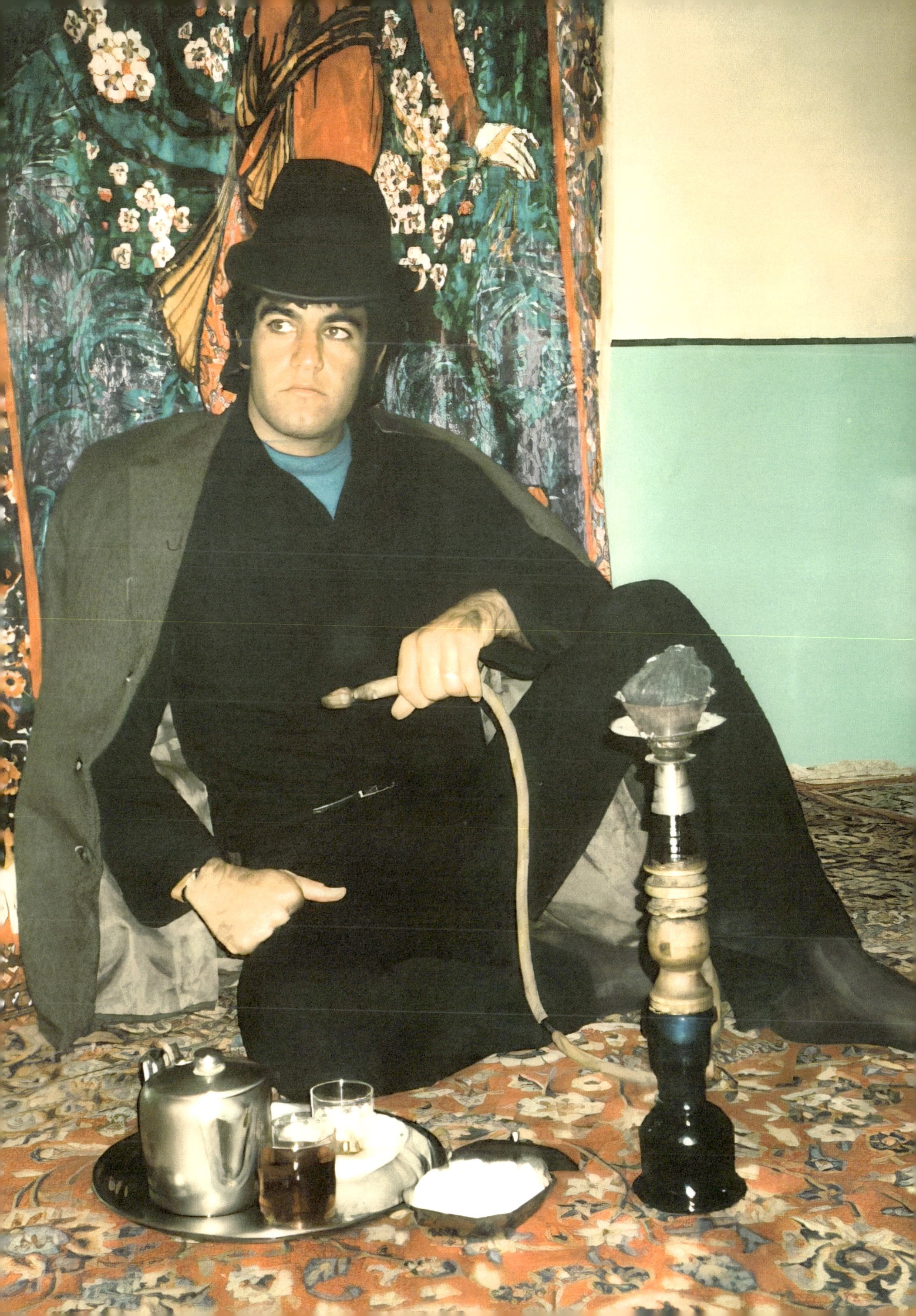

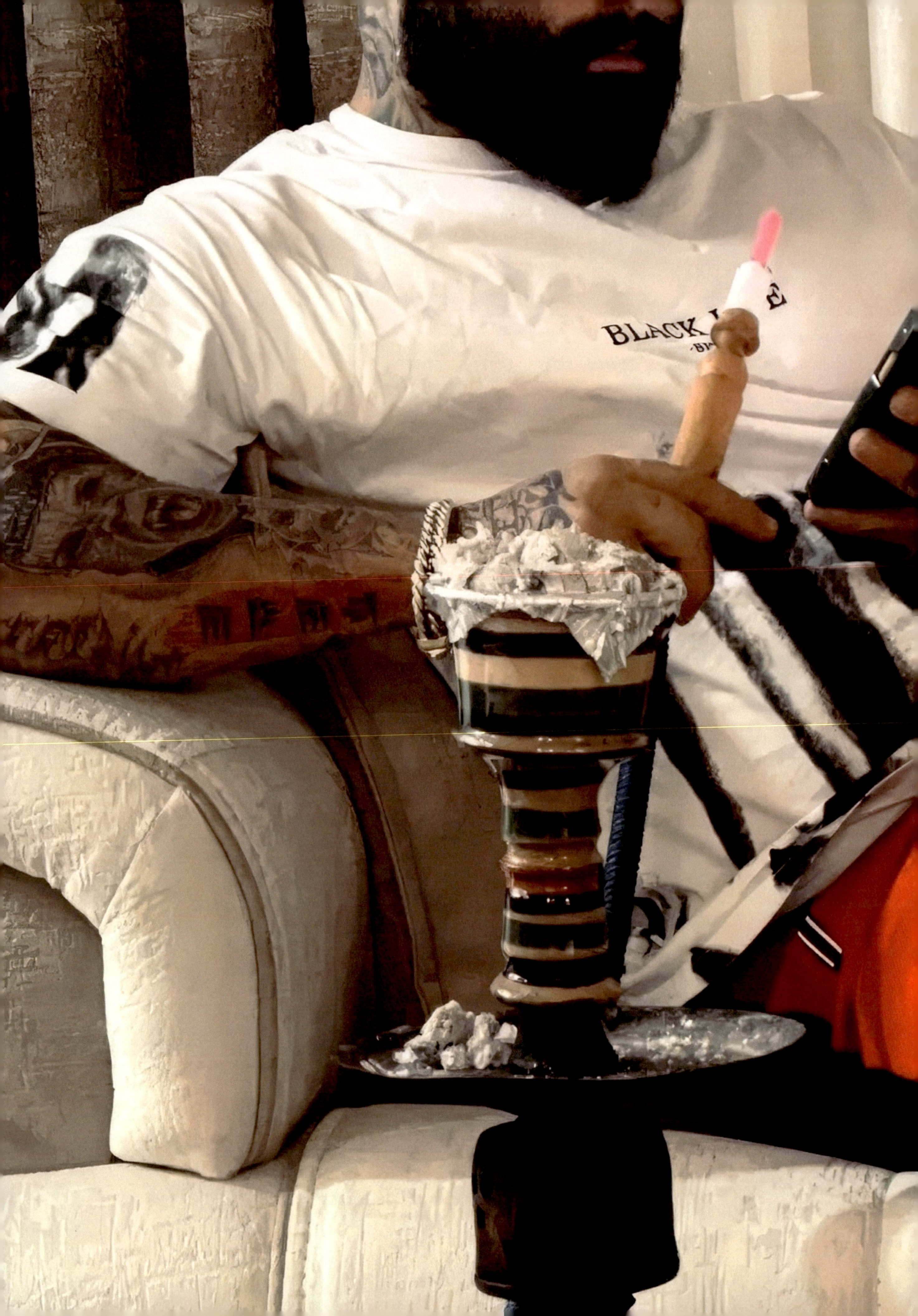

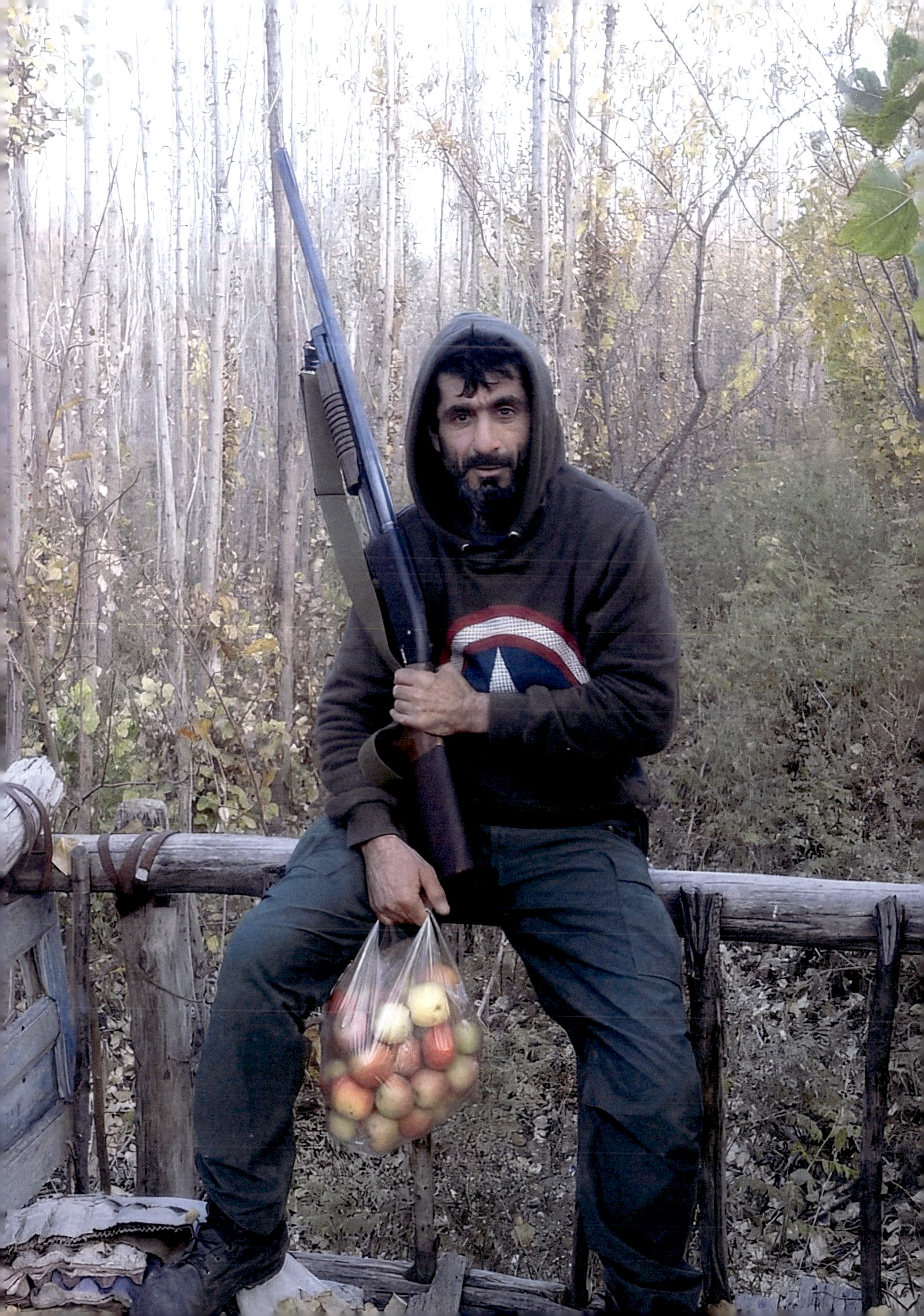

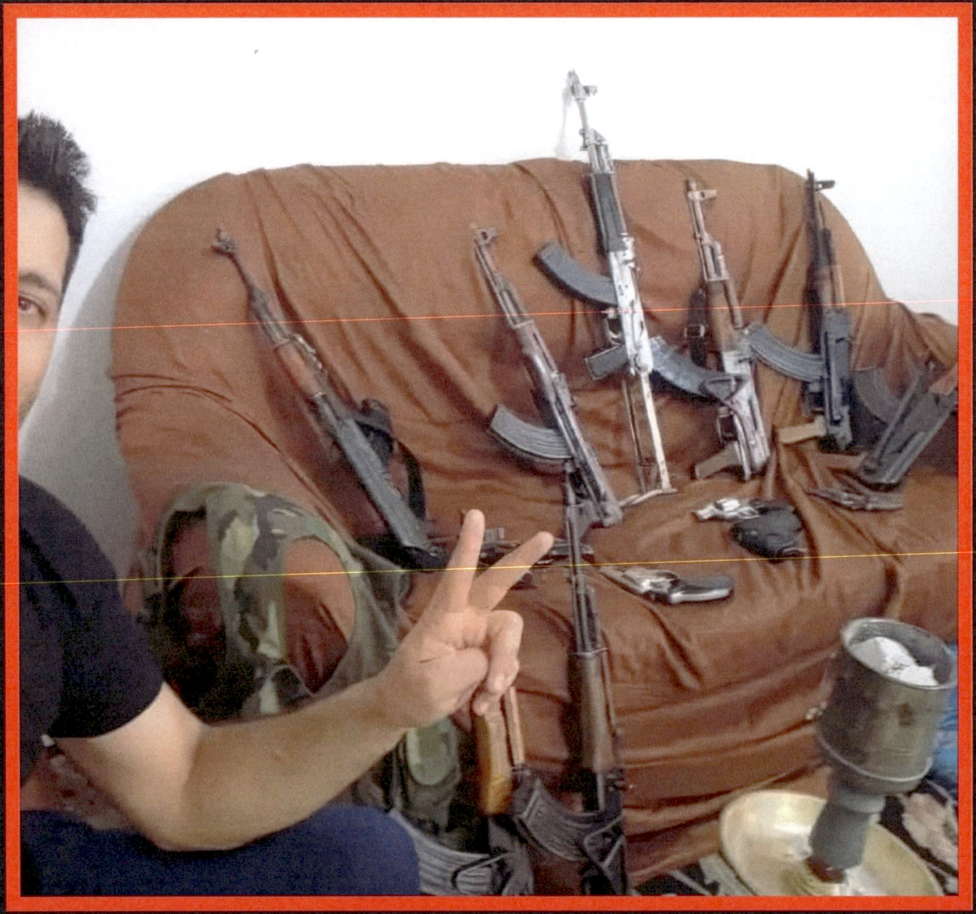

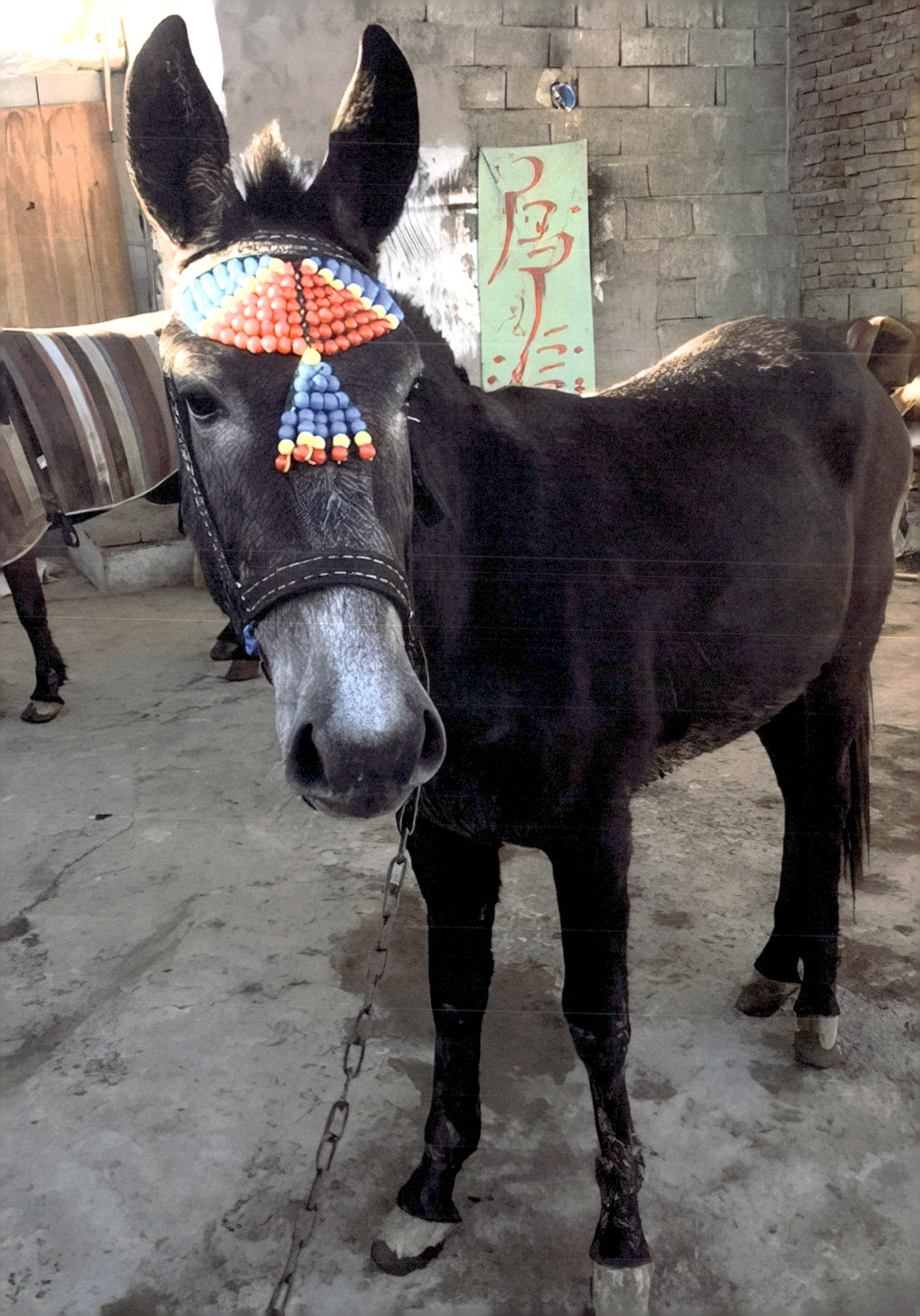

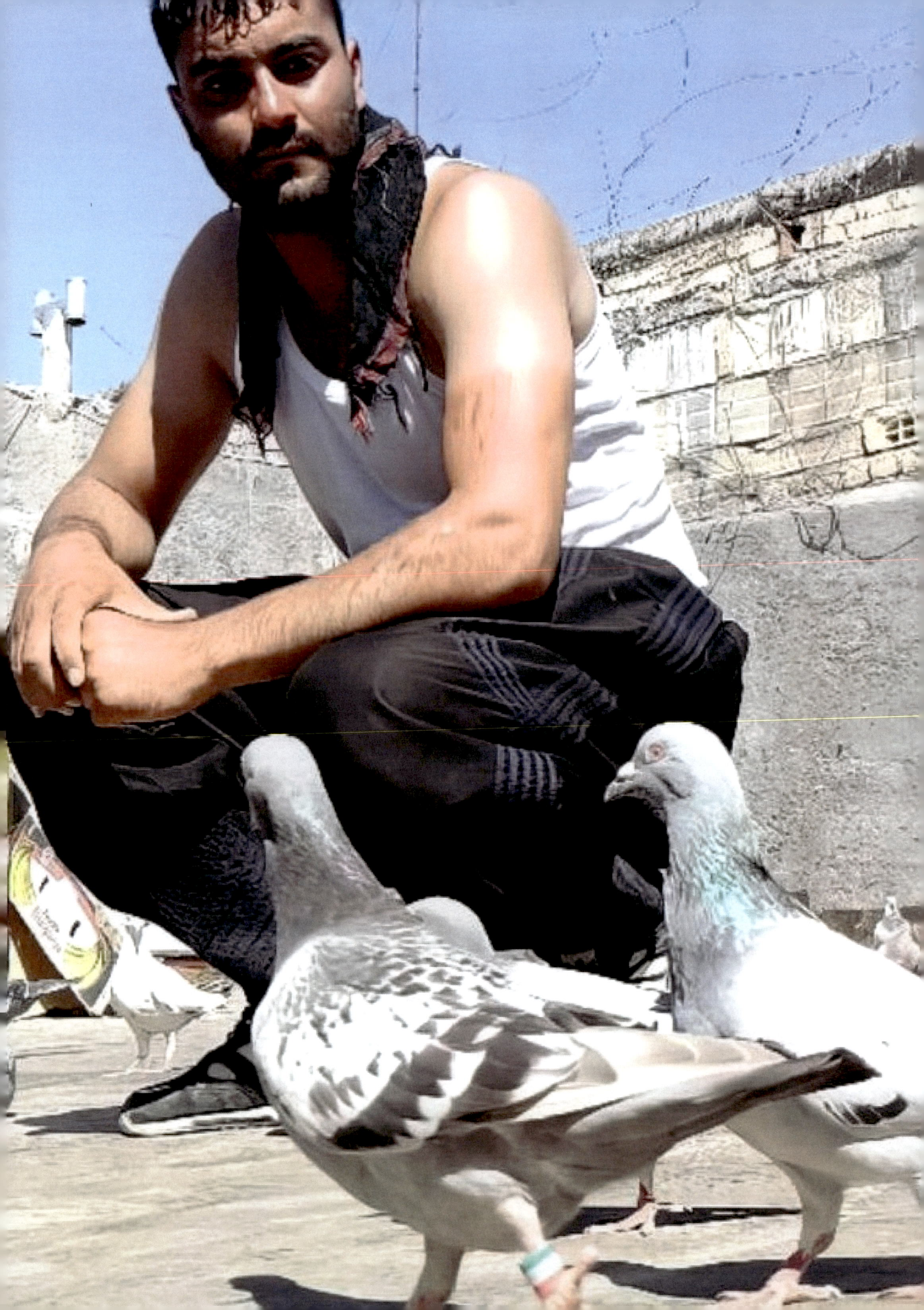

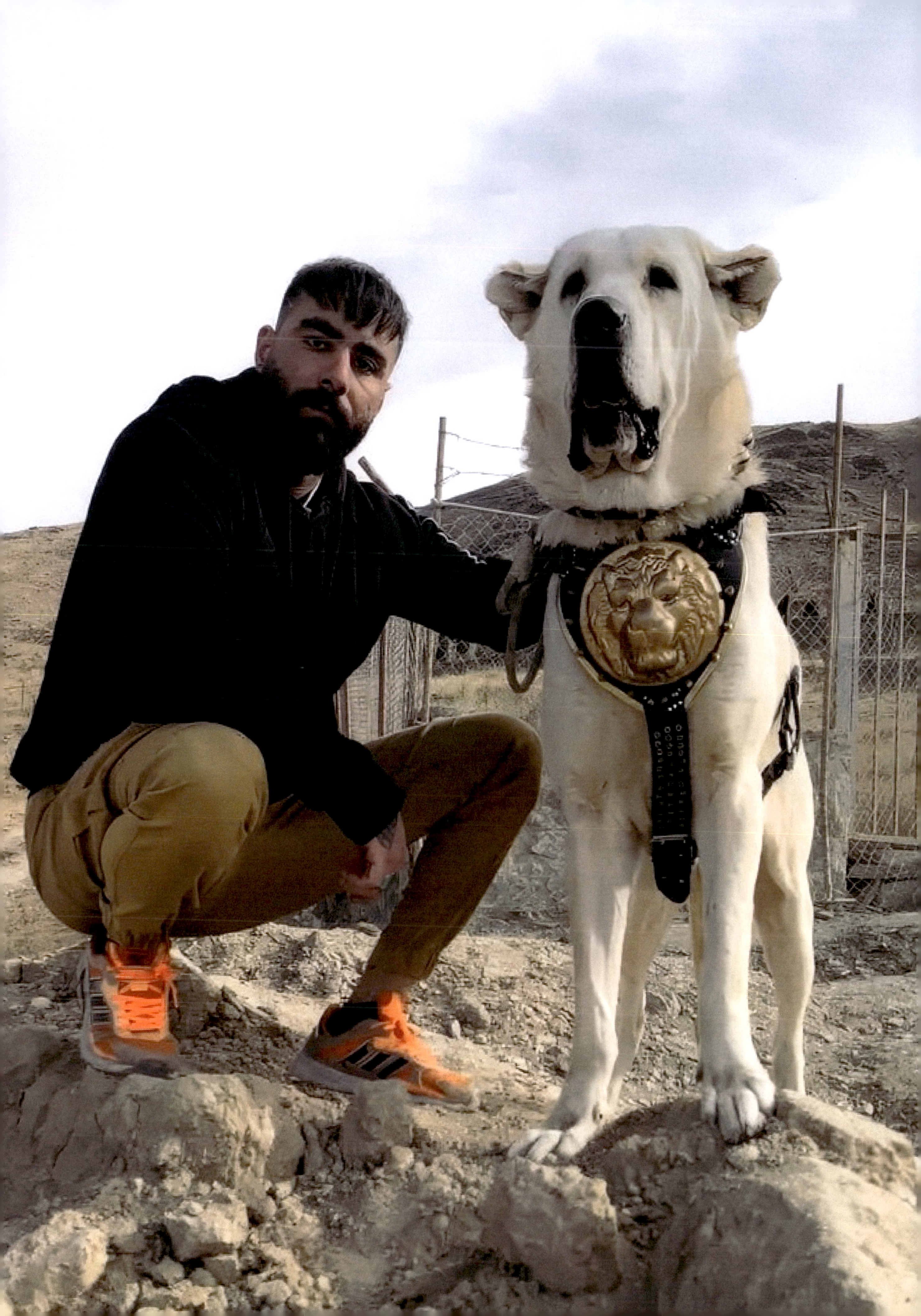

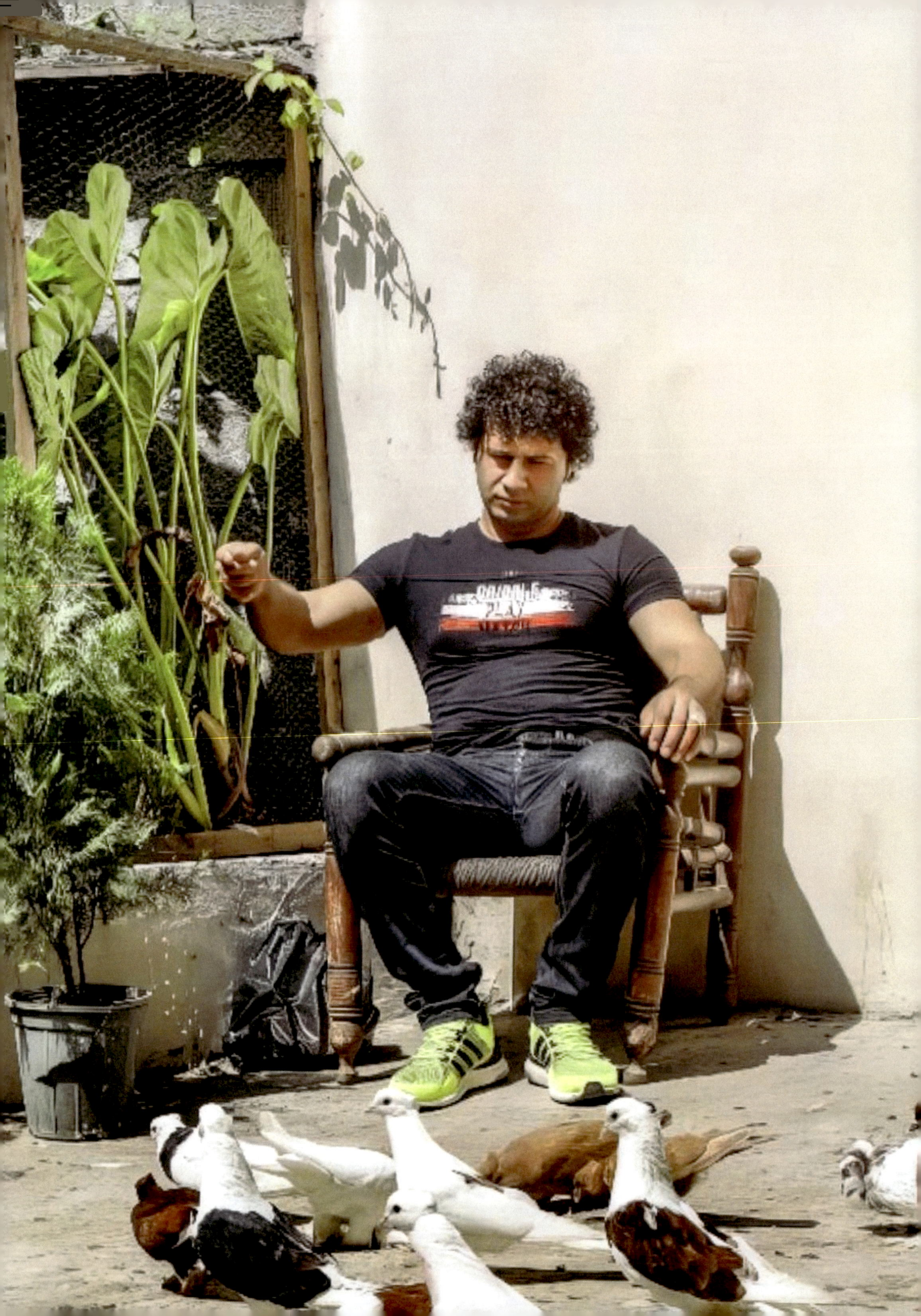

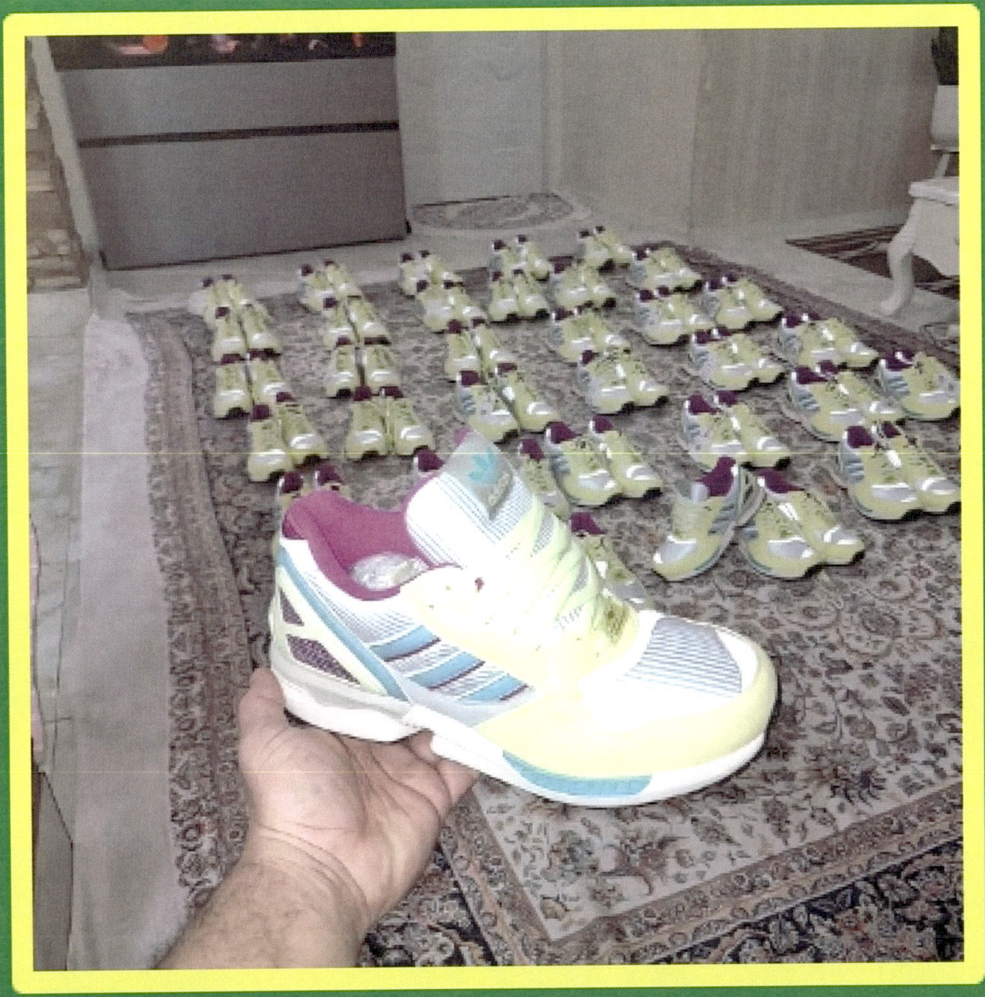

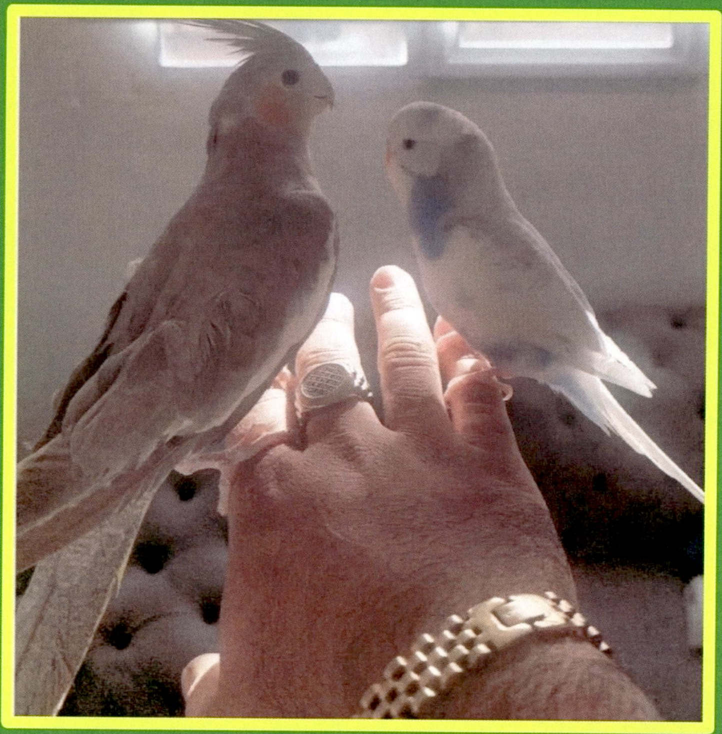

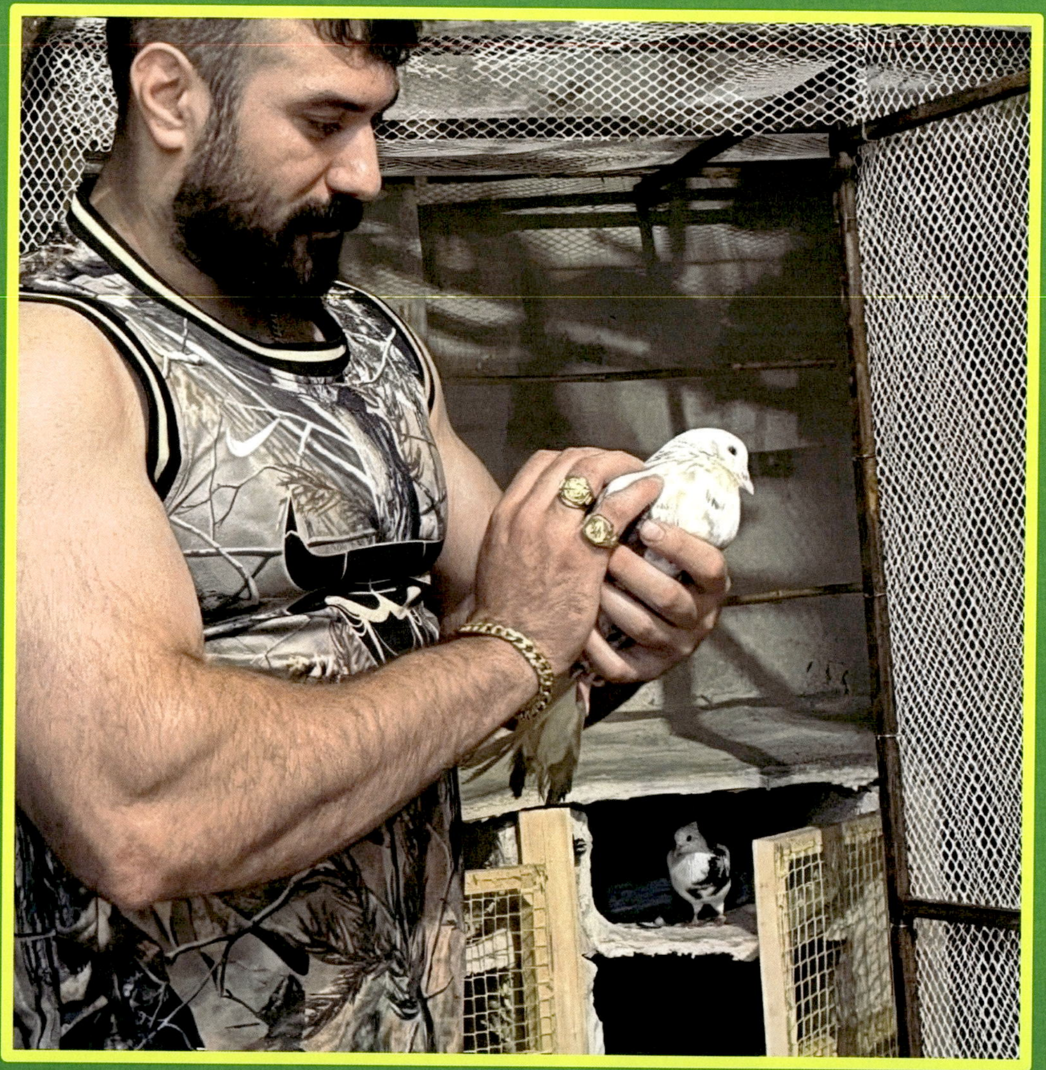

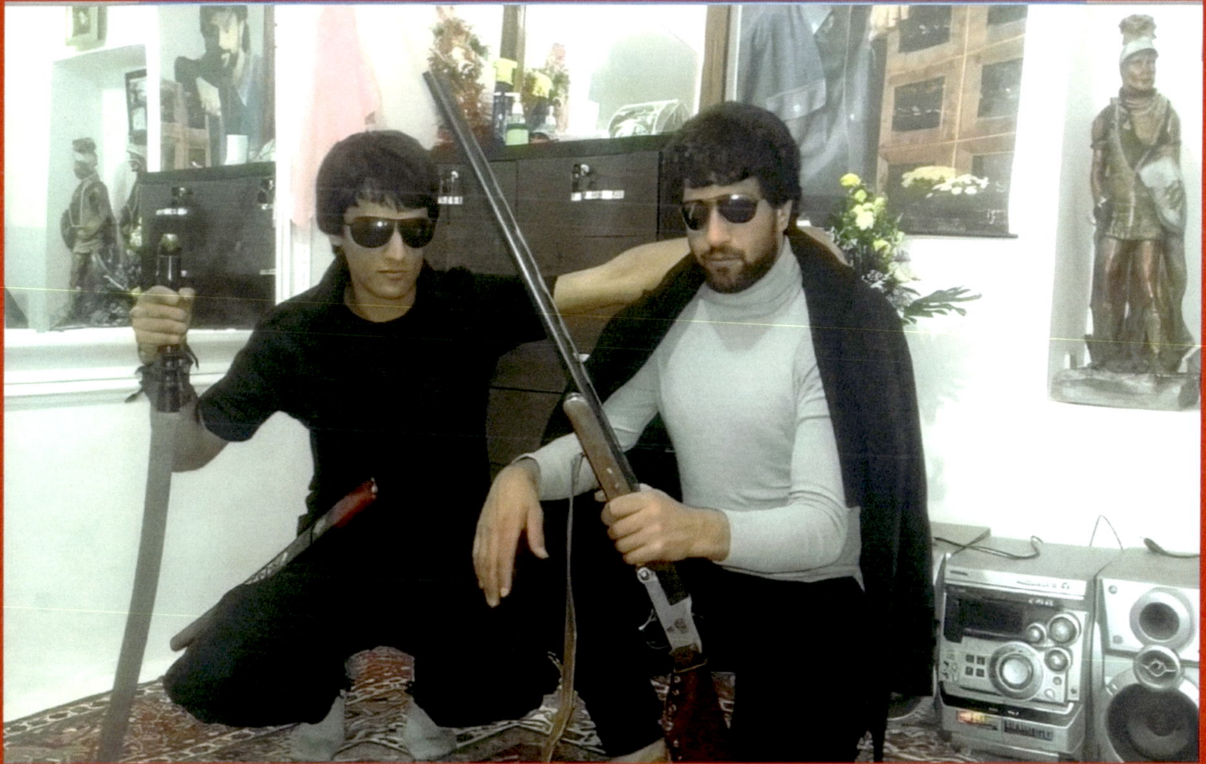

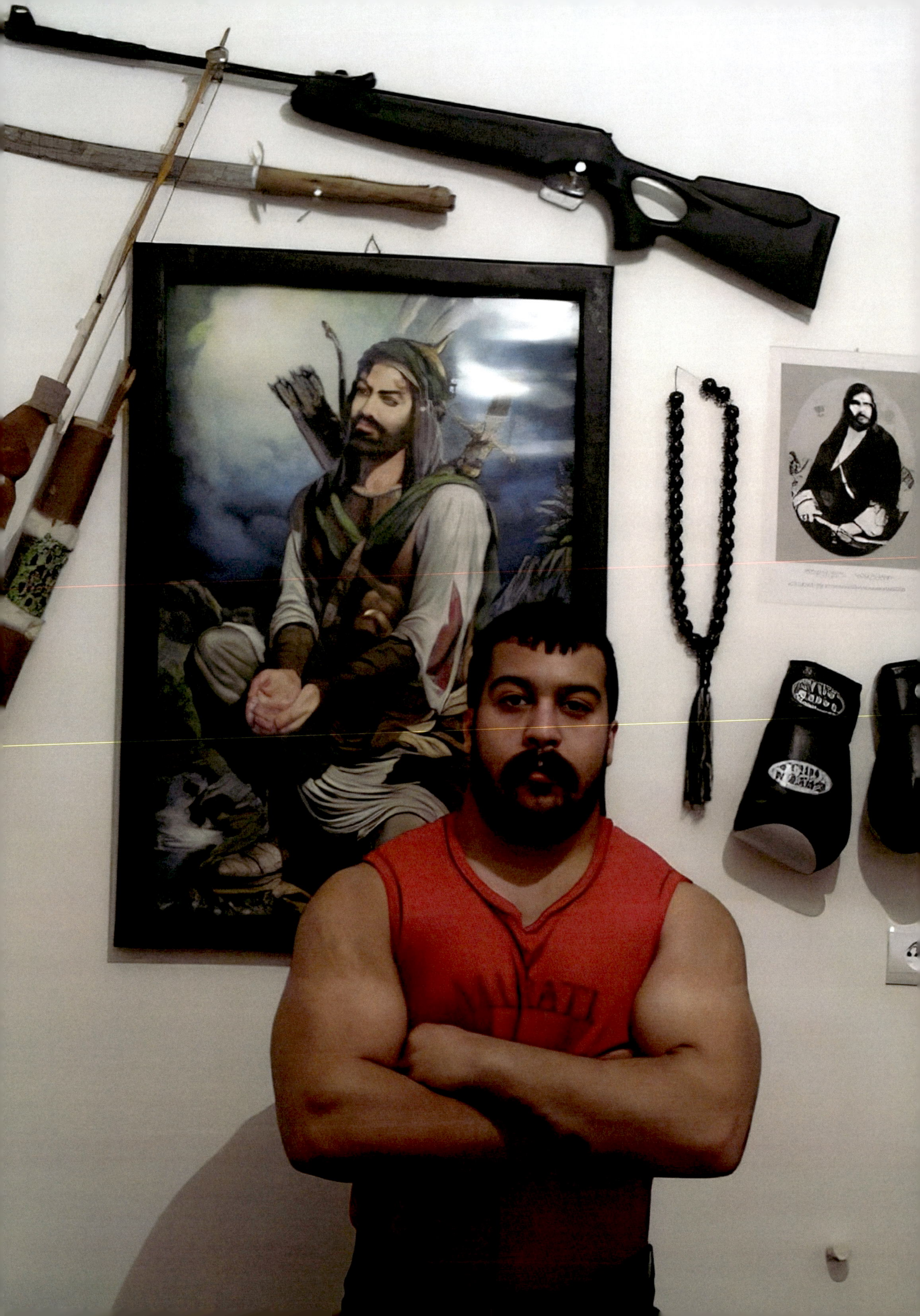

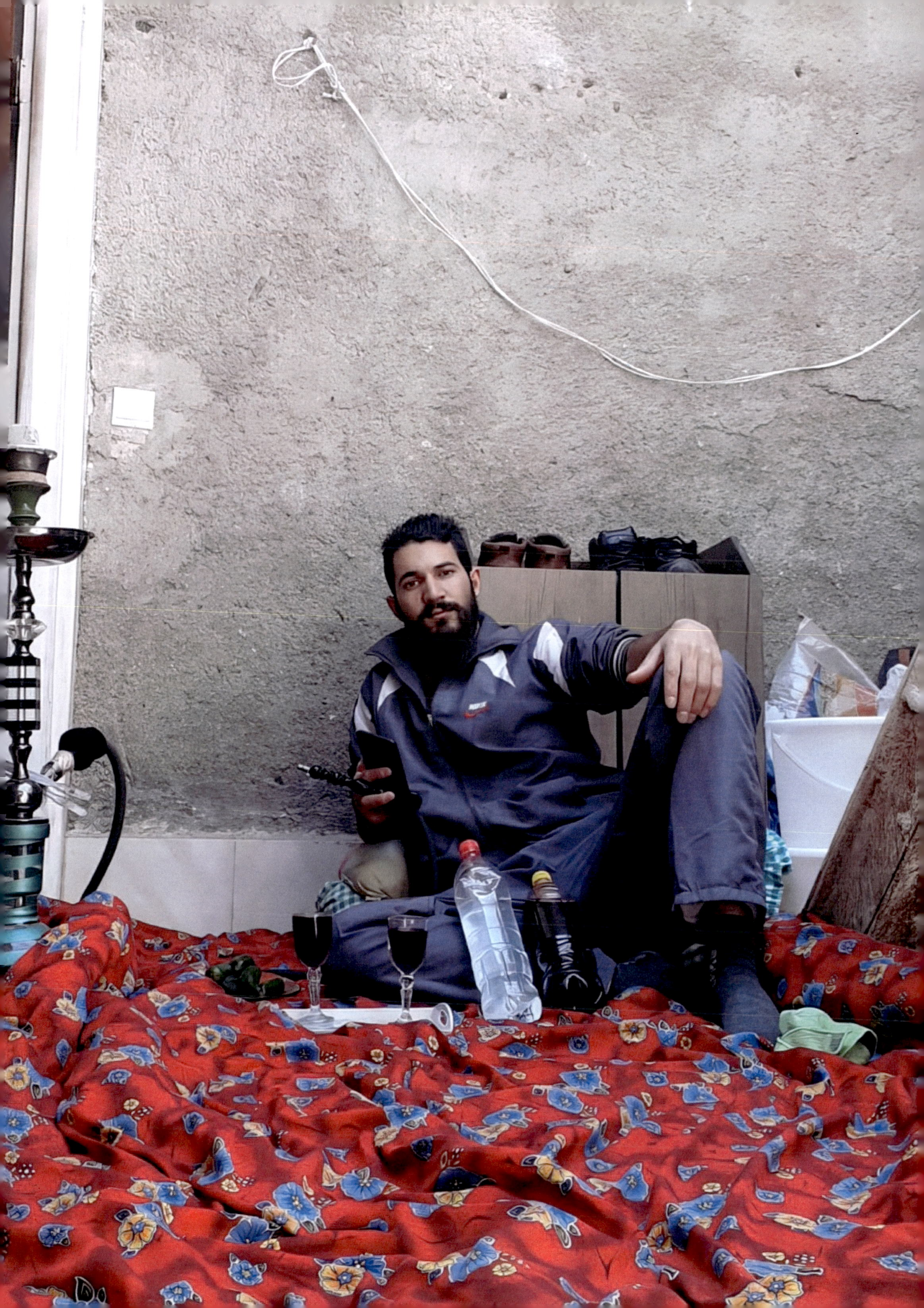

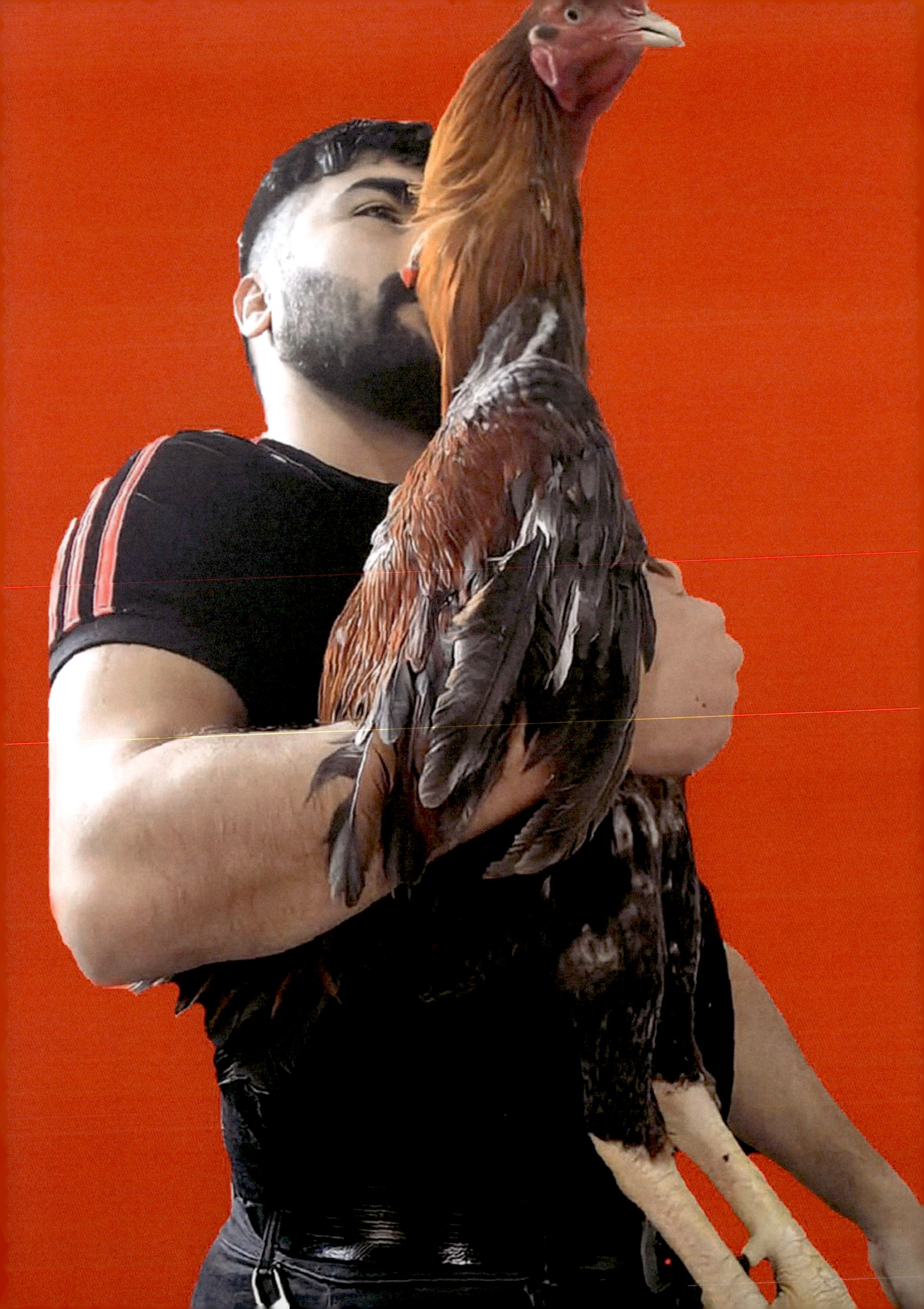

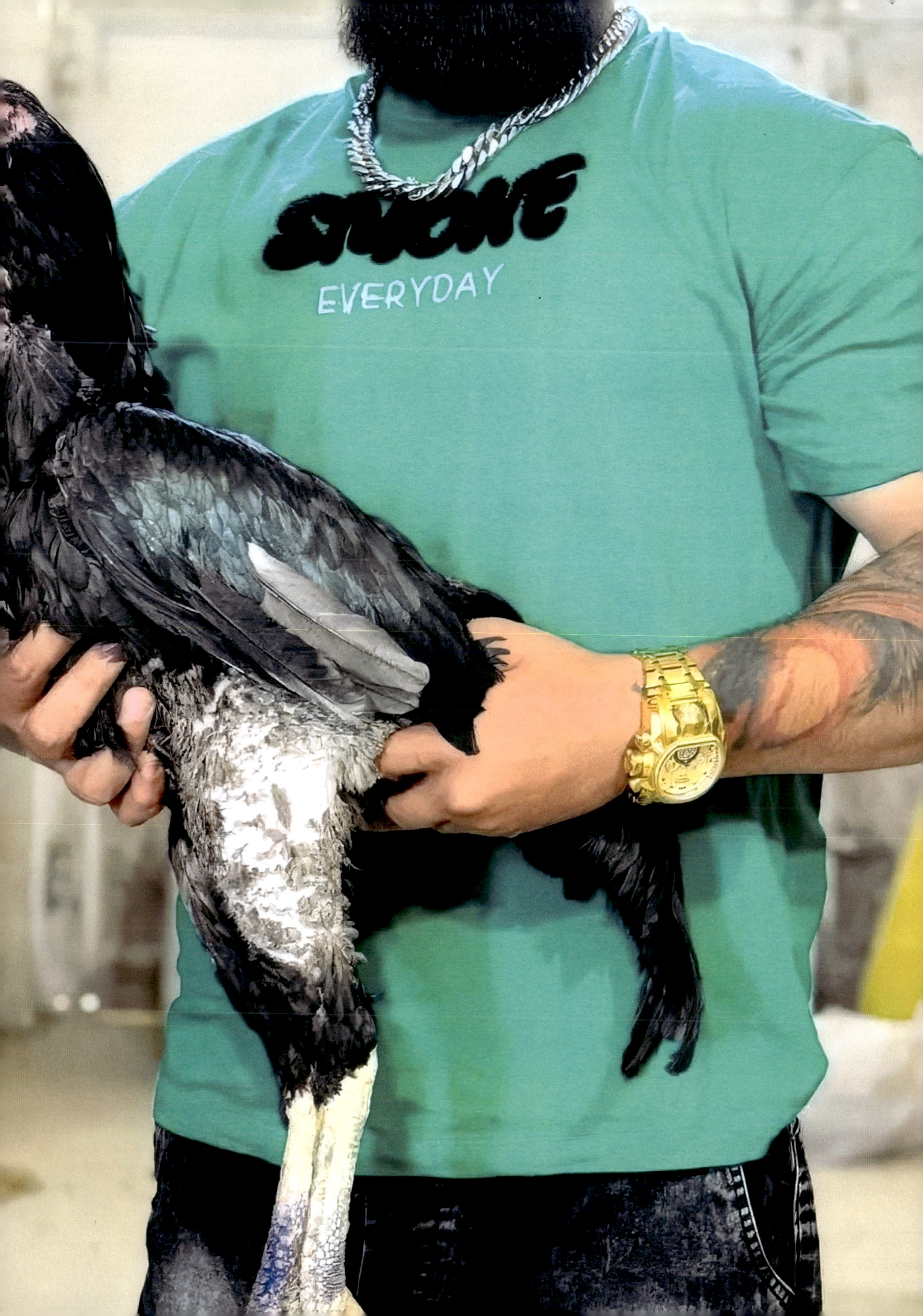
EVERYDAY

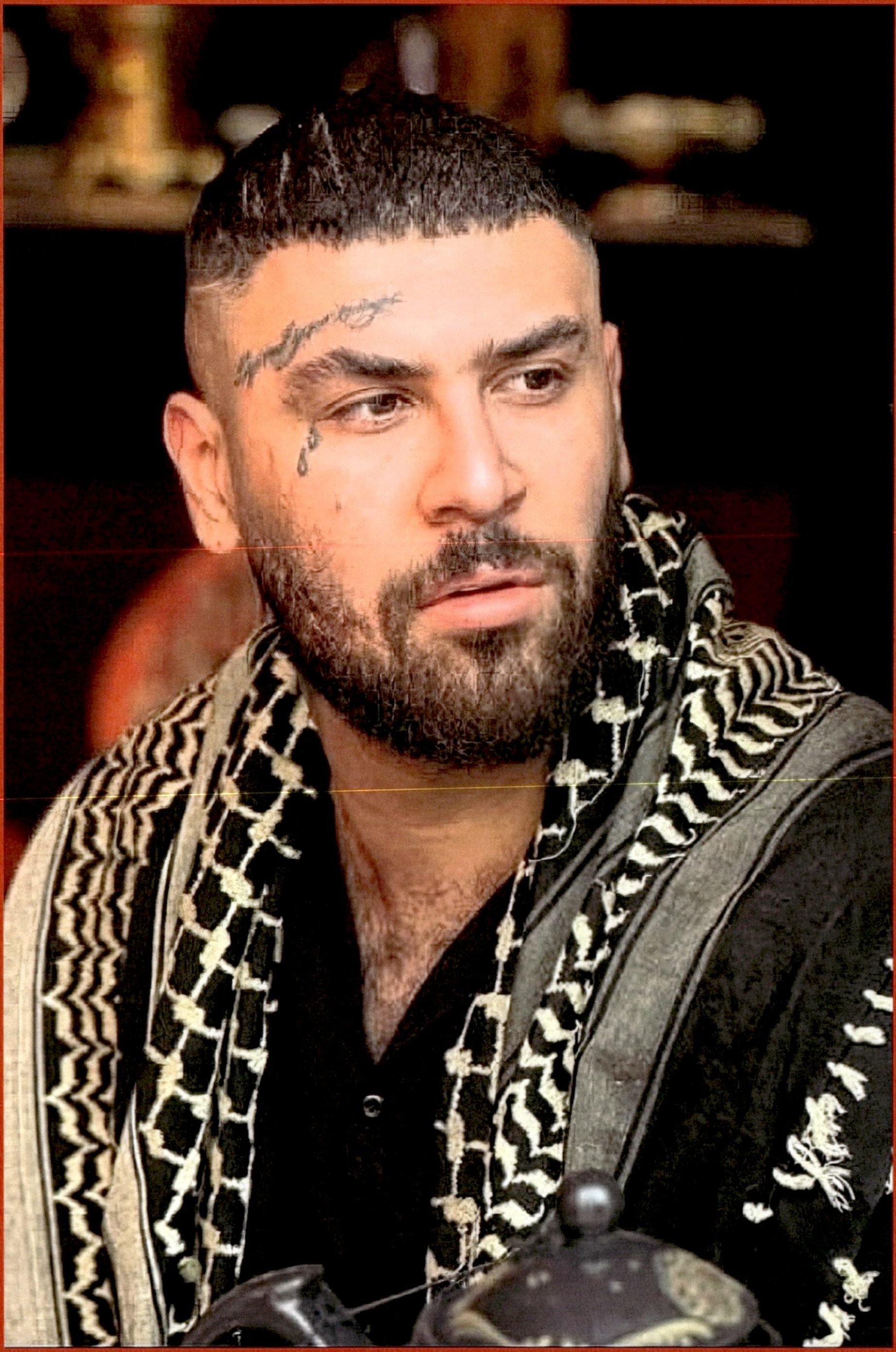

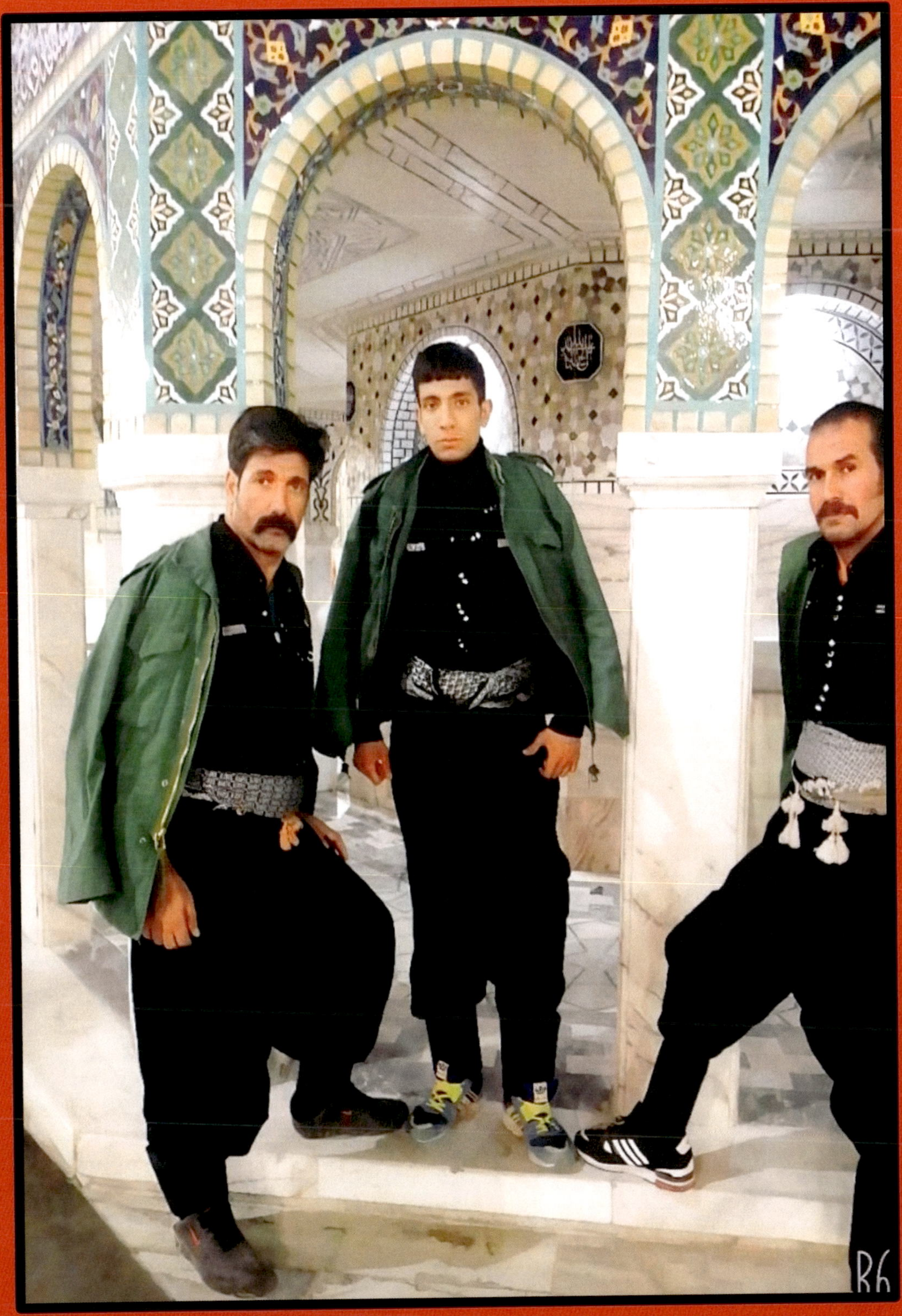
R6

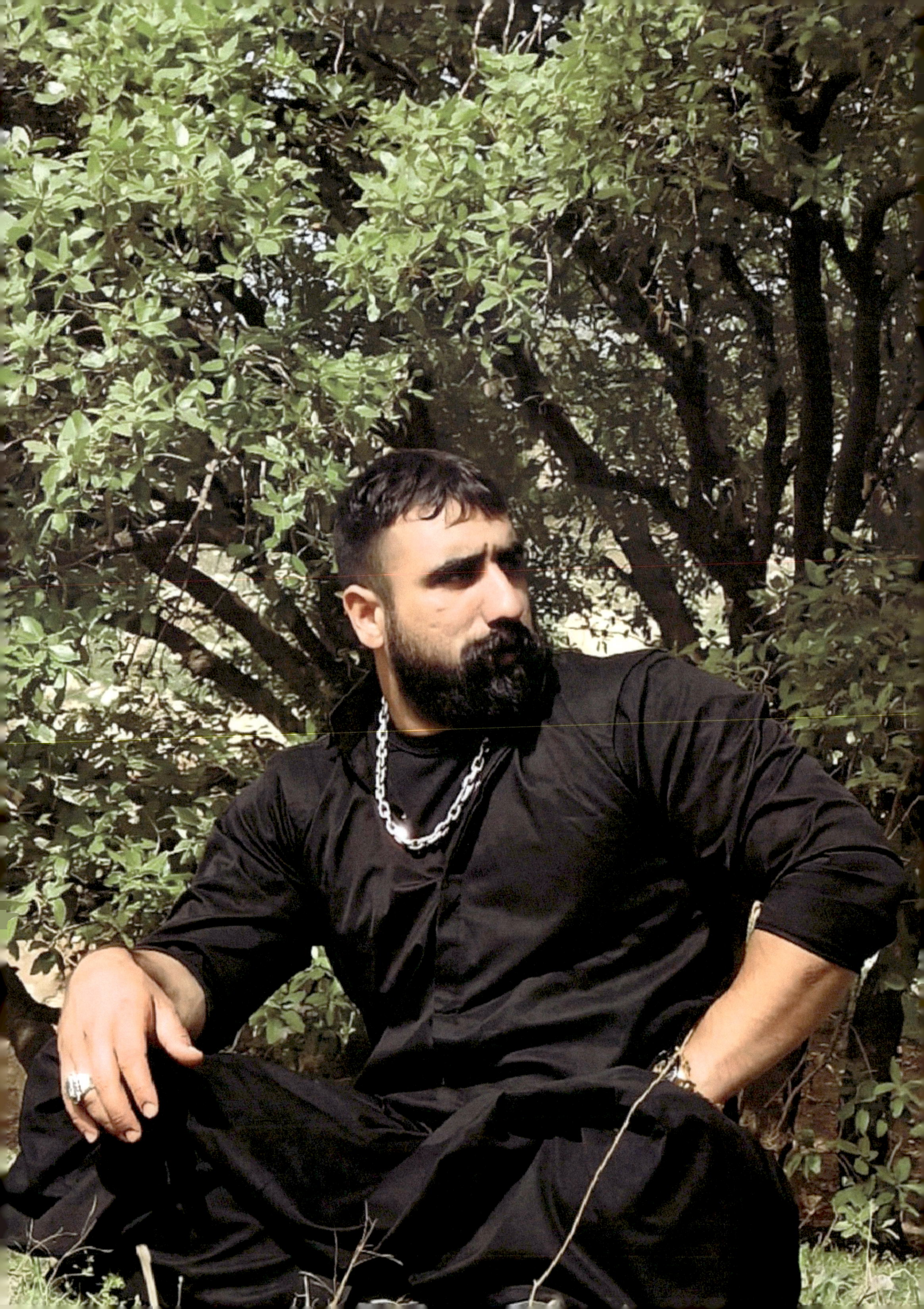

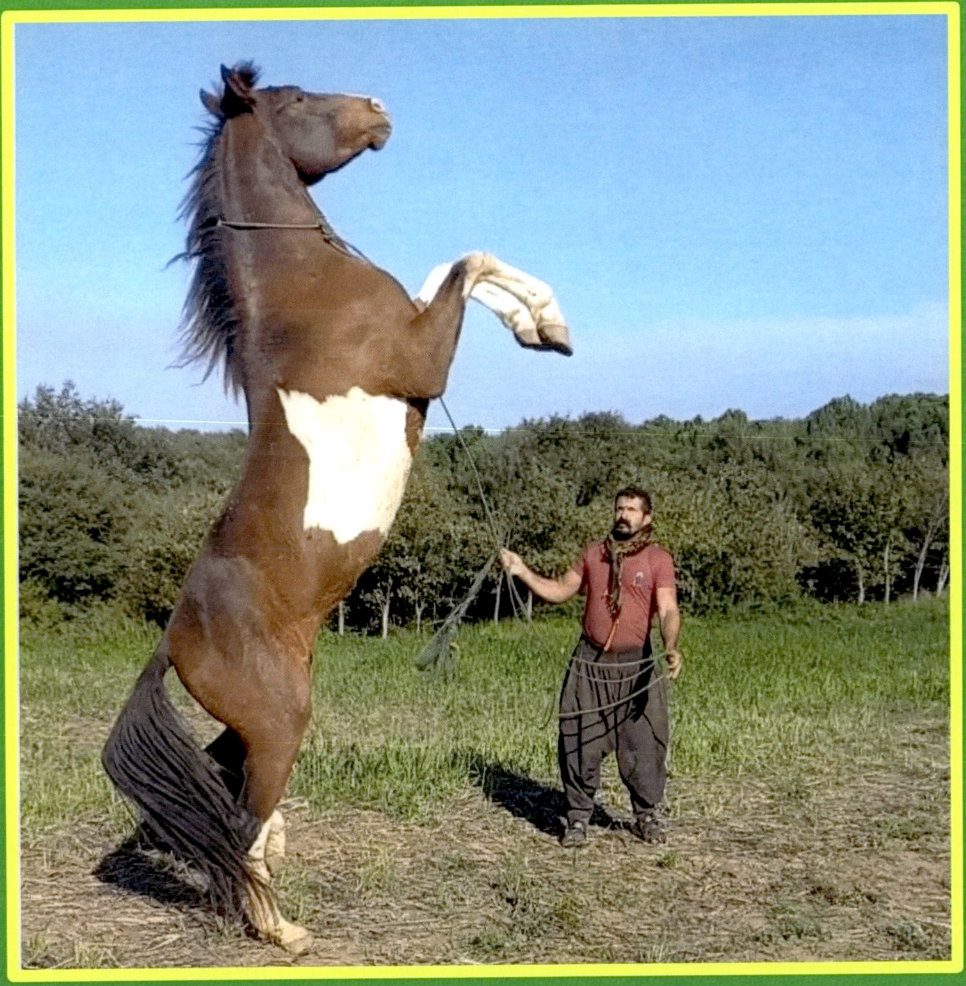

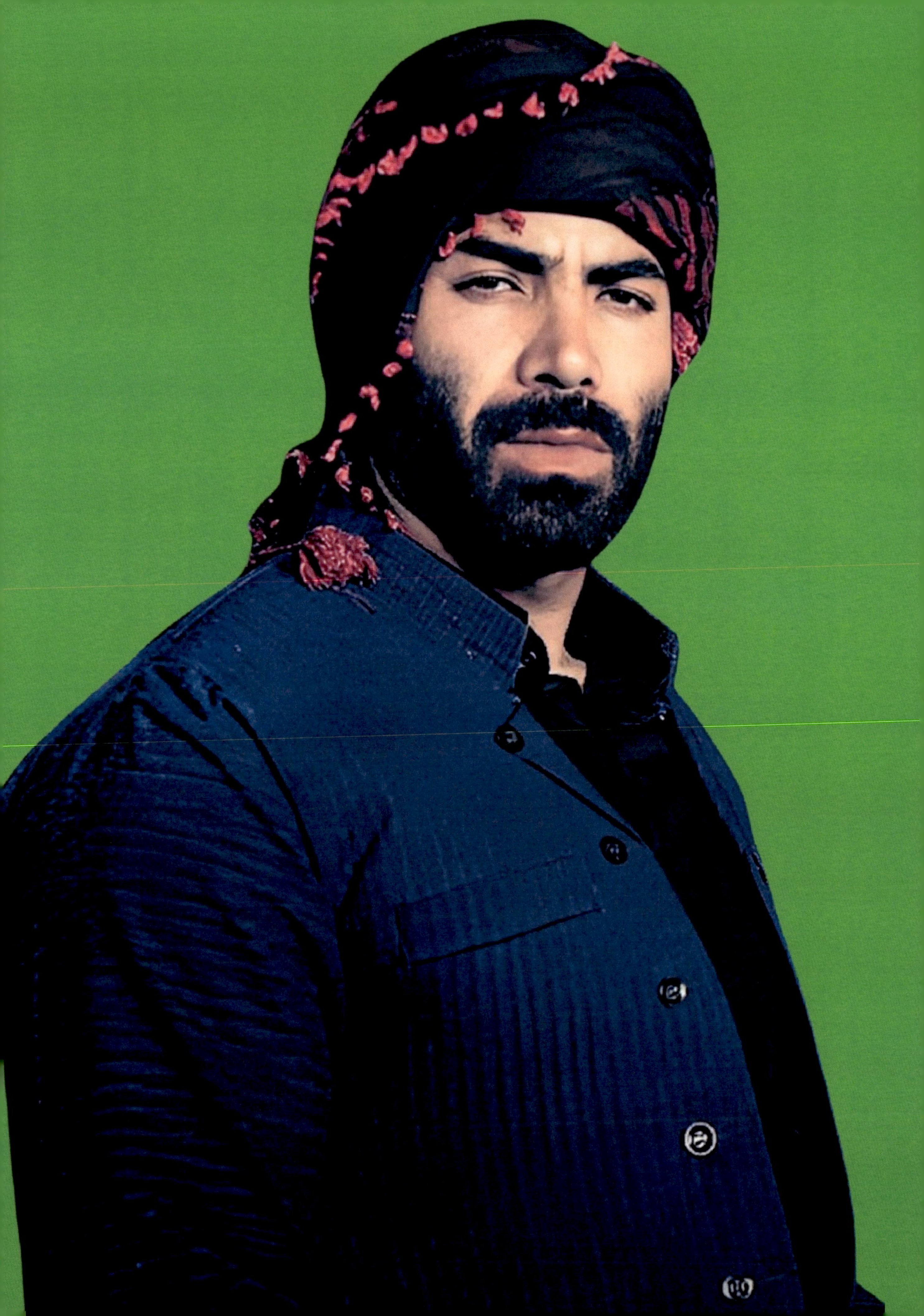

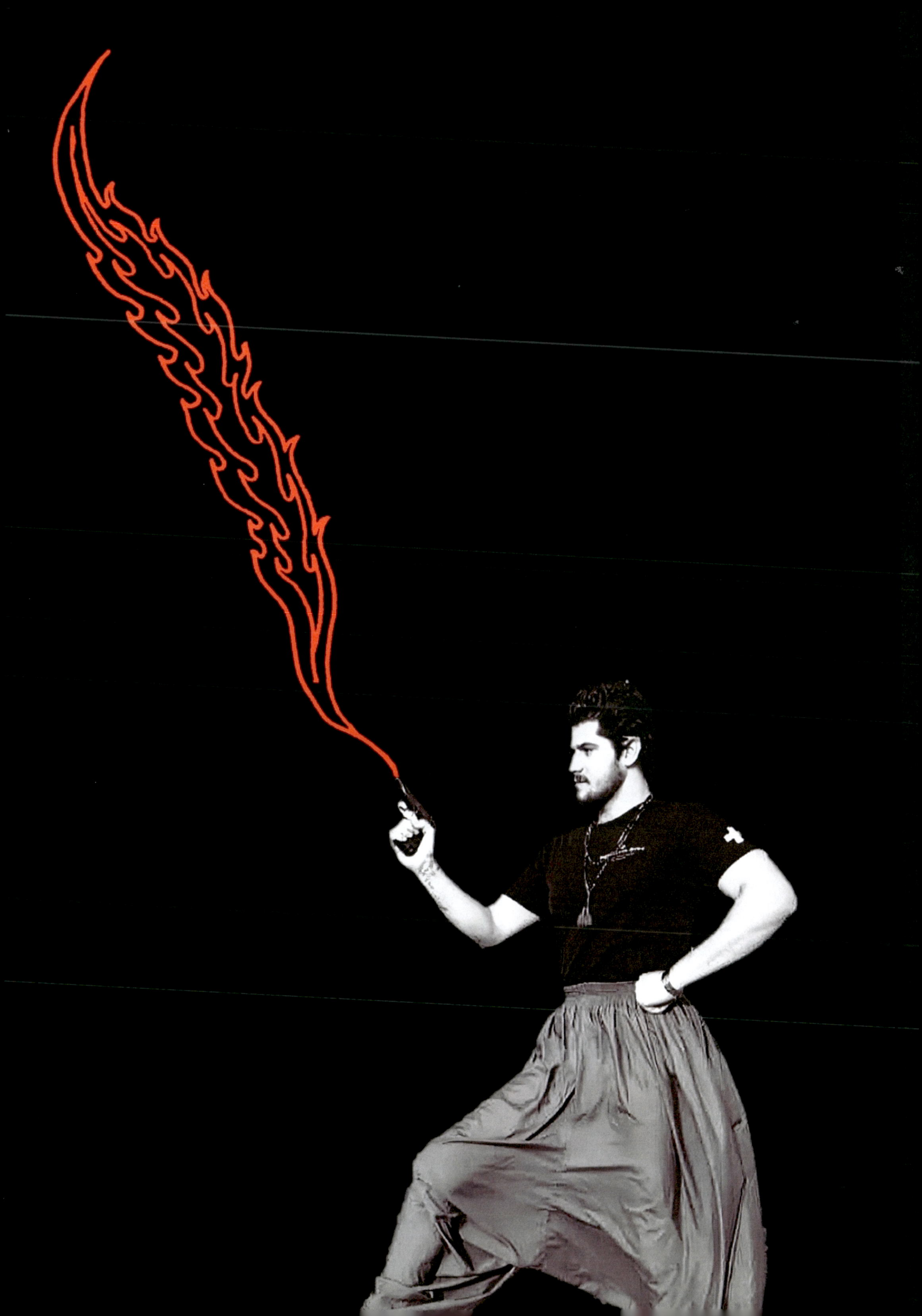

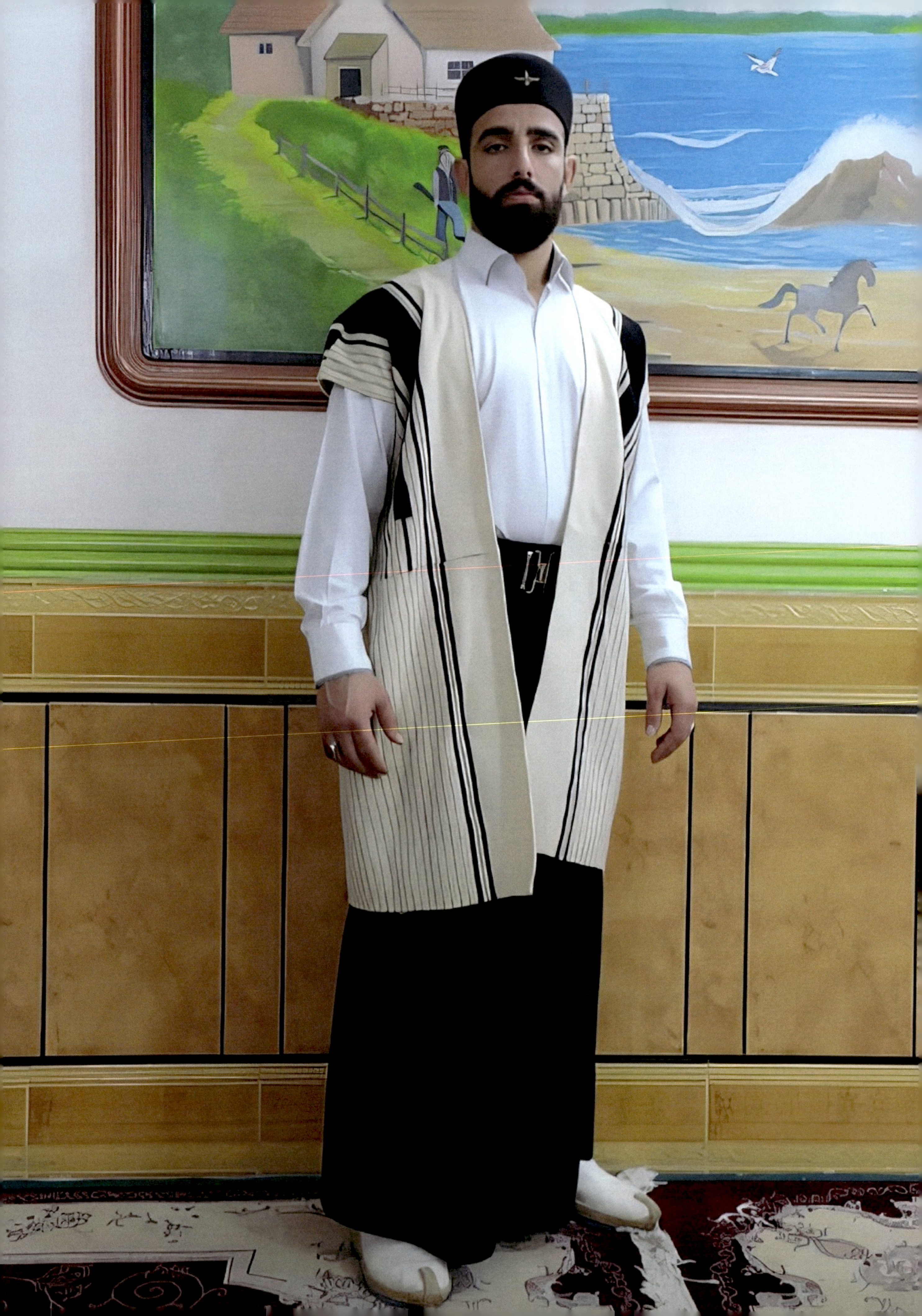

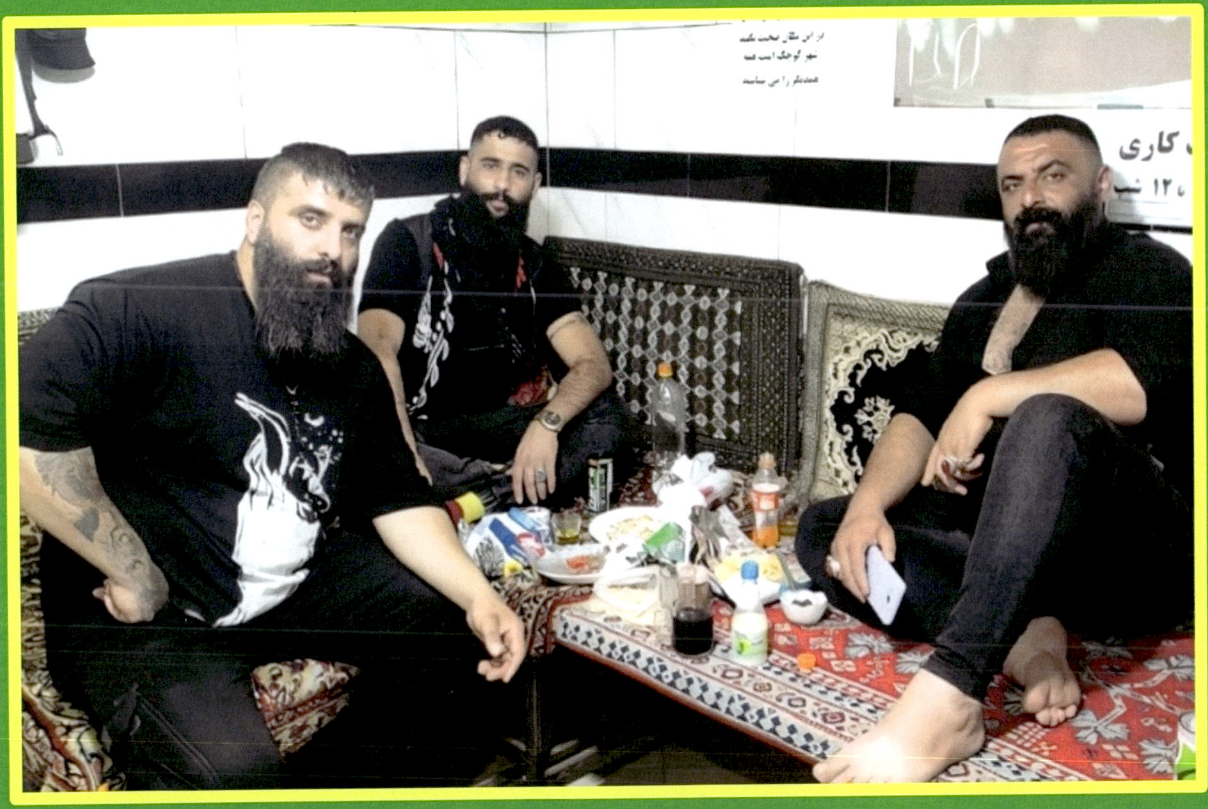

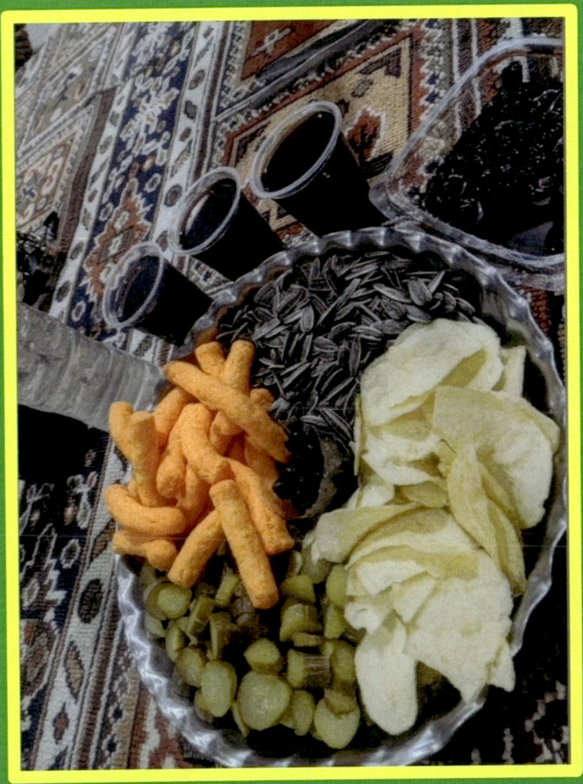

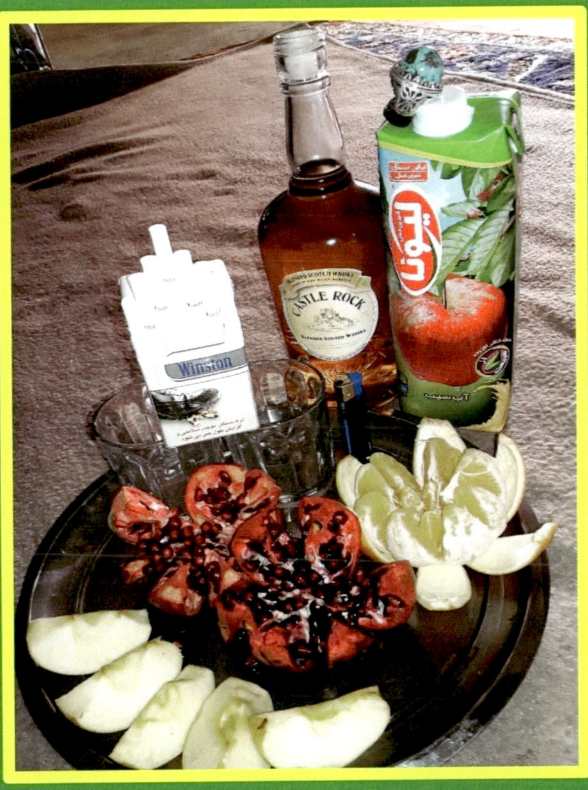
CASTLE ROCK
Winston

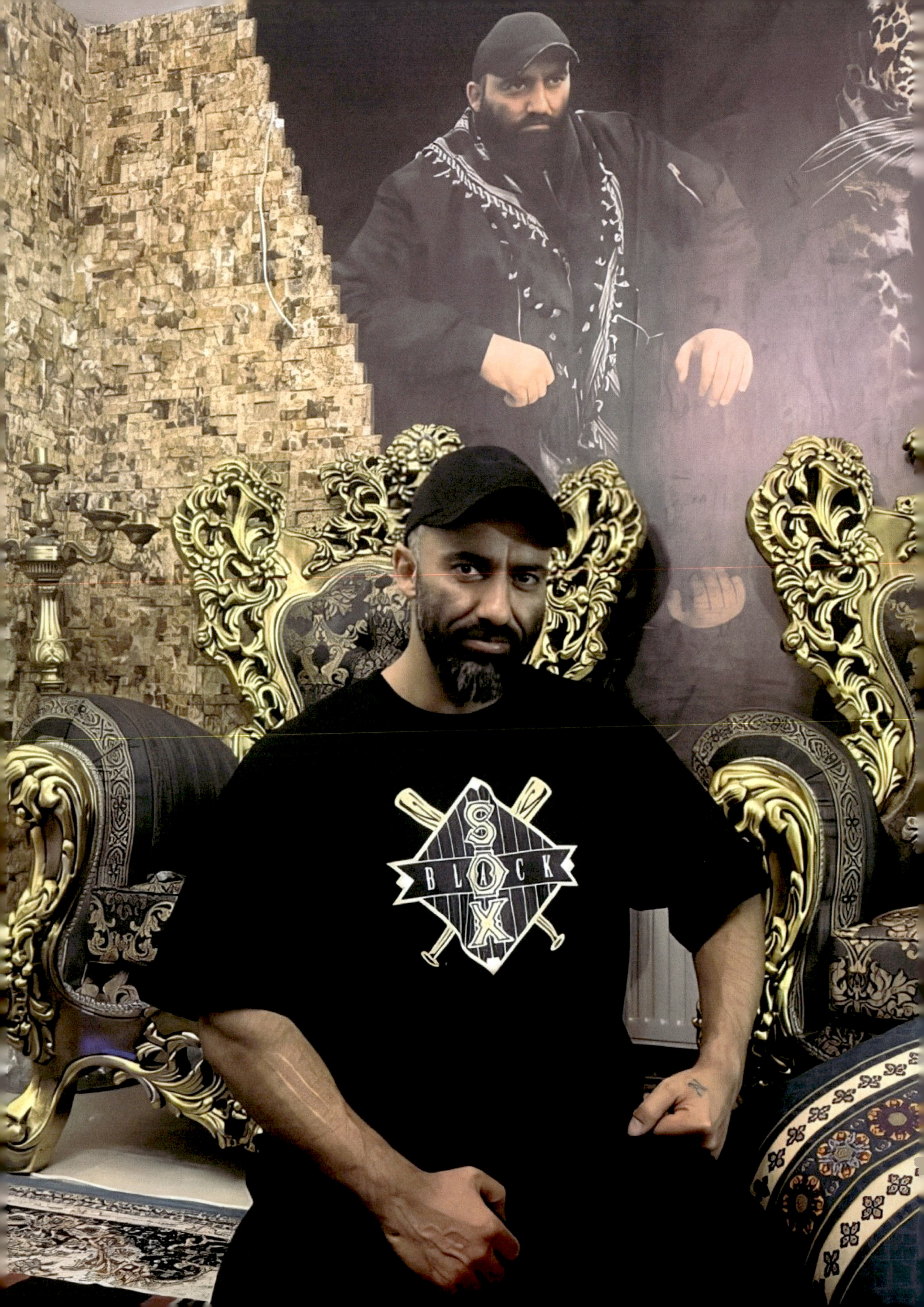
SOX
BLACK

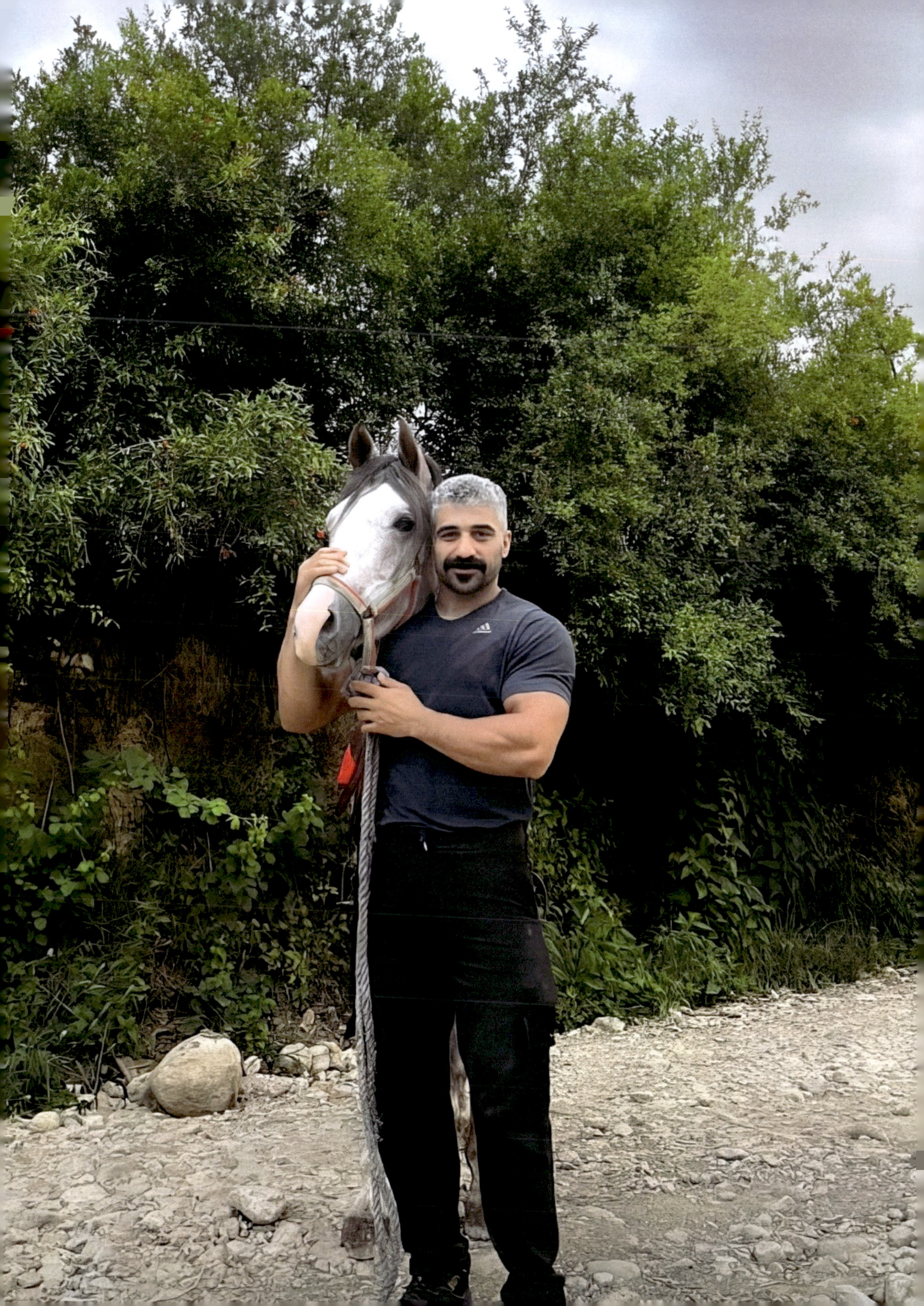

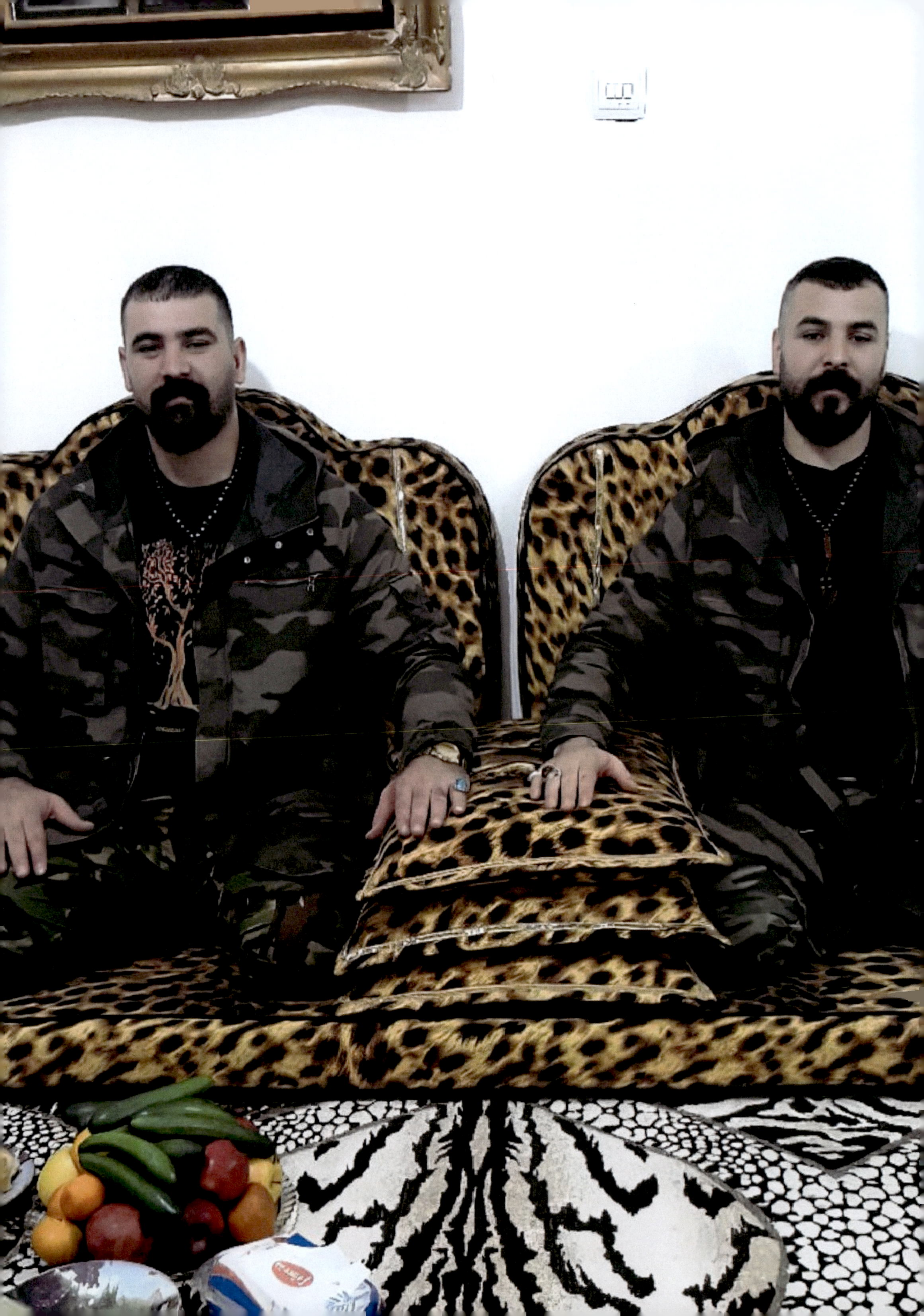

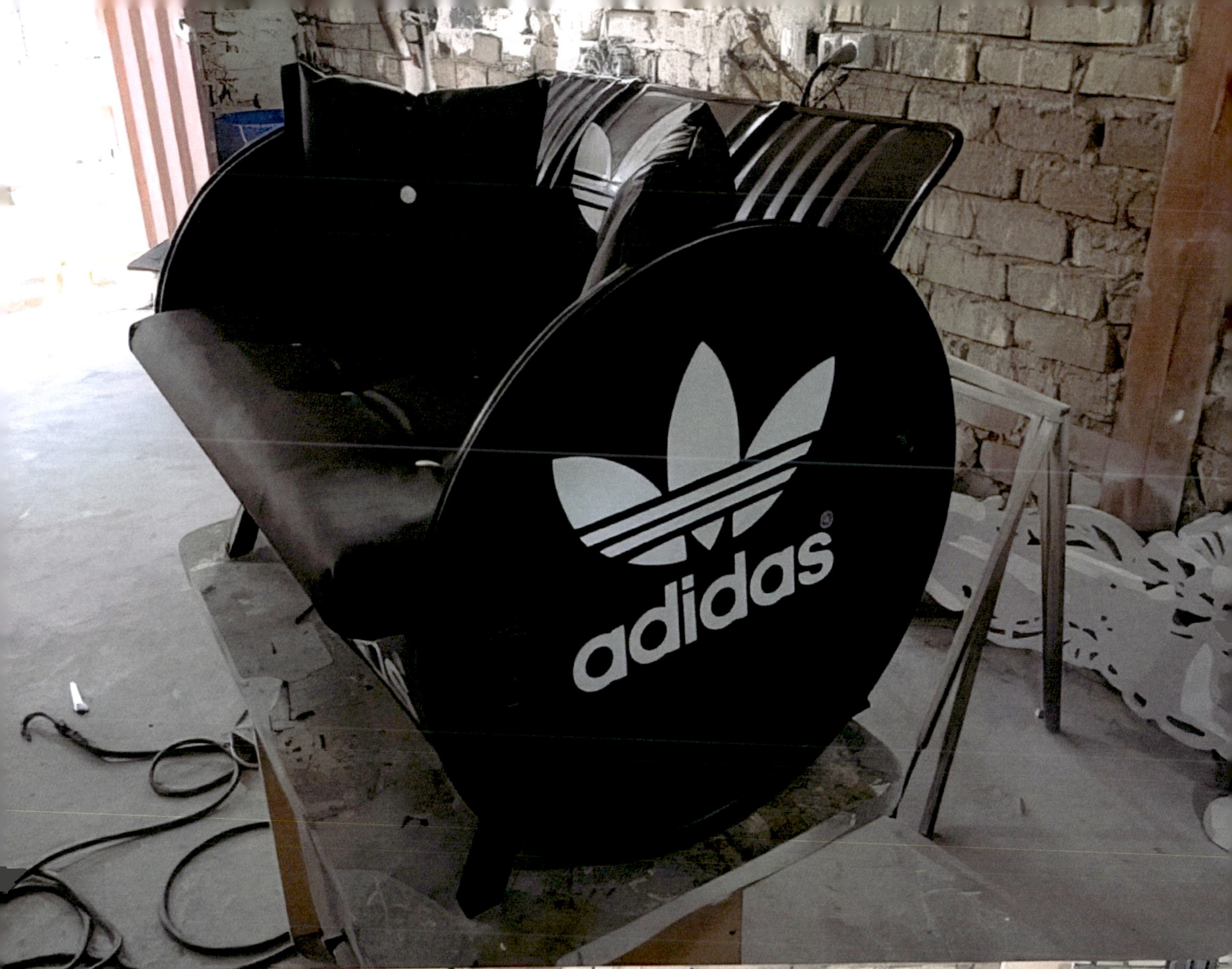
adidas

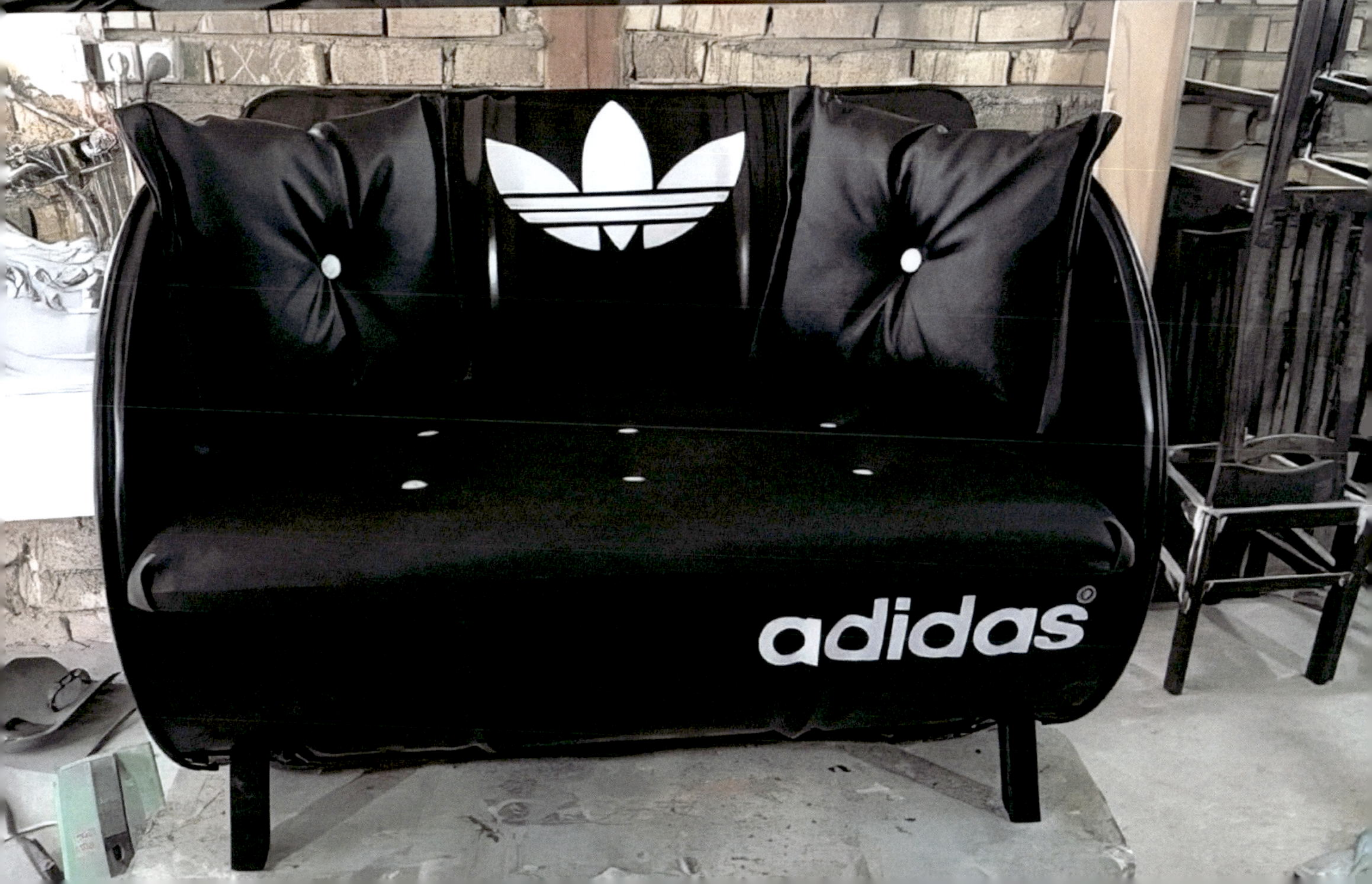
adidas

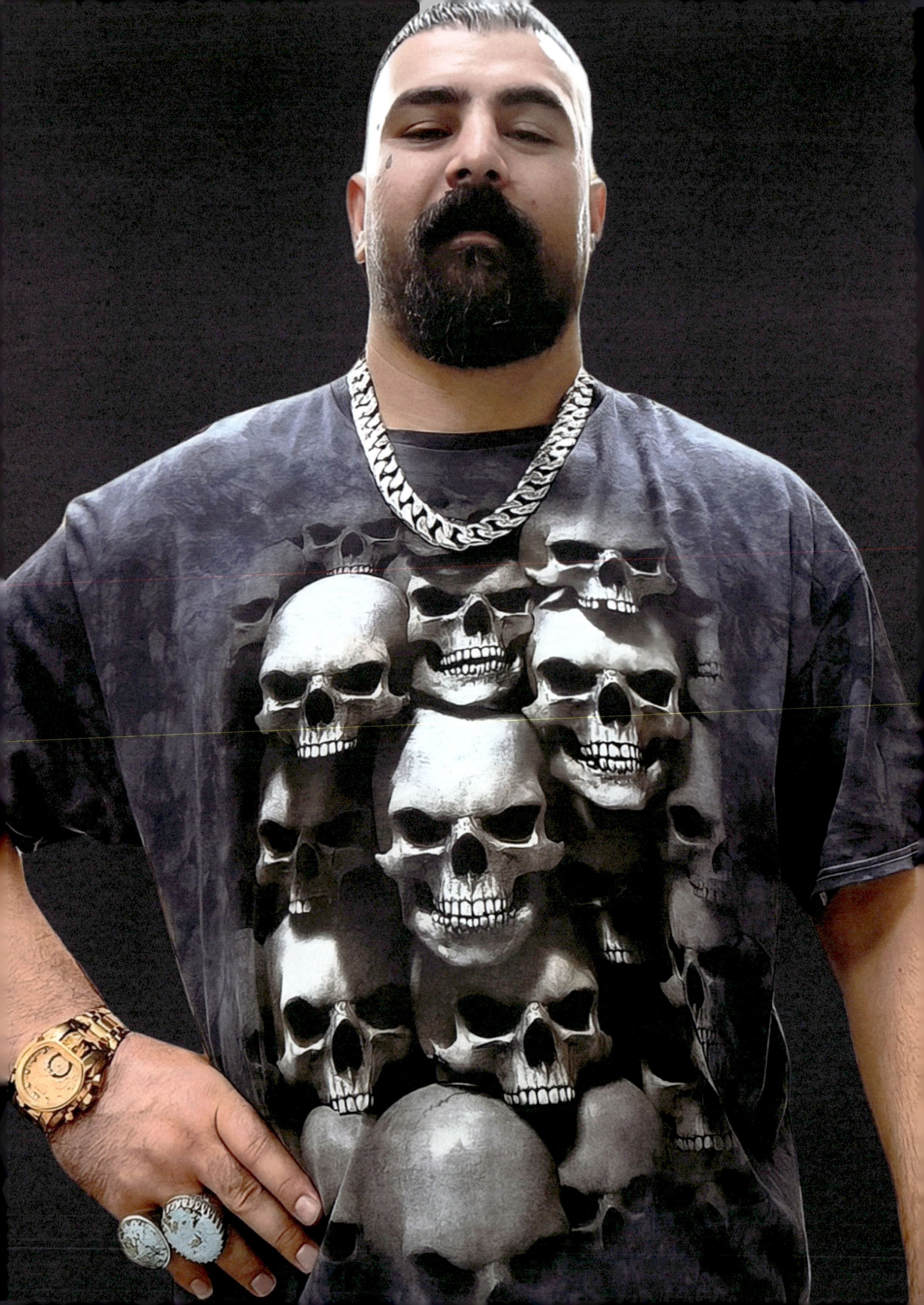

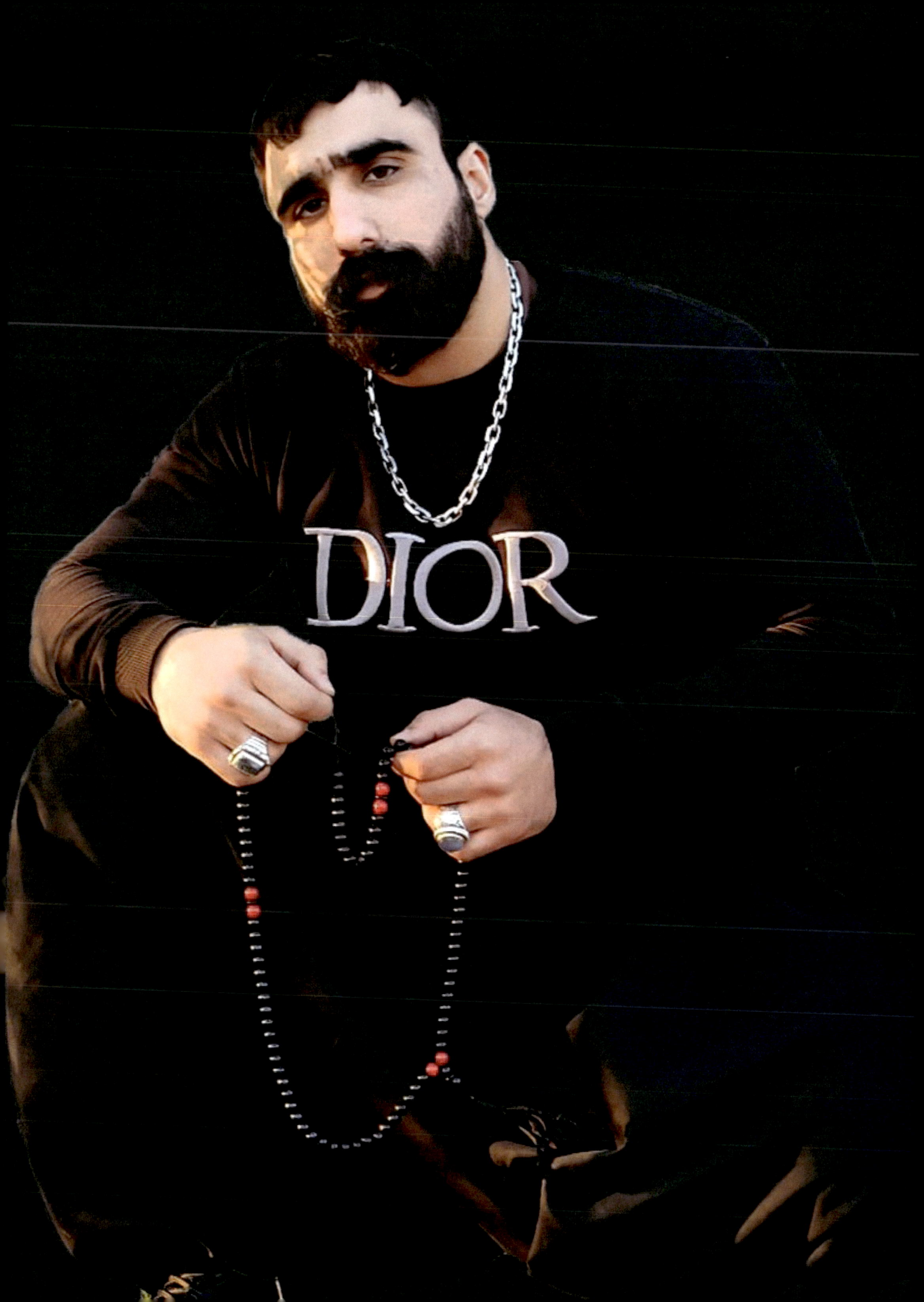
DIOR

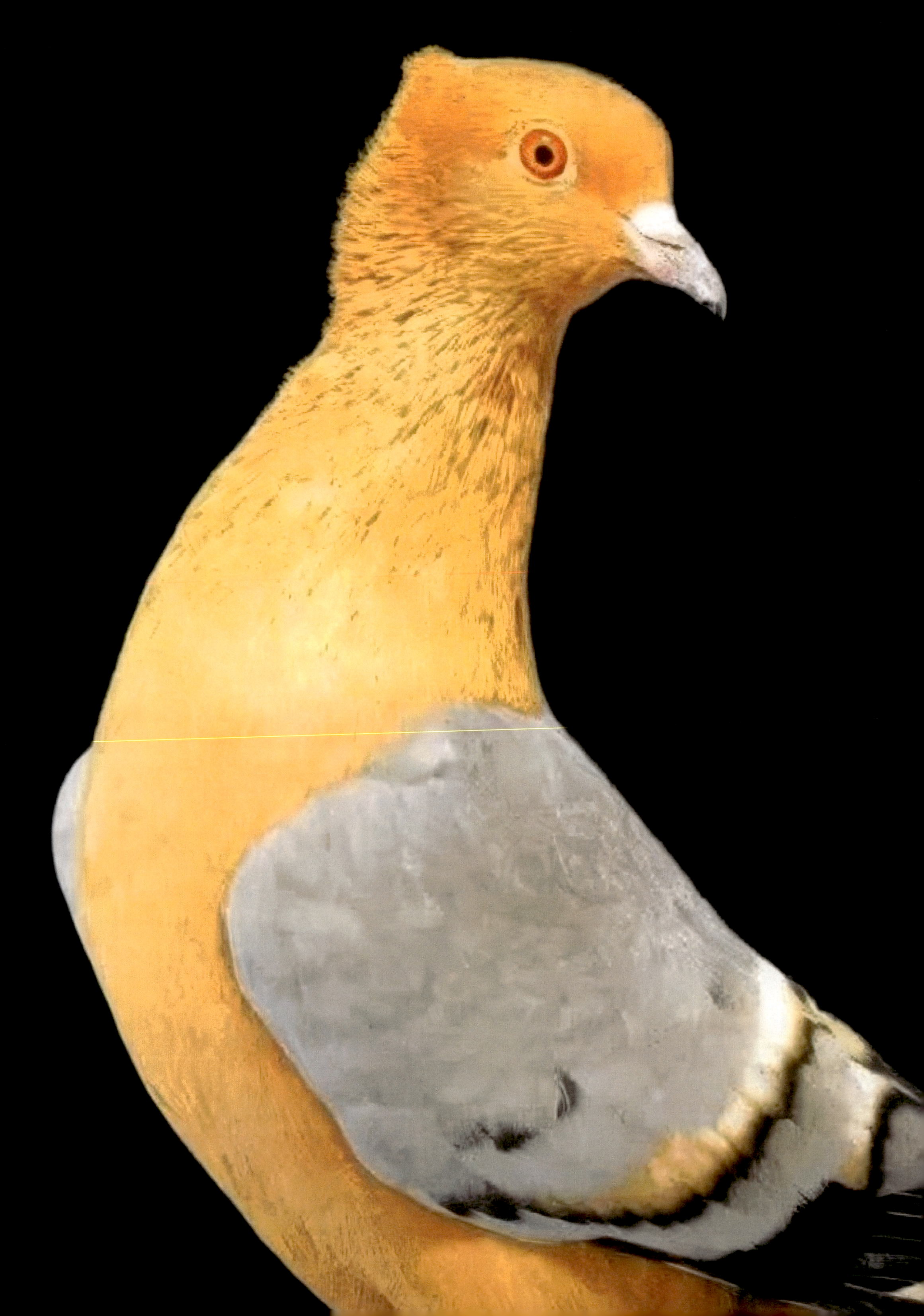

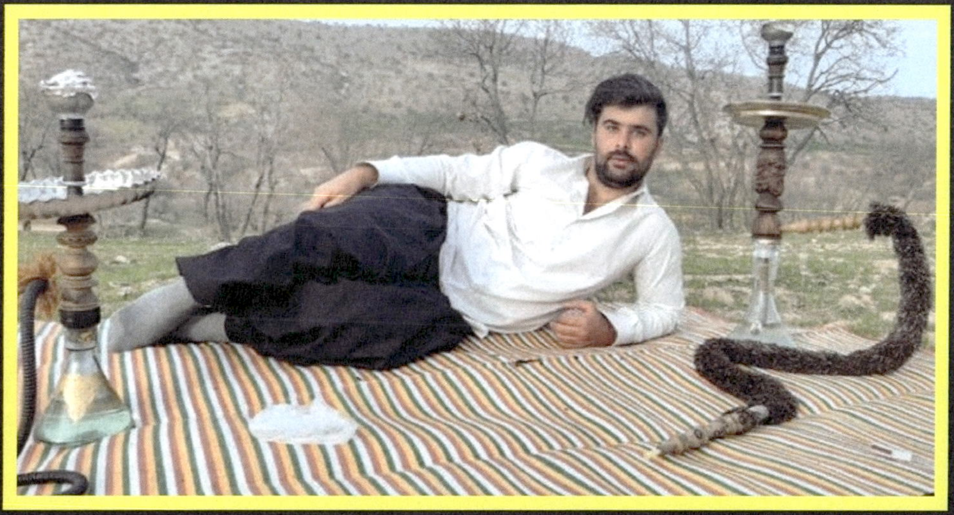

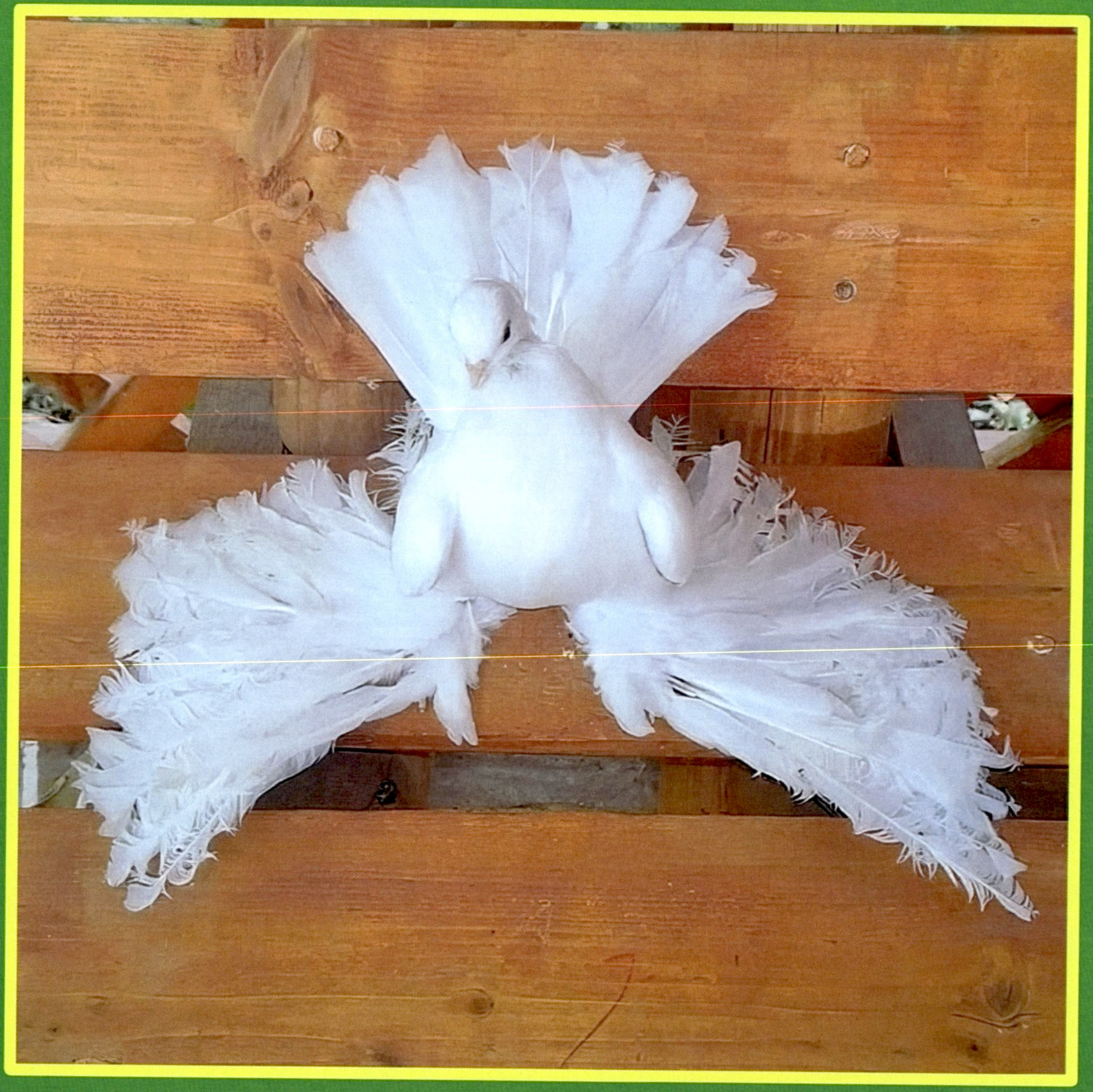

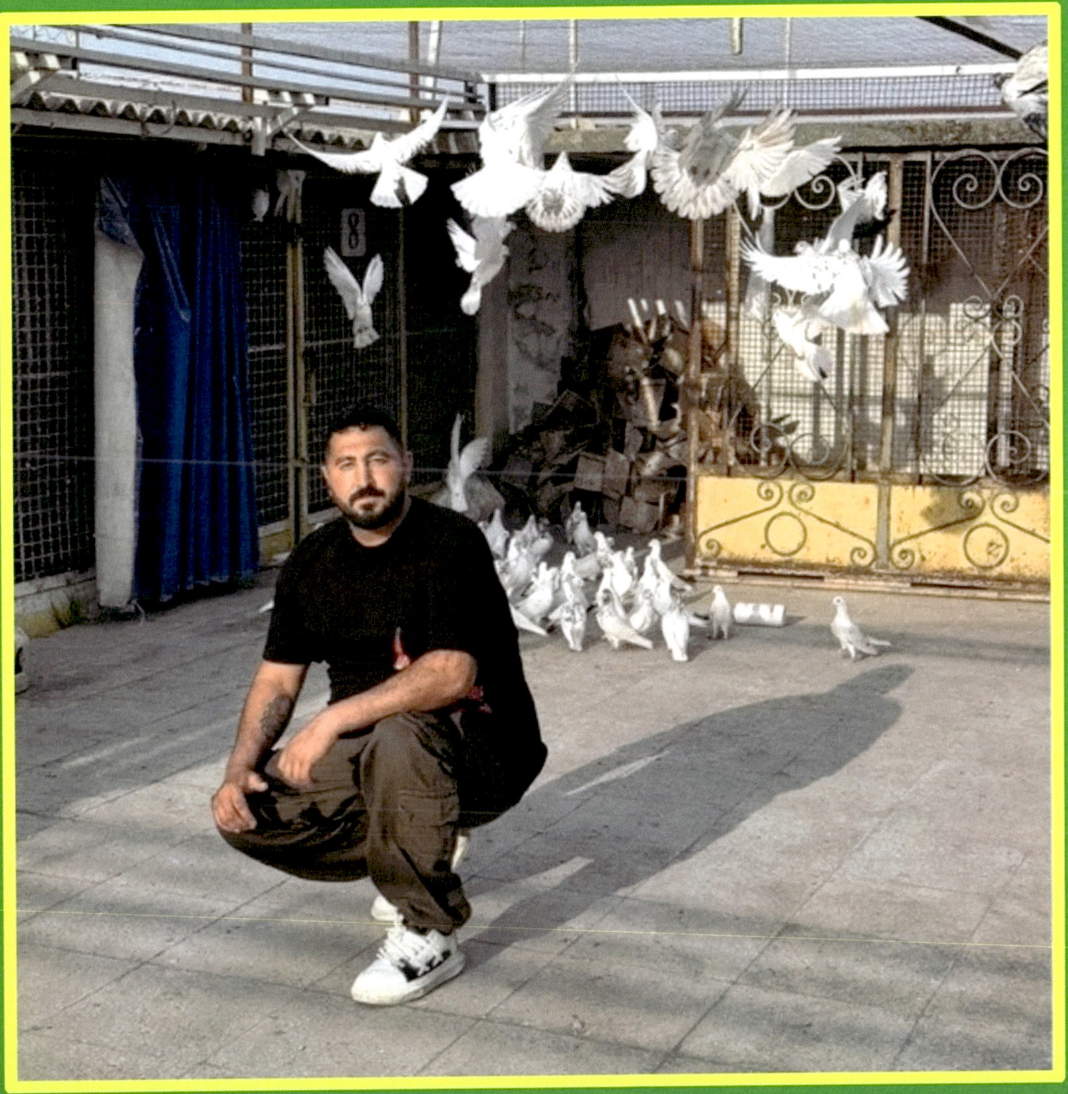

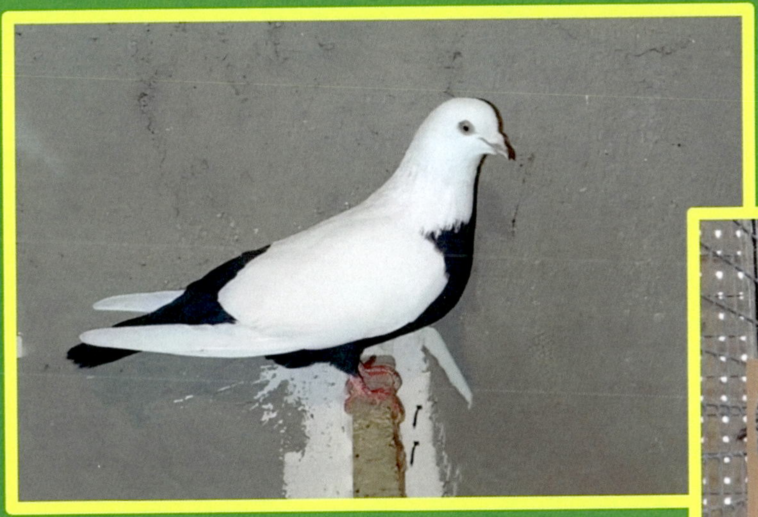

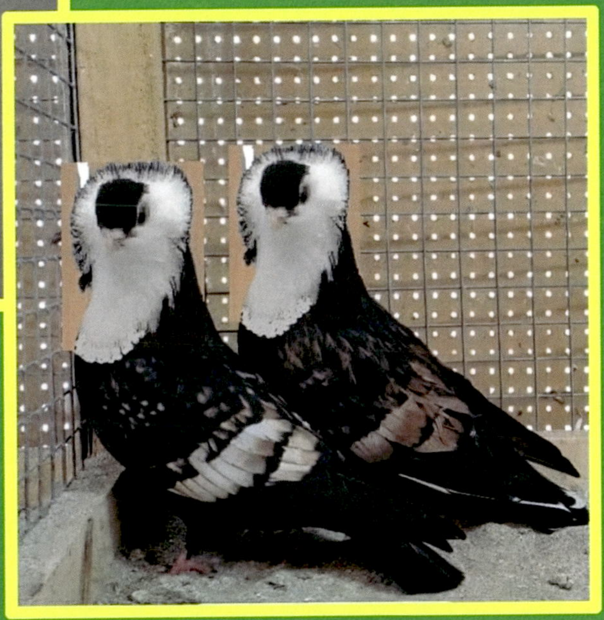

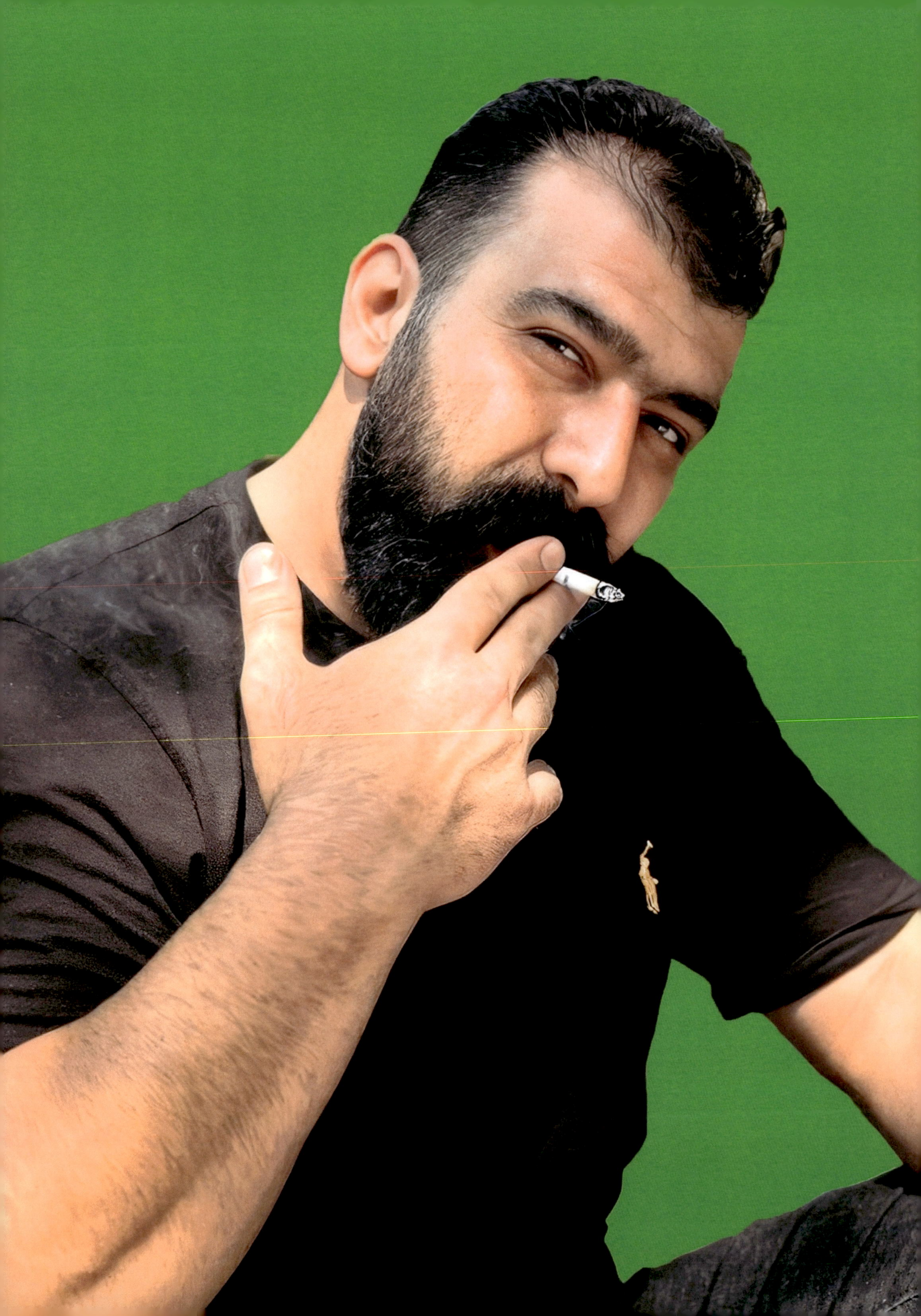

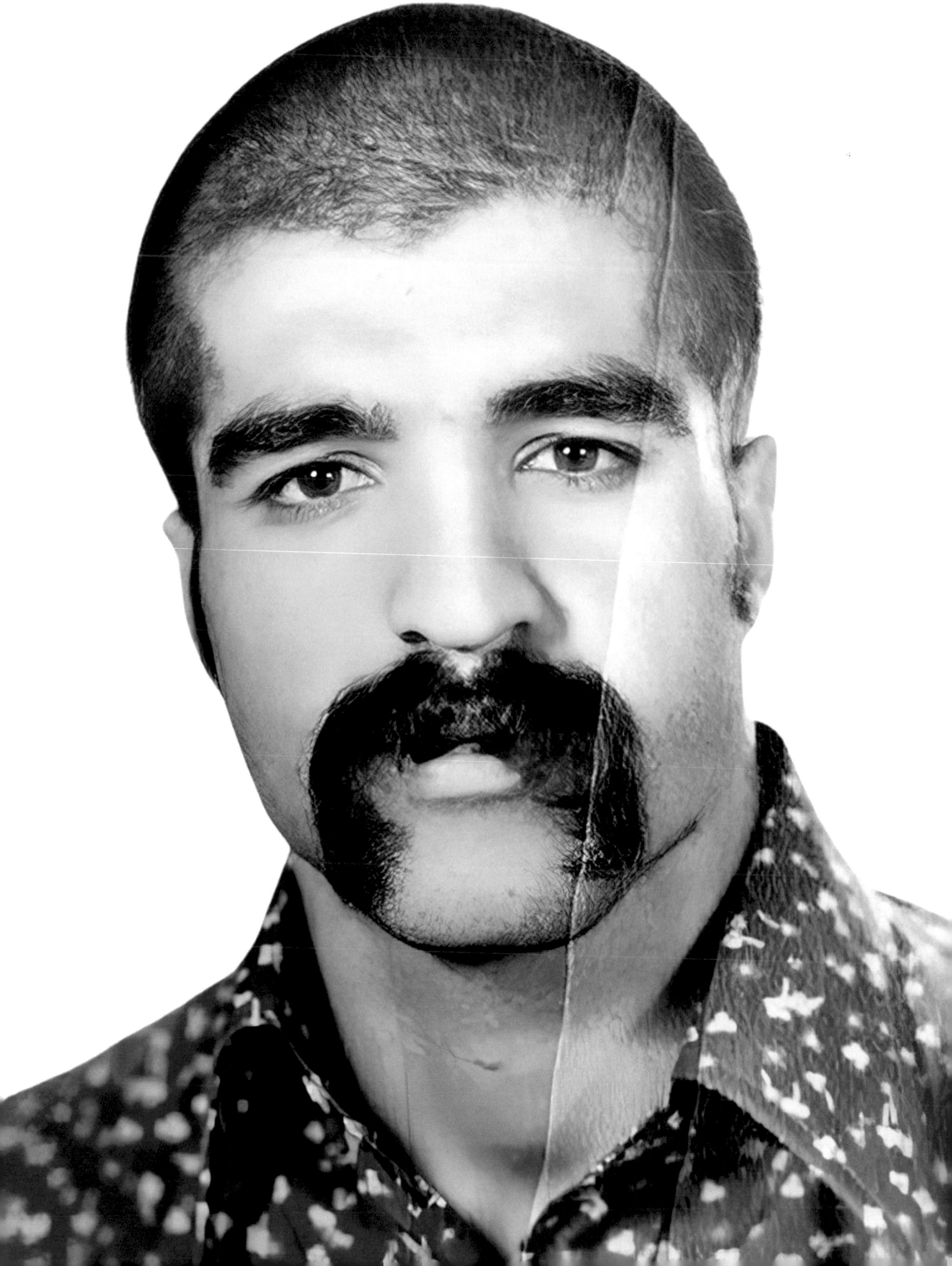

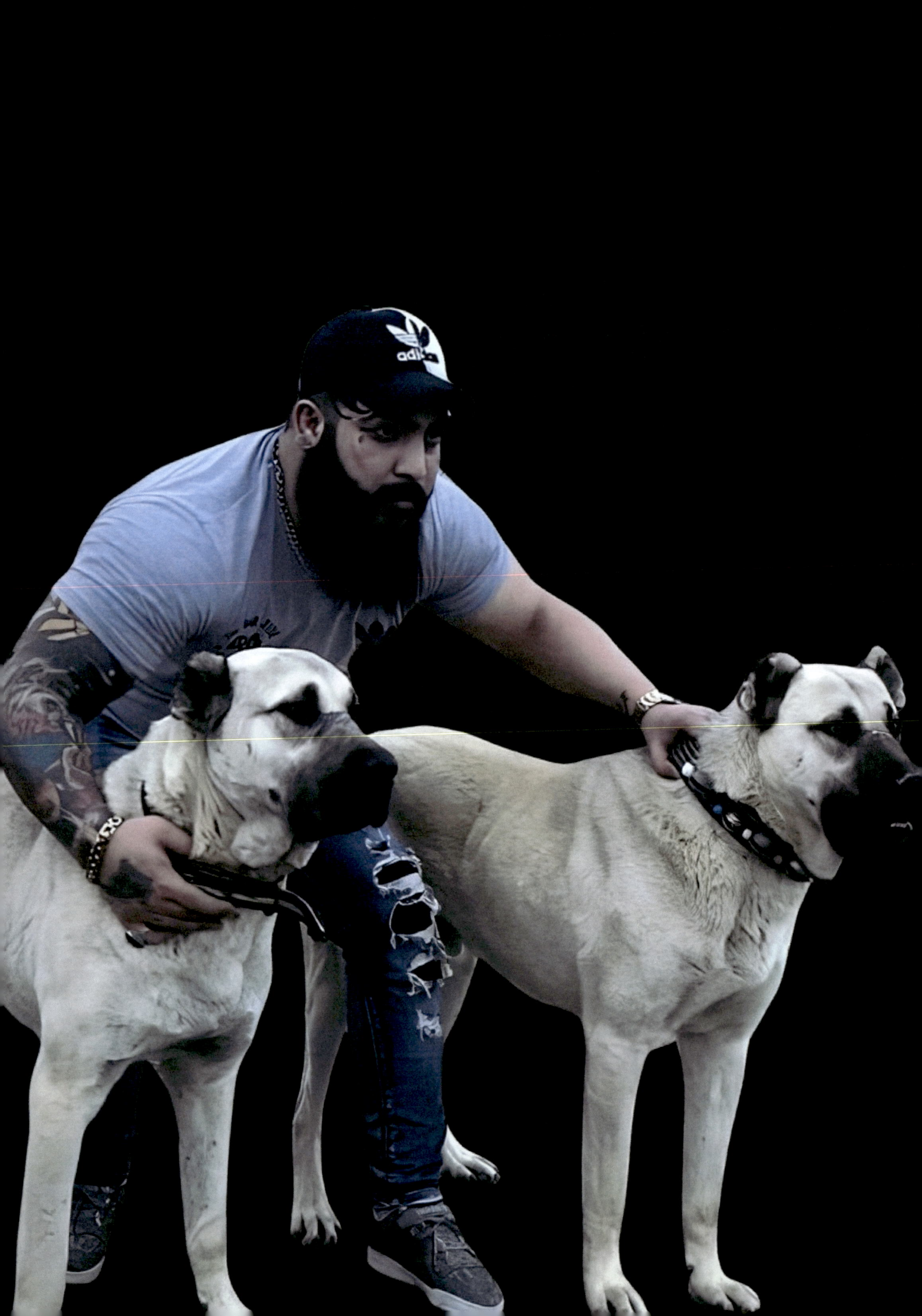

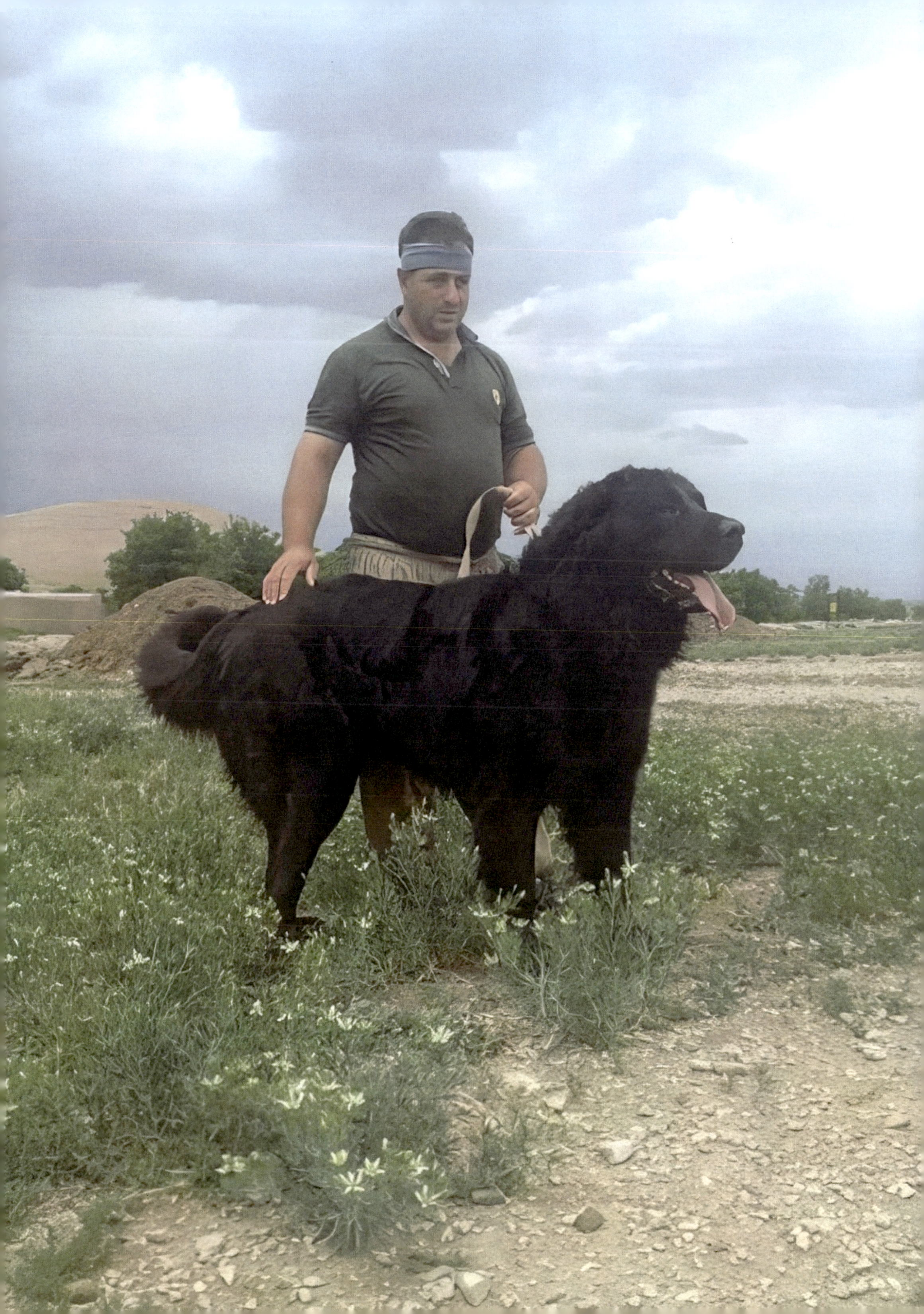

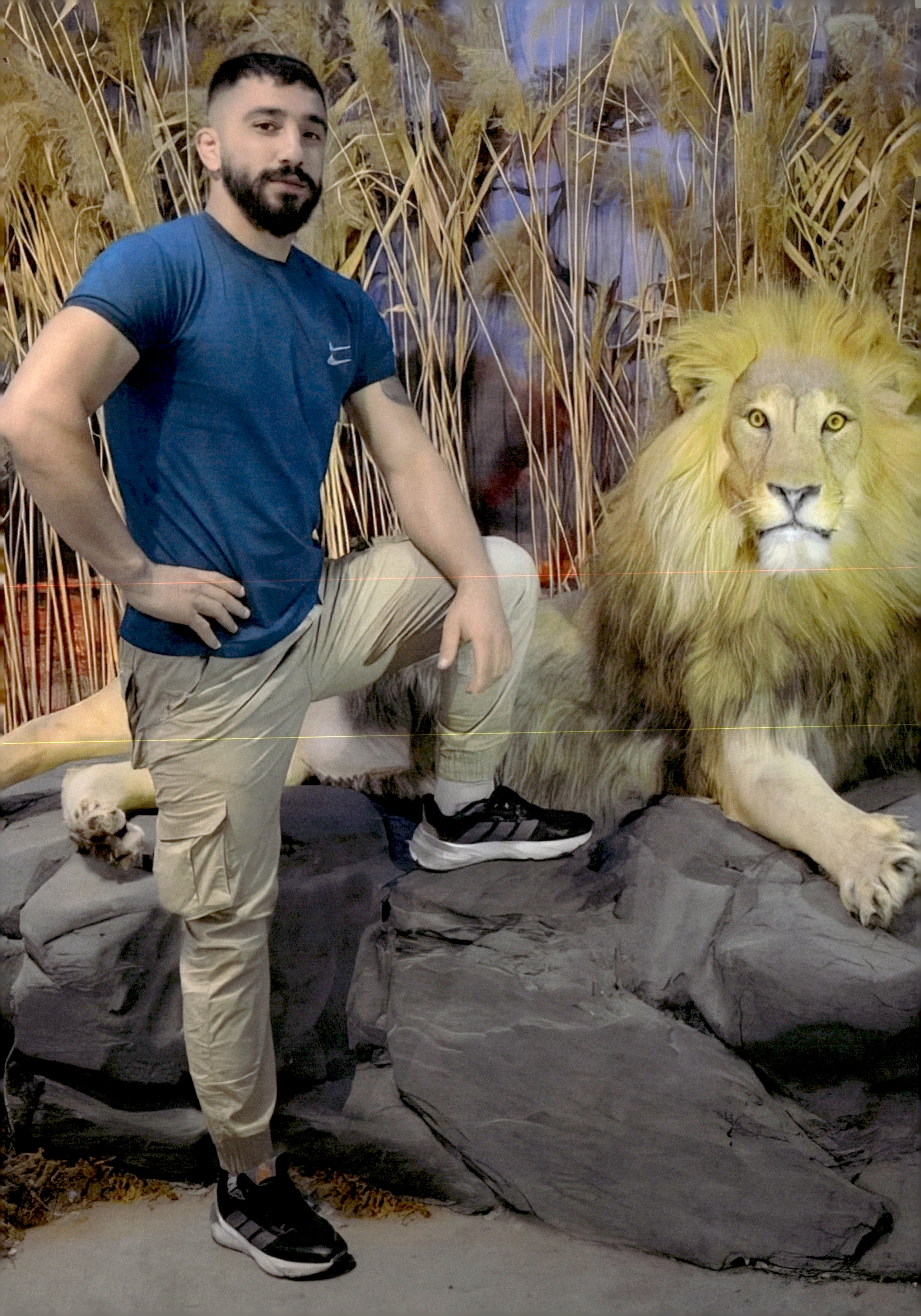

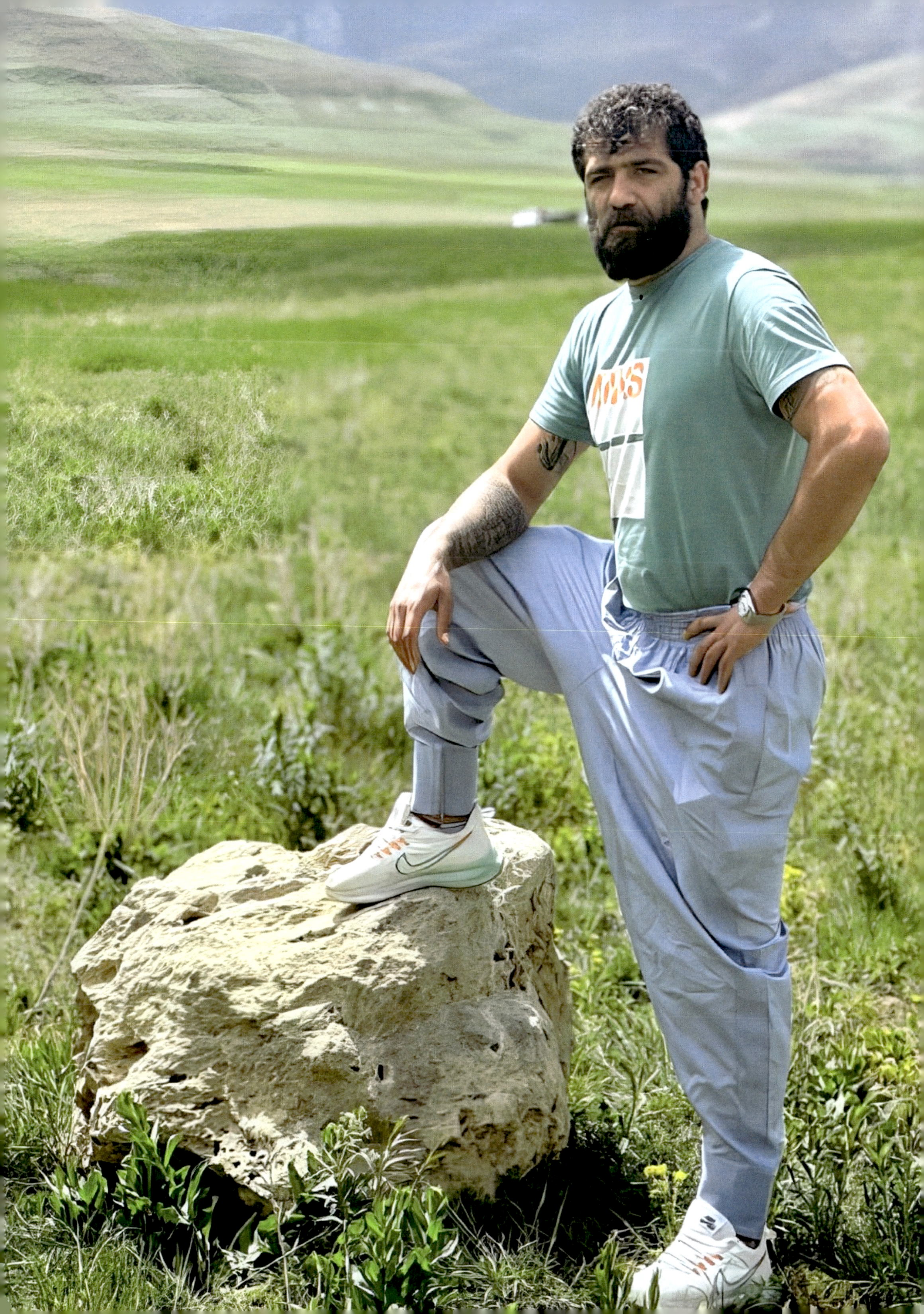

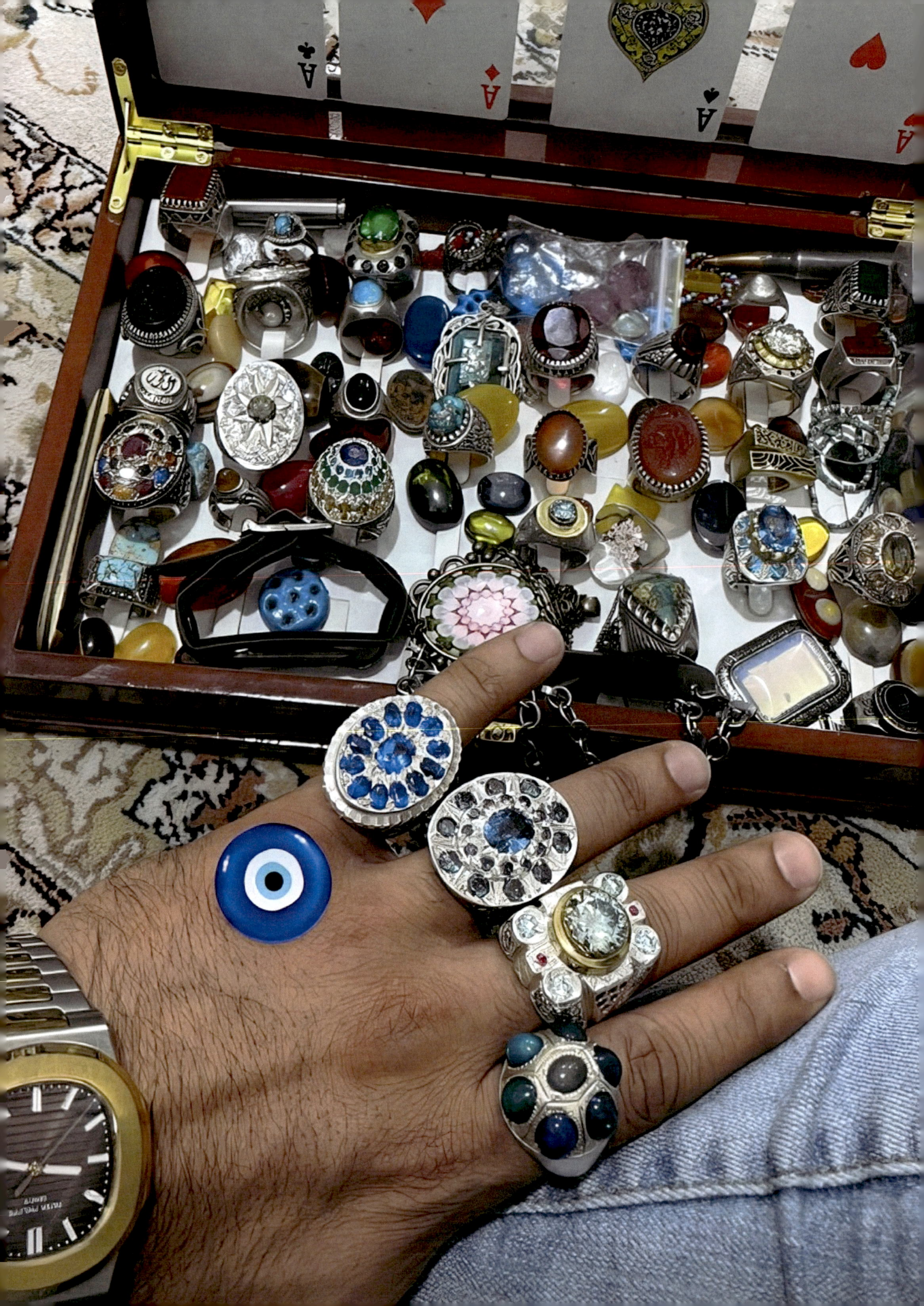

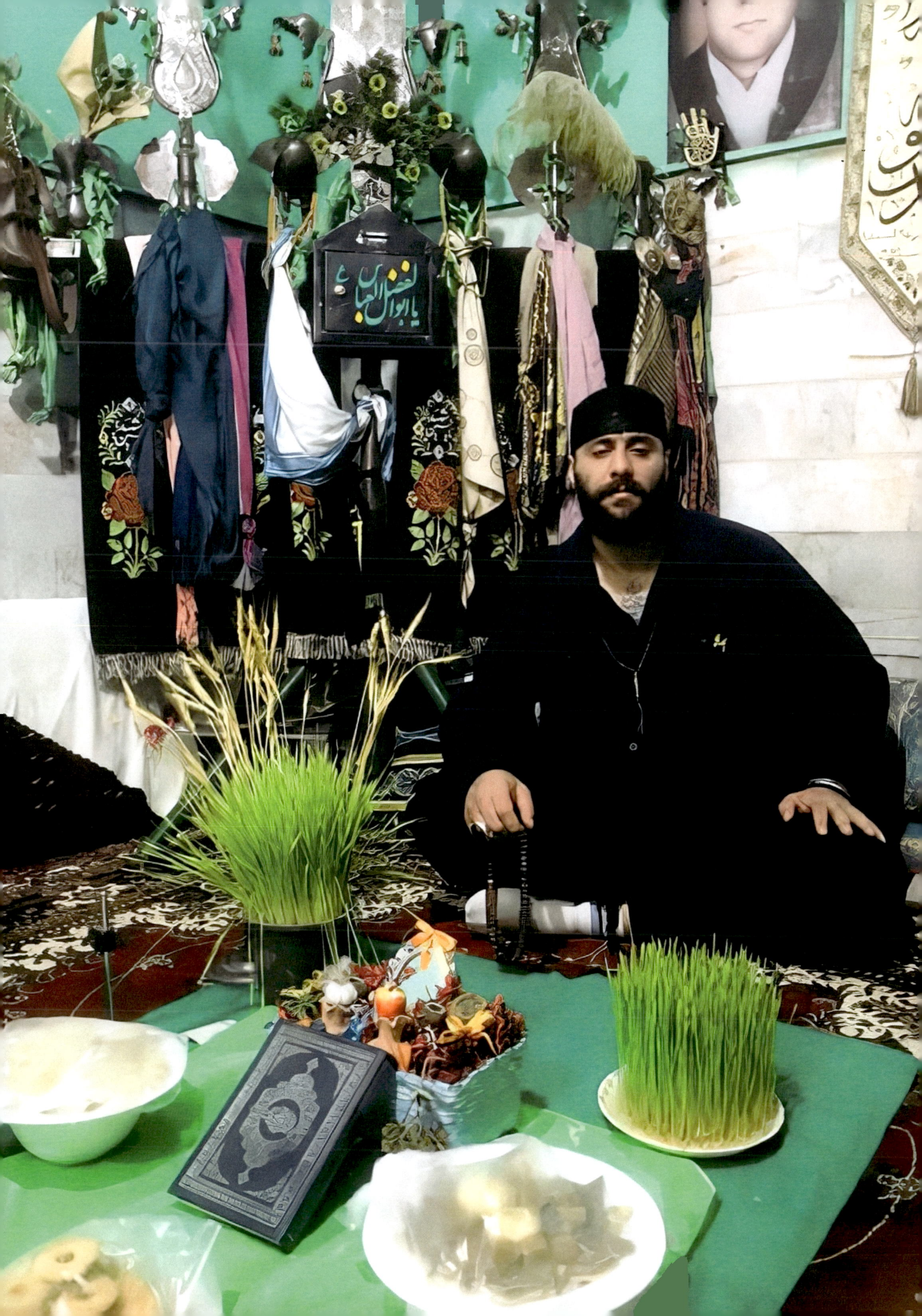
یا ابوالفضل العباس ع

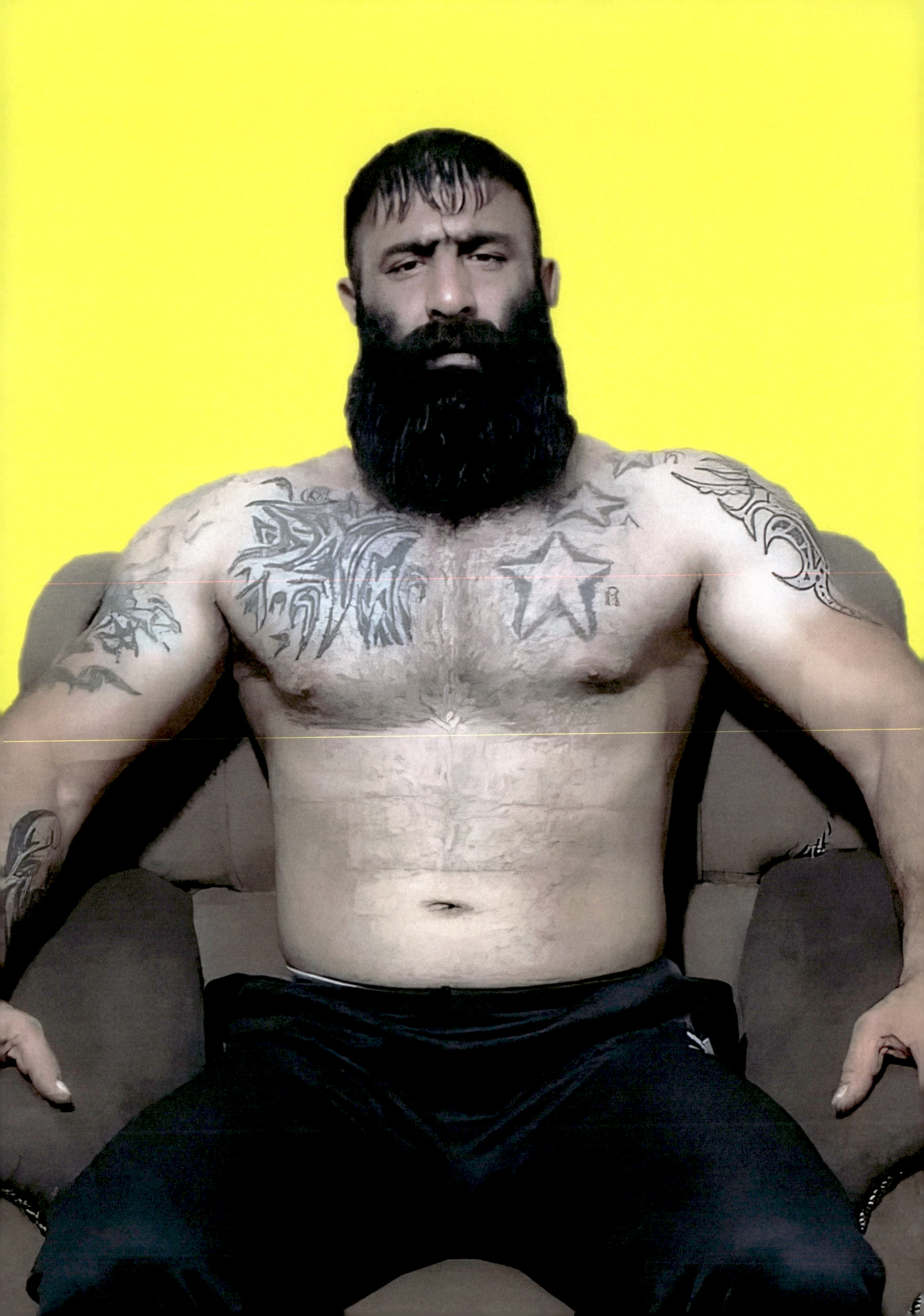

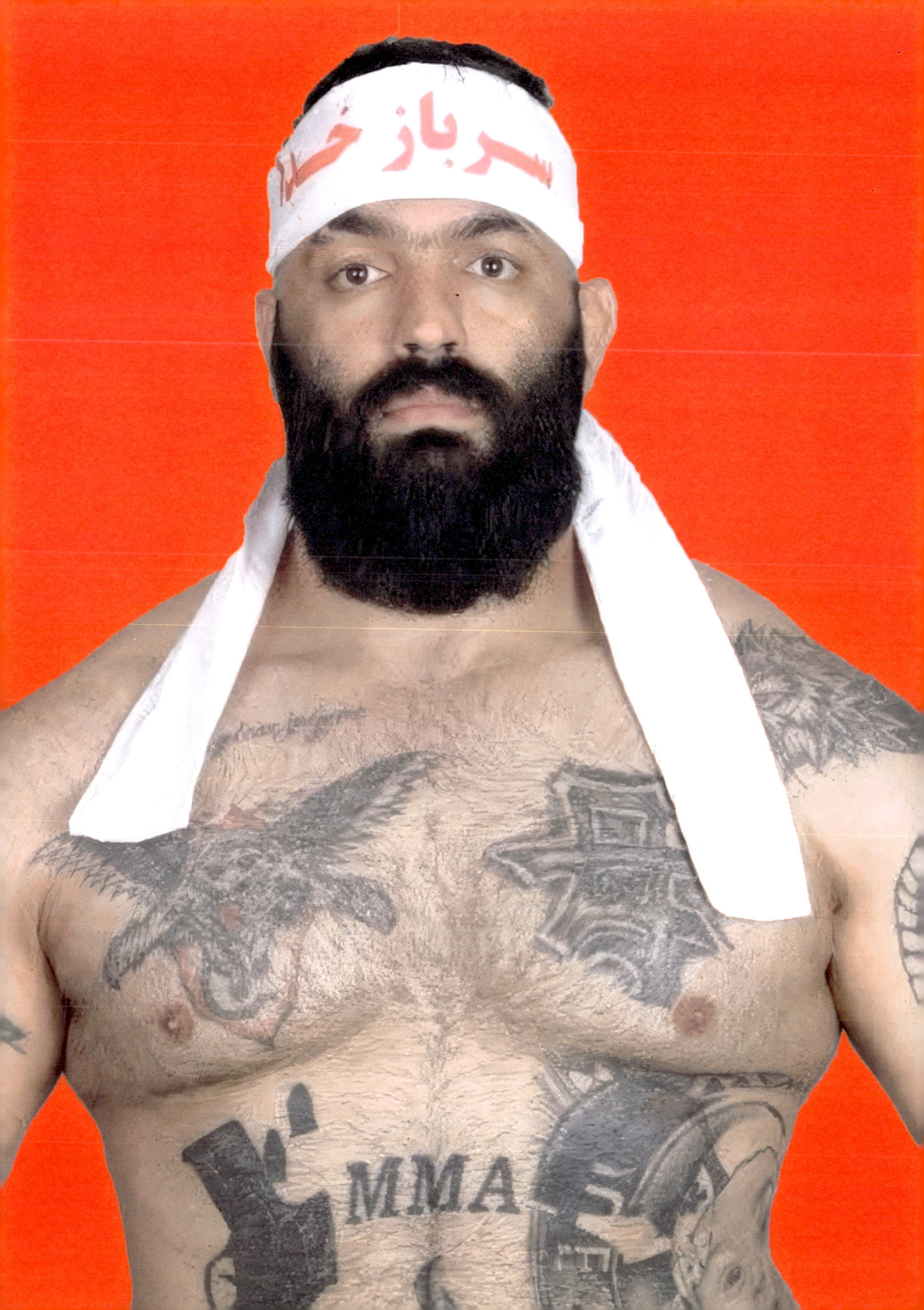
سرباز خدا
MMA

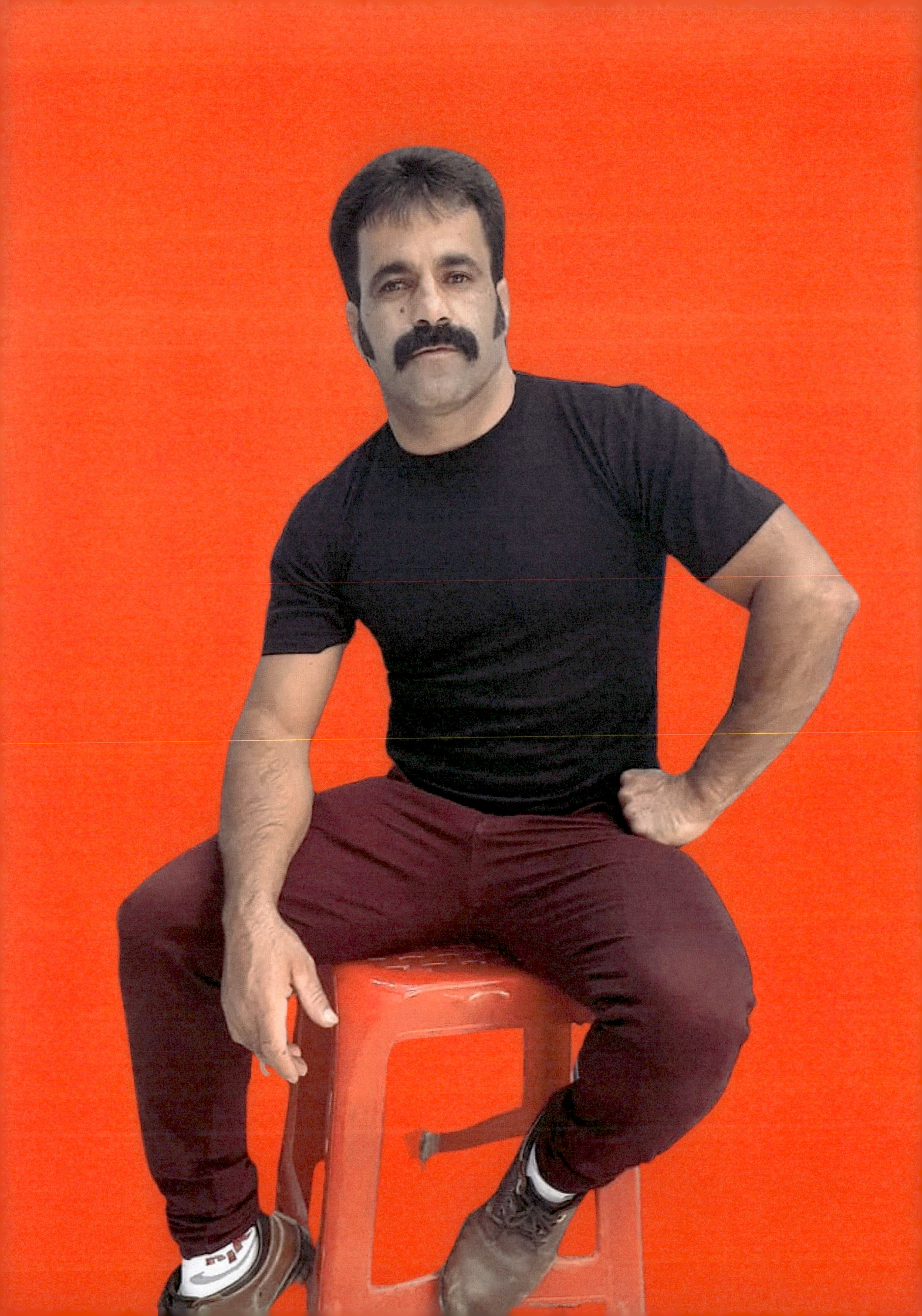

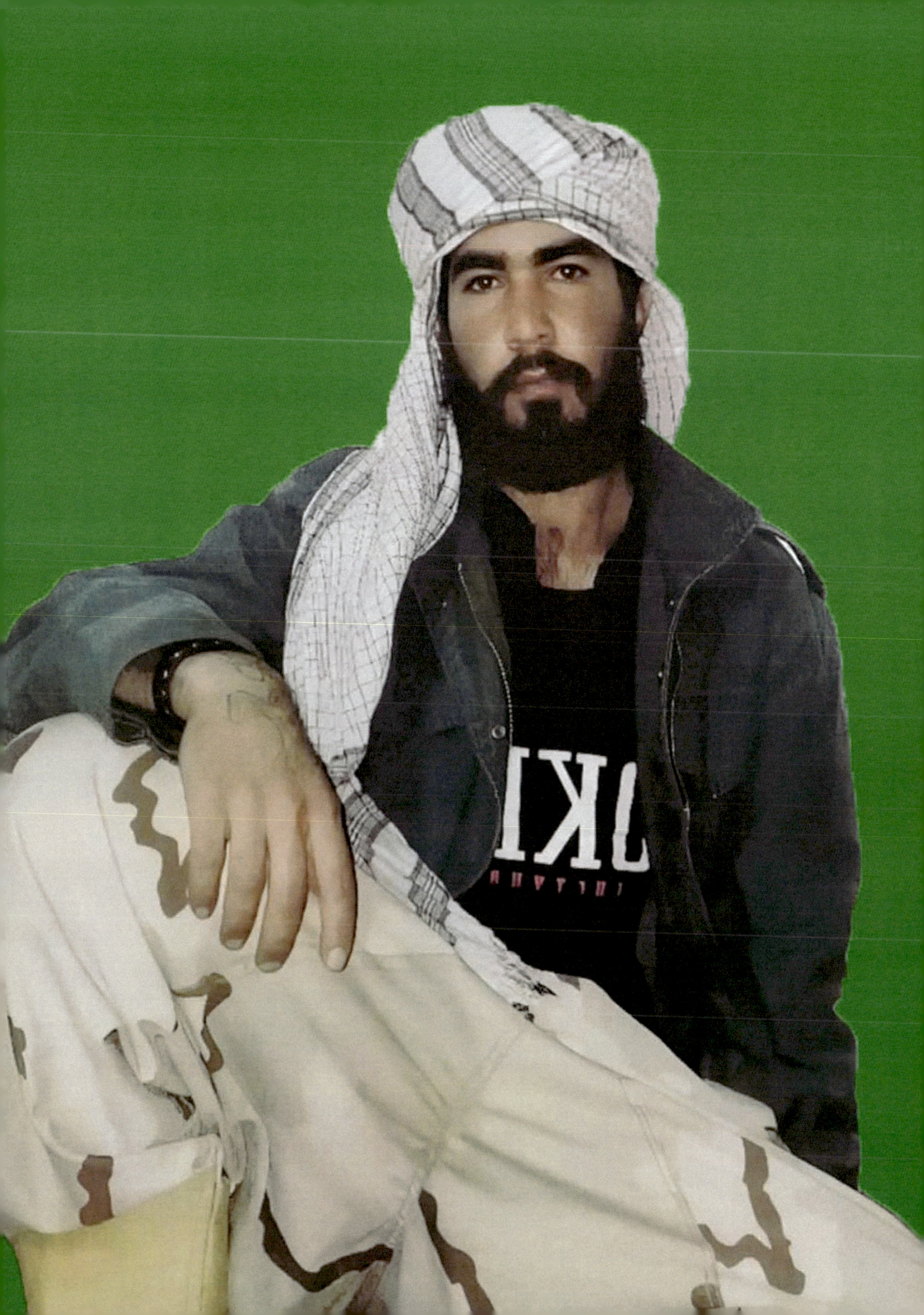

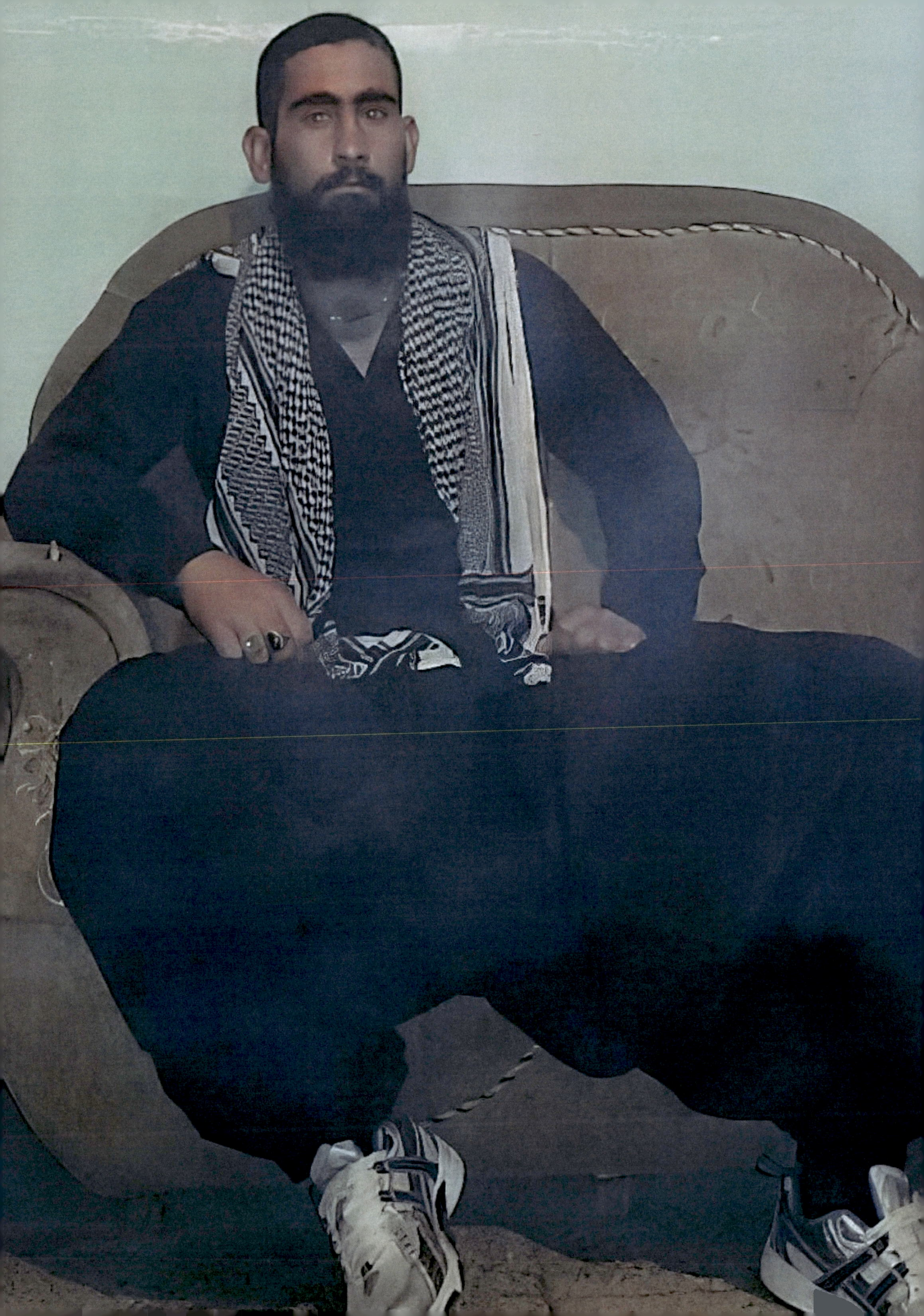

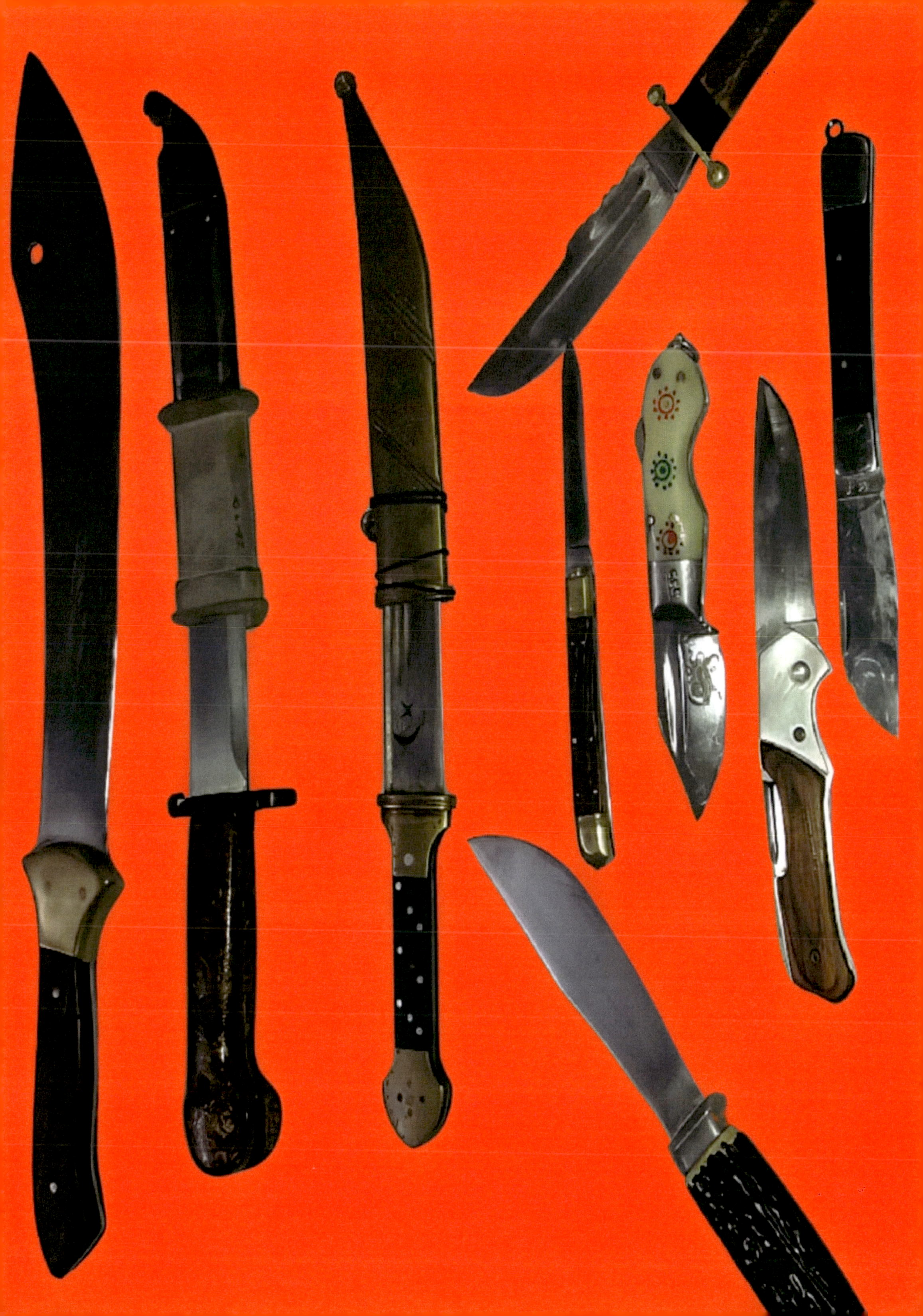

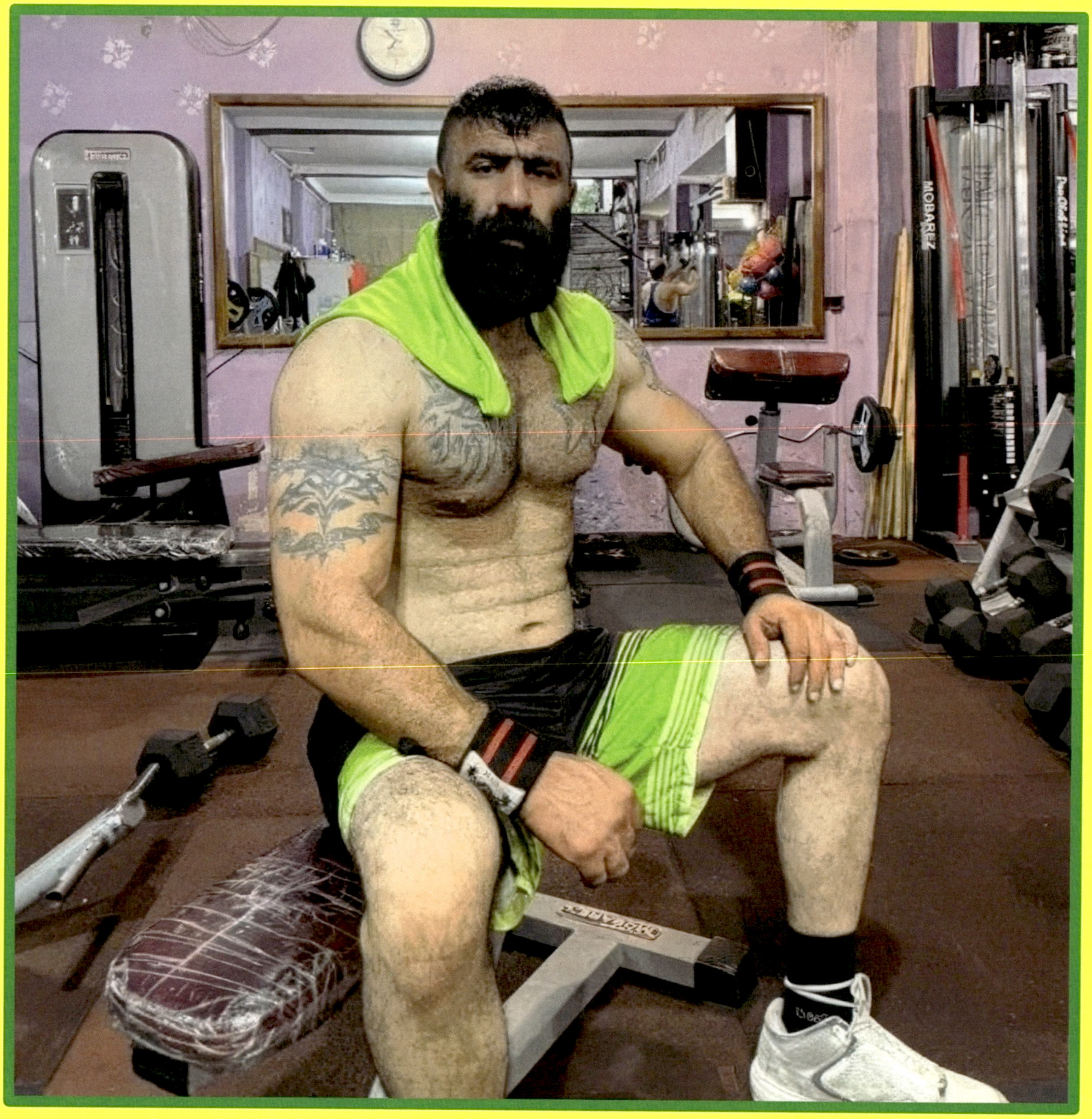
MOBAREZ

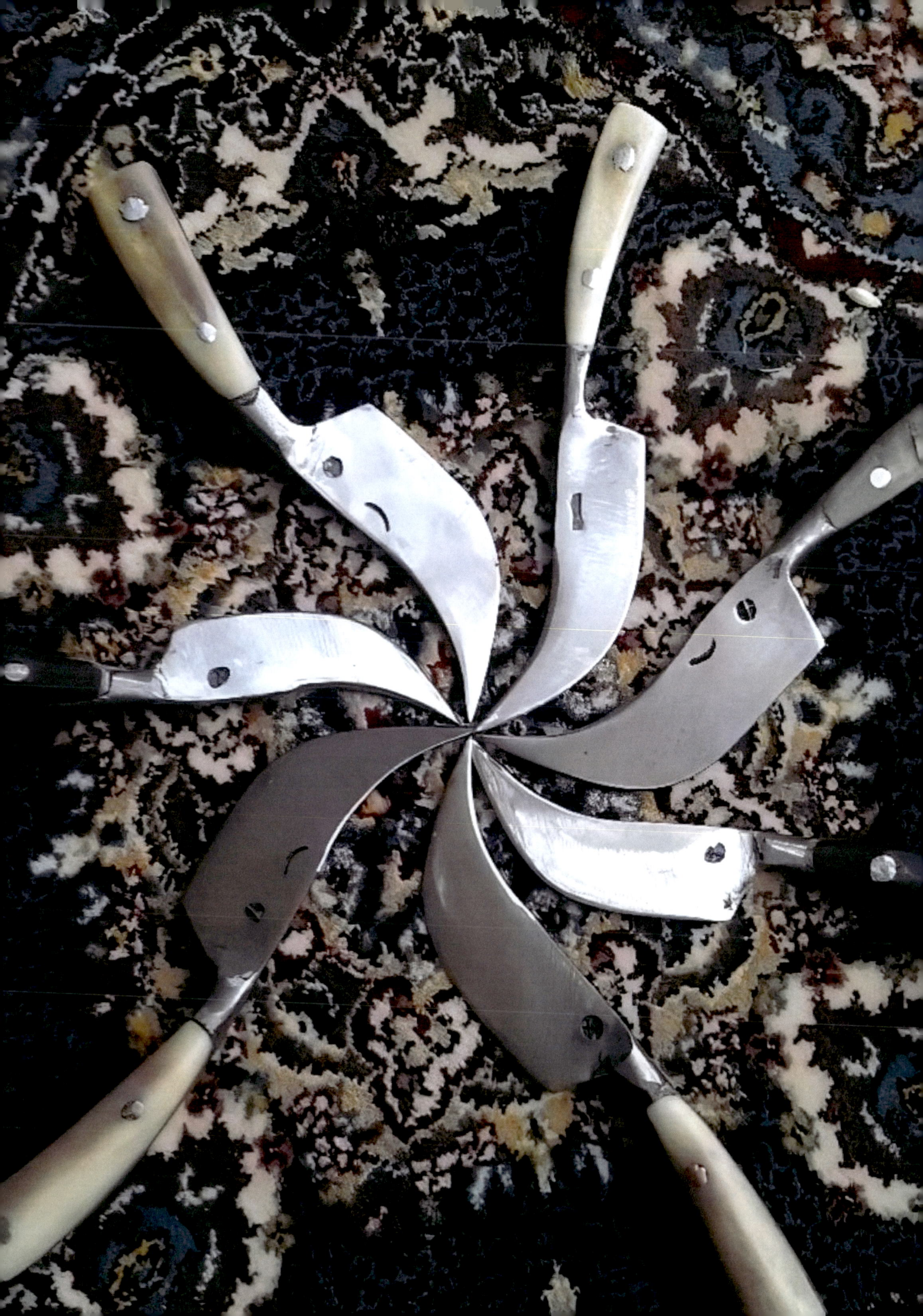

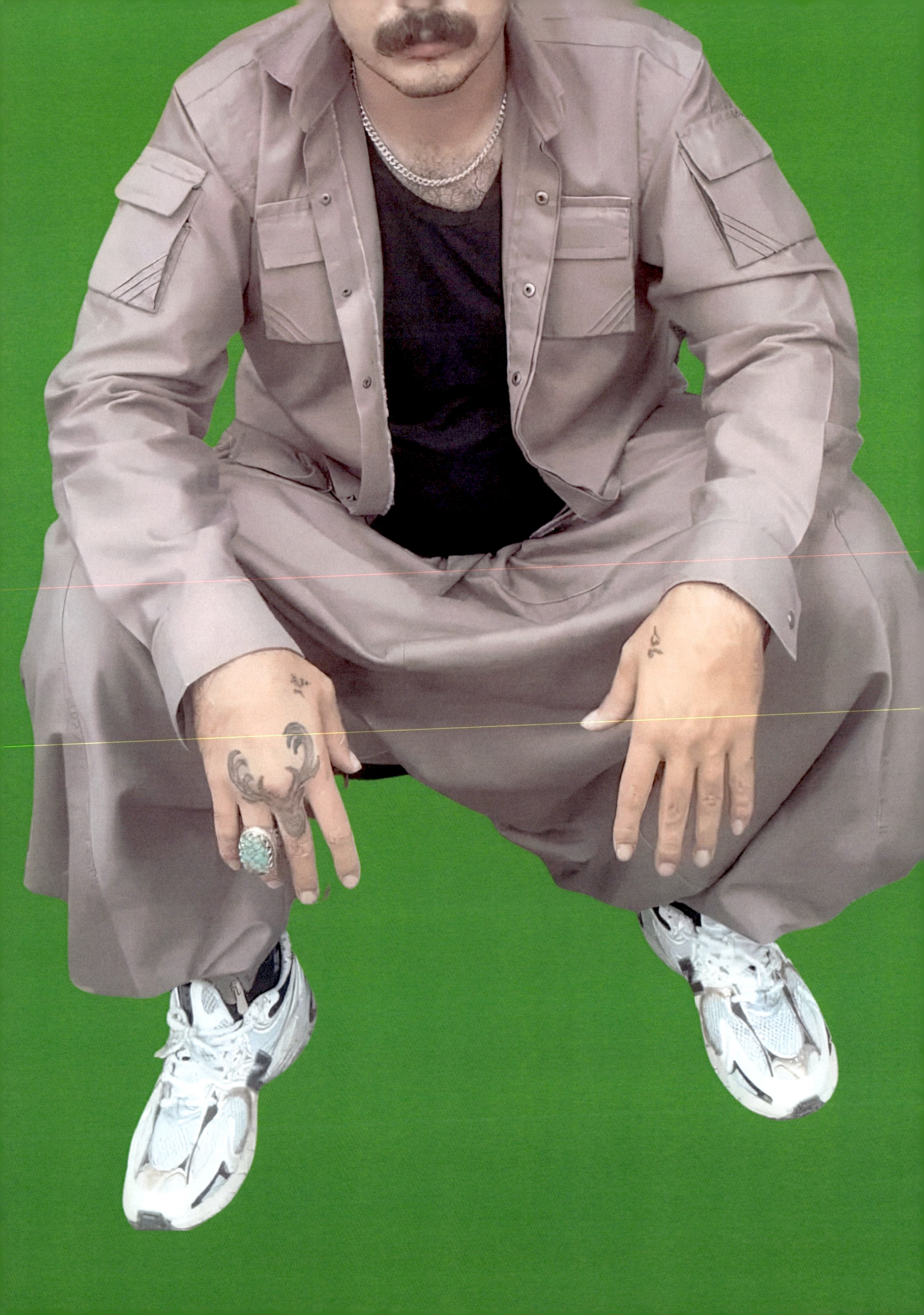

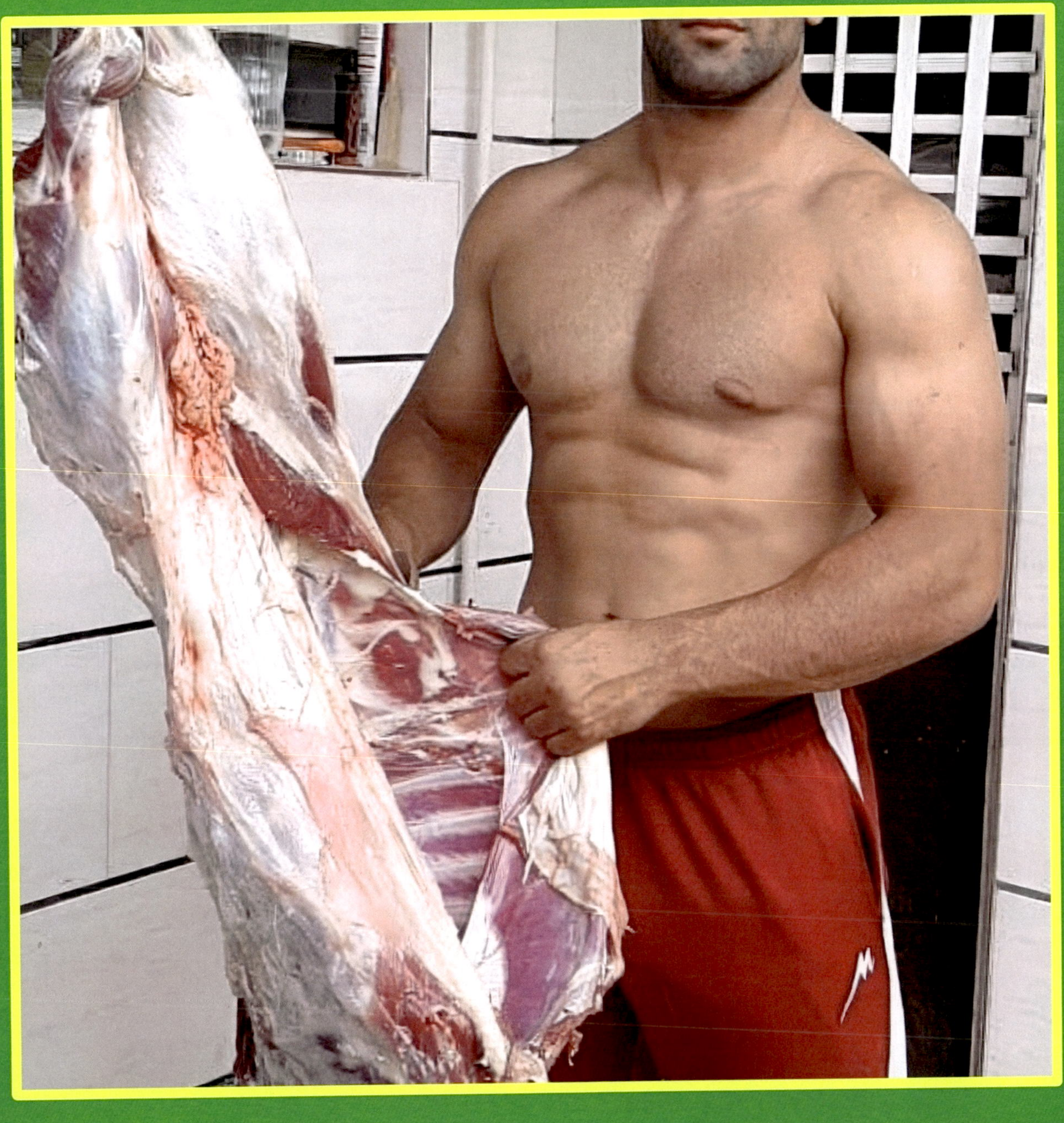

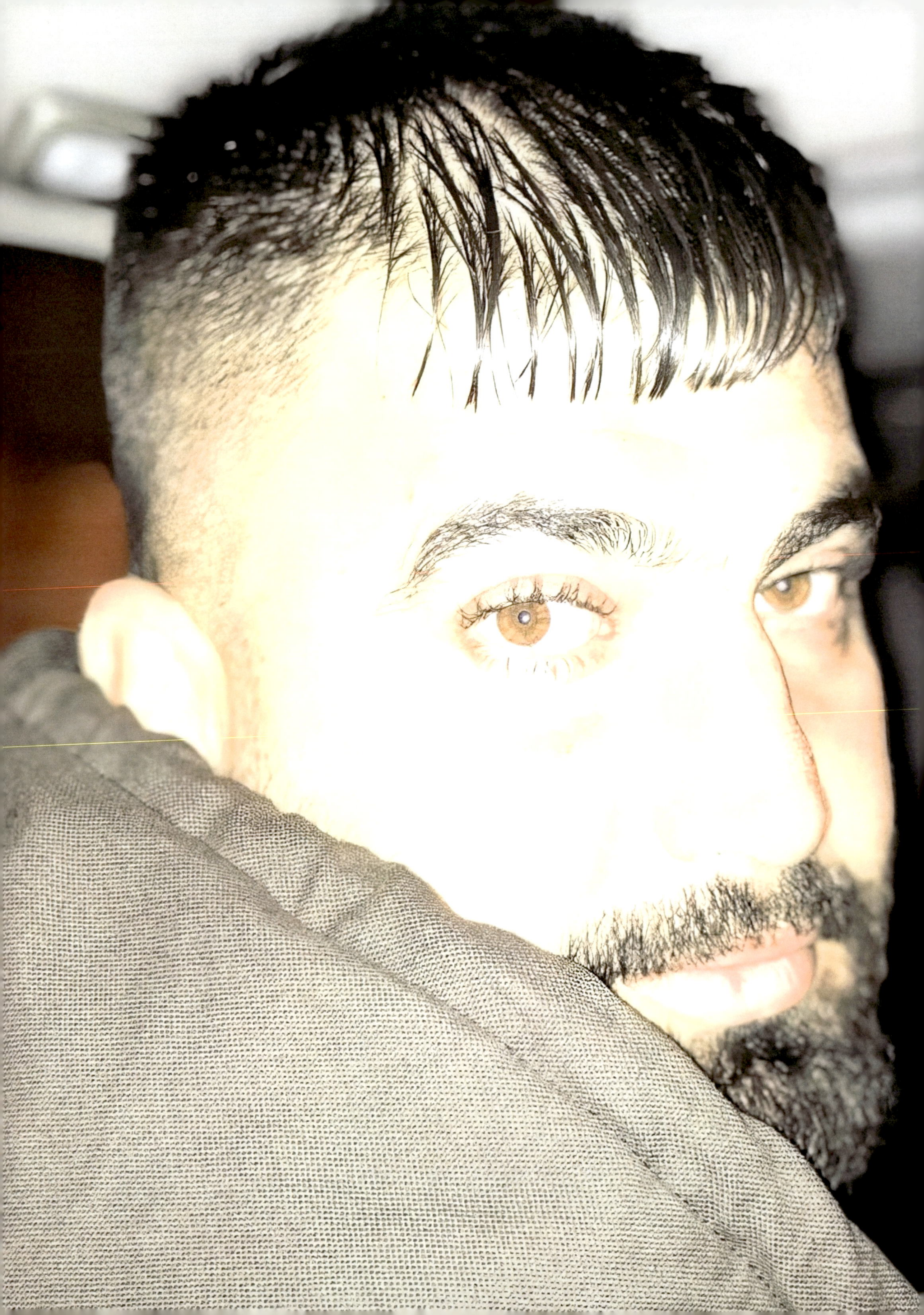

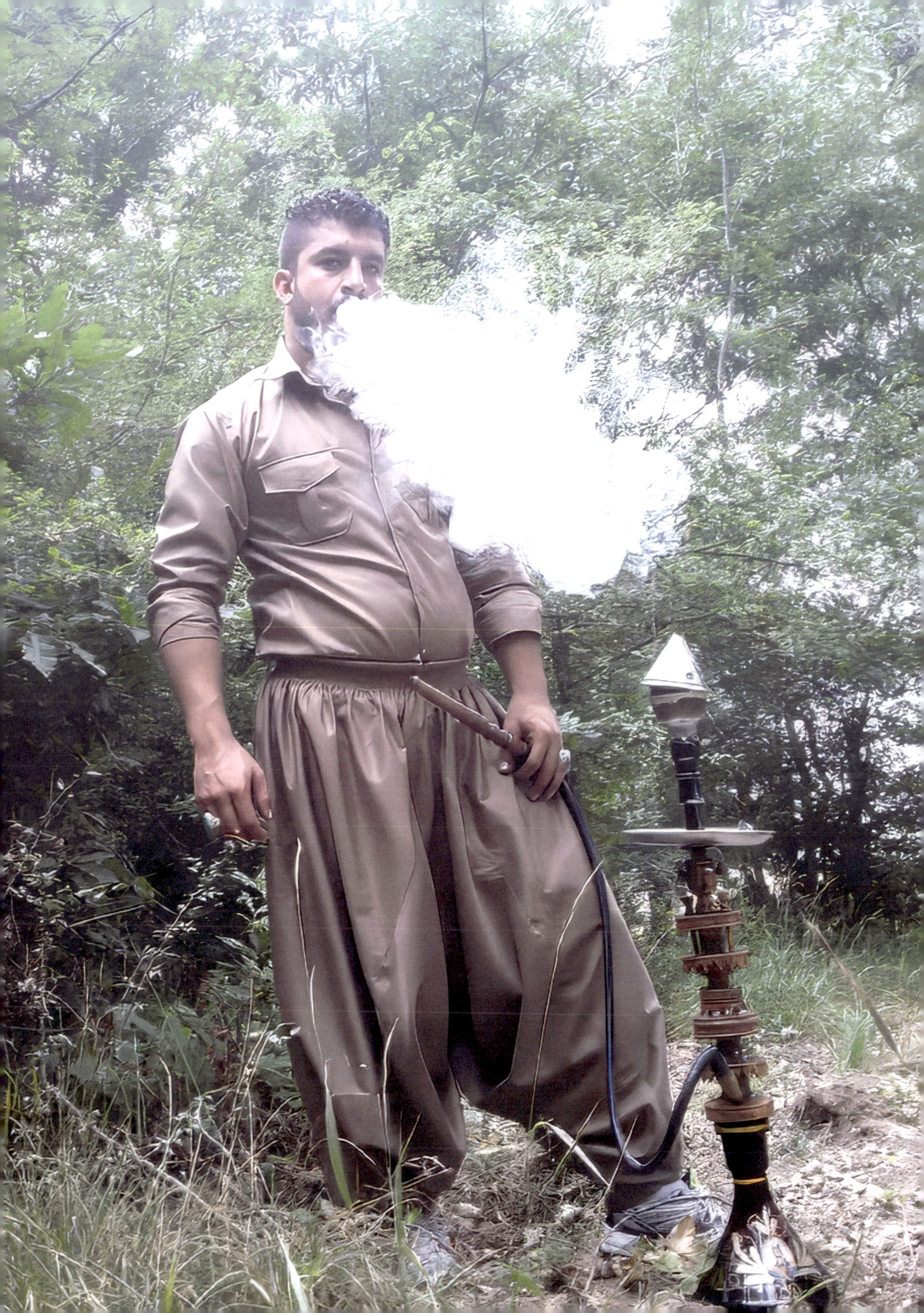

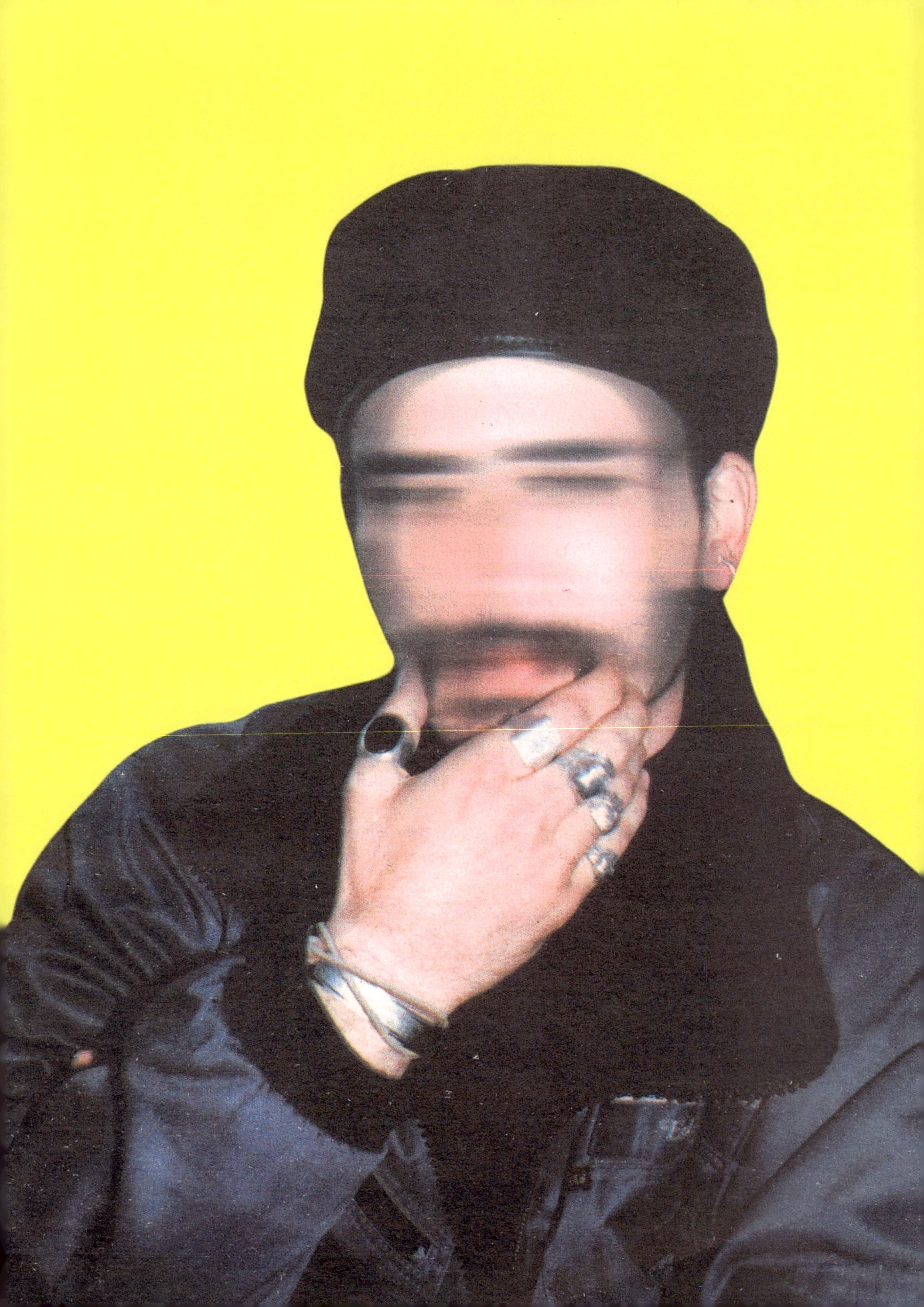

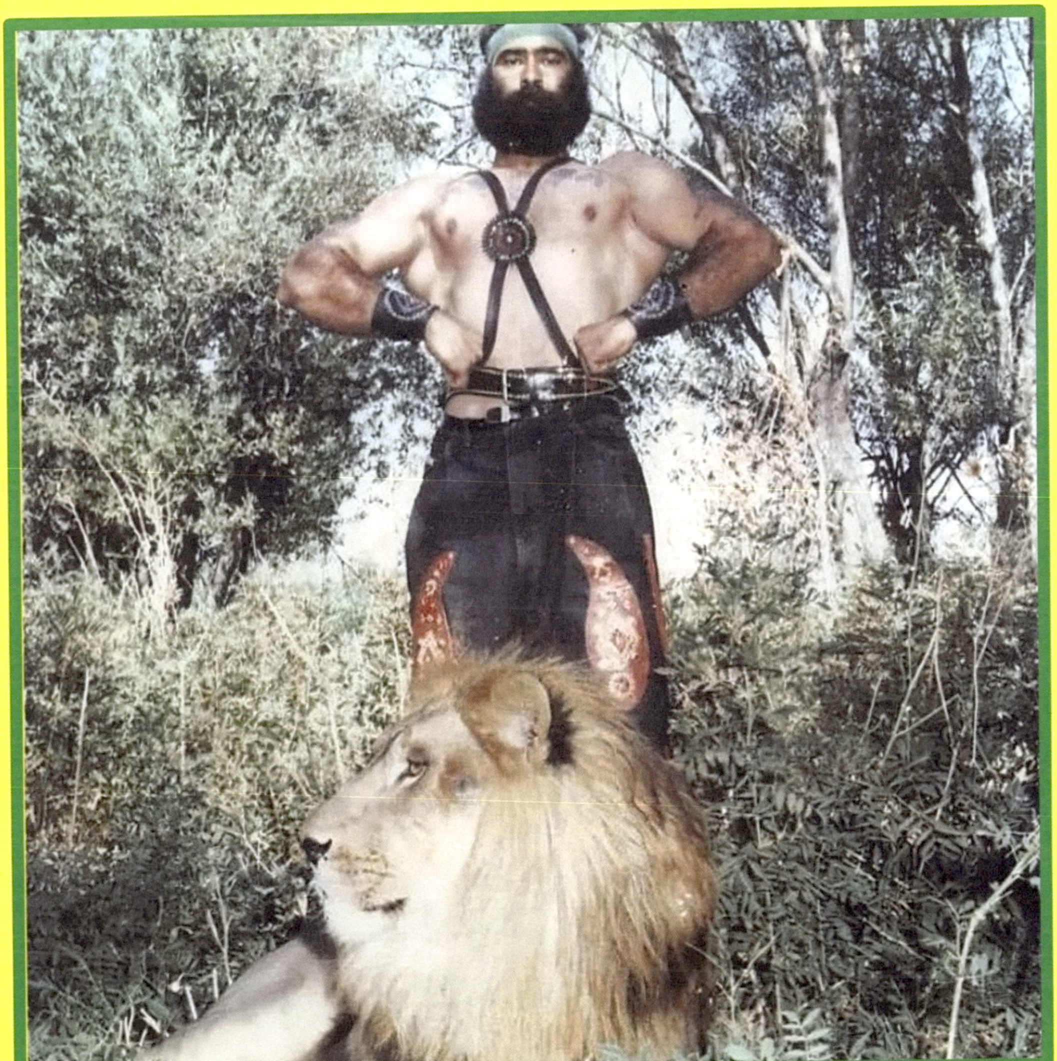

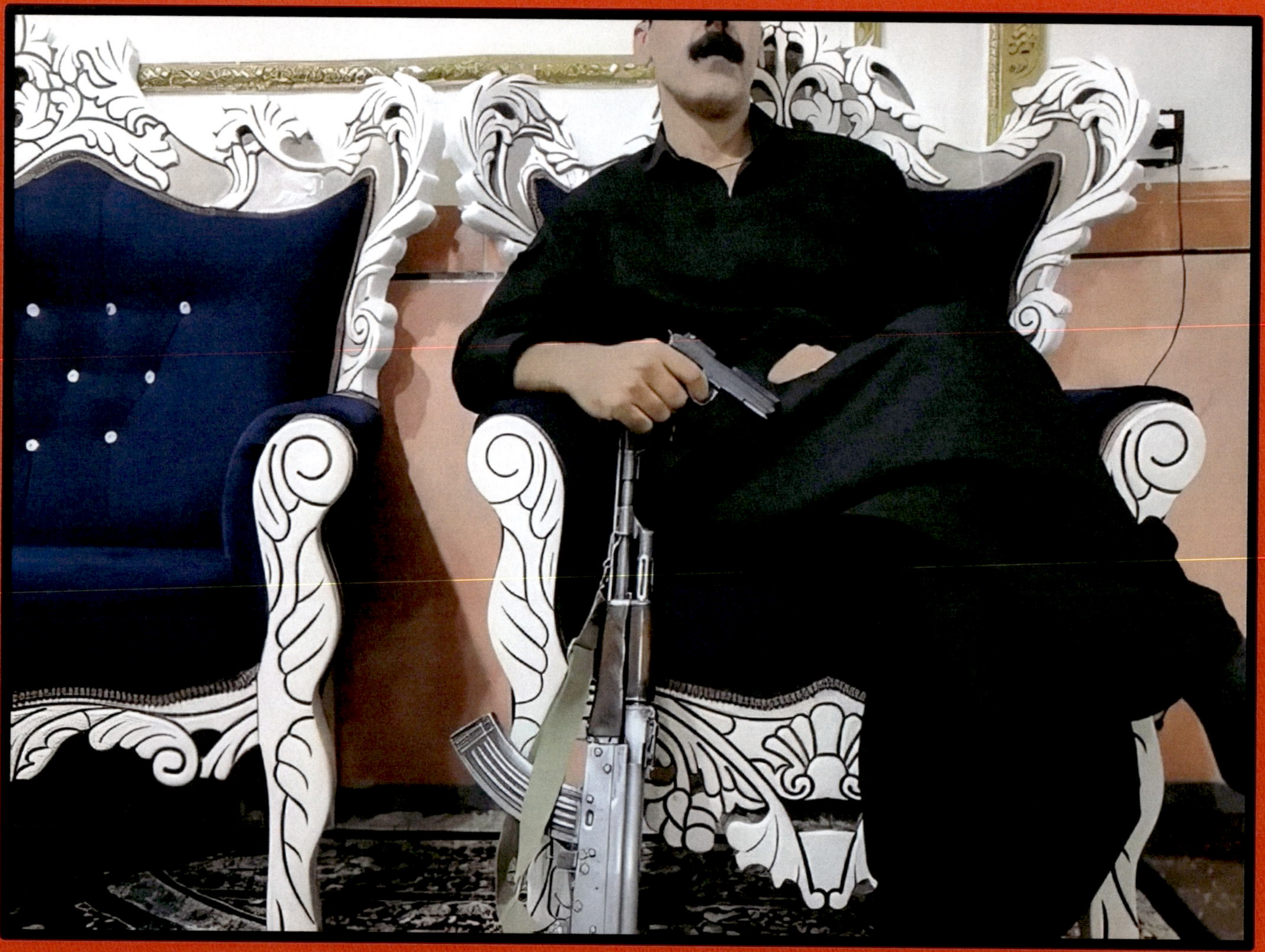

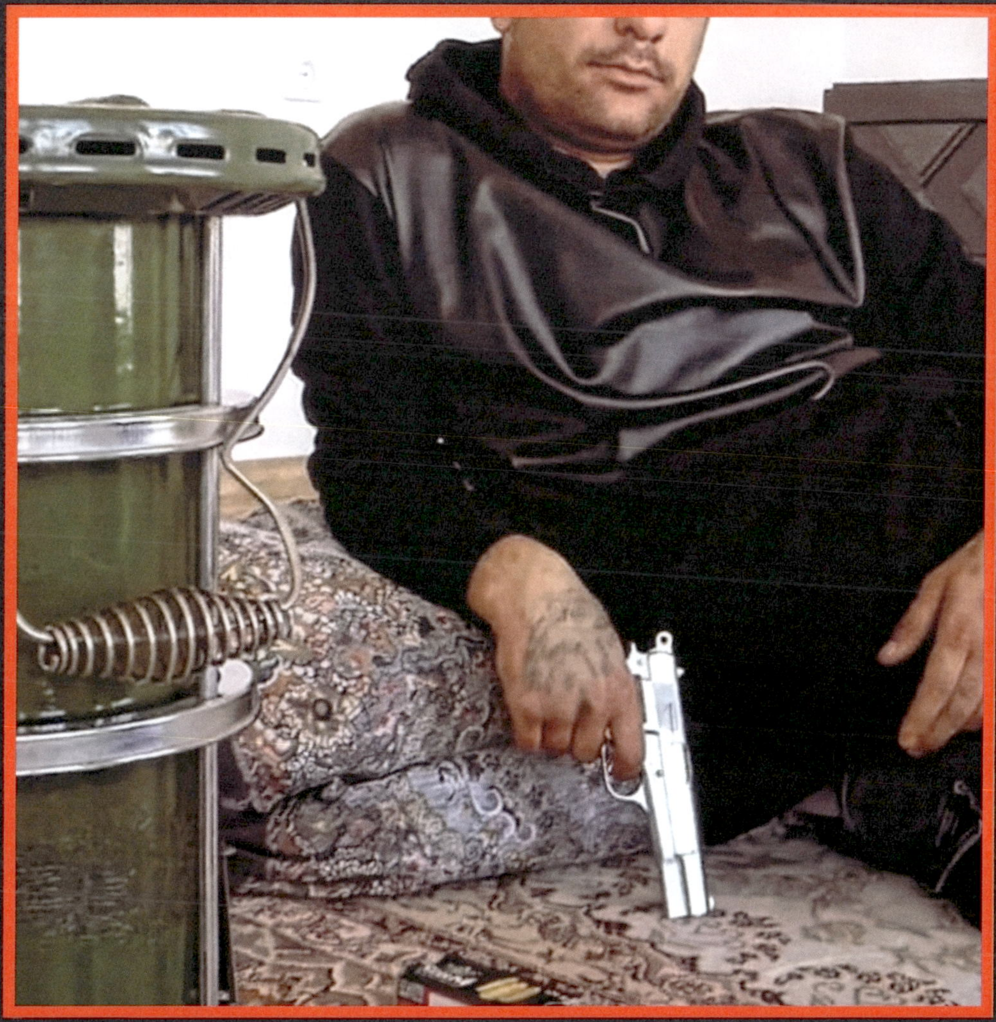

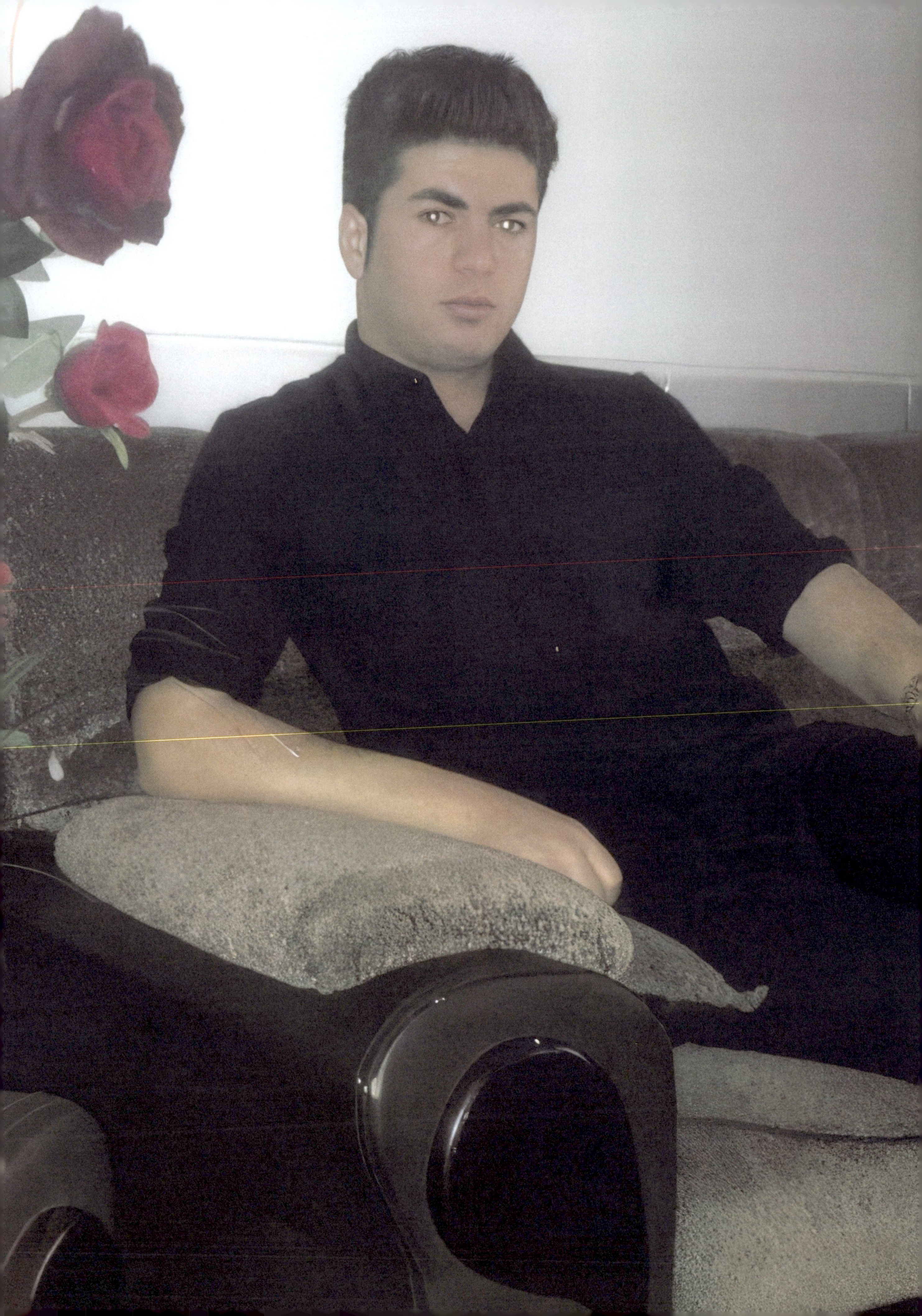

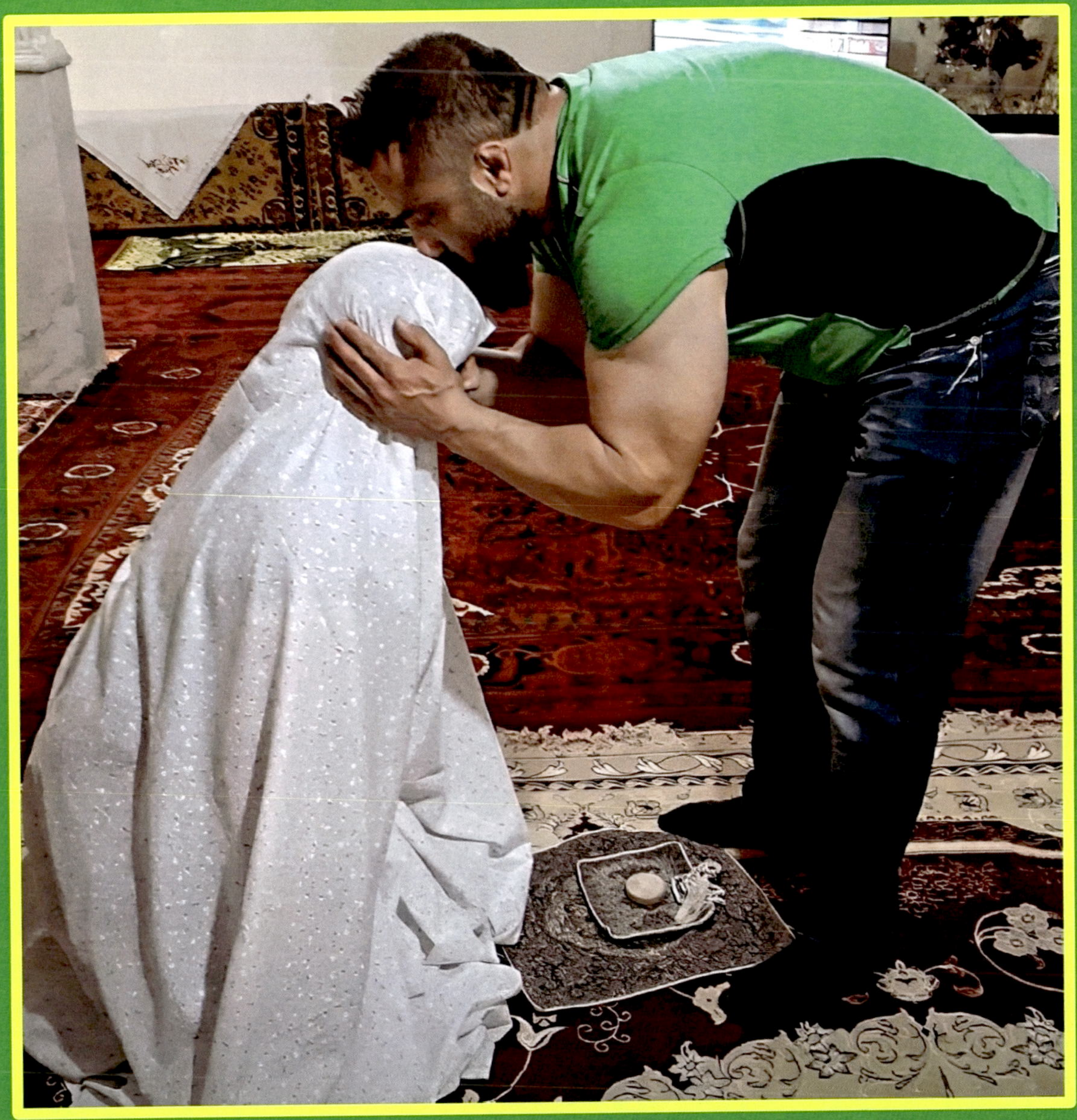

۳

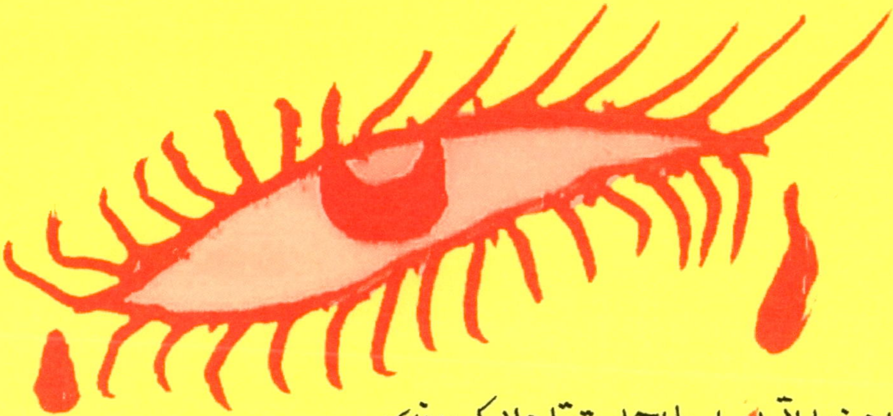

خالکوبی

تتو و خالکوبی در میان مردان خراباتی بسیار رایج است تا جایی که بدنه‌ی جامعه‌ی ایران تا سالها تتو و خالکوبی را مخصوص خلافکاران و خراباتی ها میدانست و نکوهش میکرد. آنان معمولاً از جملات، اشعار و شکلهائی در تتوی خود استفاده میکنند که گویائی غم، وفاداری و قدرت است همچنین اجرای تتوی ست در میان آنها رایج است که نشاندهنده‌ی پیوند برادری می باشد.

تتوی مردان خراباتی نمایا نگر جهان بینی آنان است از جمله عشق به مادر، رفیق دوستی، اندوه و ناامیدی، والبته قدرت در عین تنهایی، همچون عقاب.

در این بخش از کتاب نگاهی داریم به تتو و خالکوبی در میان این مردان.

Tattoo

Tattoos are very common among Kharabati men. For years, Iranian society linked tattoos to criminals and Kharabatis, seeing them as shameful. Their tattoos often include words, poems, and symbols about sadness, loyalty, and strength. Many have matching tattoos to show brotherhood.

These tattoos reveal the Kharabati worldview: love for their mothers, deep friendships, sorrow and hopelessness, and a sense of power in solitude.

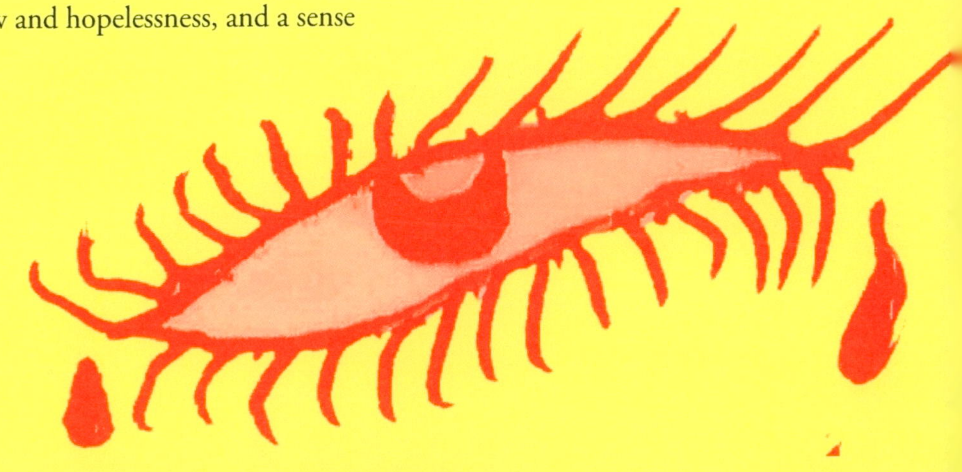

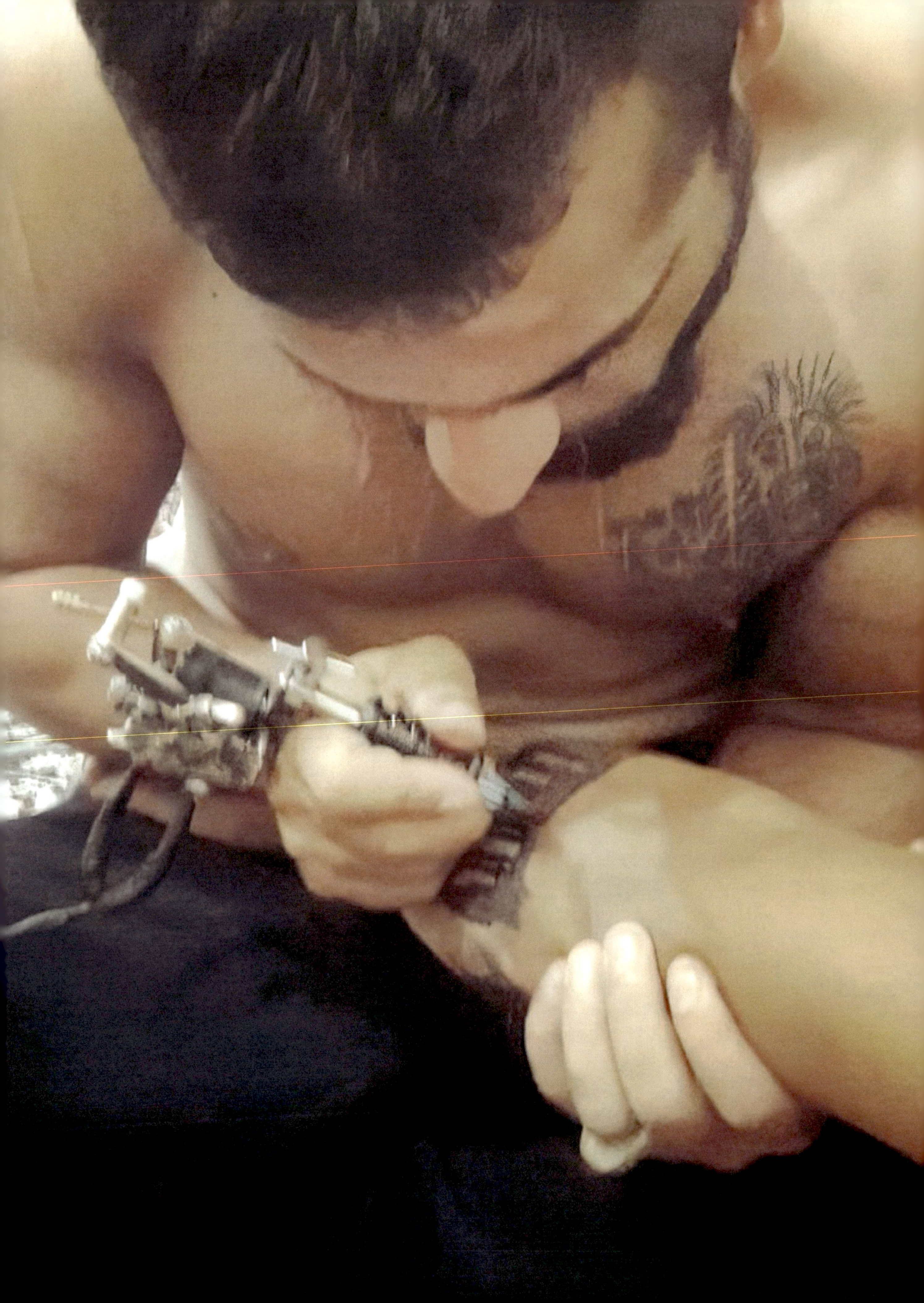

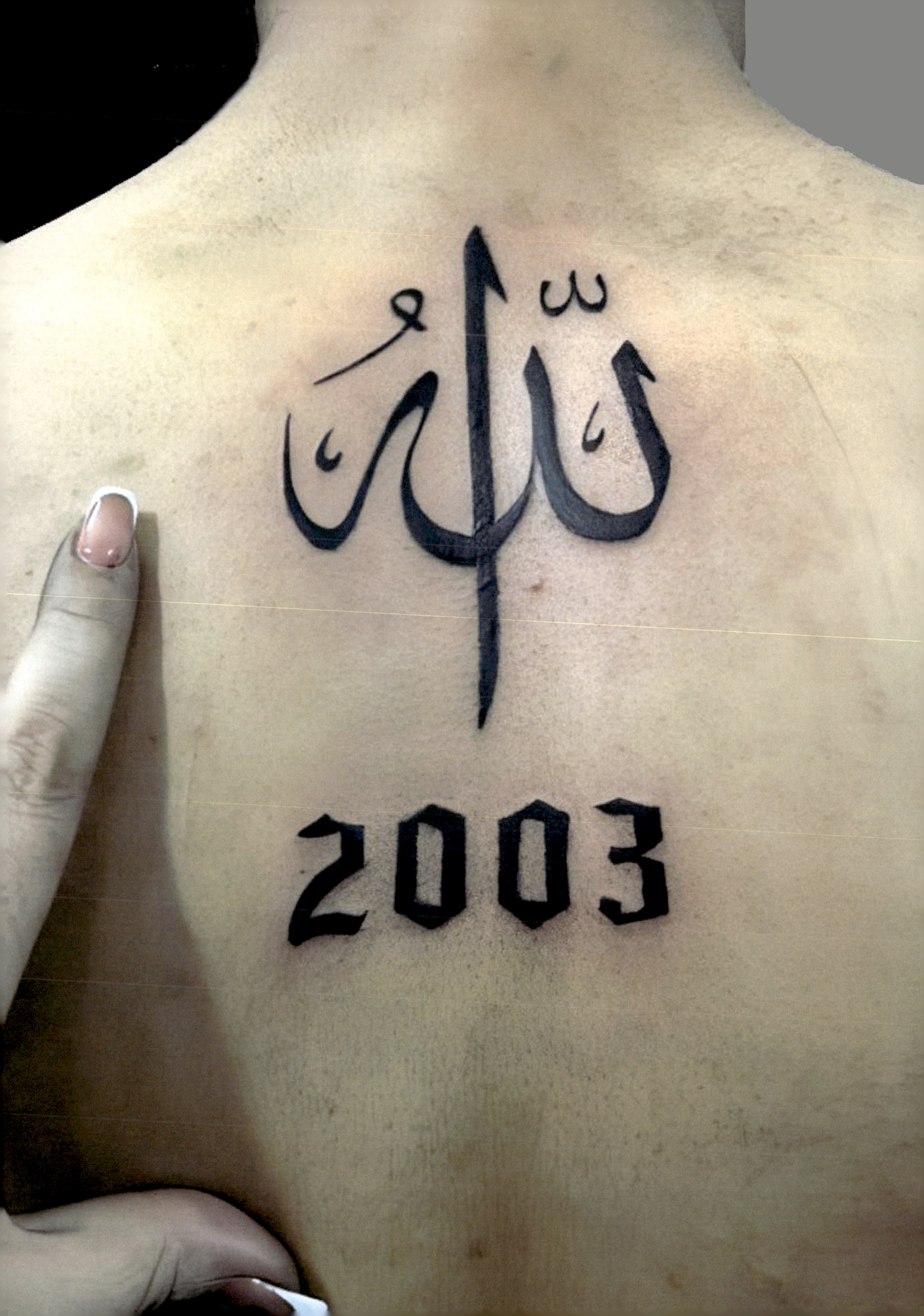
الله
2003

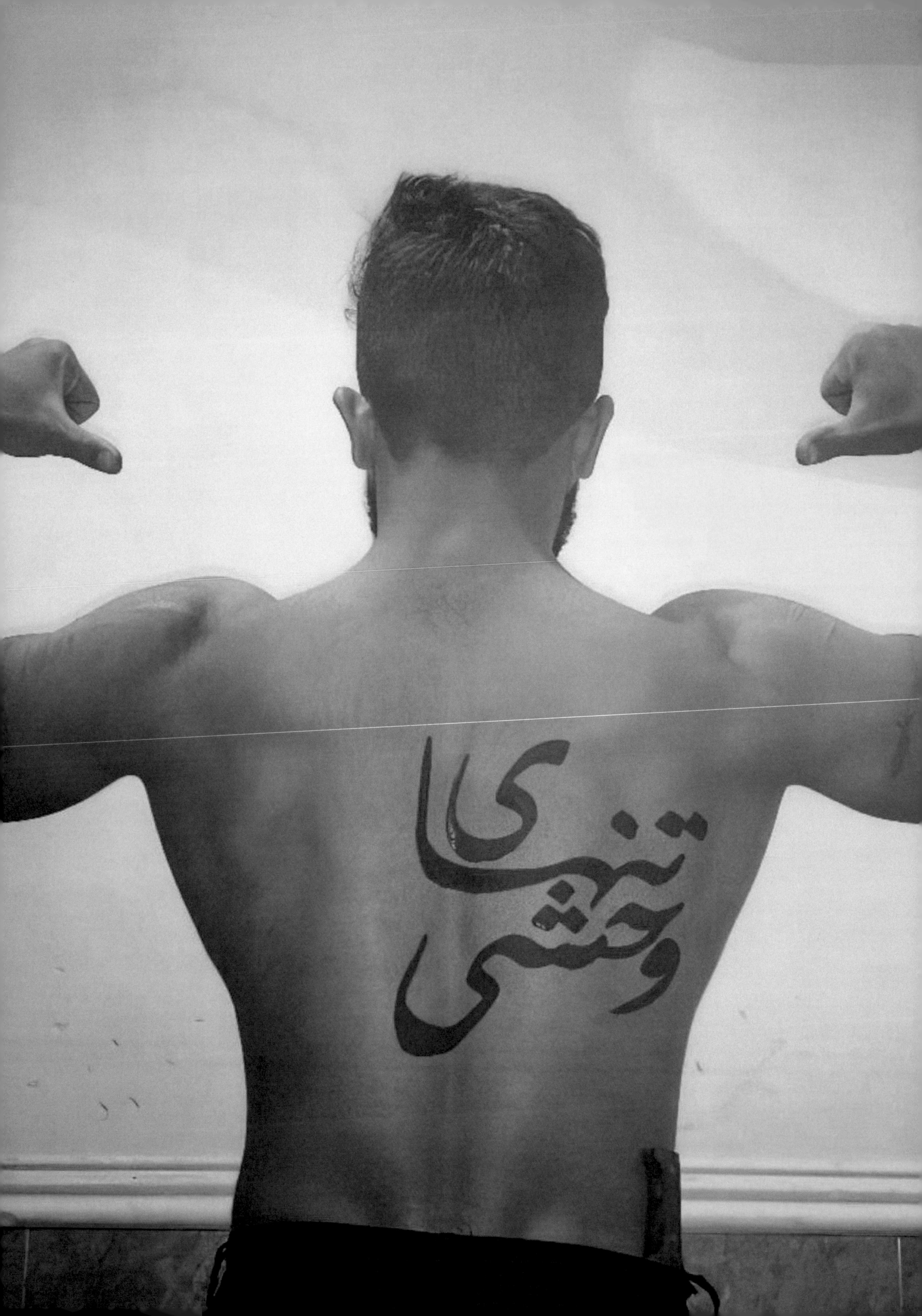
تنهای
وحشی

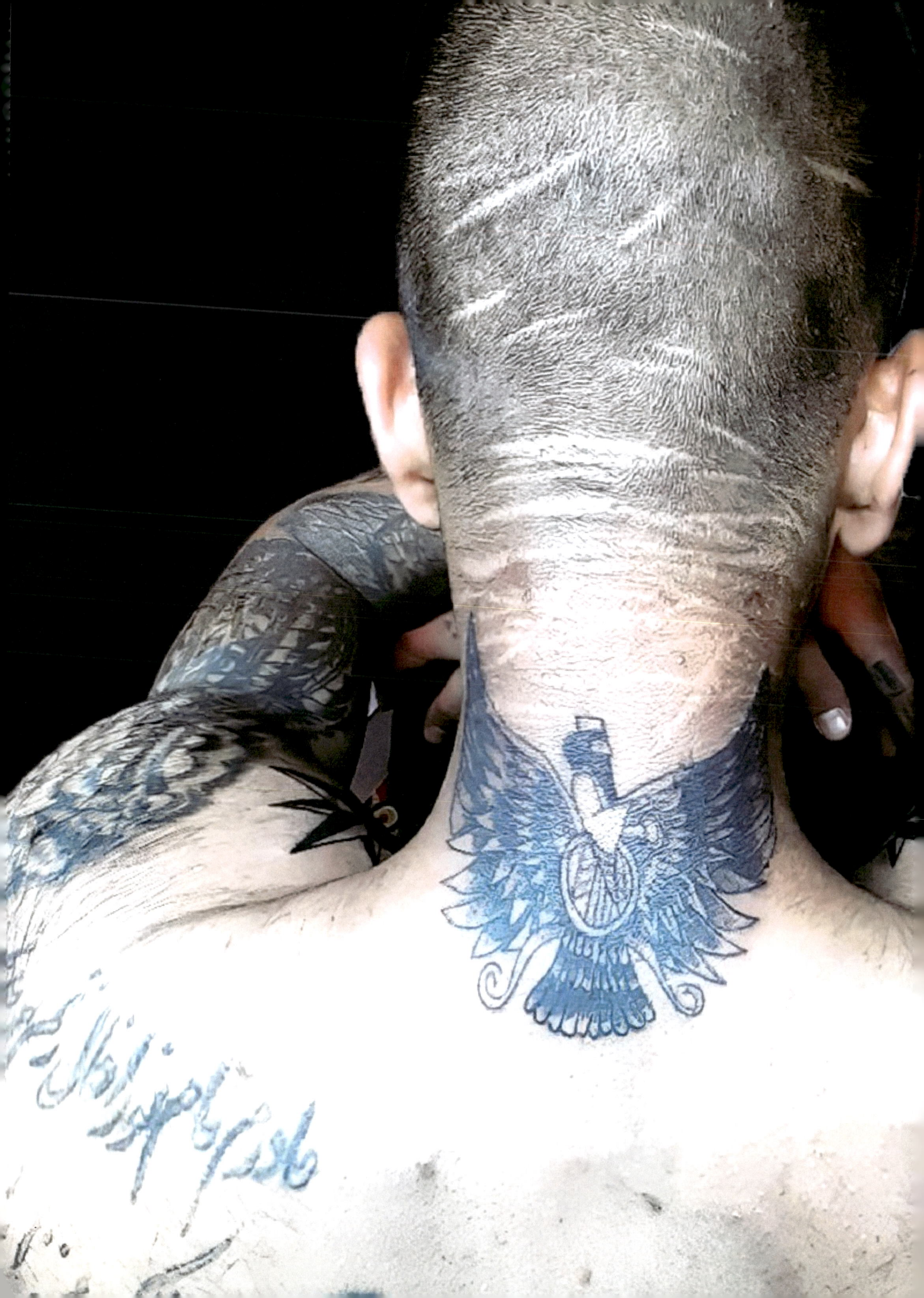

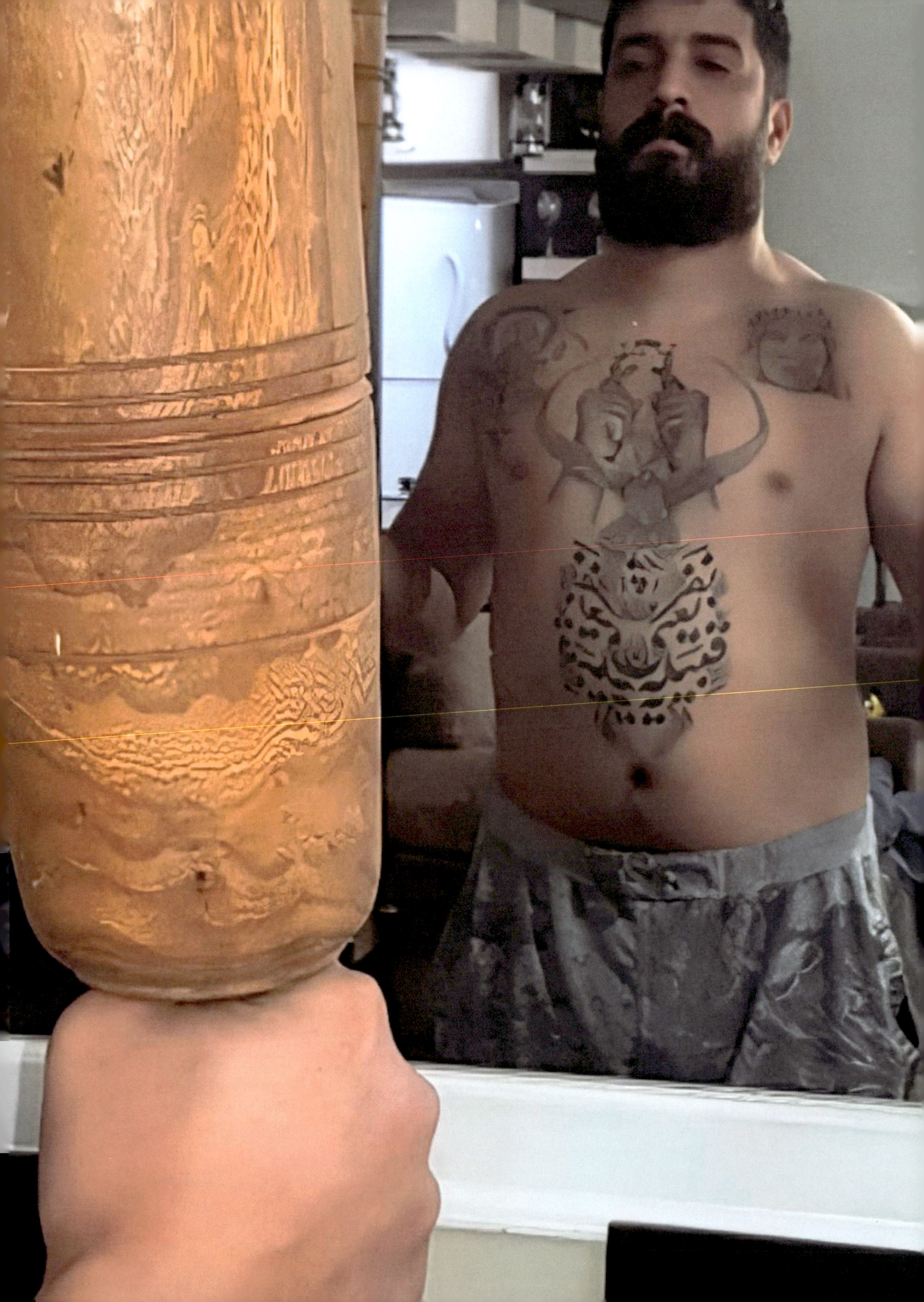

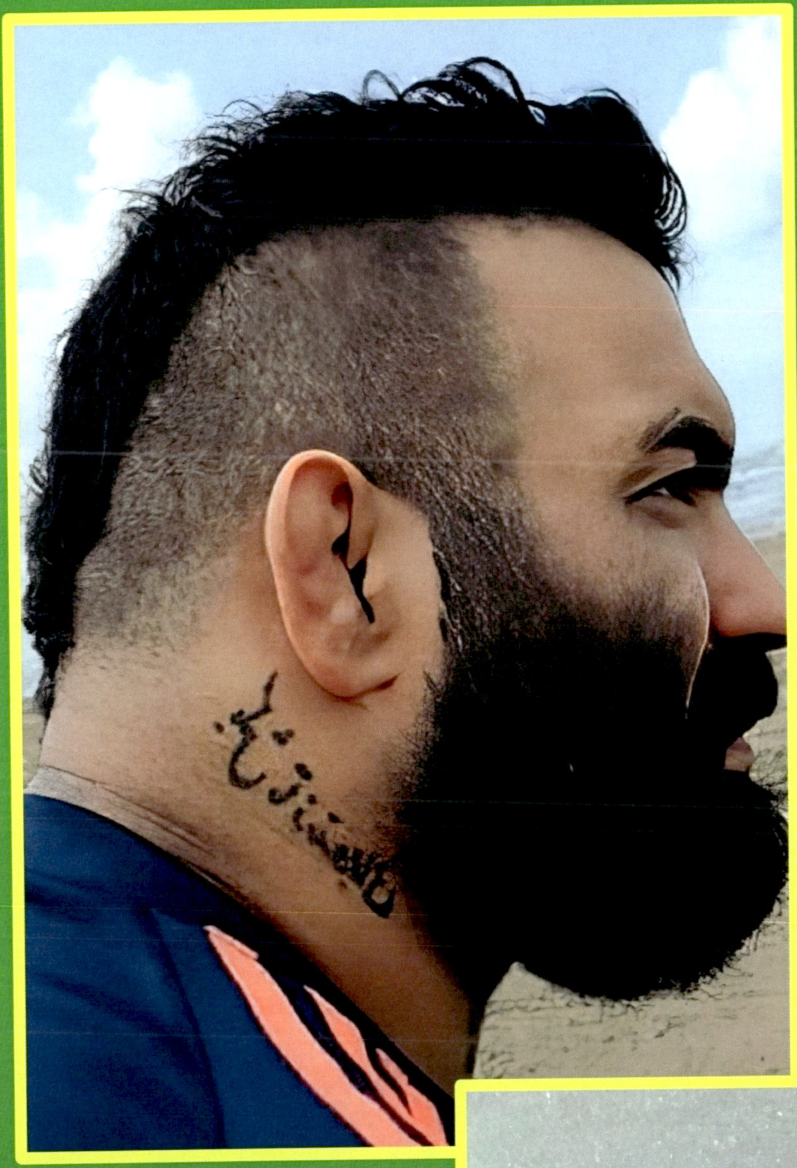

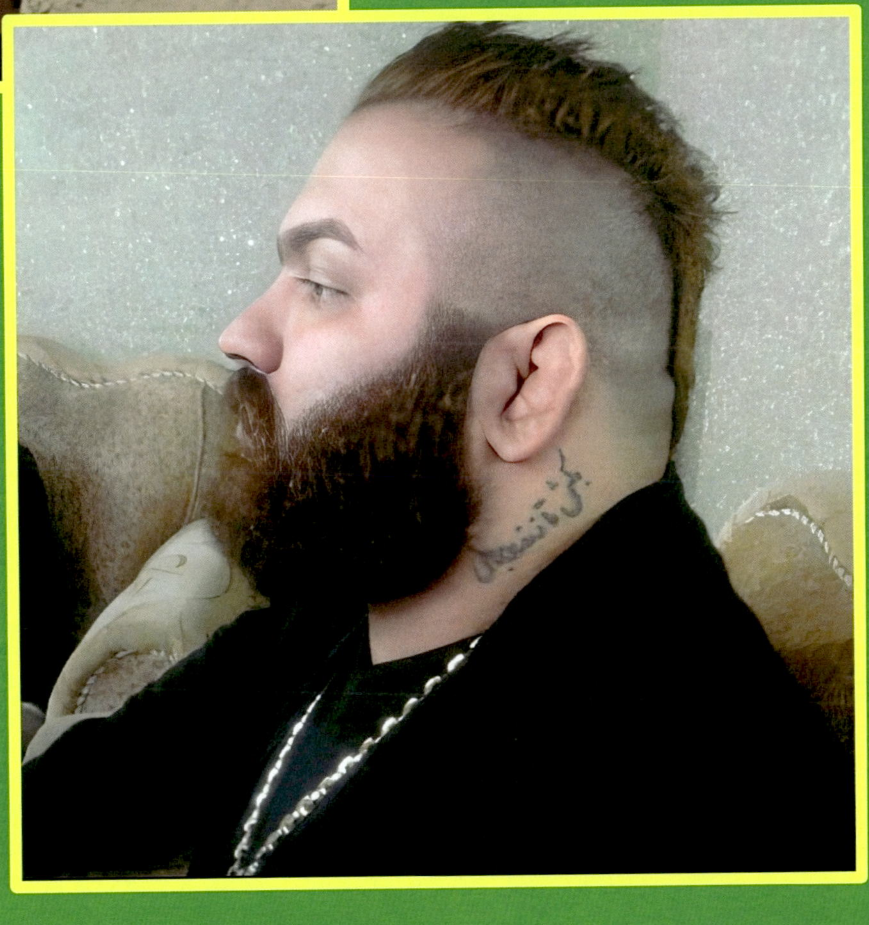

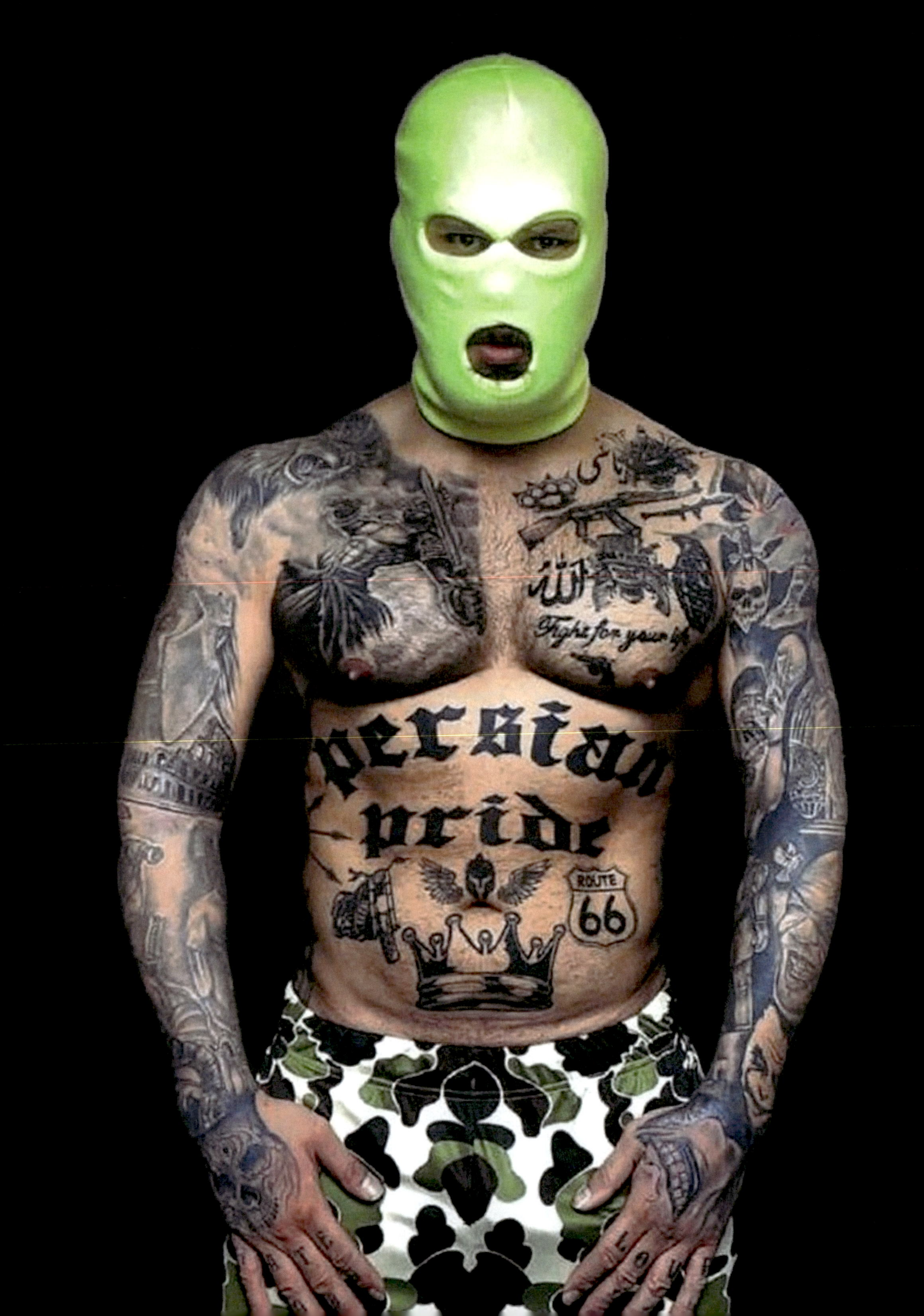
persian
pride
ROUTE
66

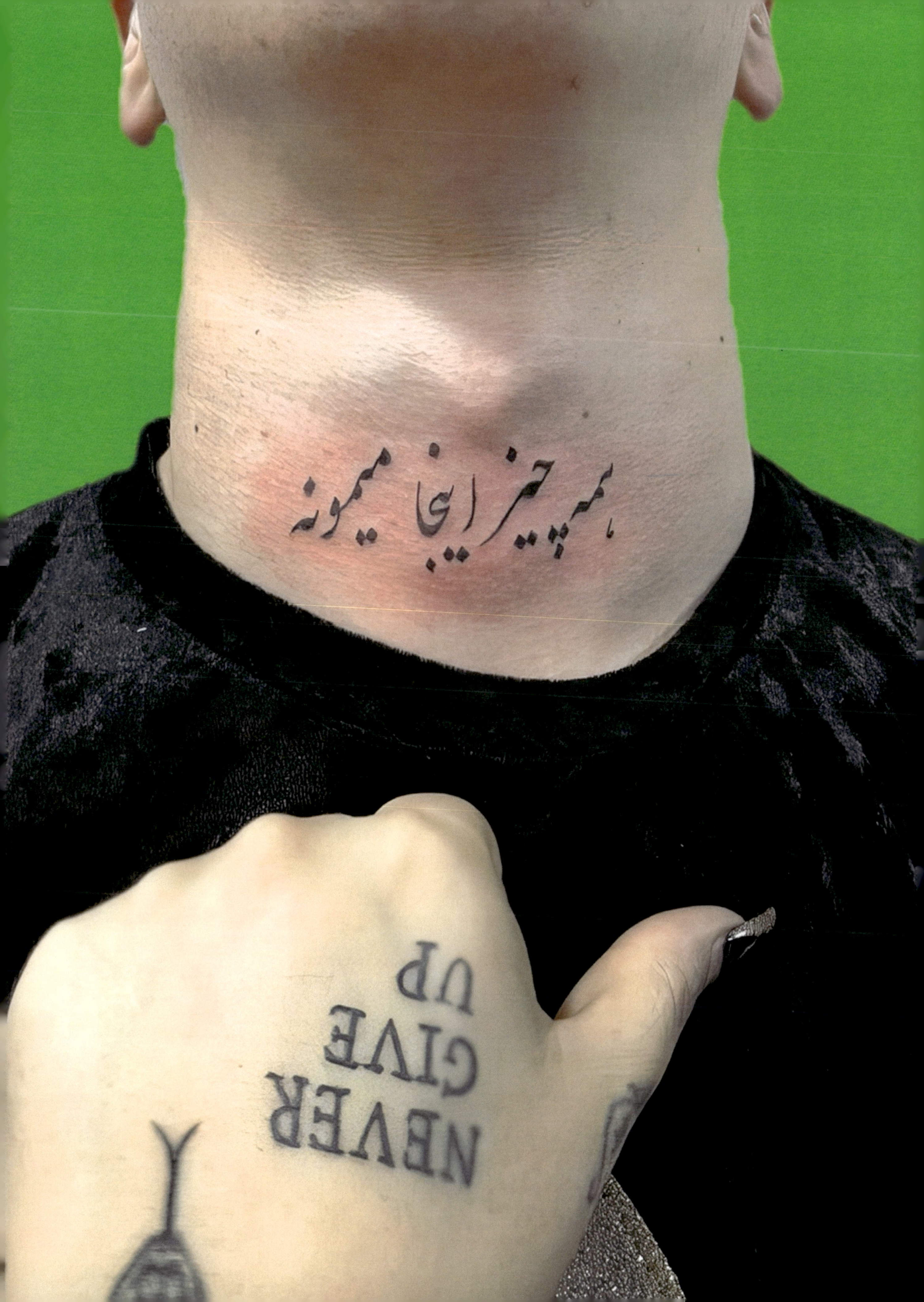
همه چیز اینجا میمونه
NEVER
GIVE
UP

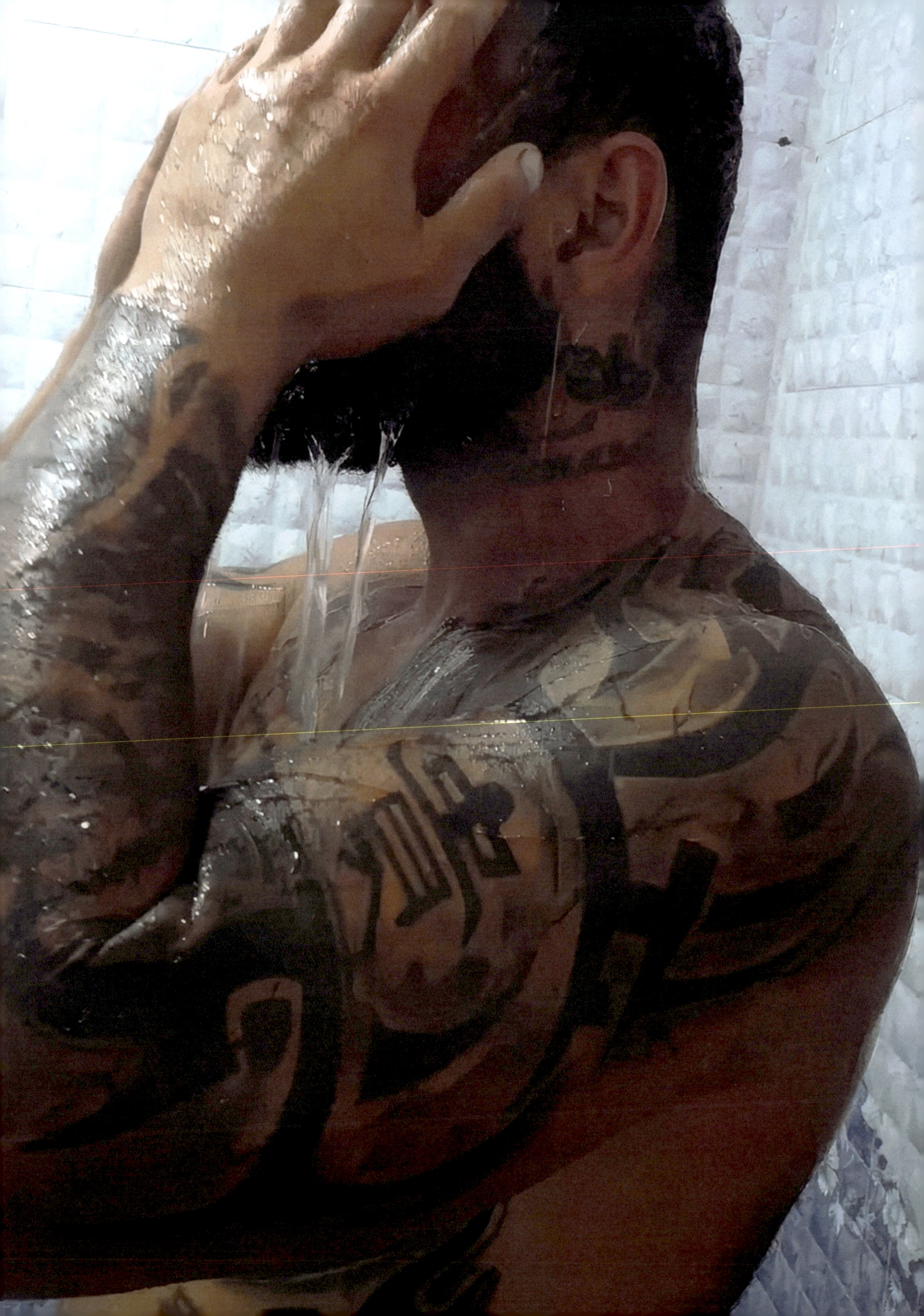

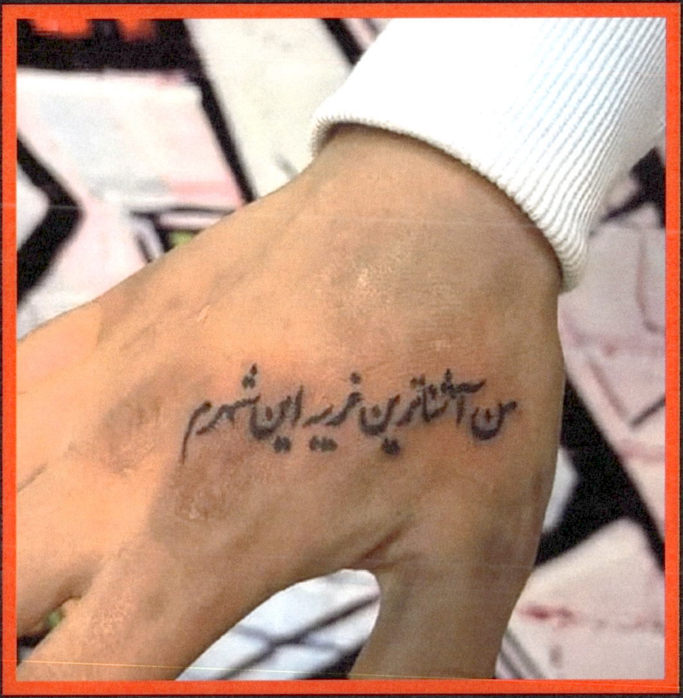
من آشناترین غریبه این شهرم

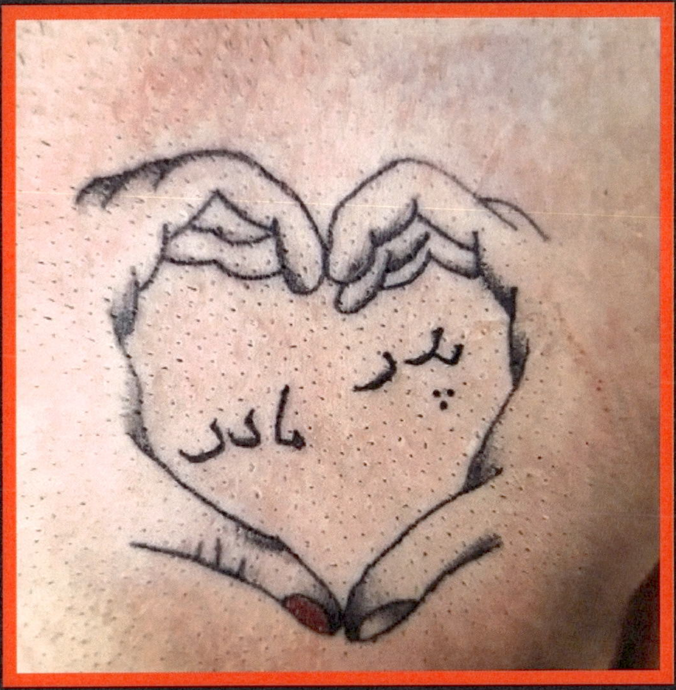
پدر
مادر

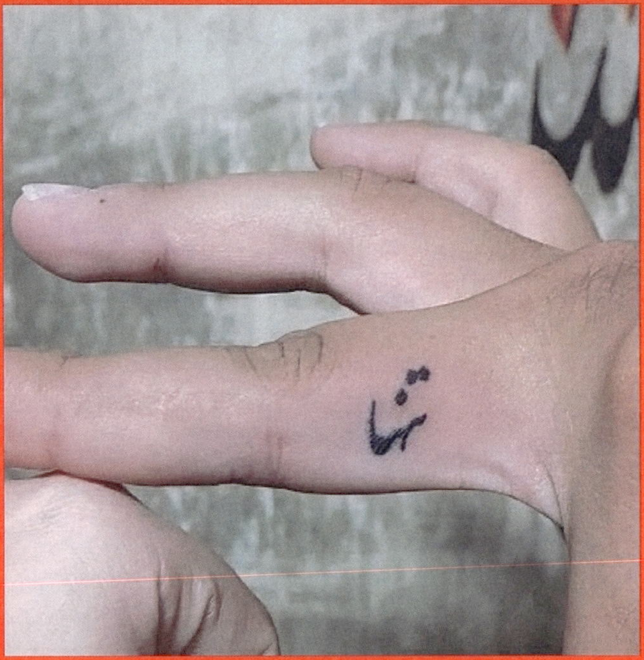
تنها

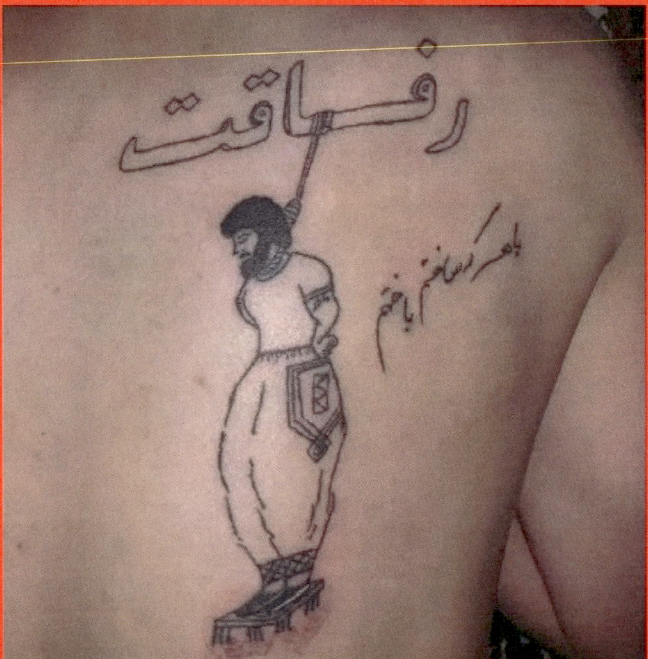
رفاقت
با هر کی ساختم باختم

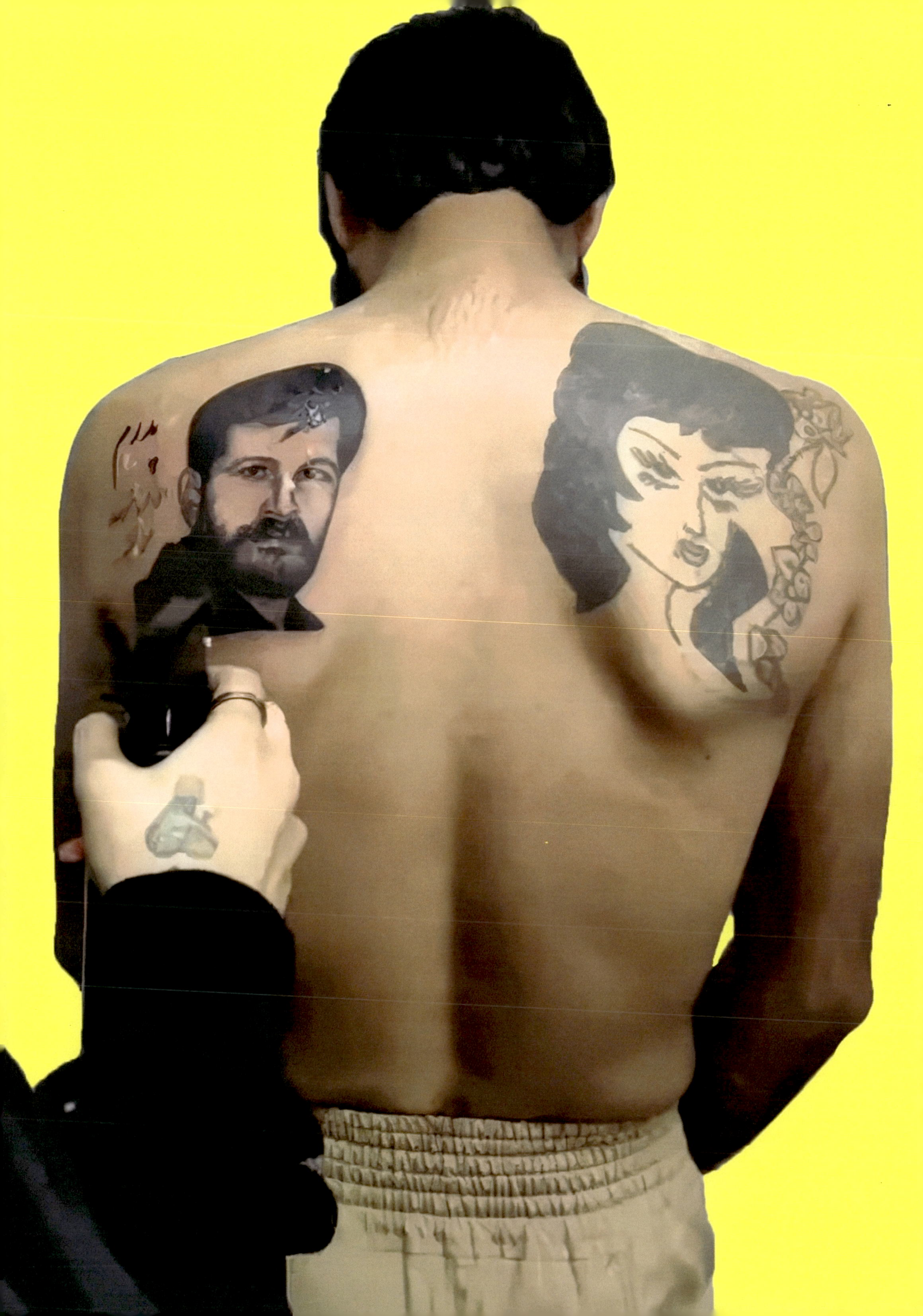

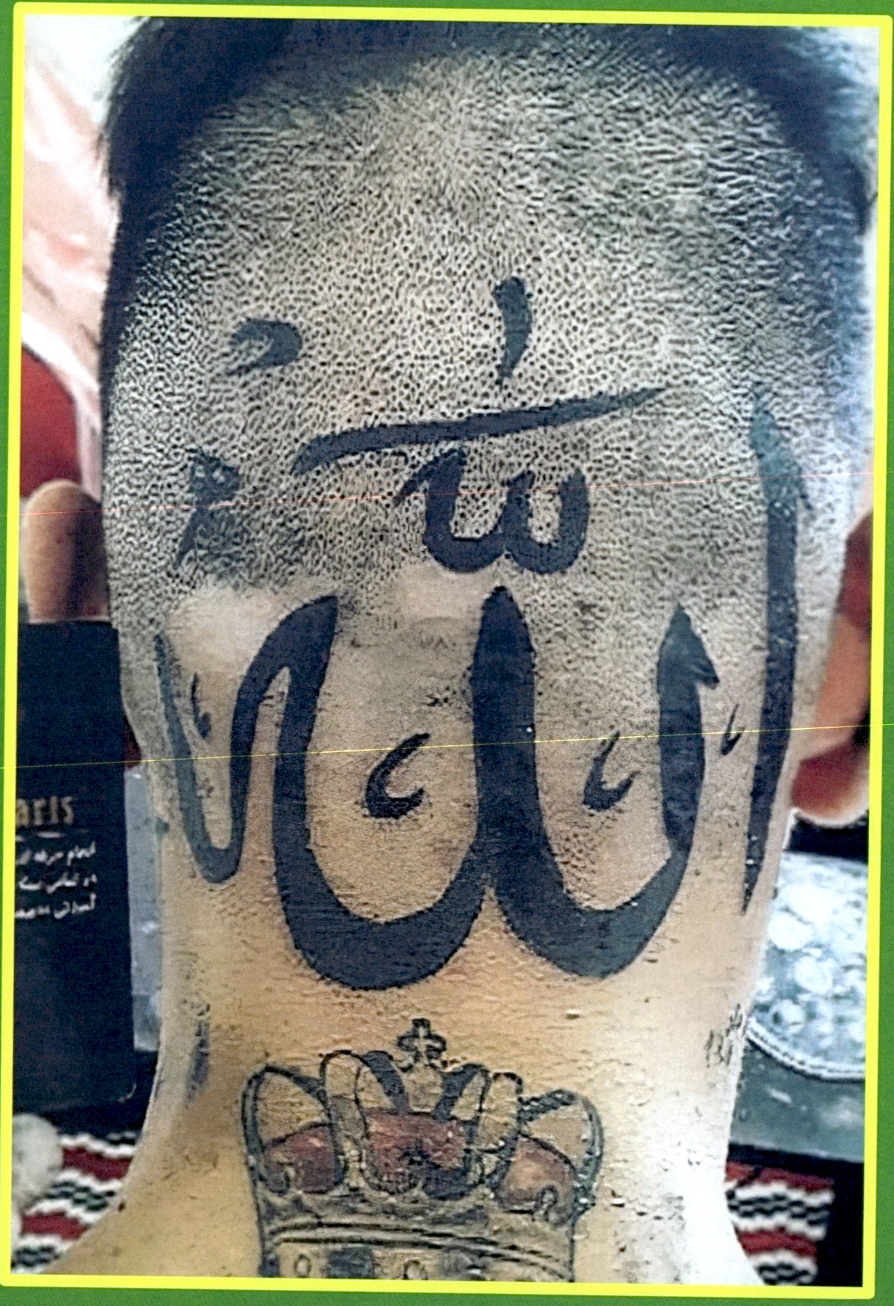
الله

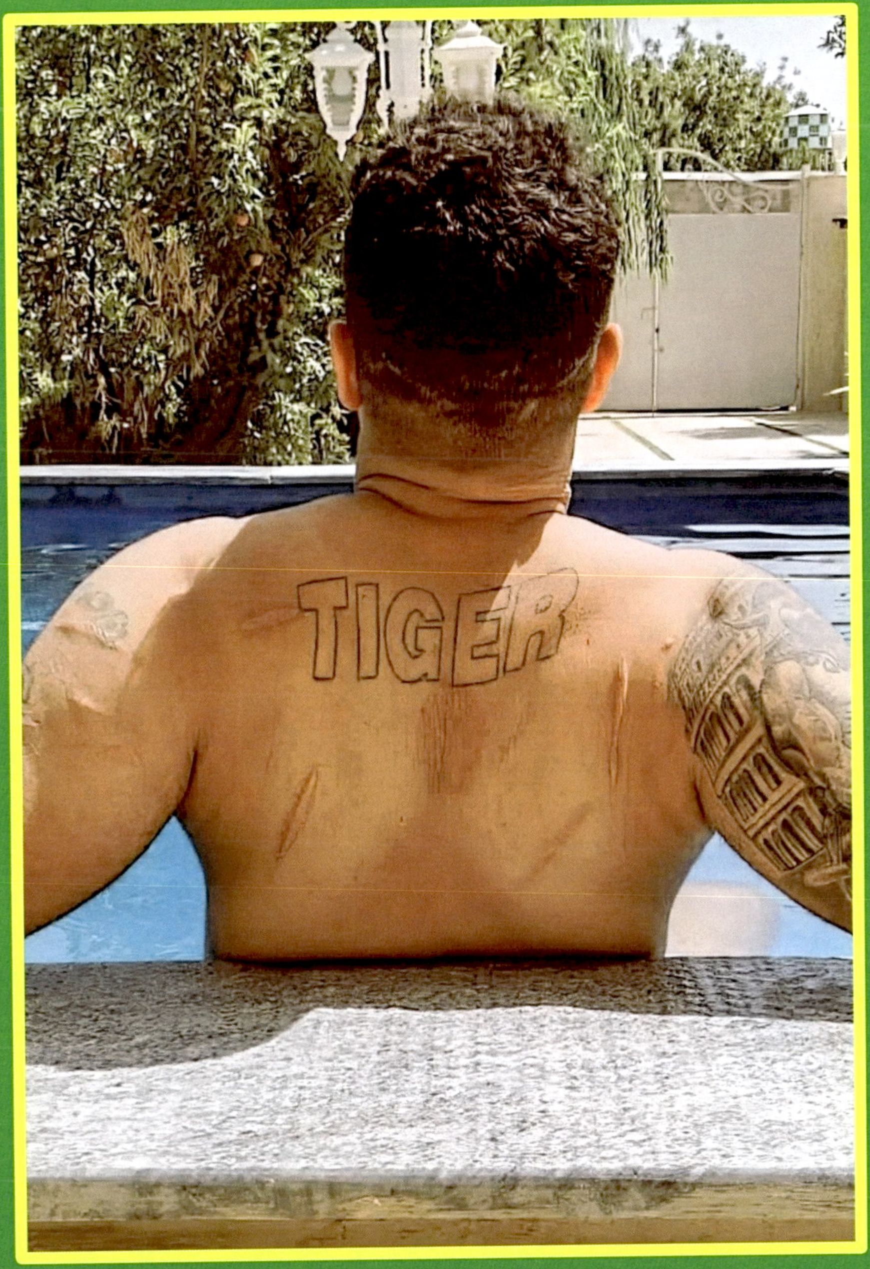
TIGER

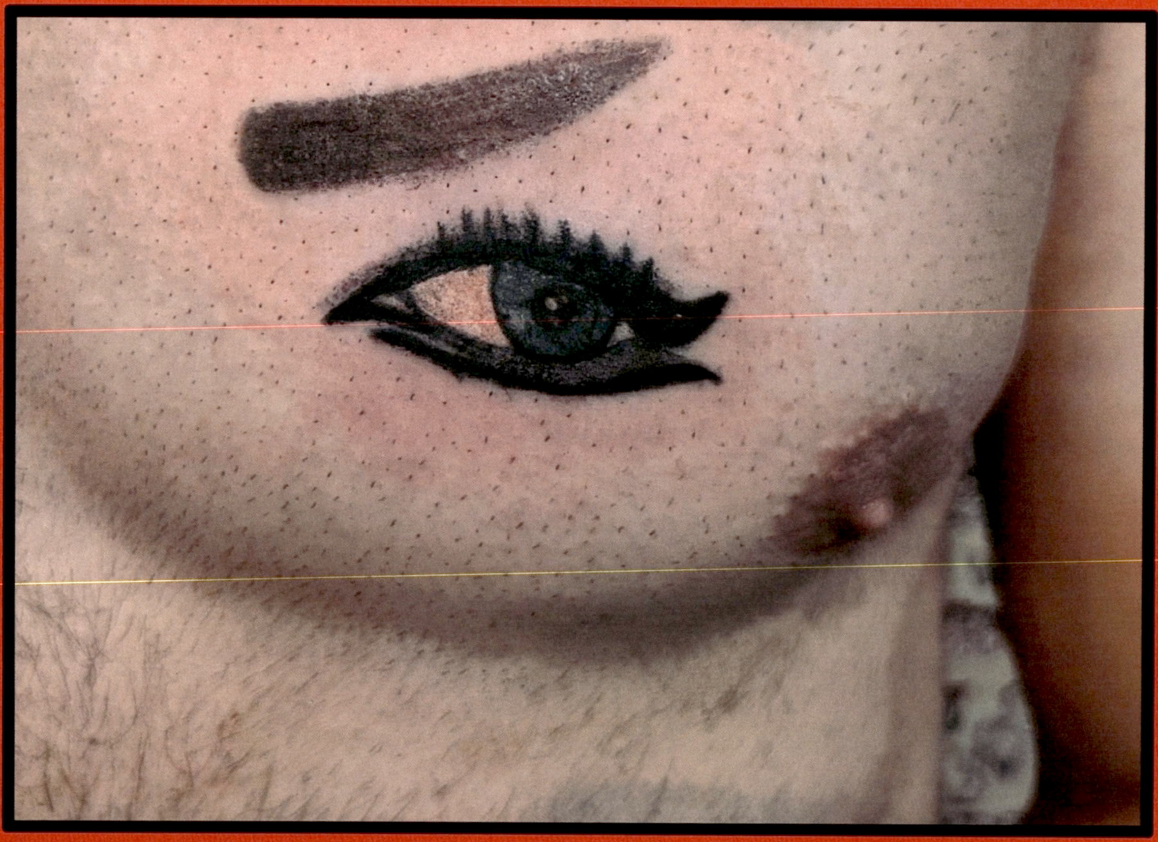

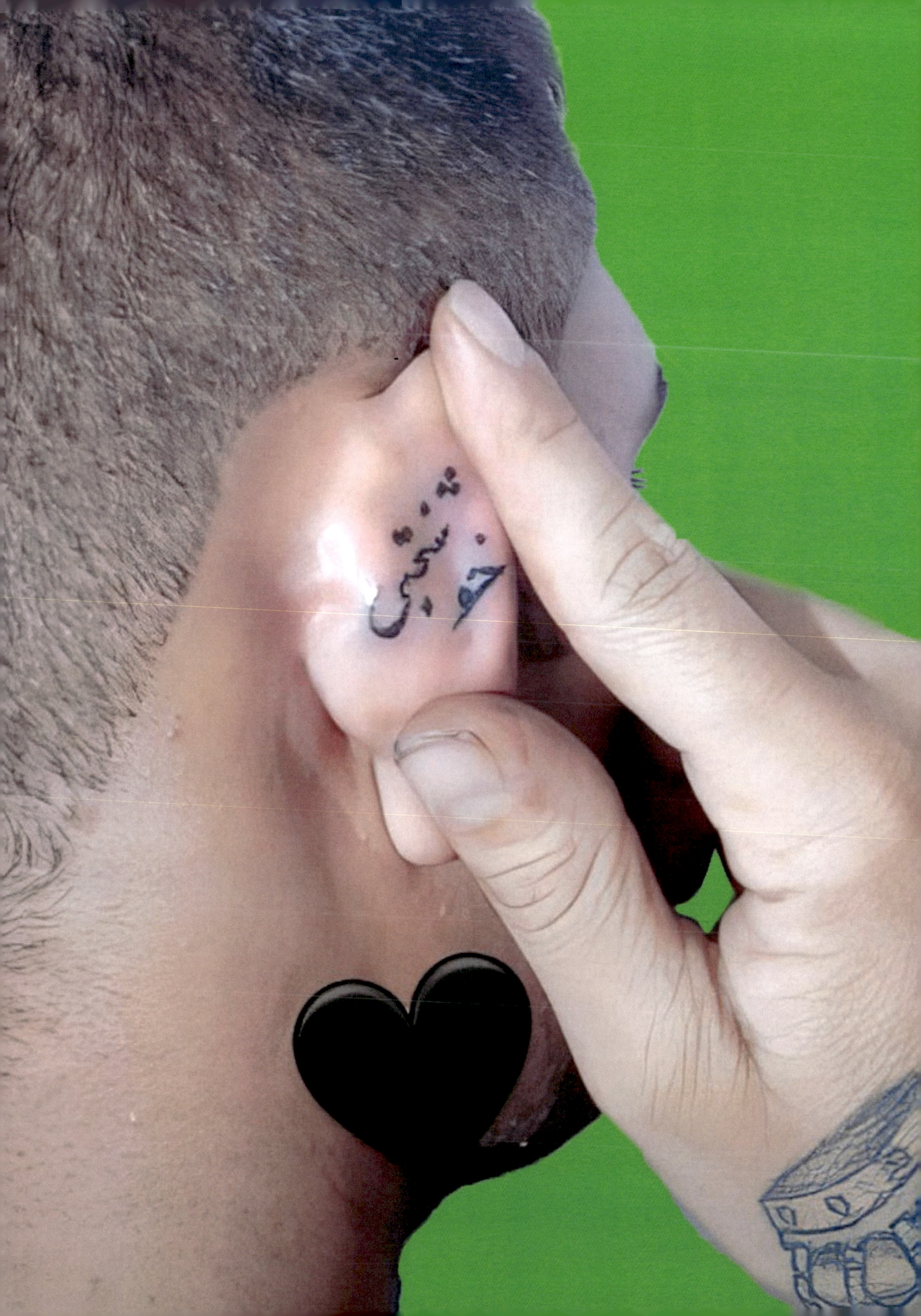
خوشبختی

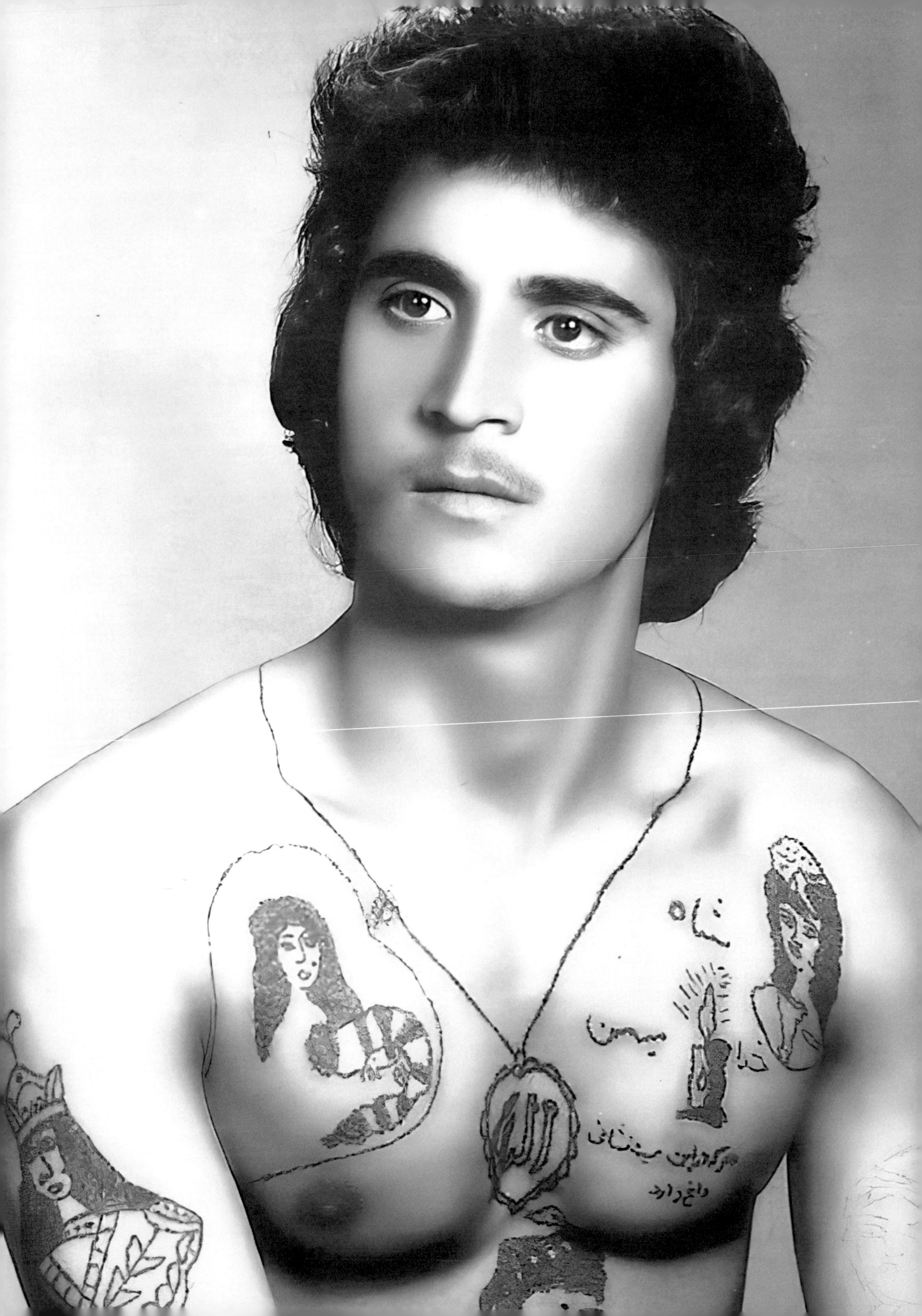
شاه
میهن
خدا
داغ دارد

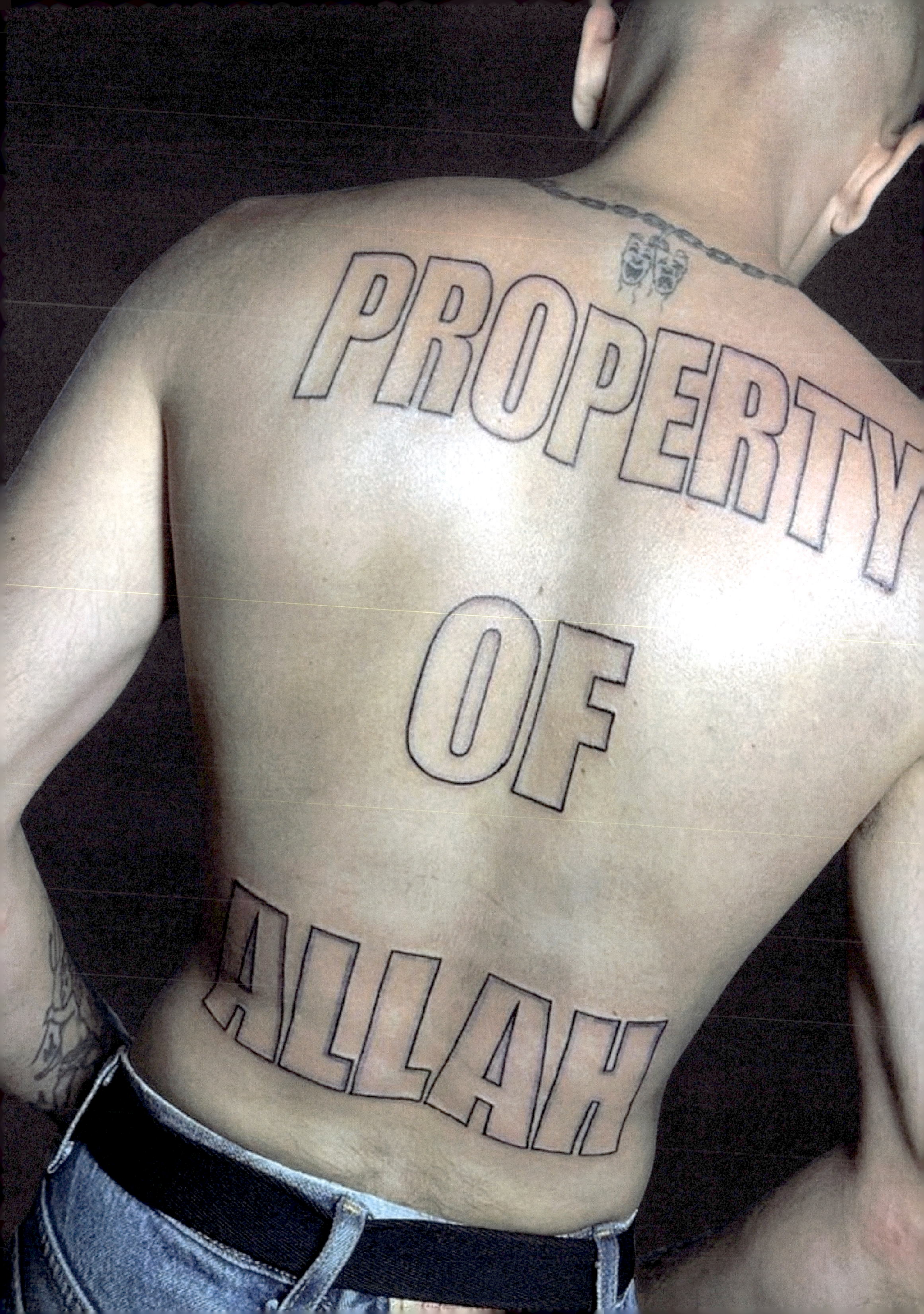
PROPERTY
OF
ALLAH

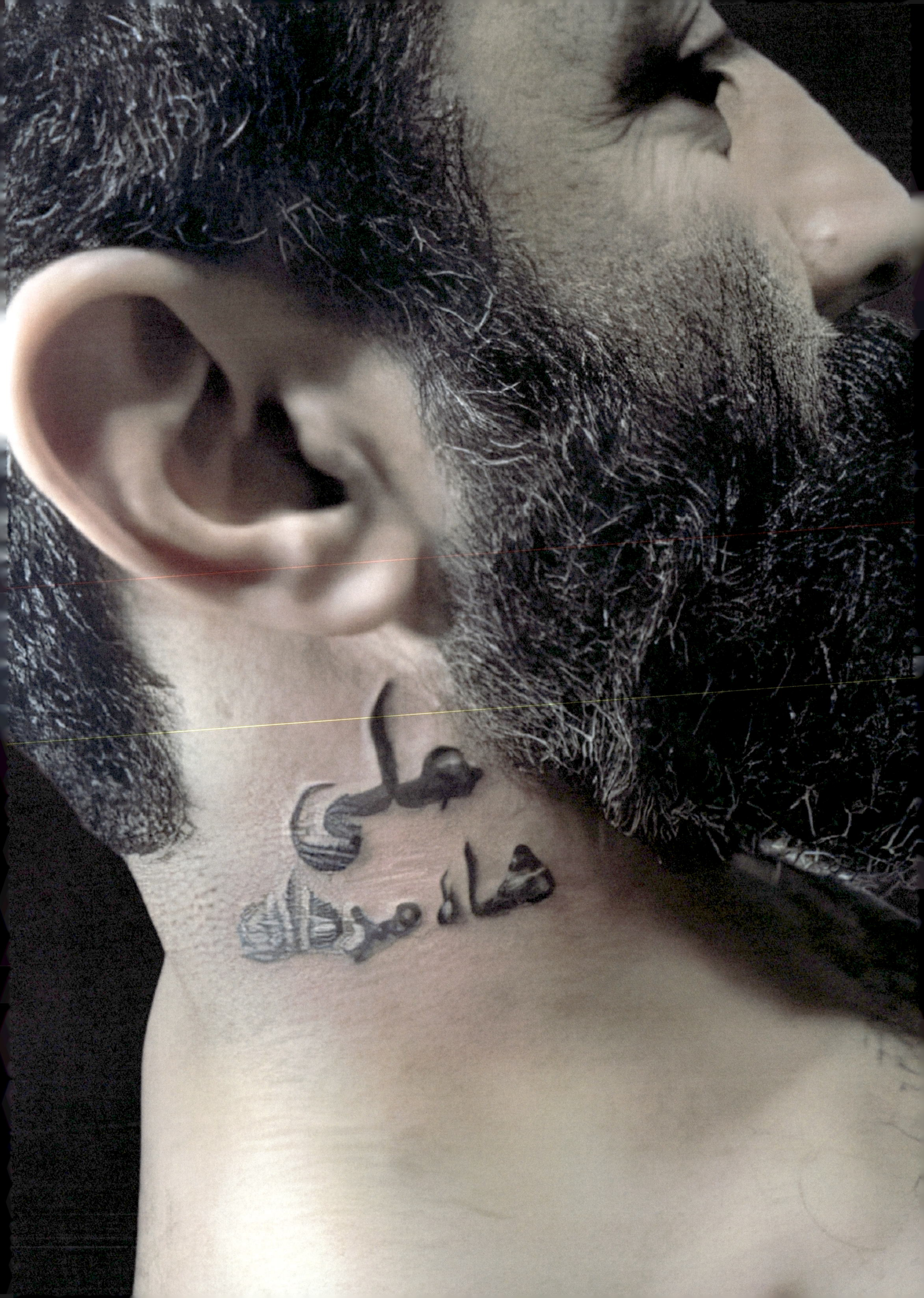
علی
شاه مردان

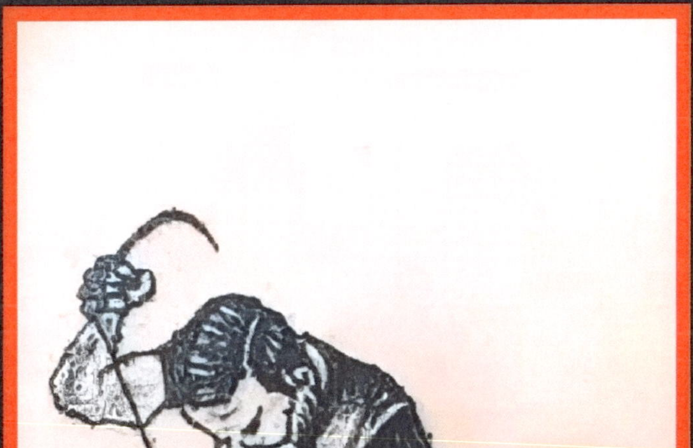

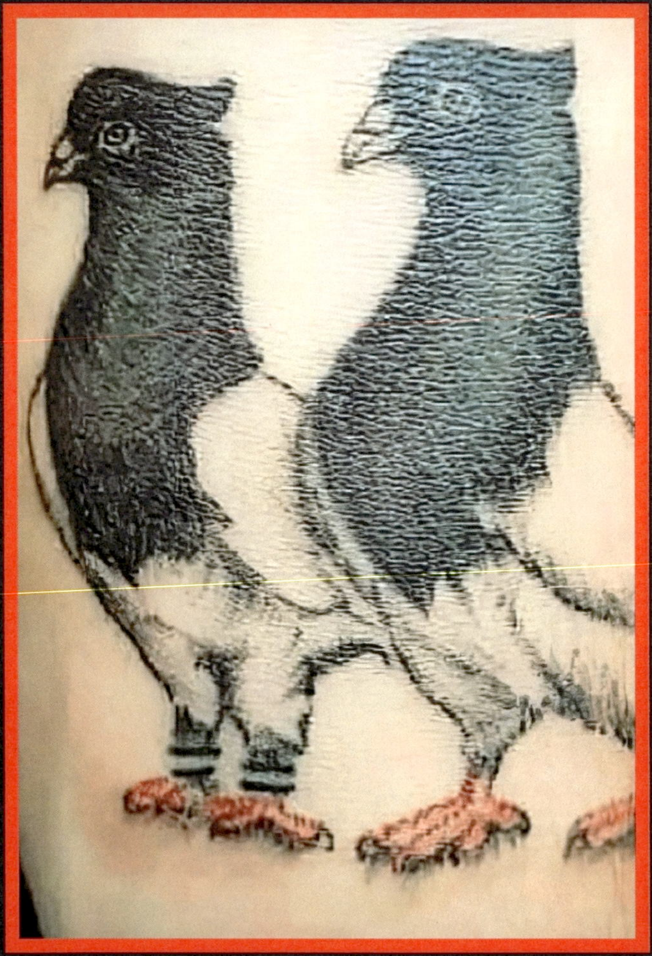

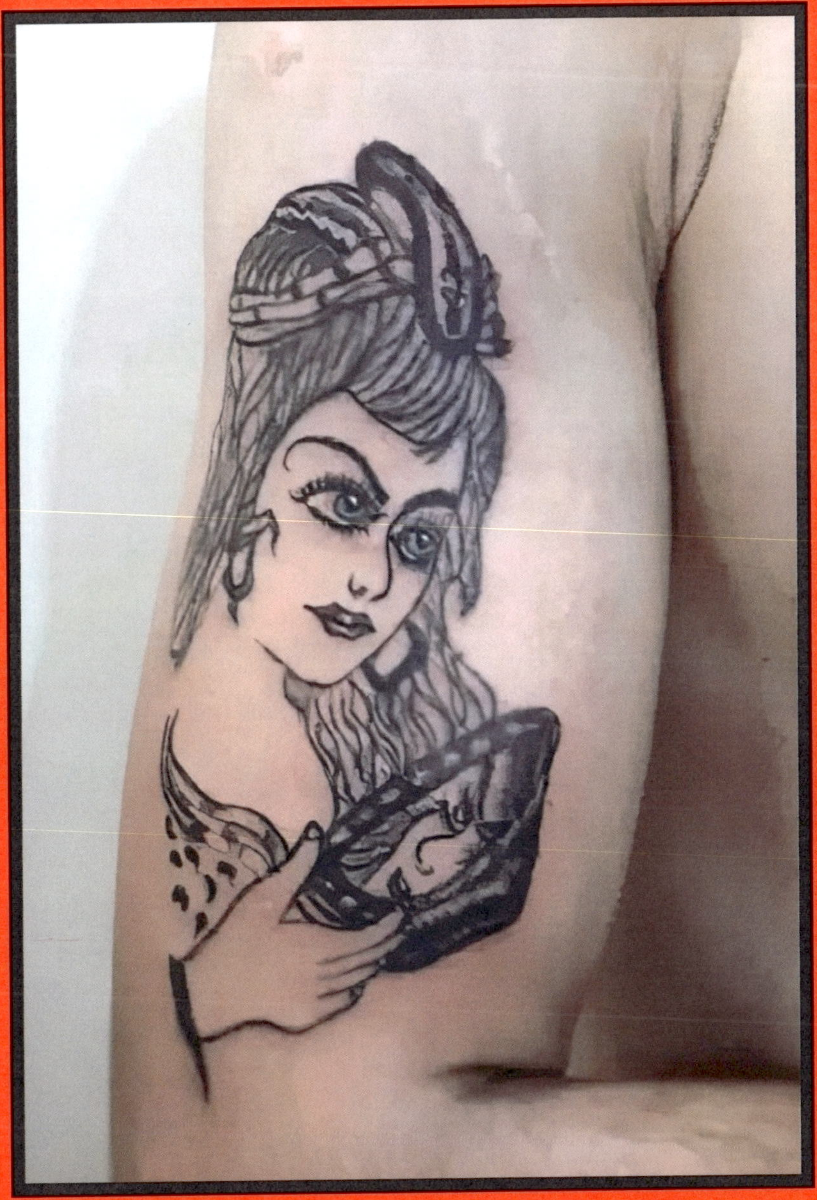

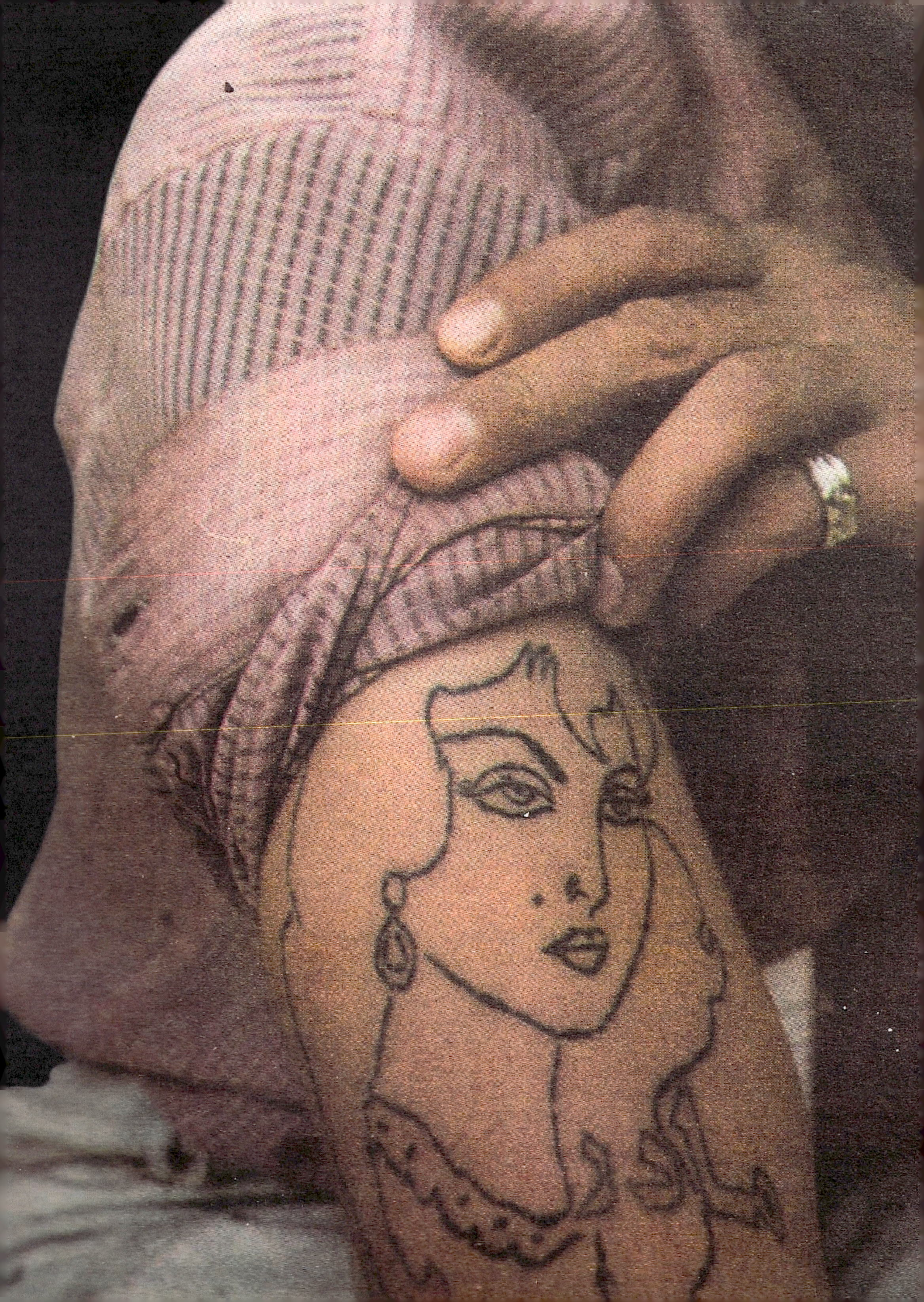

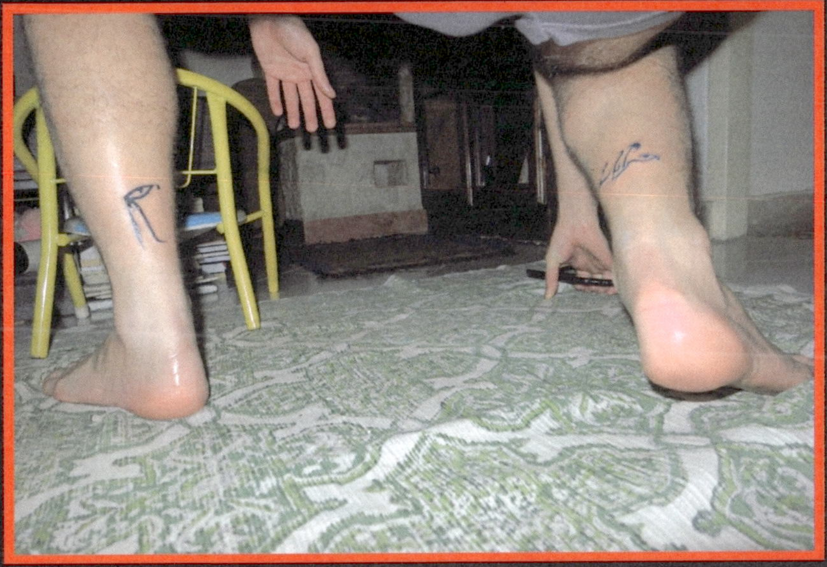

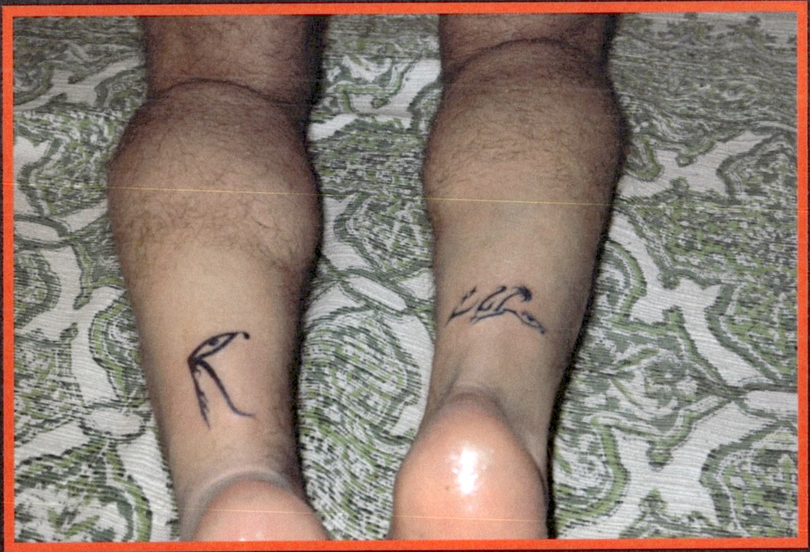

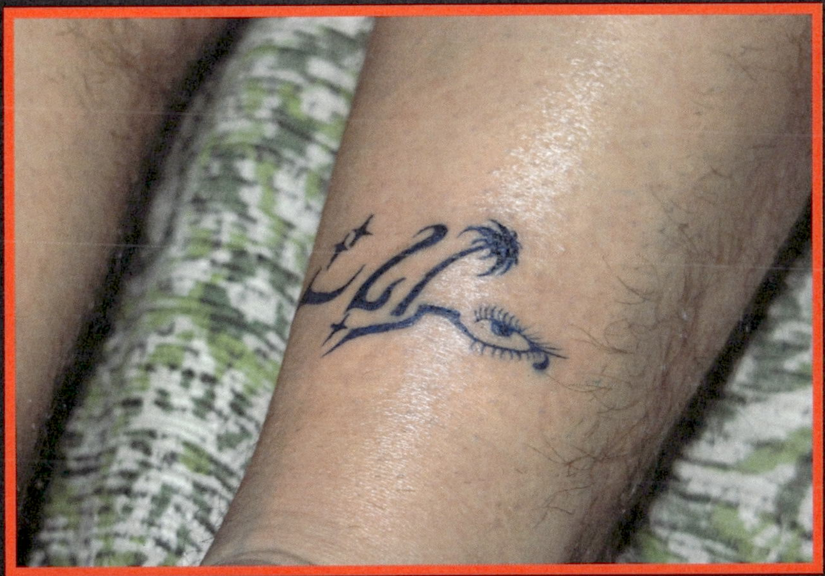

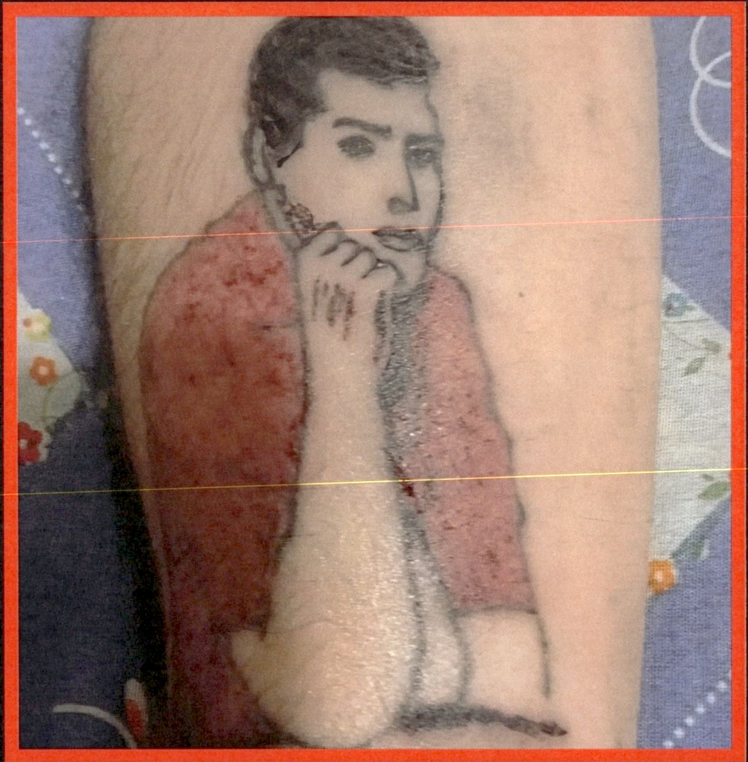

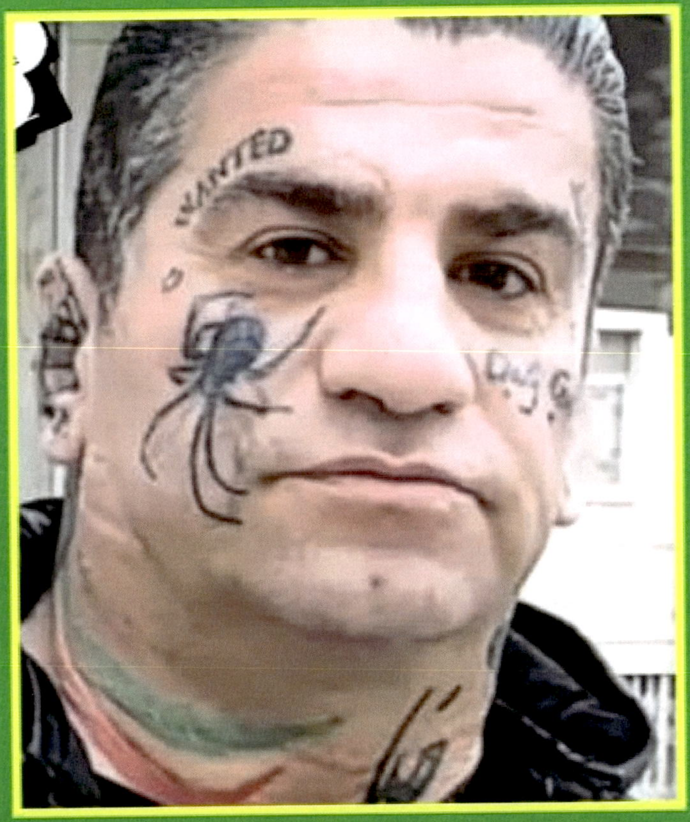
WANTED

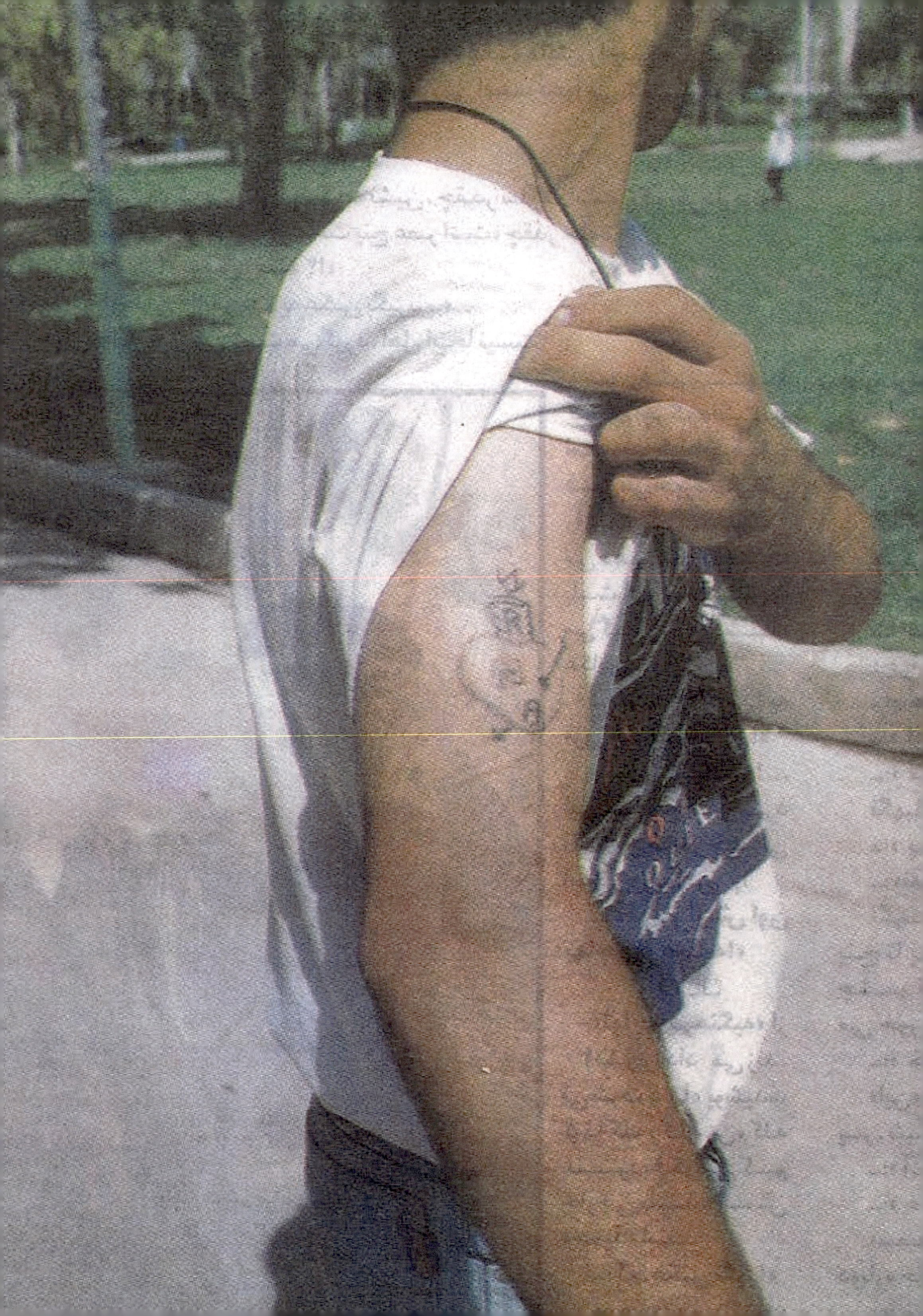

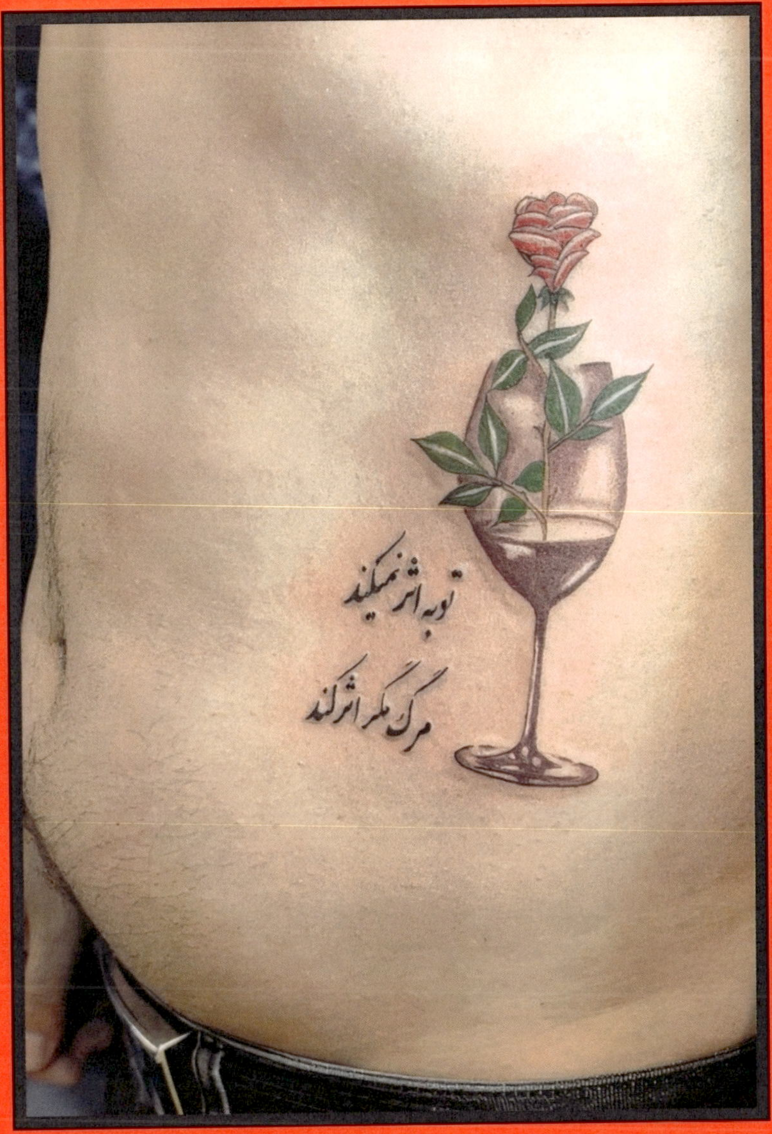
توبه اثر نمیکند
مرگ مگر اثر کند

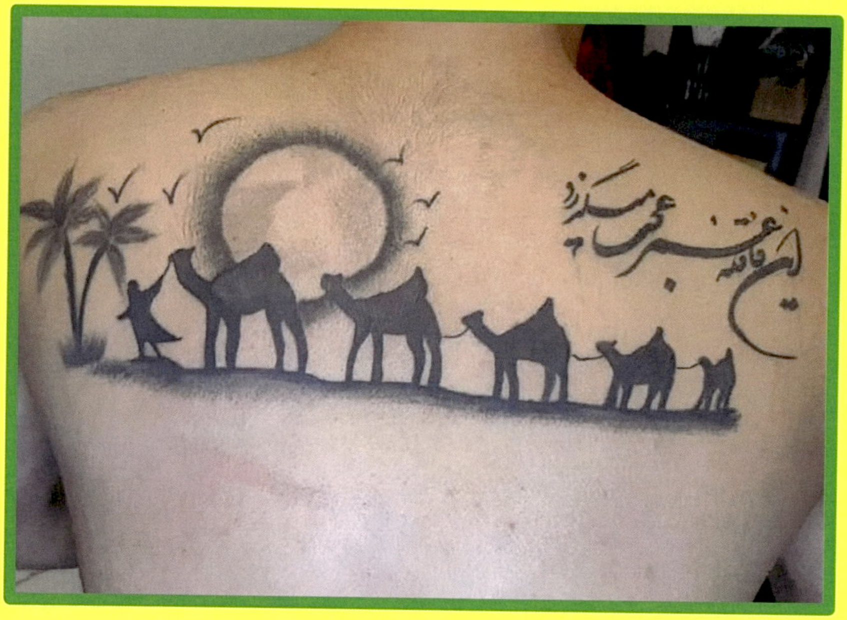
این قافله عمر عجب میگذرد

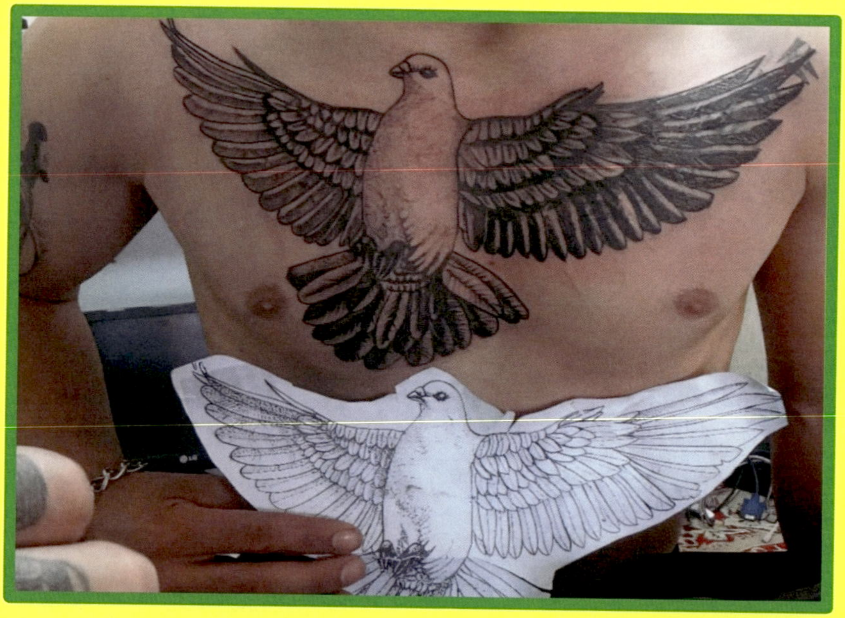

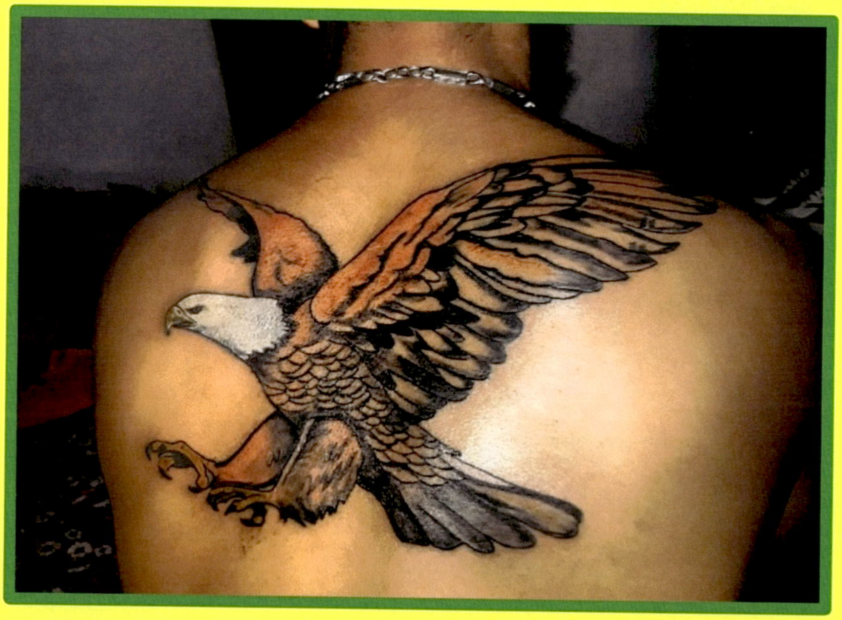

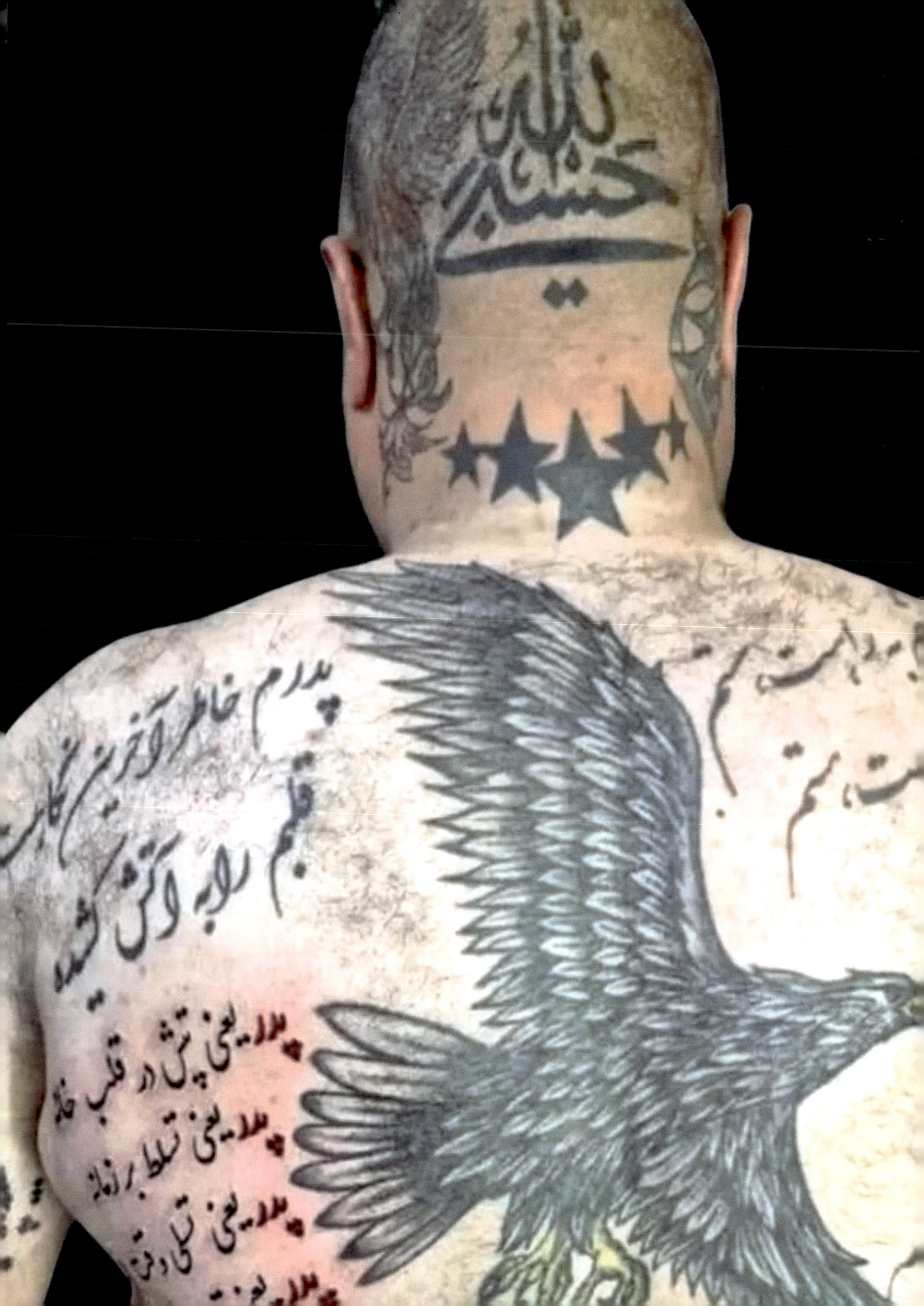
حسبی الله
قلبم را به آتش کشیده

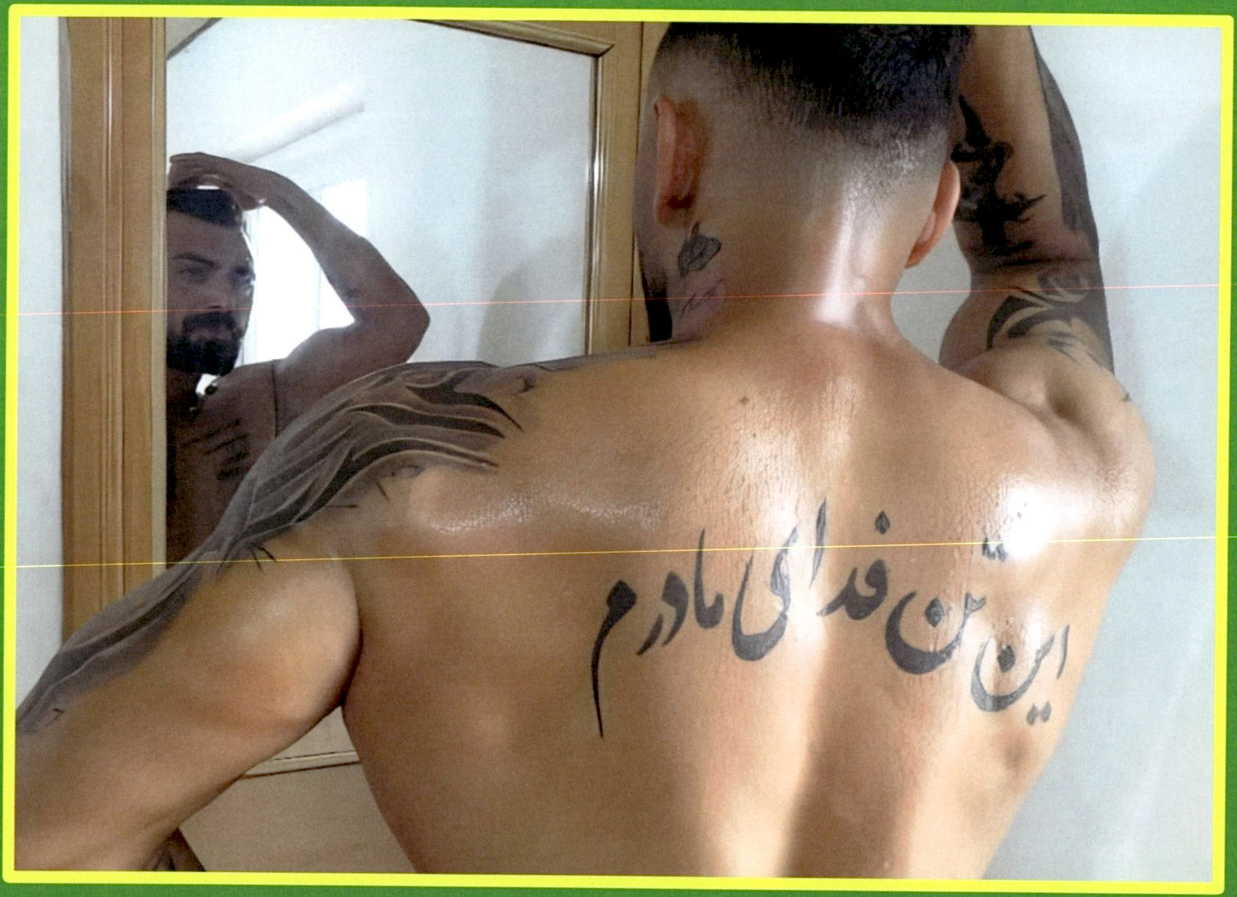
این تن فدای مادرم

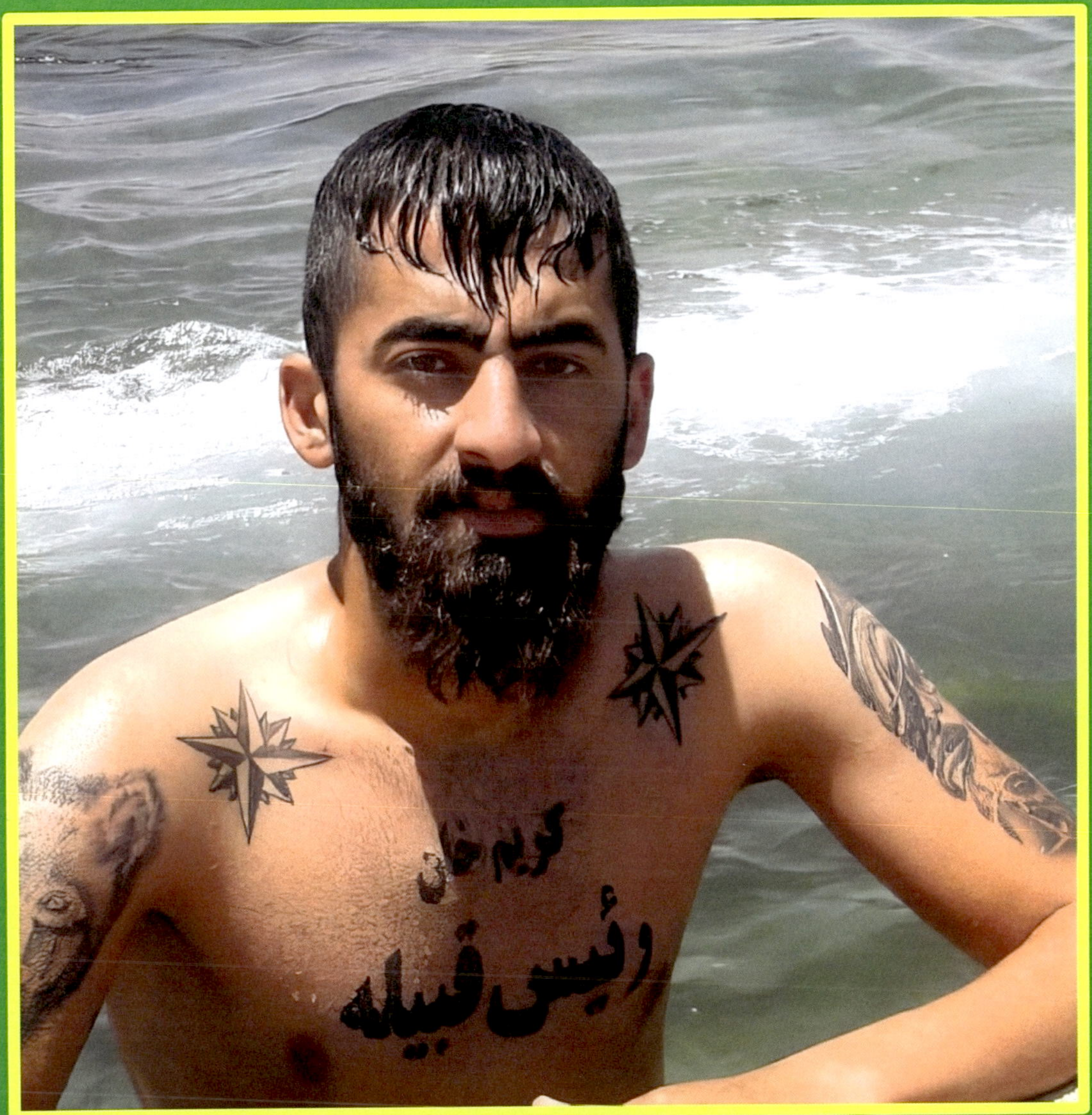
کریم خان
رئیس قبیله

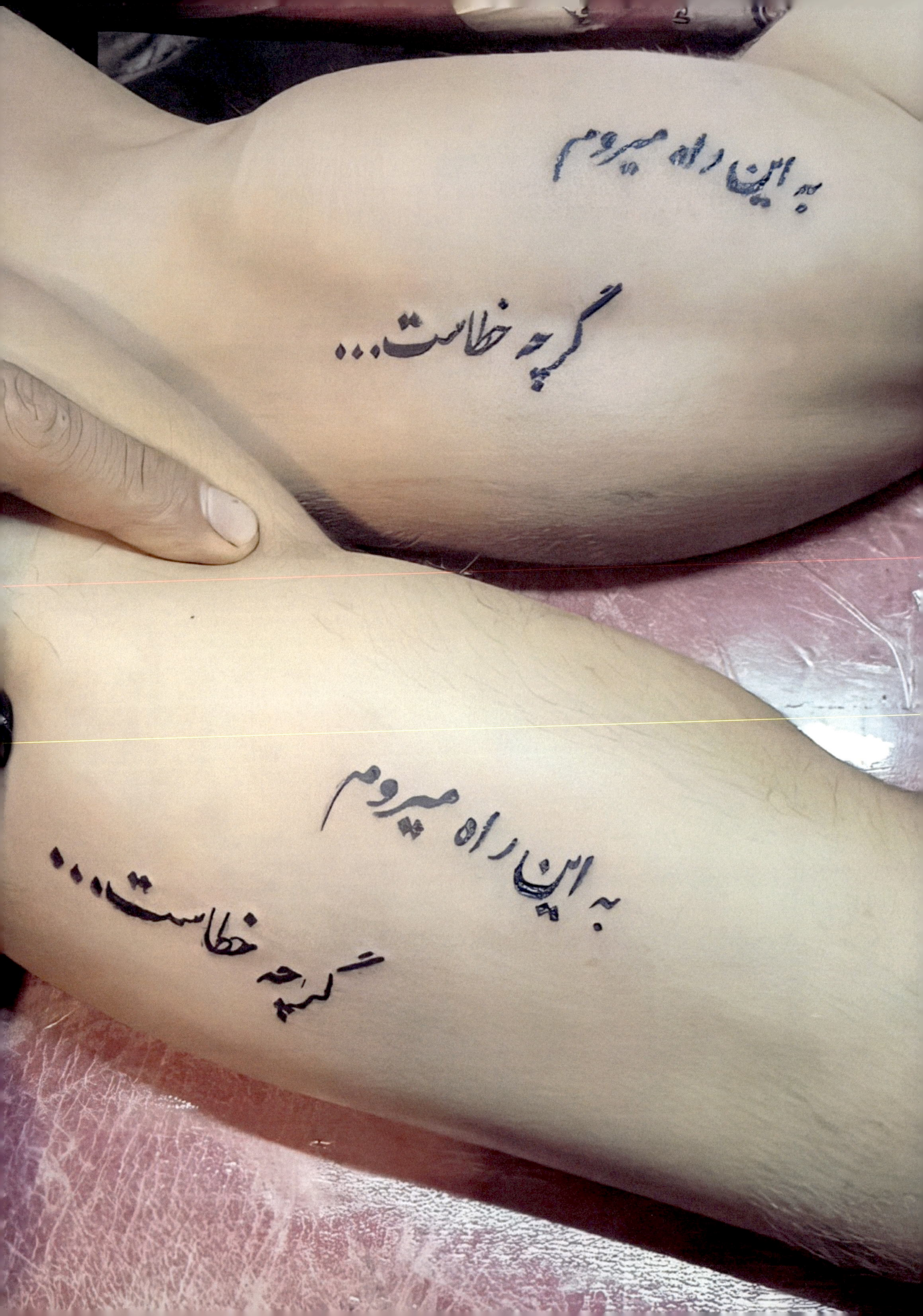
به این راه میروم
گرچه خطاست...
به این راه میروم
گرچه خطاست...

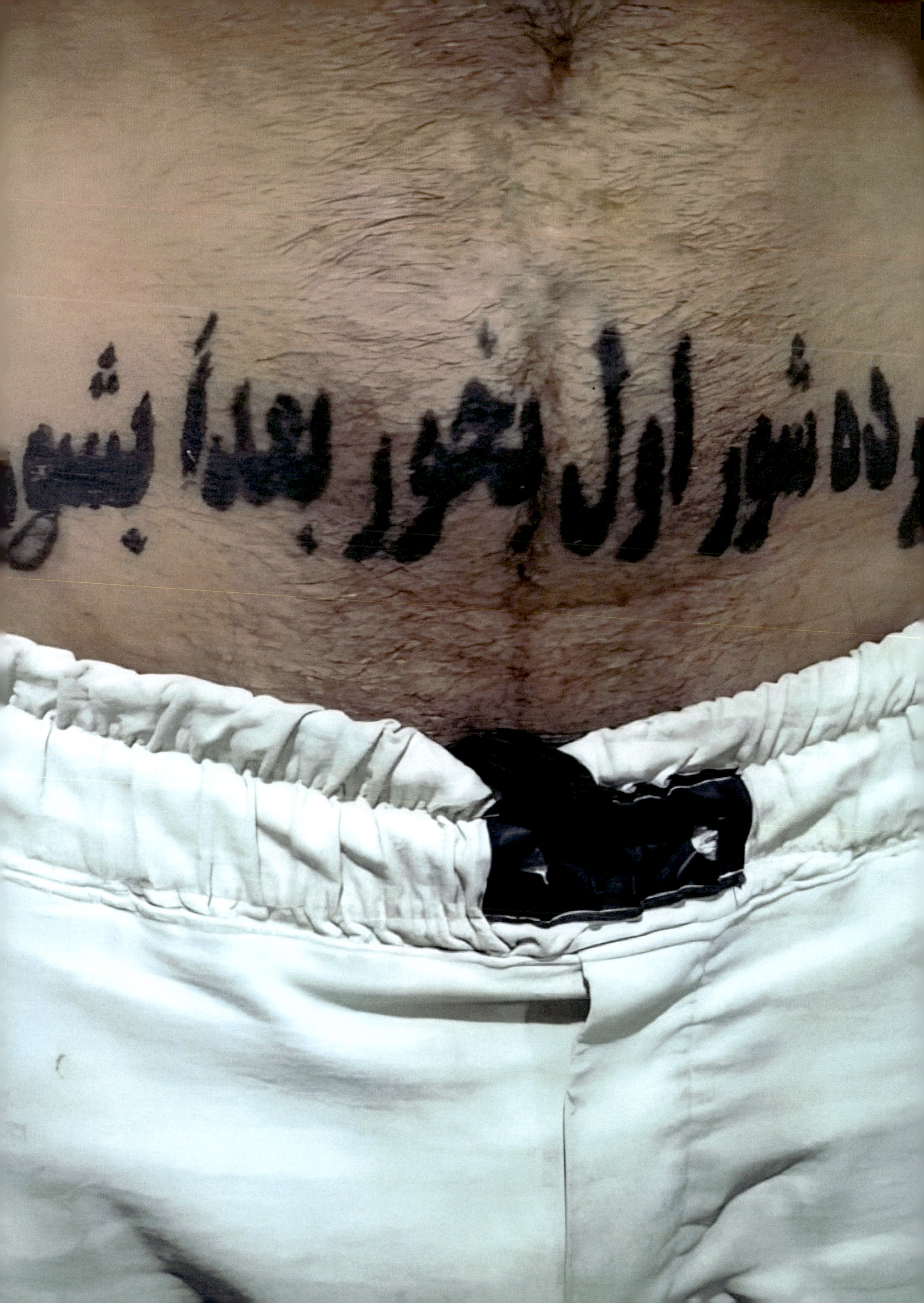
شور اول بخور بعداً

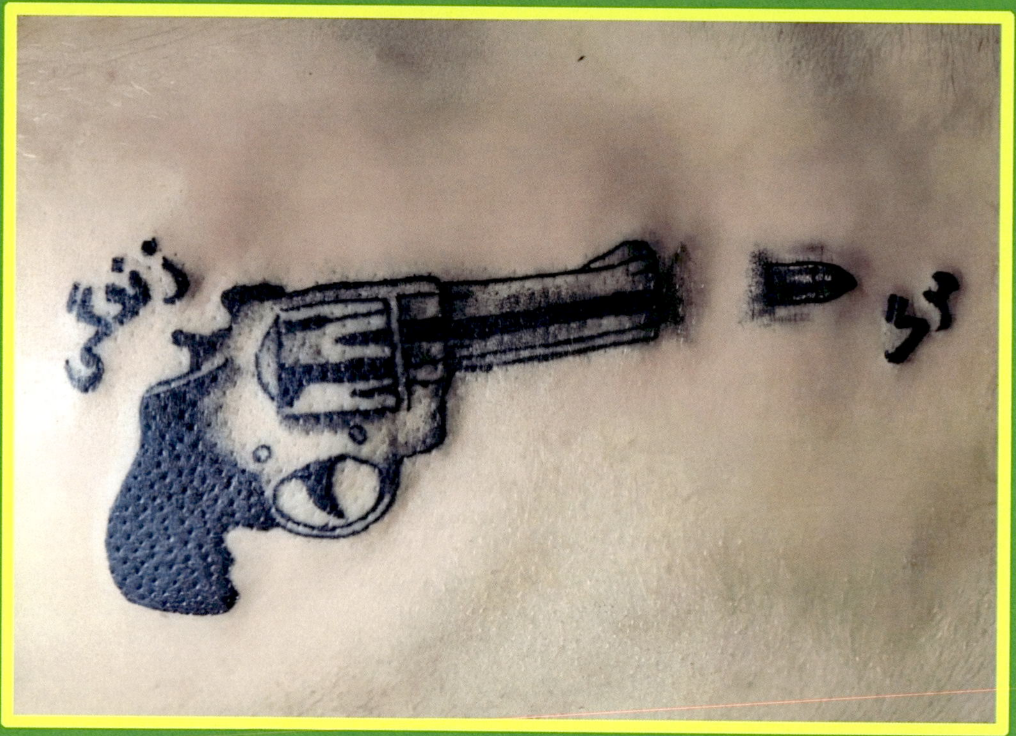
زندگی
مرگ

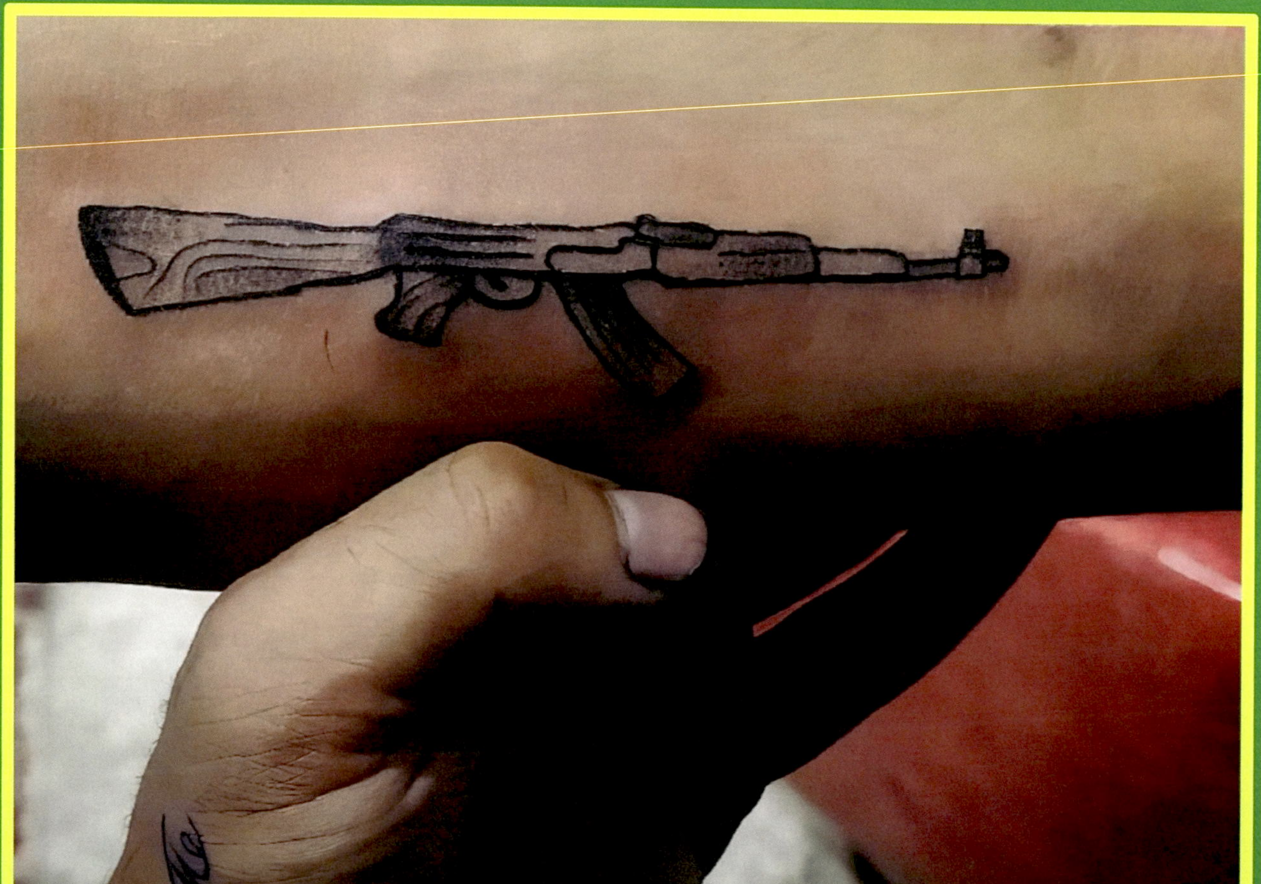

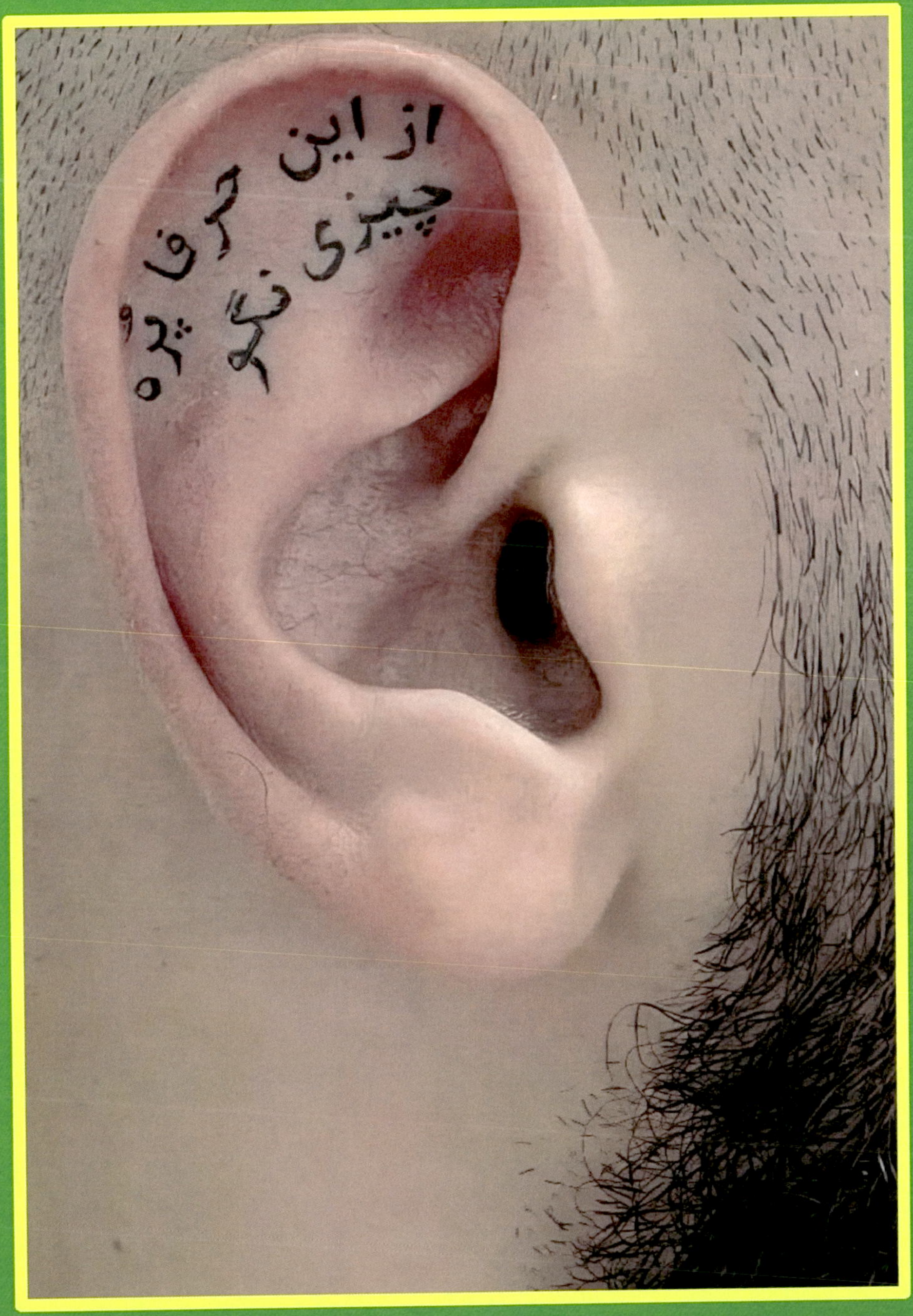
از این حرف
چیزی نگو

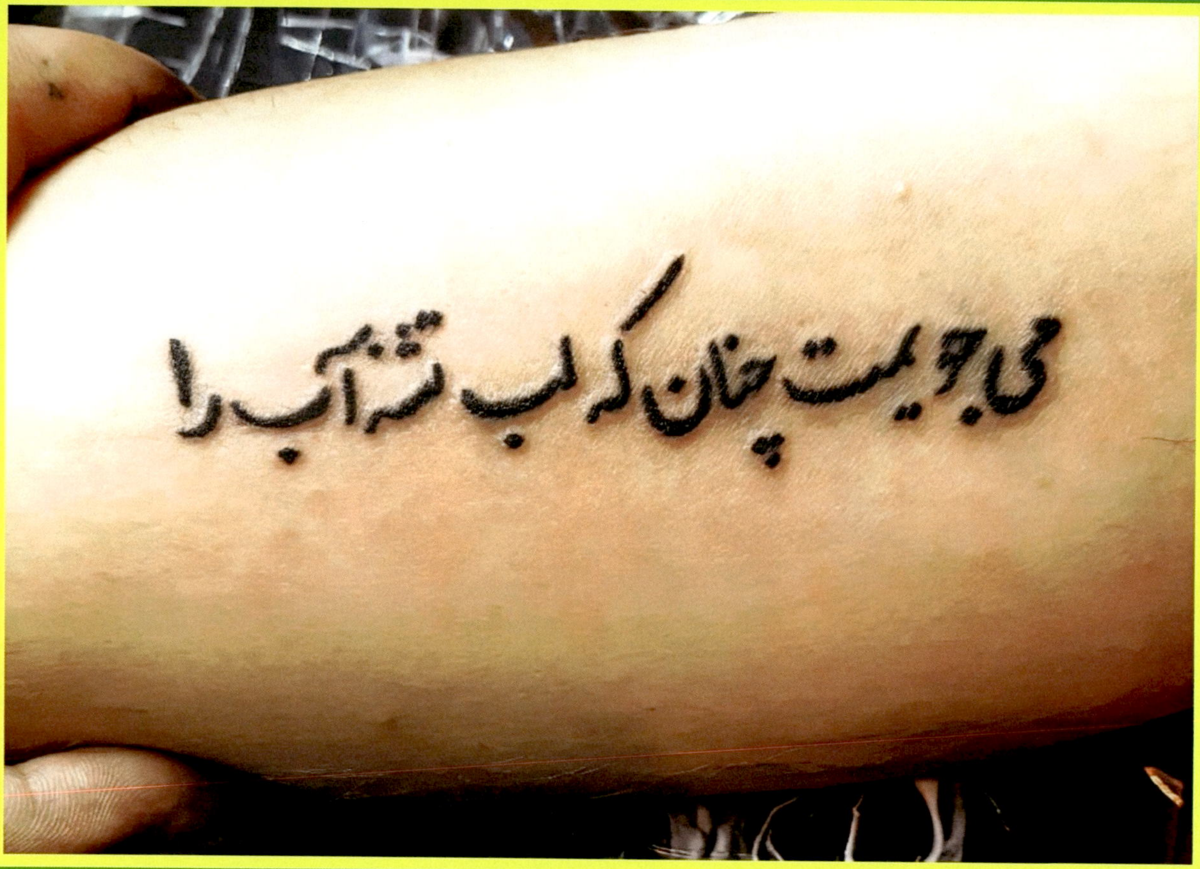
می جویمت چنان که لب تشنه آب را

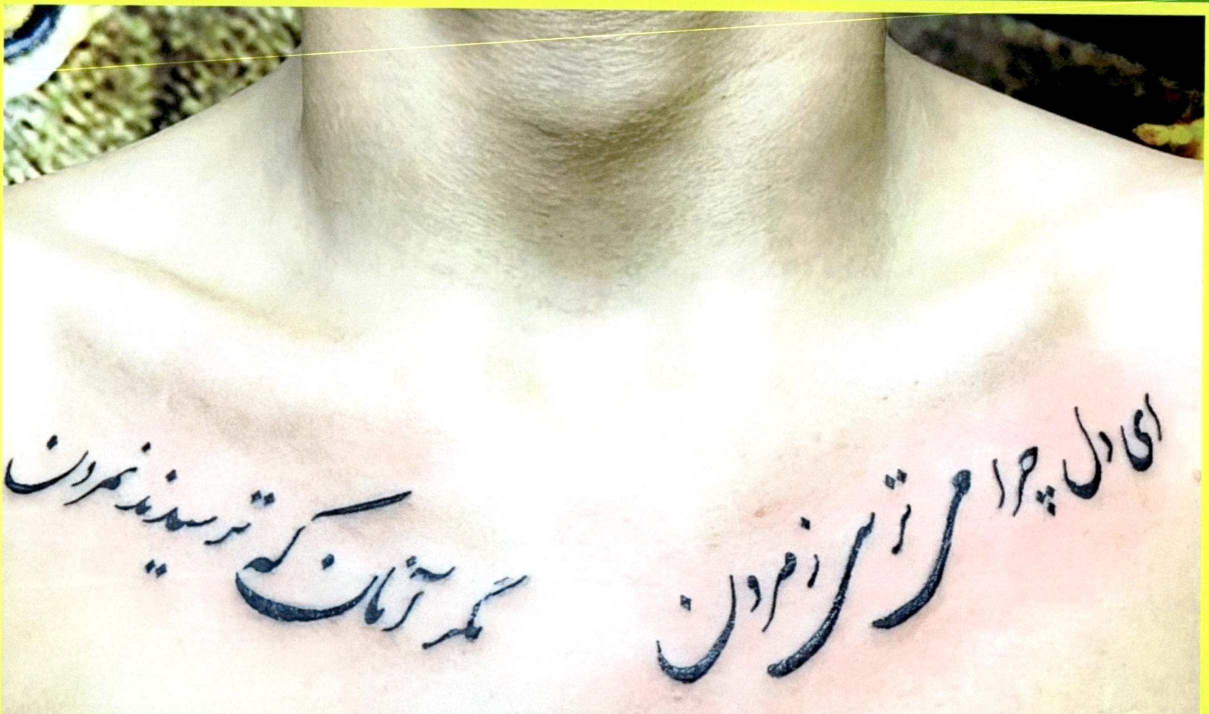
ای دل چرا می ترسی ز مردن
مگر آنان که ترسیدند نمردن

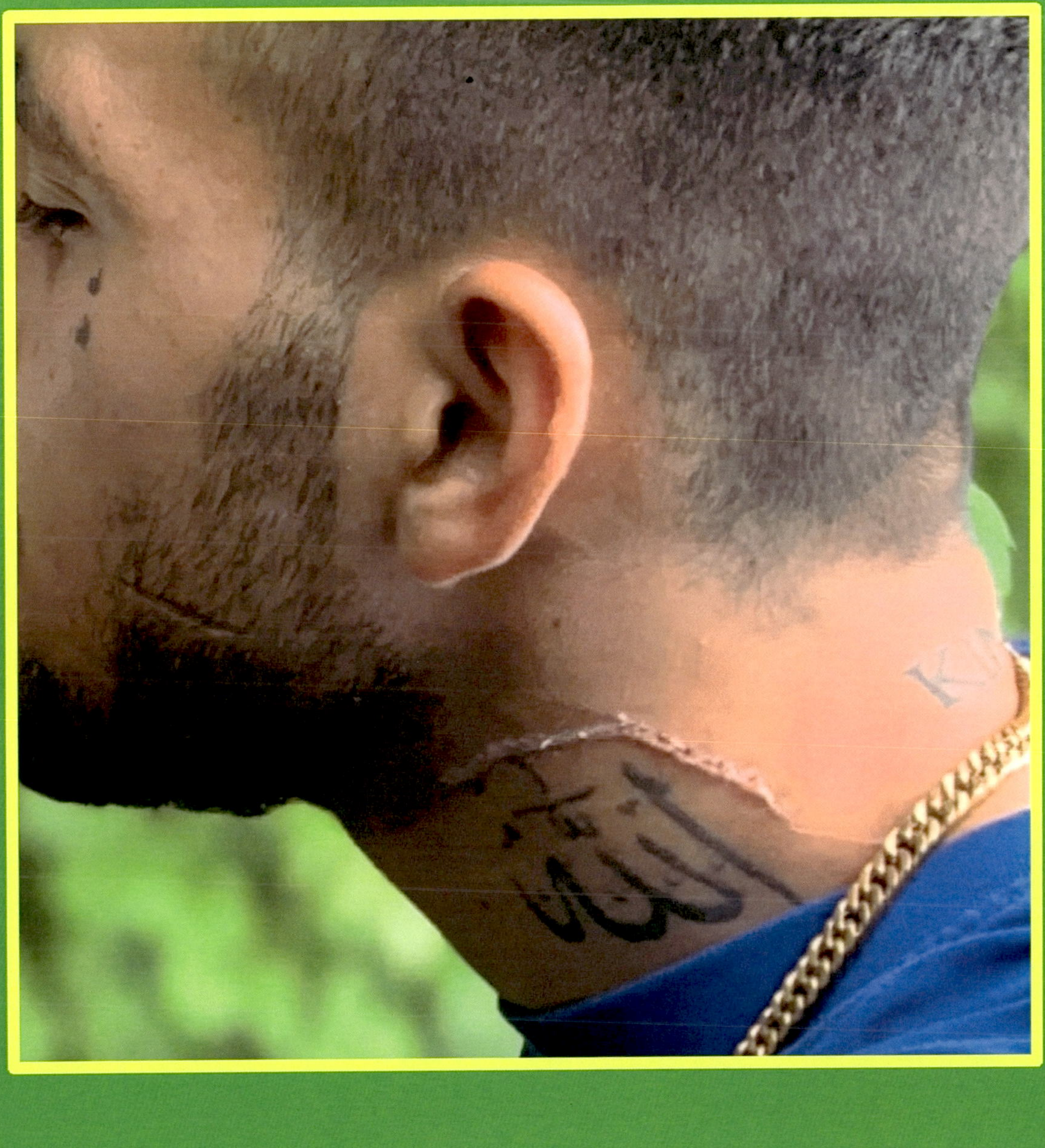

بند

خانواده‌ی خود دارند، درگیر جرایمی مانند قاچاق مواد مخدر، نزاع
خیابانی و دزدی می شوند و سر از زندان در می آورند. در داخل زندان، این
مردان گروه هایی شکل می دهند و با یکدیگر به زندگی می پردازند. طرز فکر،
شیوه ی زندگی و حتی نوع پوشش مردان خراباتی زندانی، بصورت الگویی
برای مردان خراباتی خارج از زندان در می آید. تعدادی از این مردان بدلیل
انجام جرائم سنگین، به اعدام و یا حبس های طولانی مدت محکوم می شوند
و معمولاً اگر از زندان آزاد شوند، دوباره بزودی بدلیل ارتکاب مجدد جرائم
بازداشت می شوند. بنابراین بخش عمده ای از زندگی خود را در زندان می
انند. زندگی در زندان برای آنان به یک سبک زندگی تبدیل می شود که بسرعت
مورد استقبال و تقلید مردان خارج از زندان قرار می گیرد.

مردان در بند بدلیل آن چه بابت آن زندانی شدند بسرعت معروف می
شوند و هواخواهان خود را پیدا می کنند. برای مثال، وحید مرادی سرشناس
که به نزاع های خیابانی معروف بود و حتی جان خود را در یک نزاع
داخل زندان از دست داد، از همه لحاظ مورد احترام مردان خراباتی دیگر
قرار گرفت و از او همواره بعنوان قهرمان یاد میشود و الگوی اخلاقی و ظاهری
بسیاری از این مردان می باشد.

در این بخش از کتاب، مروری داریم بر زندگی مردان خراباتی در زندان.

Prison

Kharabati men are frequently involved in drug trafficking, street fights, and theft—crimes rooted in poverty, hardship, and fierce loyalty to friends and family. These struggles land many in prison, where they form tight-knit groups to uphold their communal bonds. Behind bars, their mindset, lifestyle, and even clothing become a model for Kharabati men outside, emulated as symbols of resilience. Many face long sentences or execution for serious offenses. Even after release, re-arrests for new crimes are common, cycling them back to prison for much of their lives. Over time, incarceration evolves into a normalized lifestyle, adopted swiftly by outsiders. Inmates often gain notoriety for the crimes that imprisoned them.

Take Vahid Moradi: infamous for street fighting, he met his end in a prison clash. Revered as a hero among Kharabati men, he endures as a moral and physical ideal within the community.

This section examines the prison lives of Kharabati men, where brotherhood and survival intertwine.

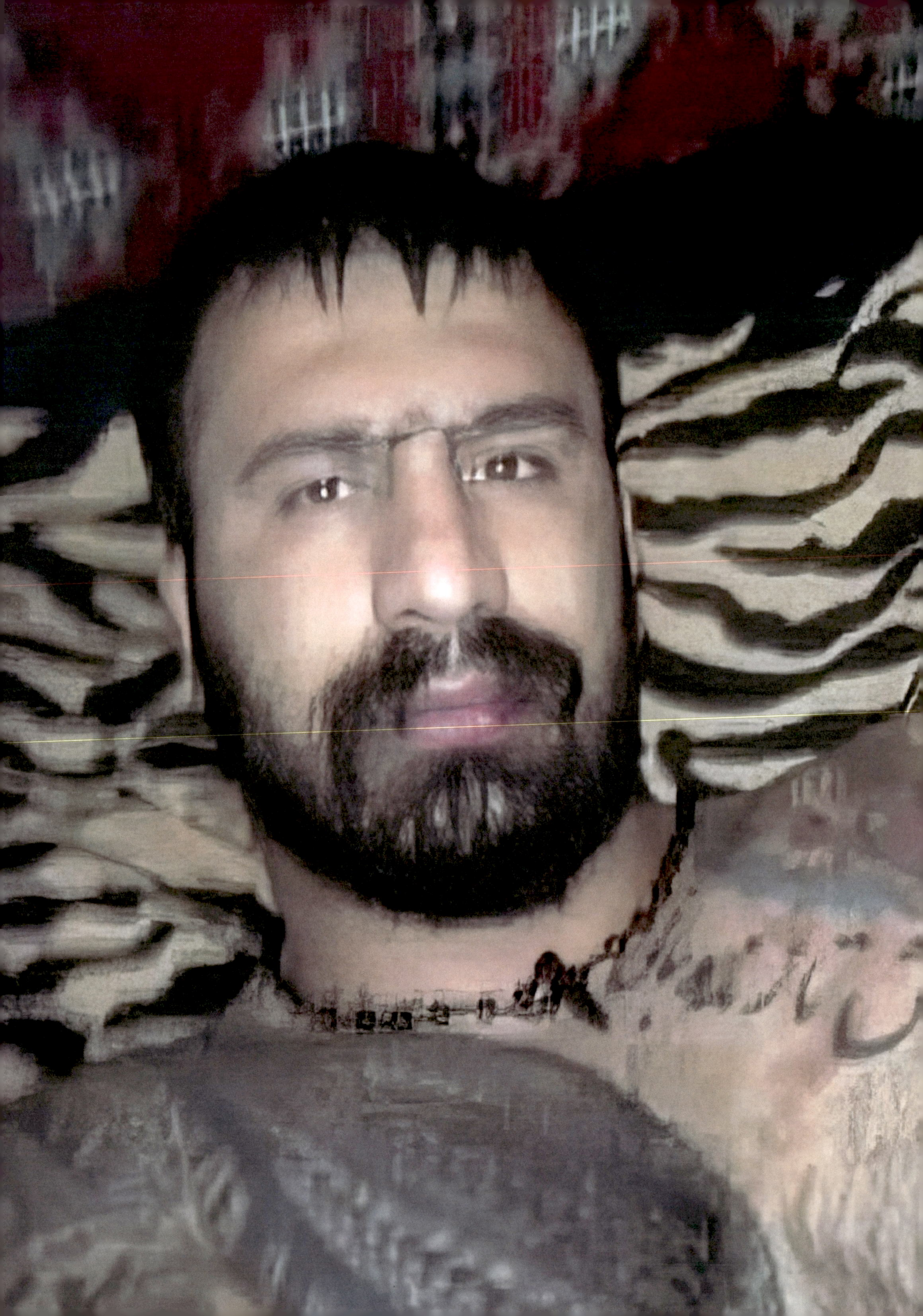

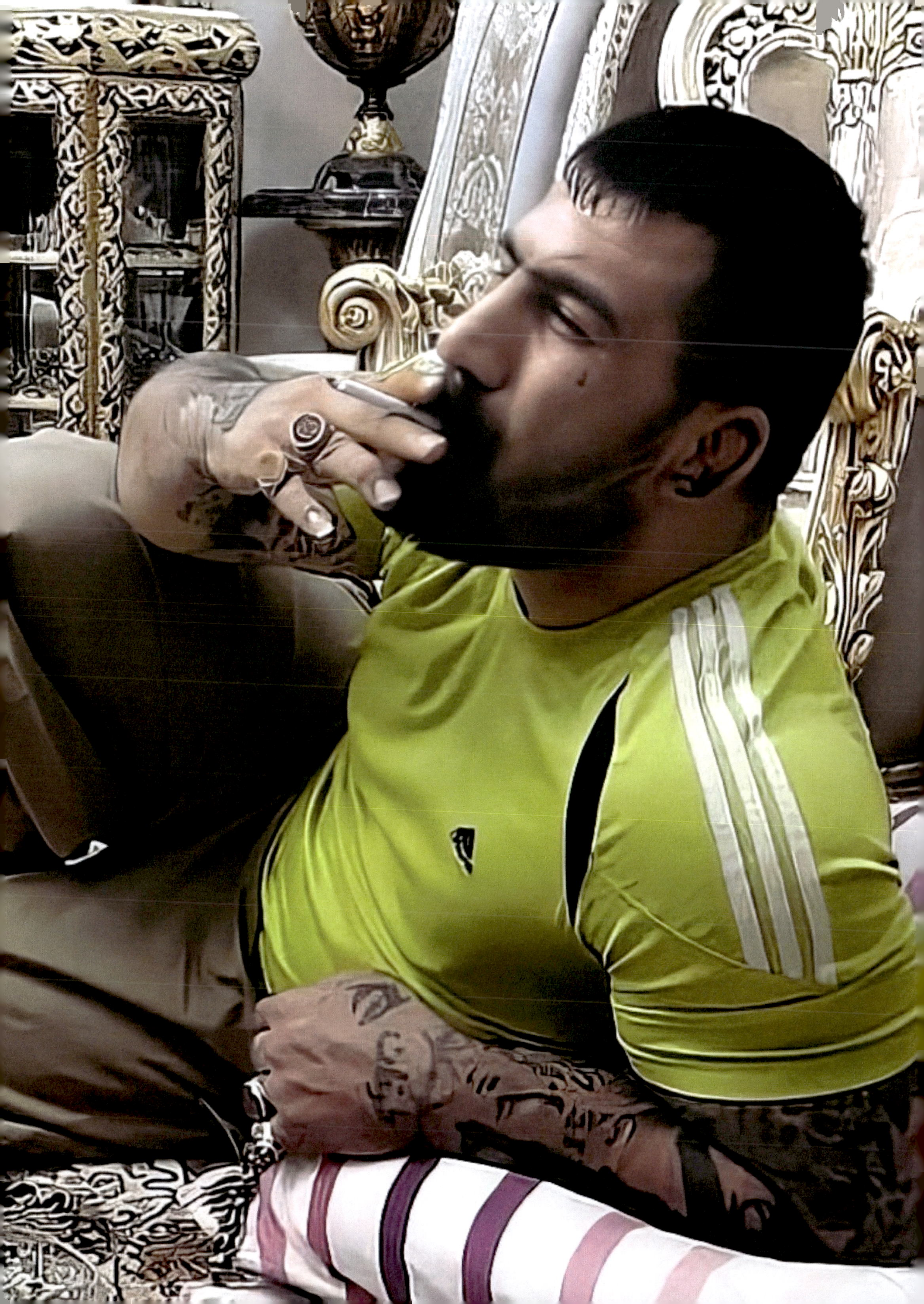

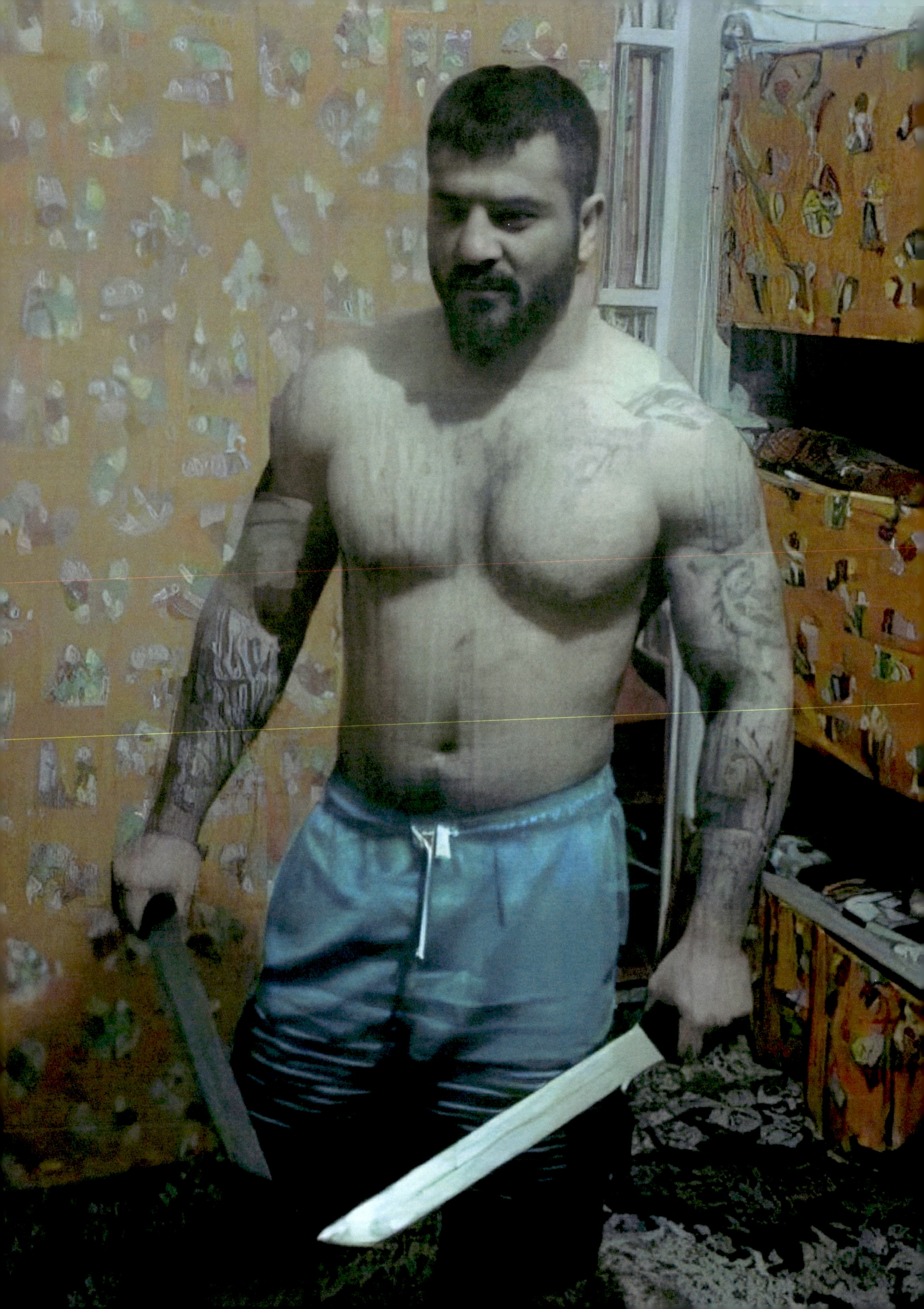

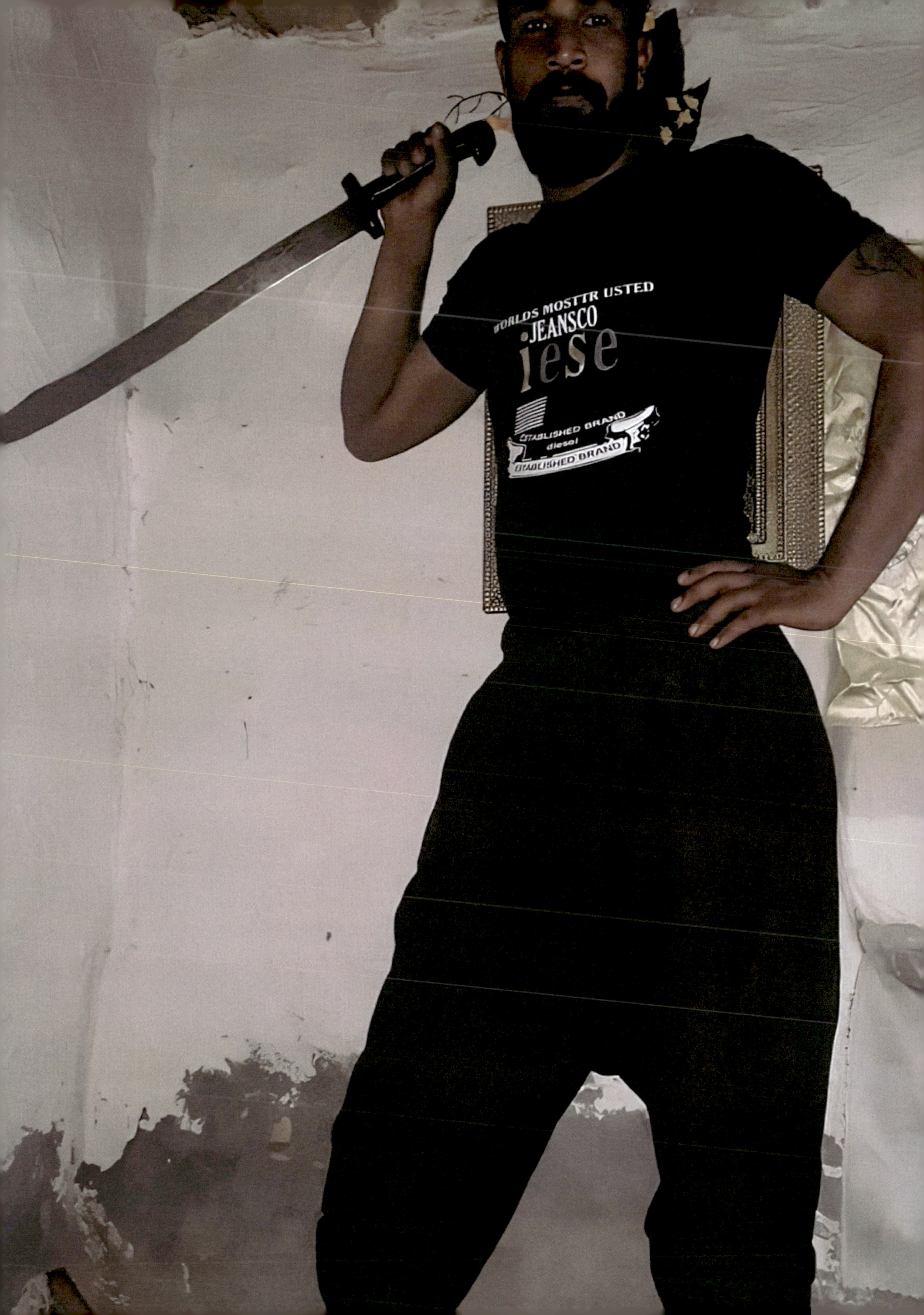
WORLDS MOSTTR USTED
JEANSCO
iese
ESTABLISHED BRAND
diesel
ESTABLISHED BRAND

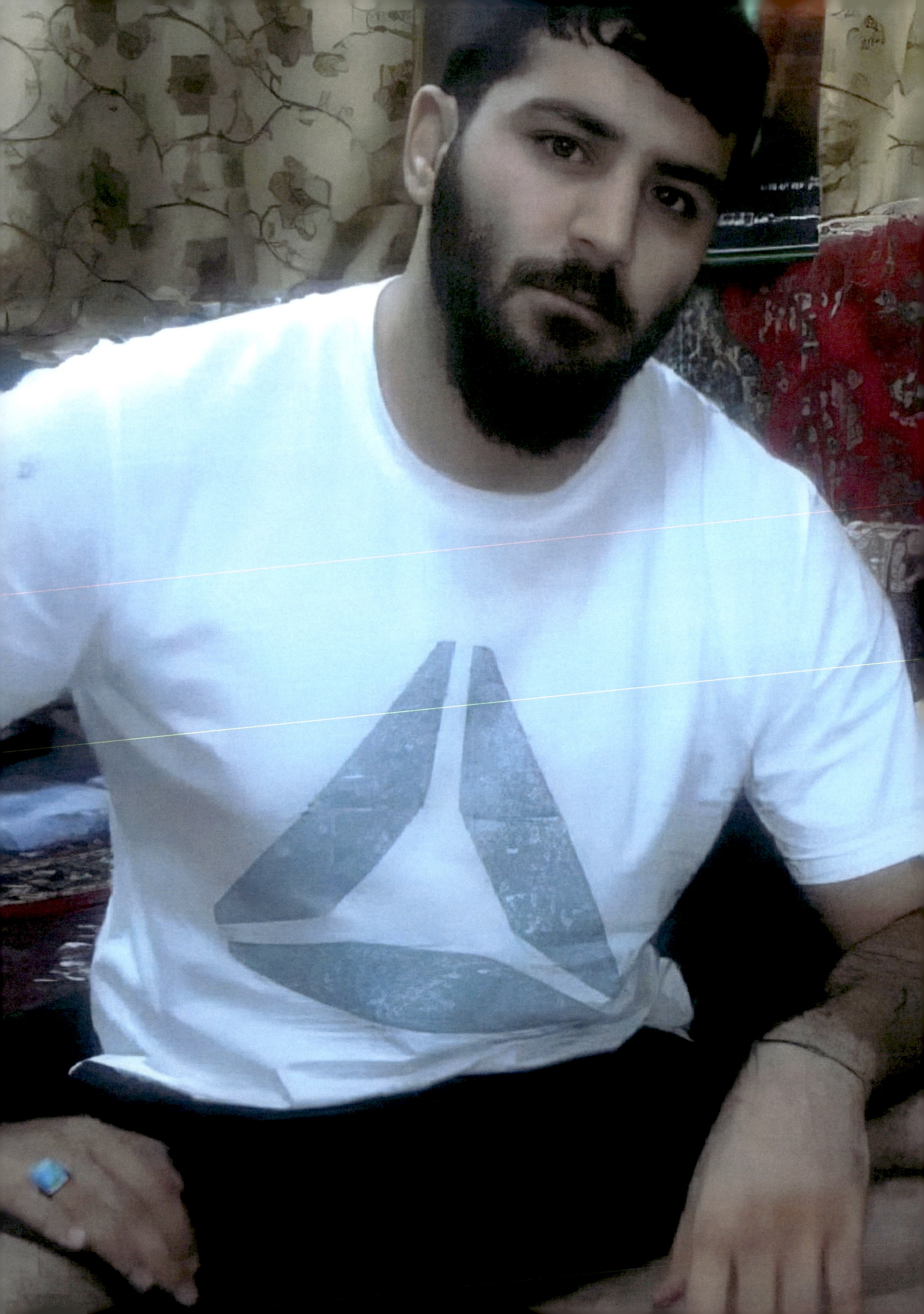

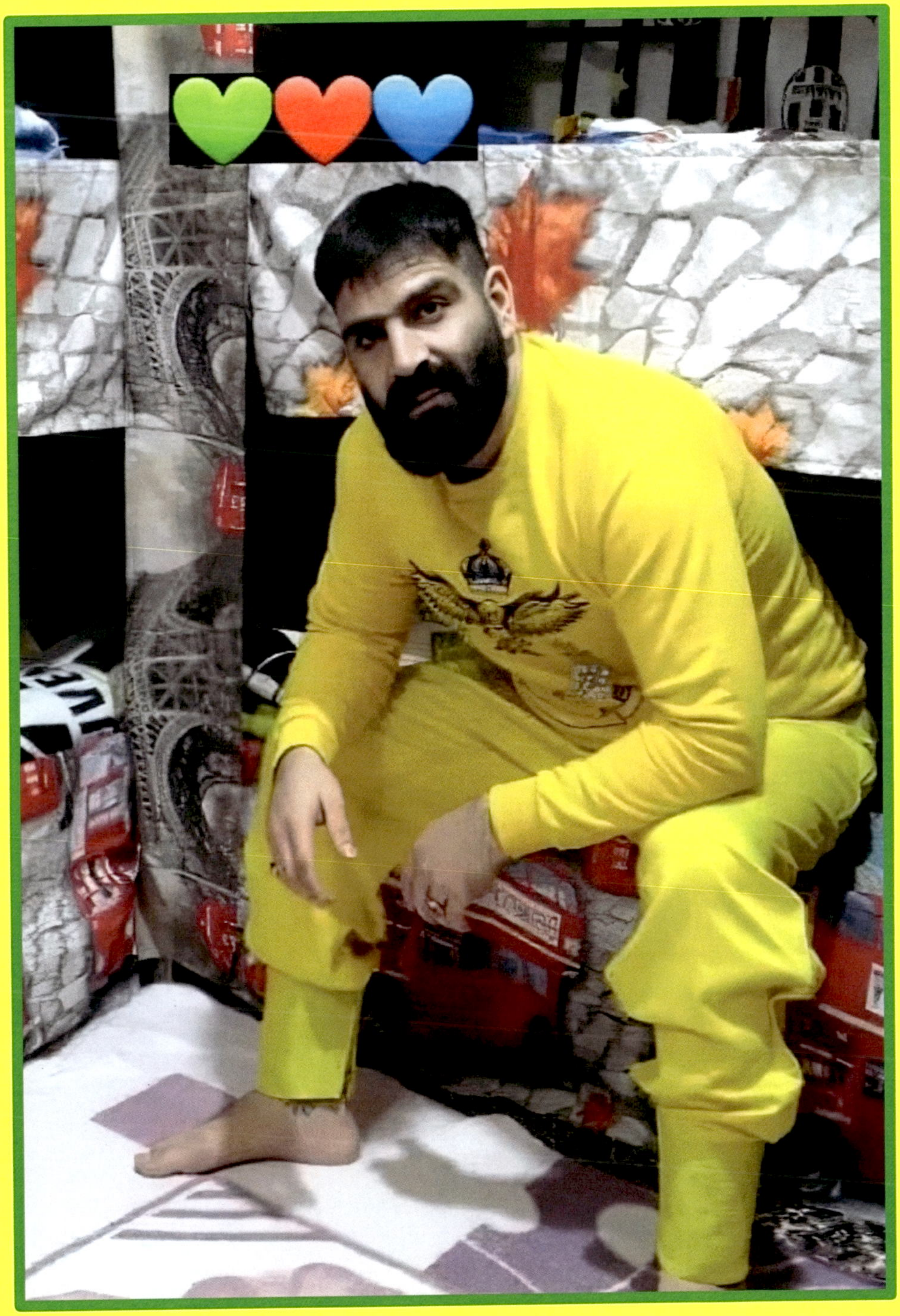

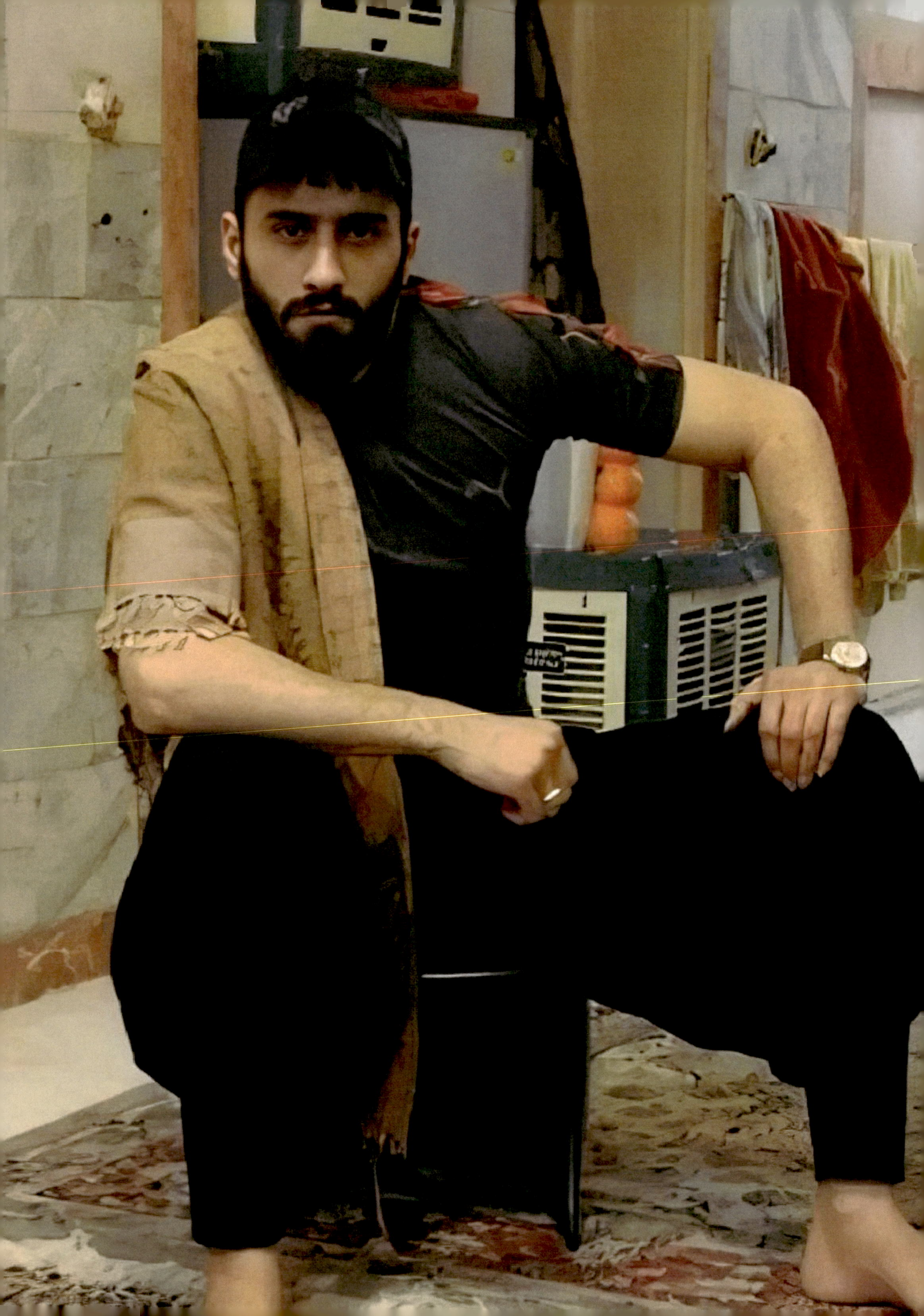

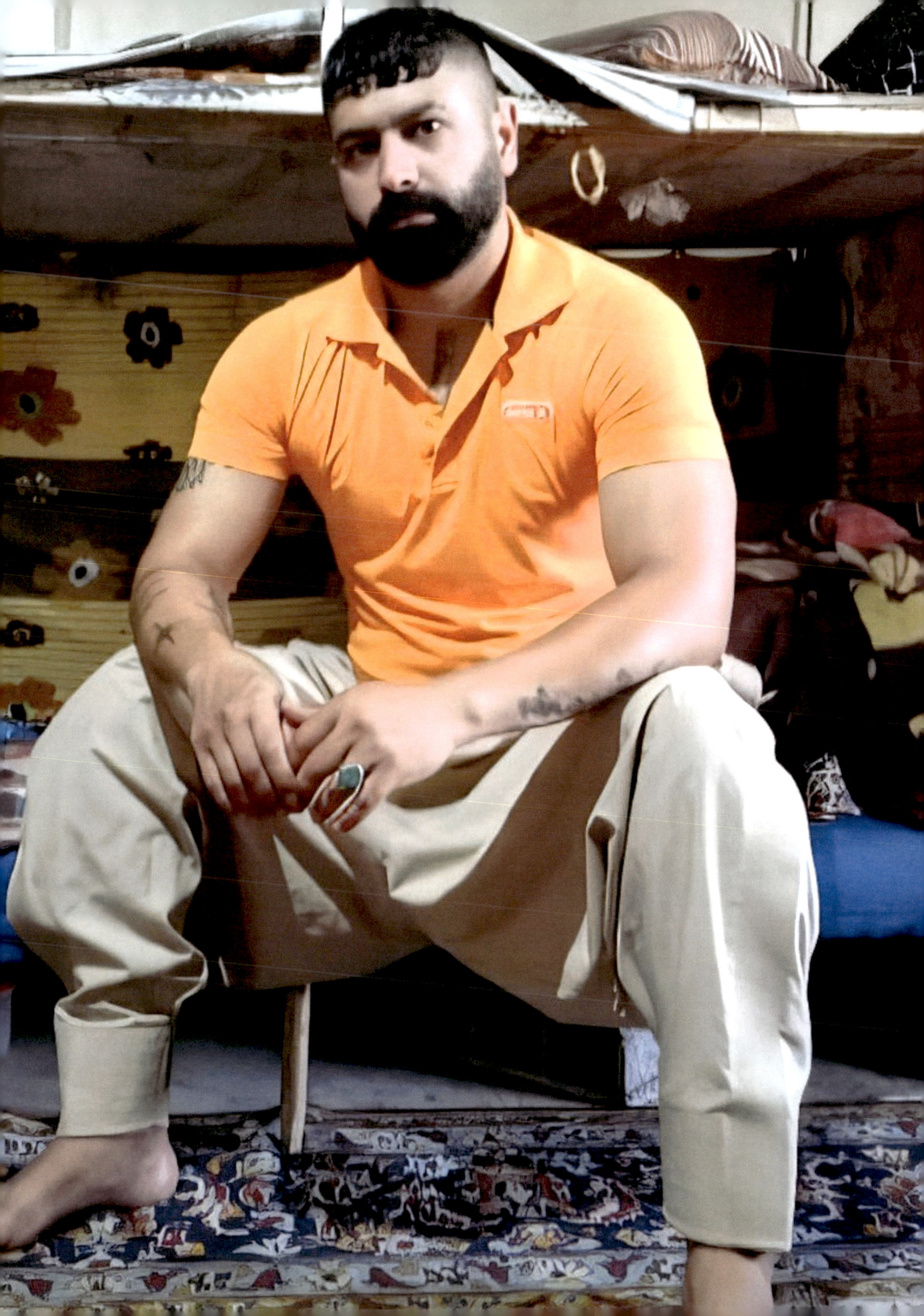

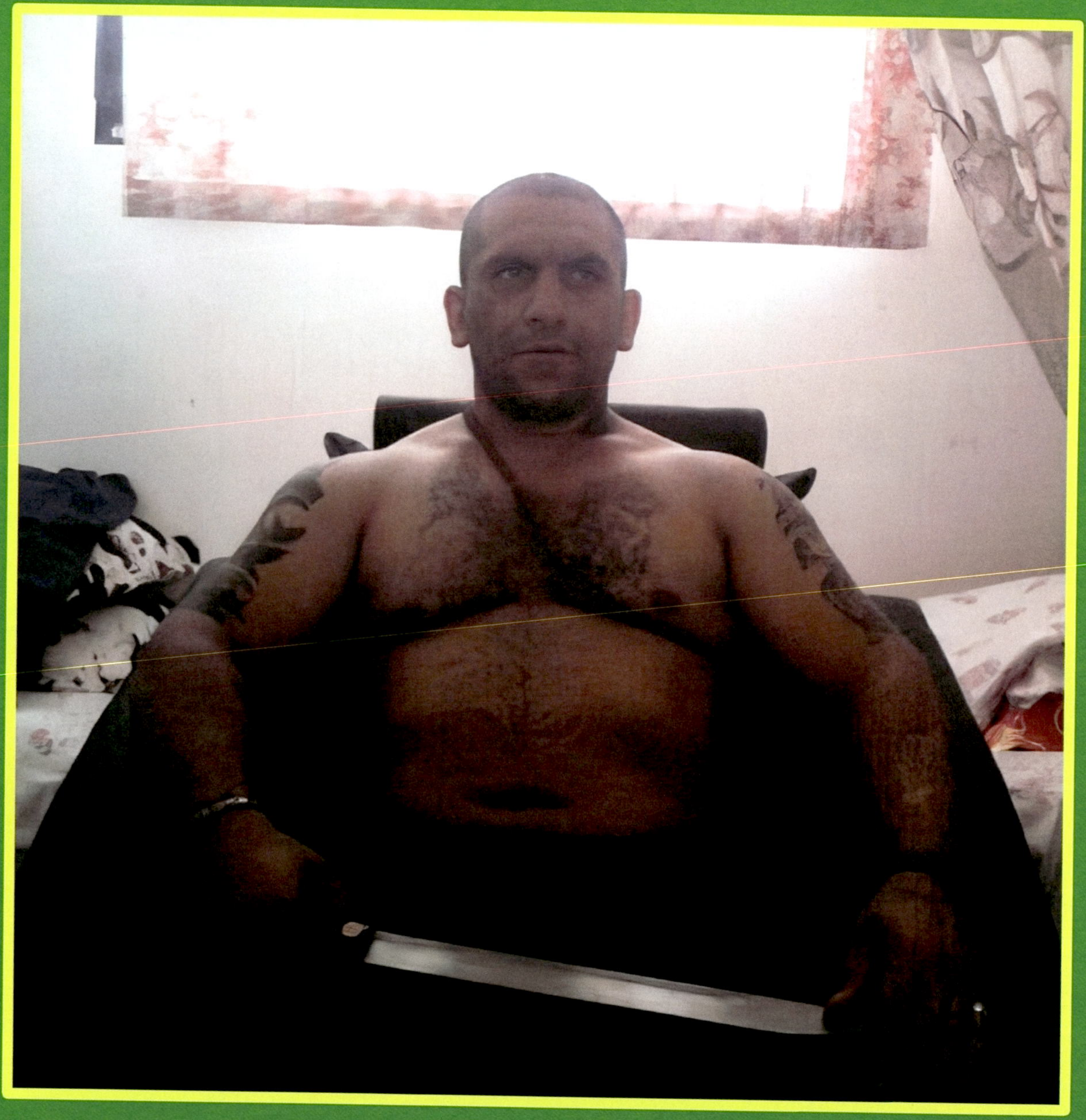

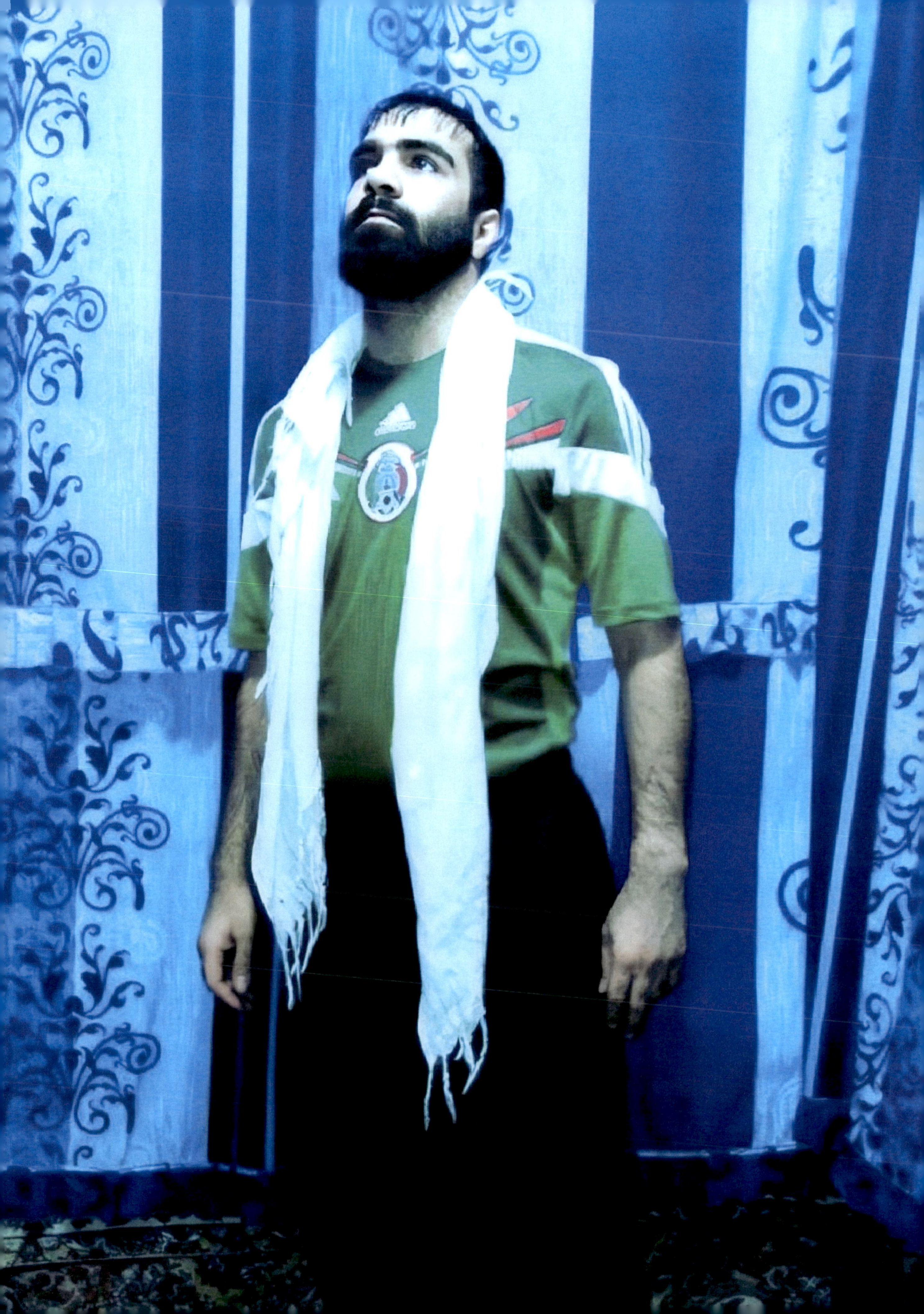

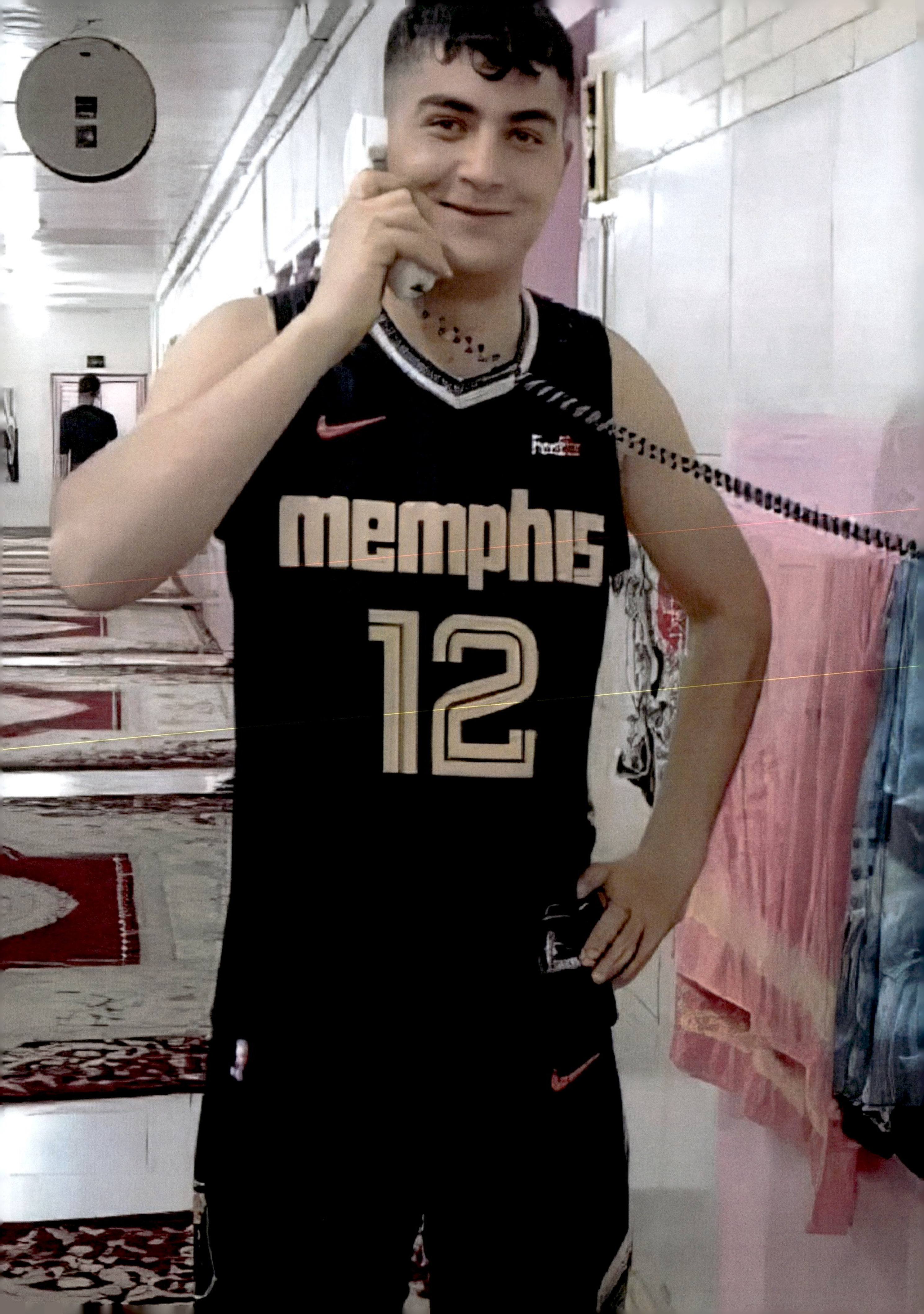
memphis
12

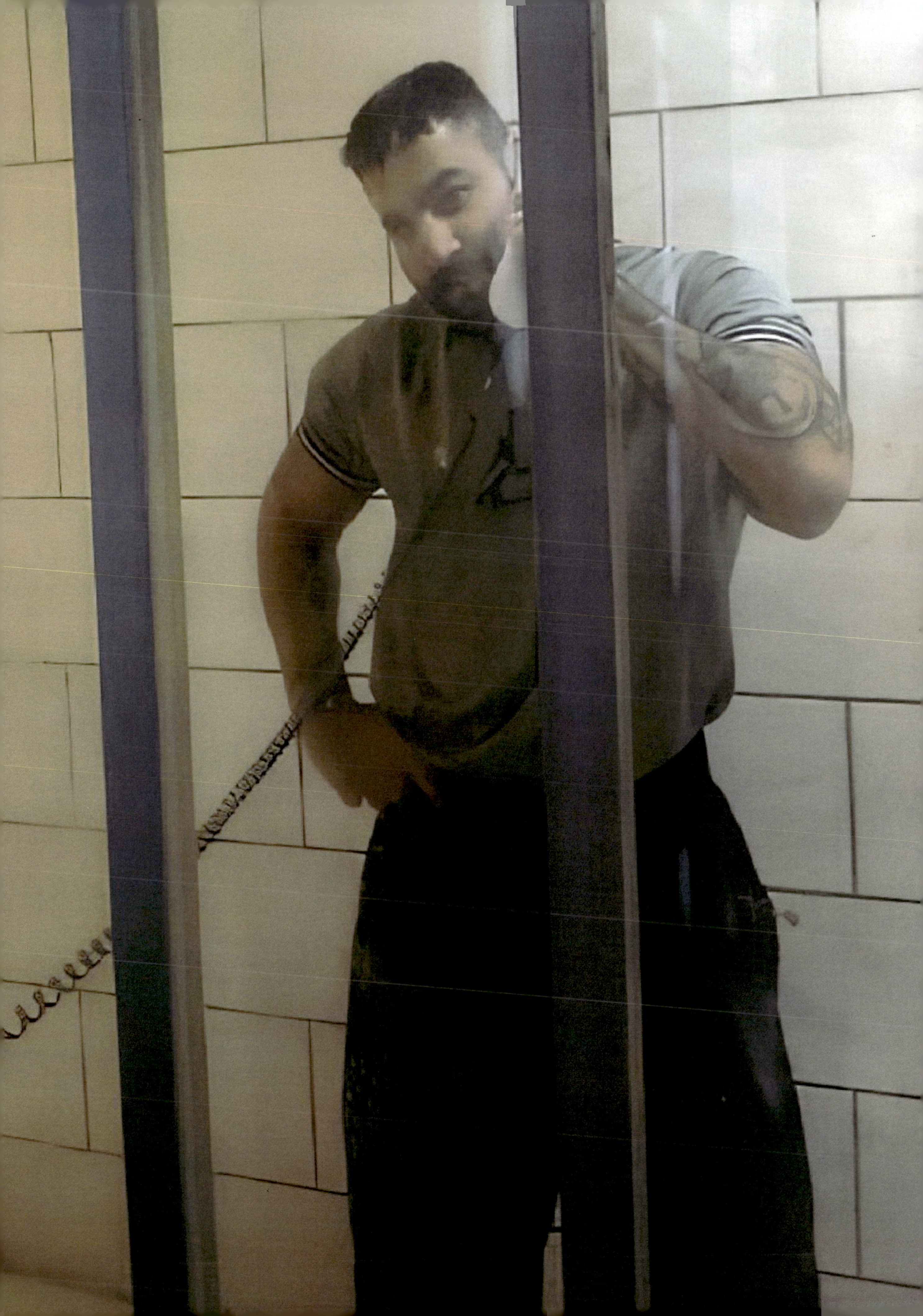

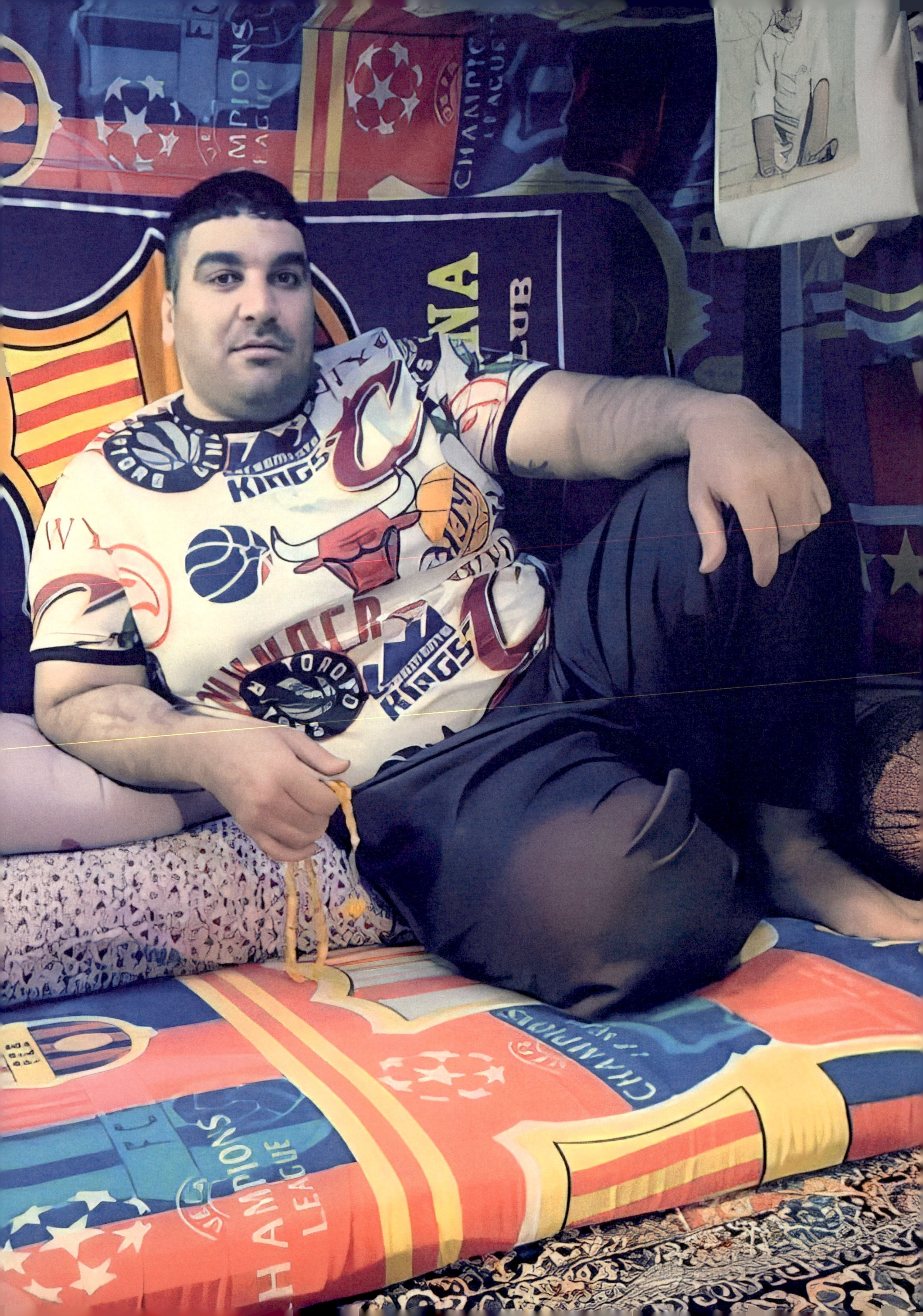
CHAMPIONS LEAGUE
KINGS

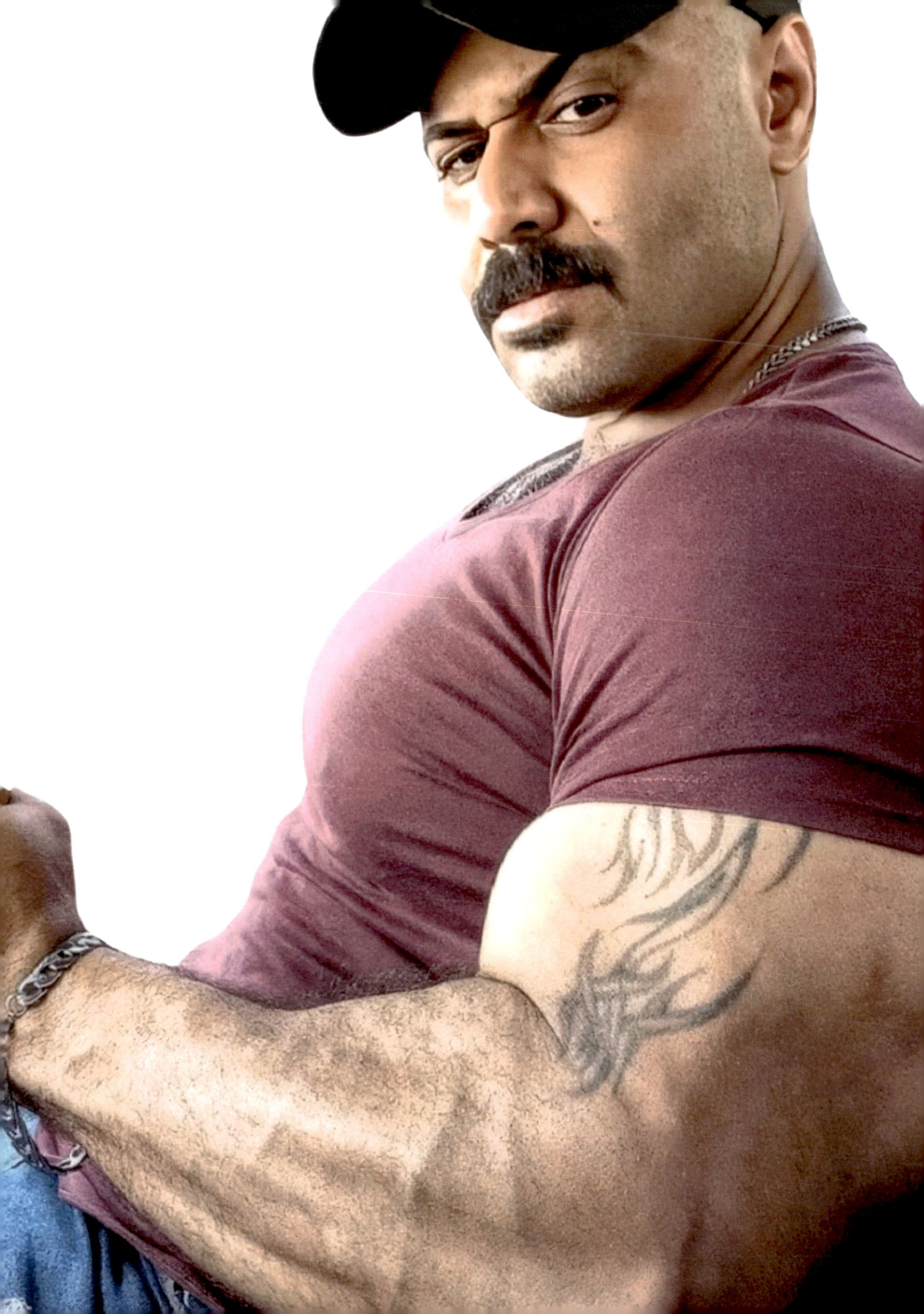

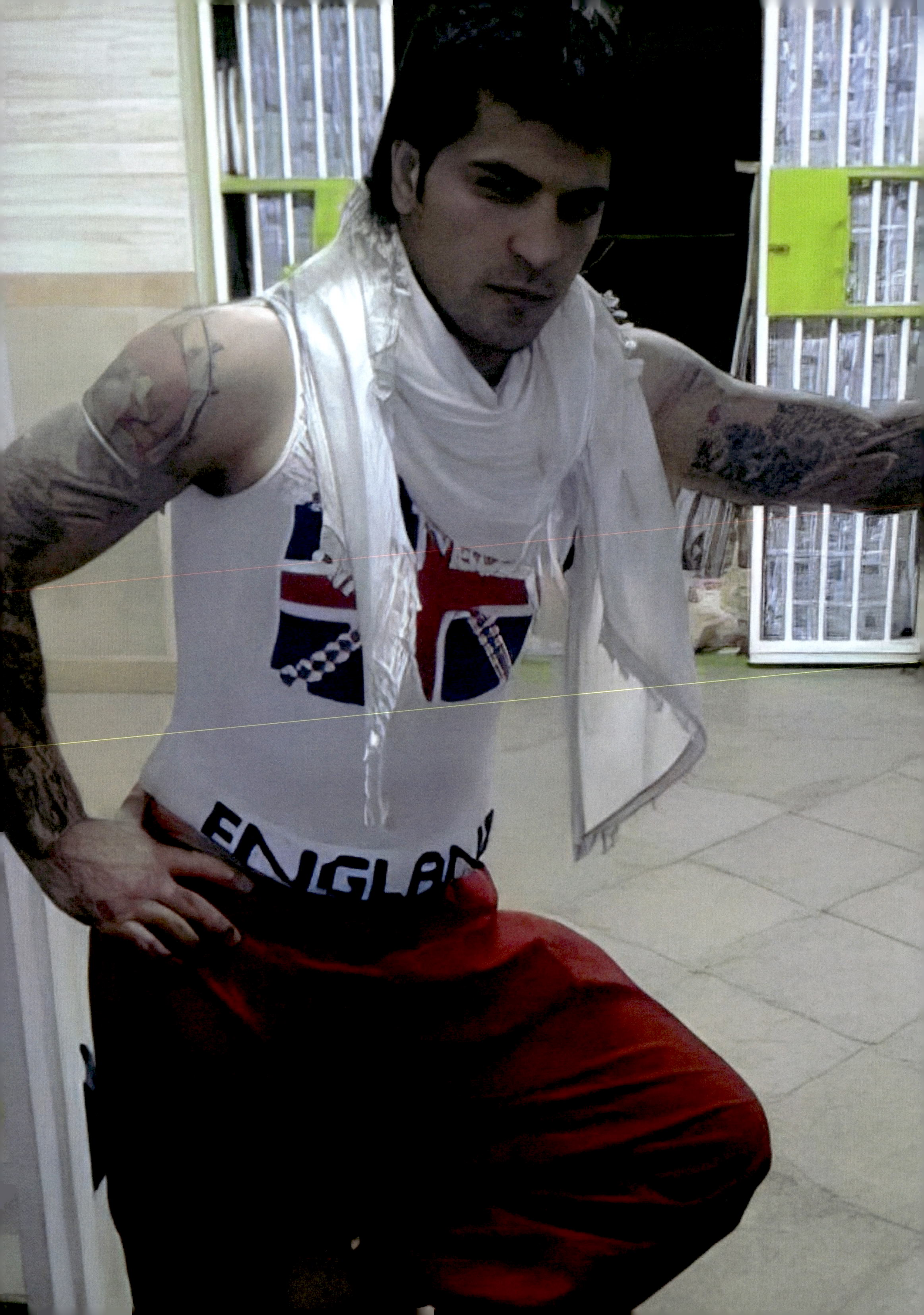
ENGLAN

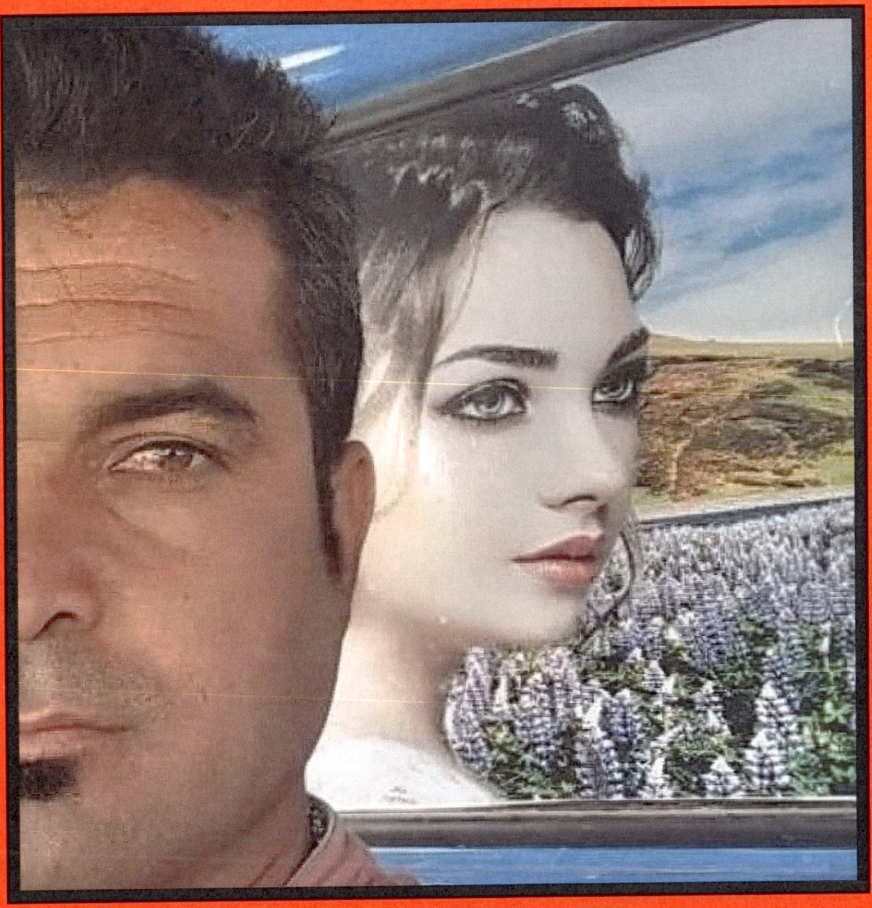

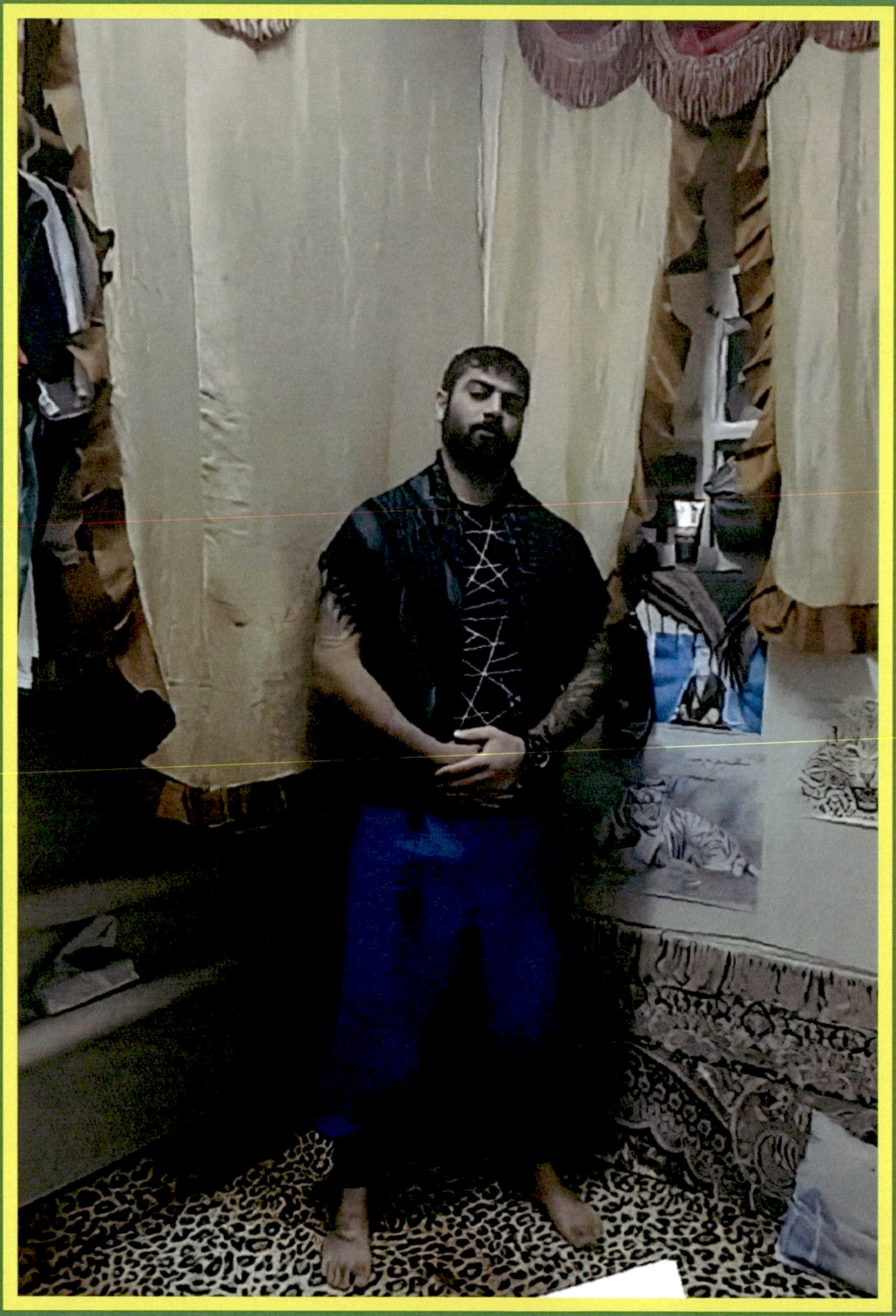

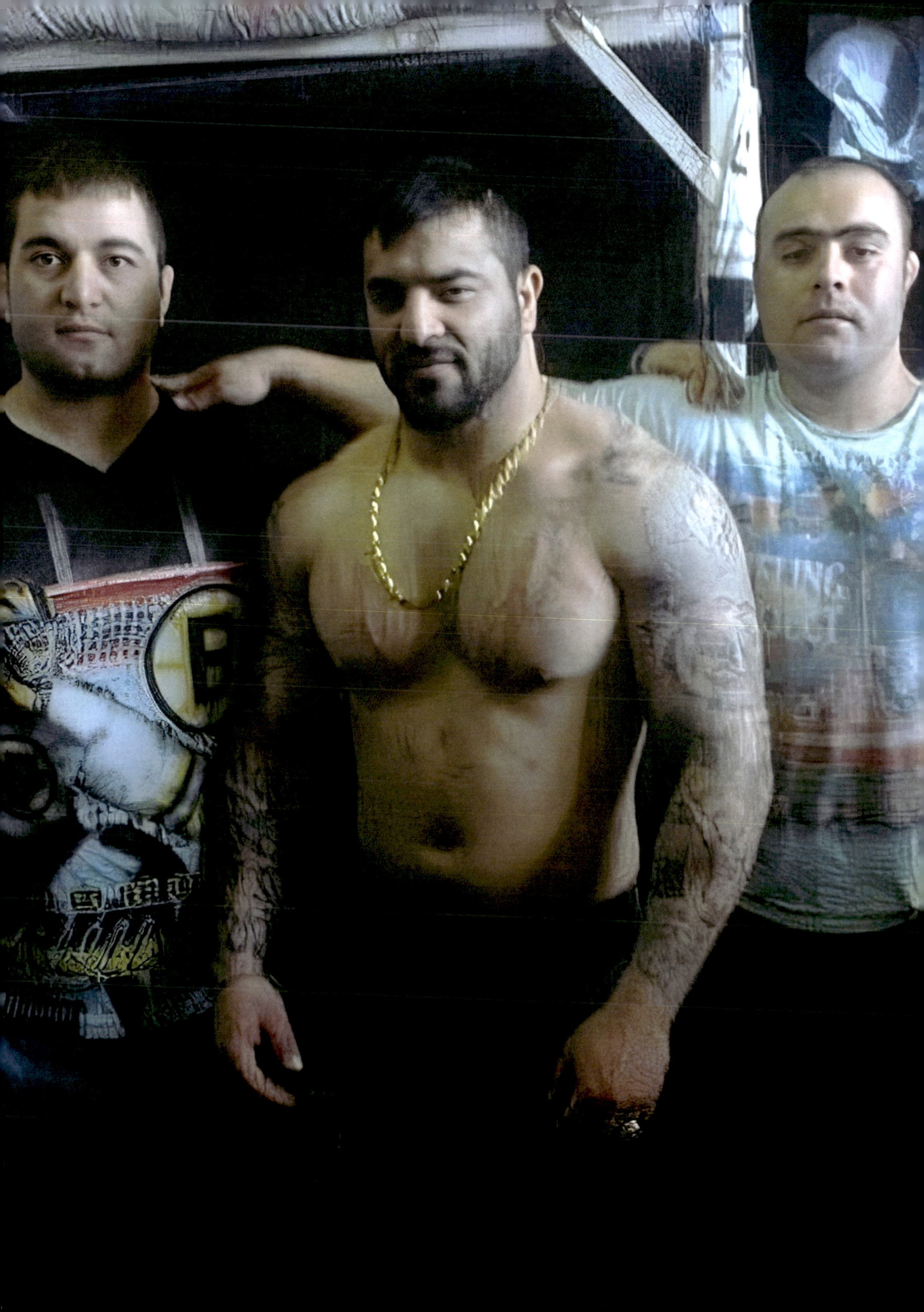

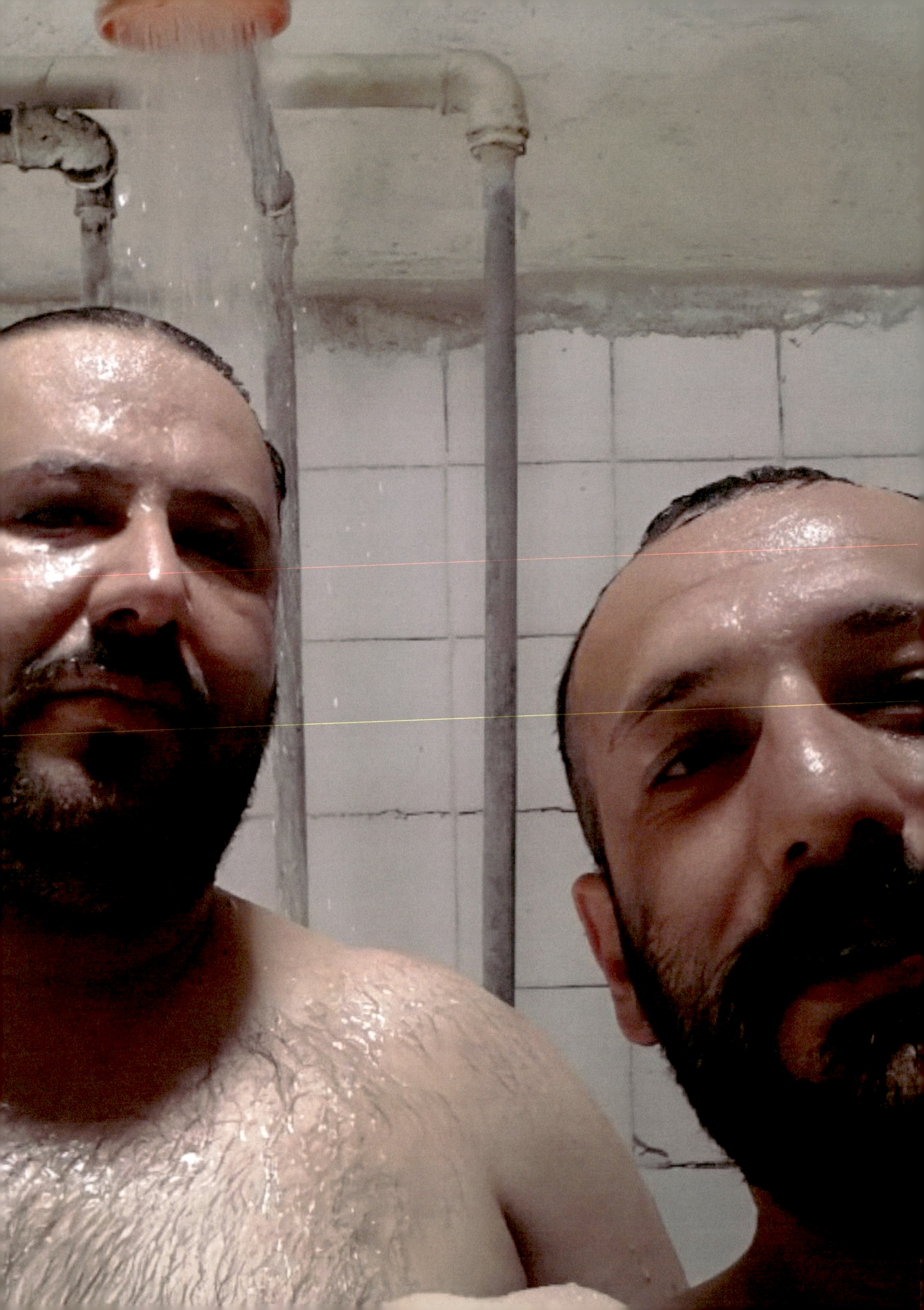

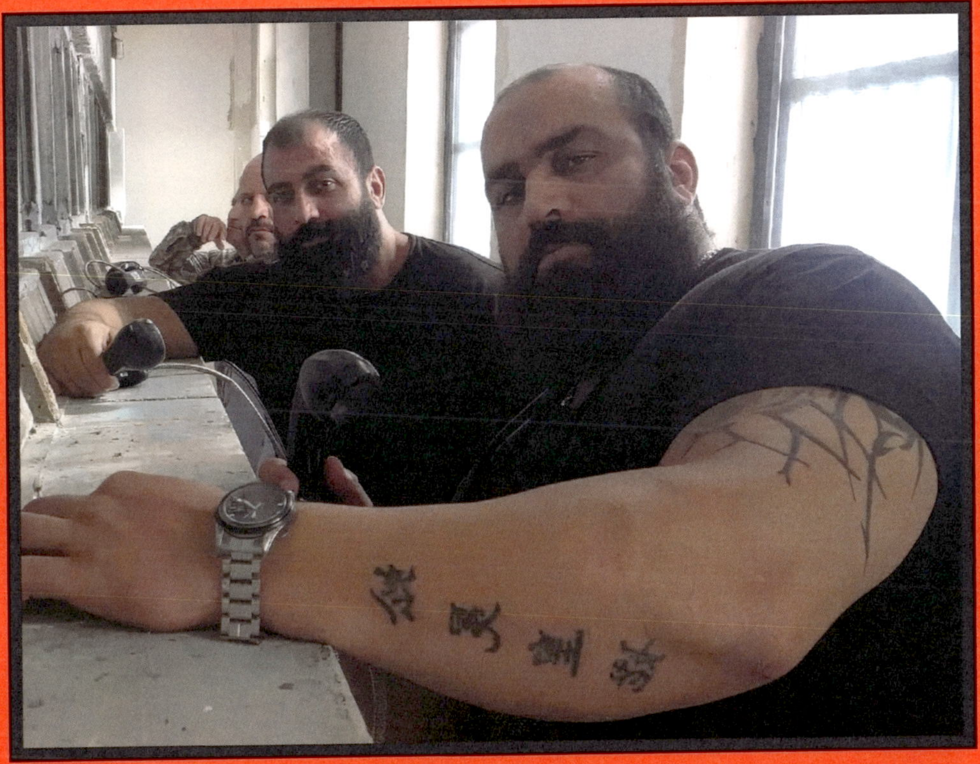

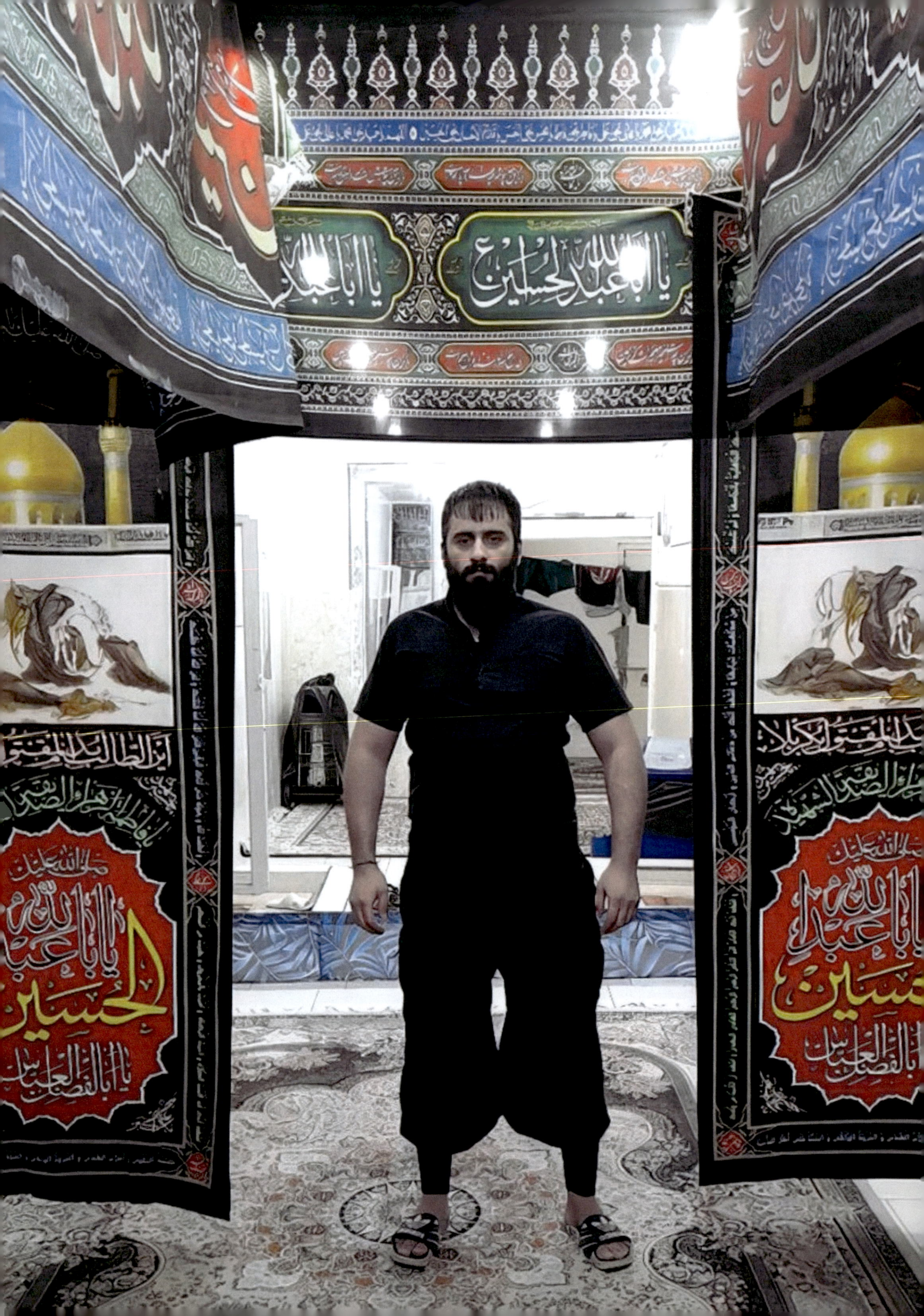
یا اباعبدالله الحسین ع

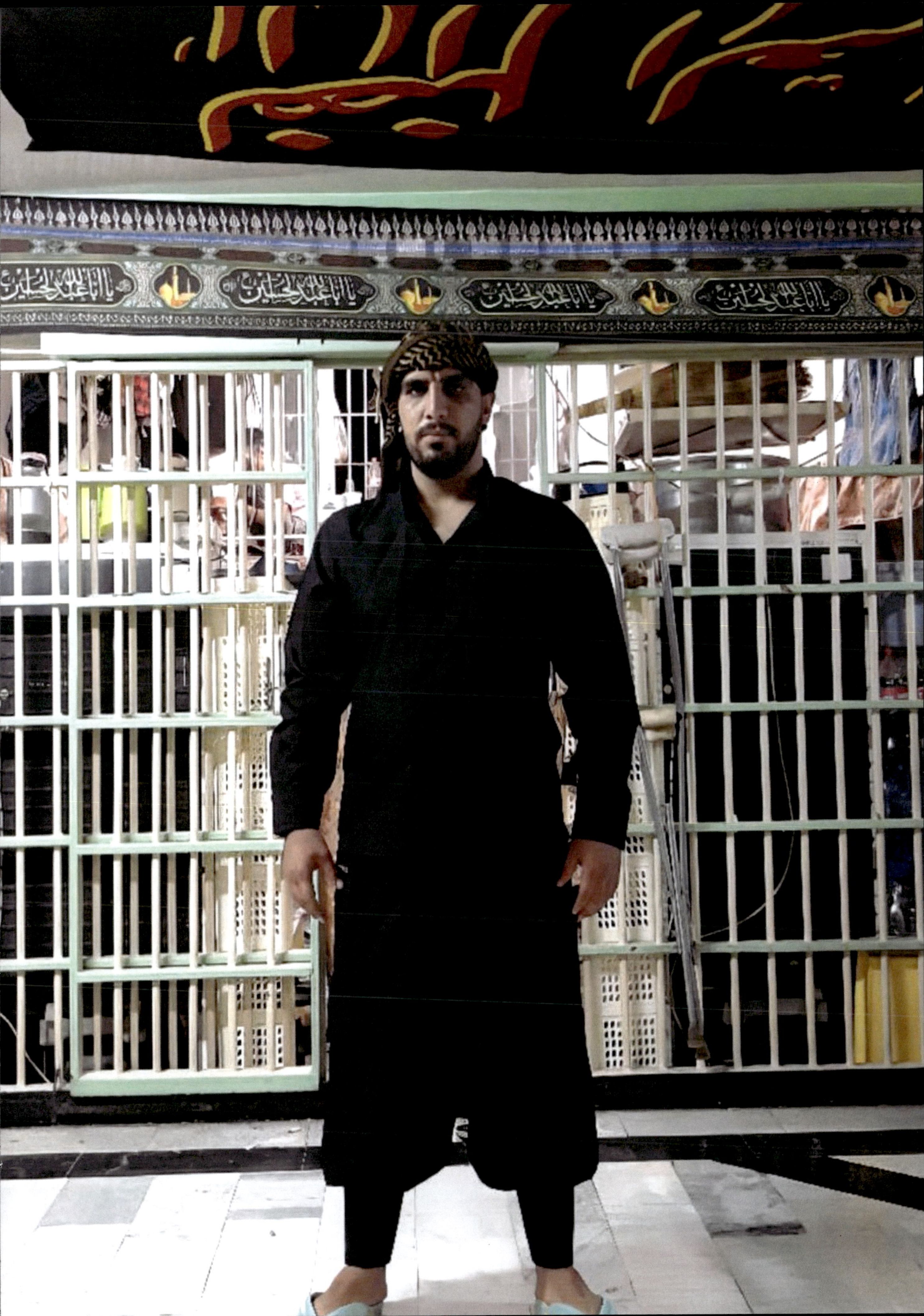
یا اباعبدالله الحسین

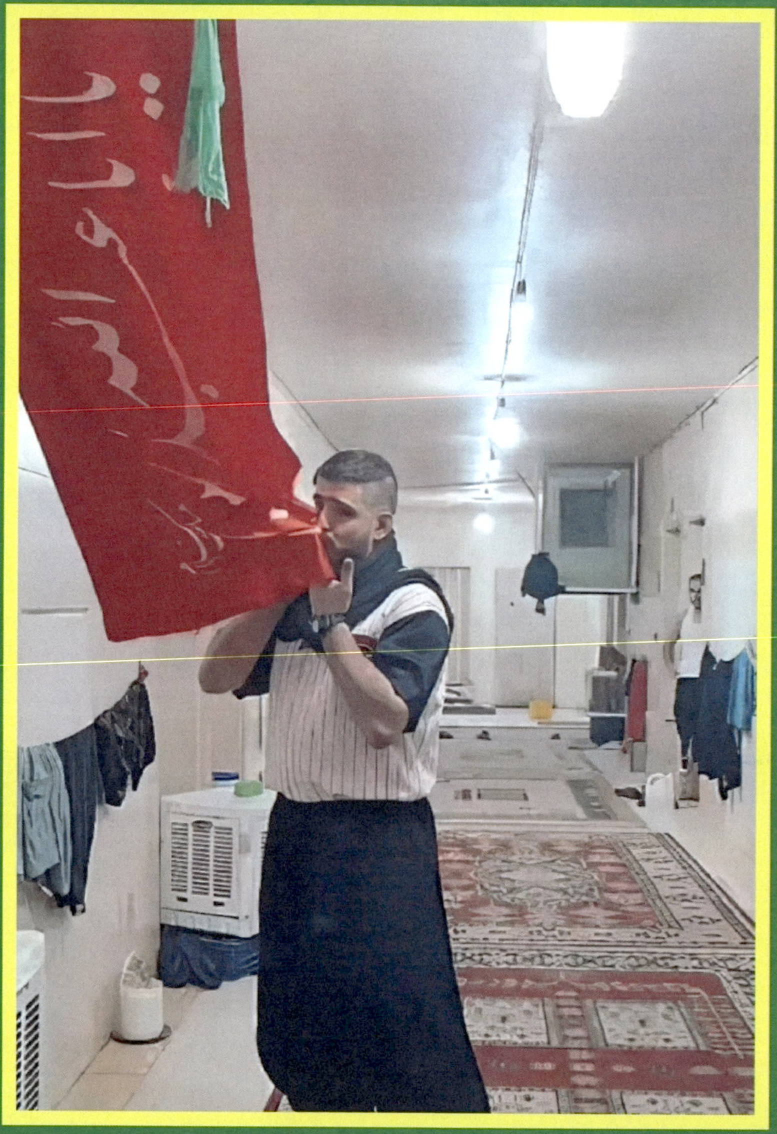

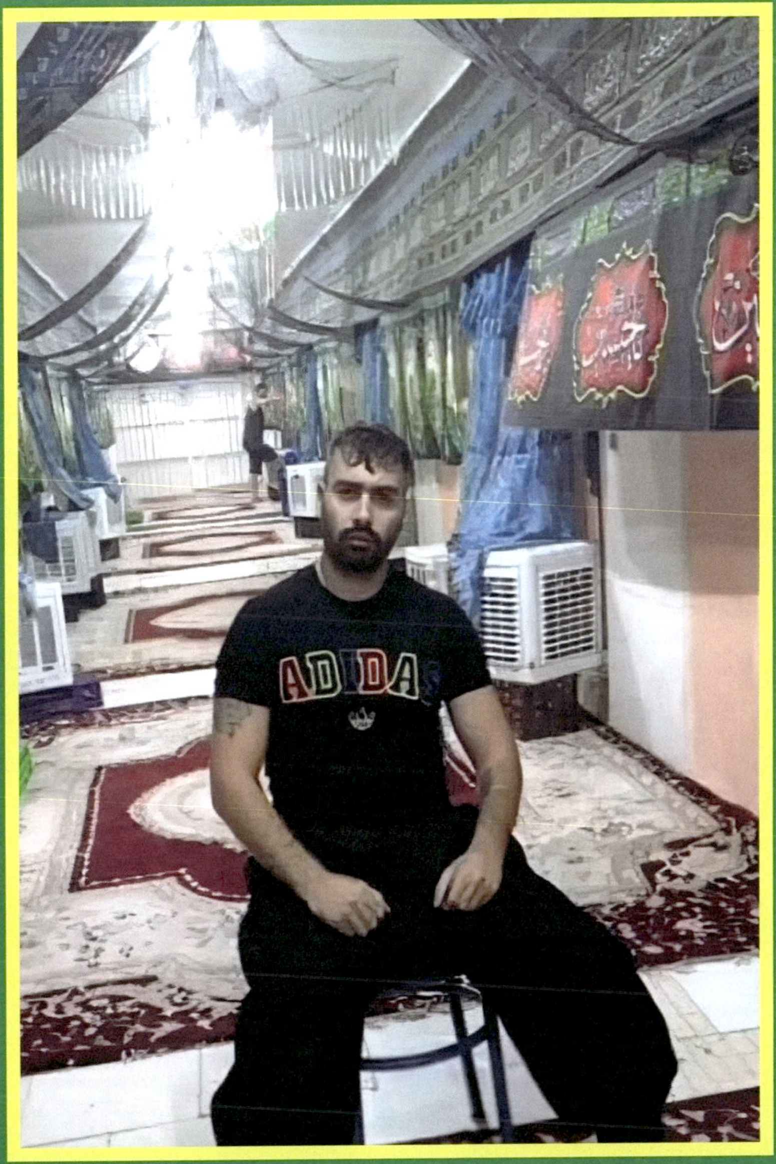
ADIDAS

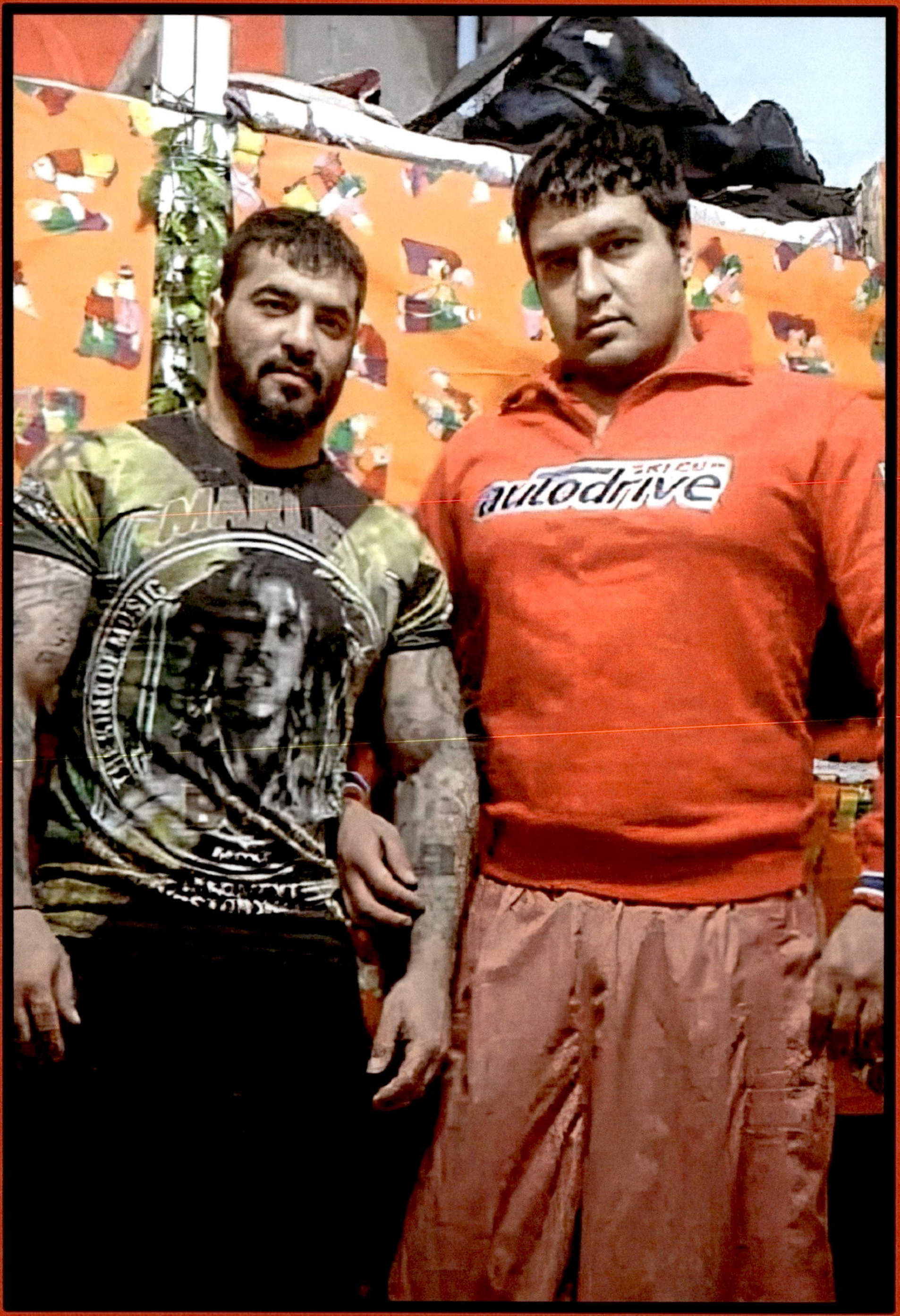
autodrive

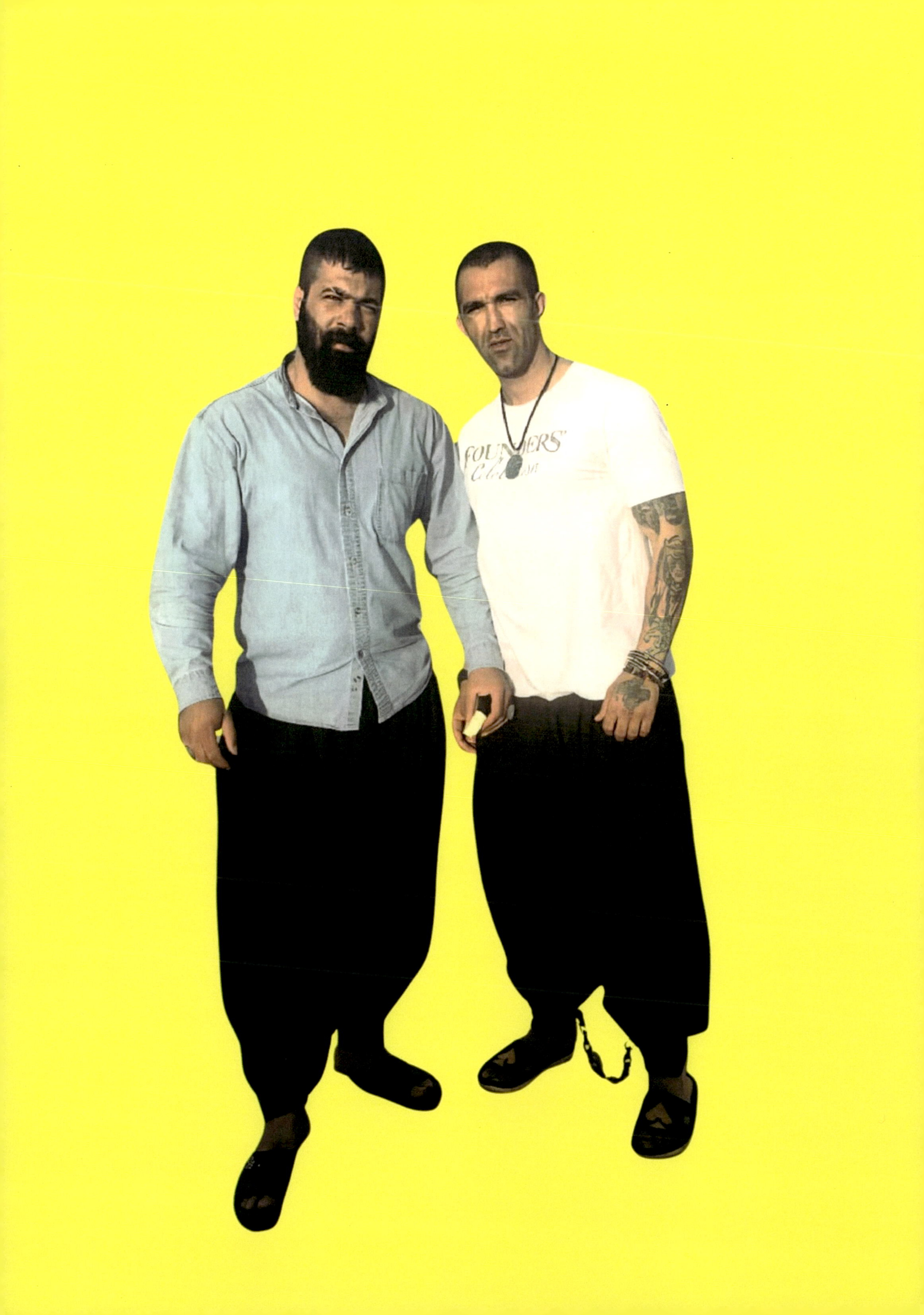

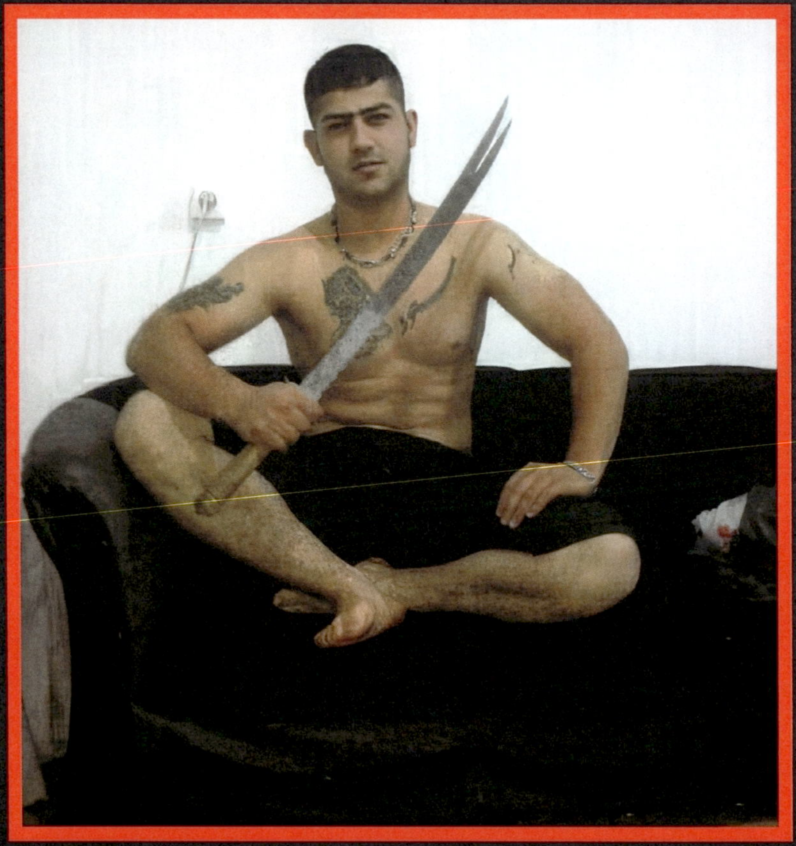

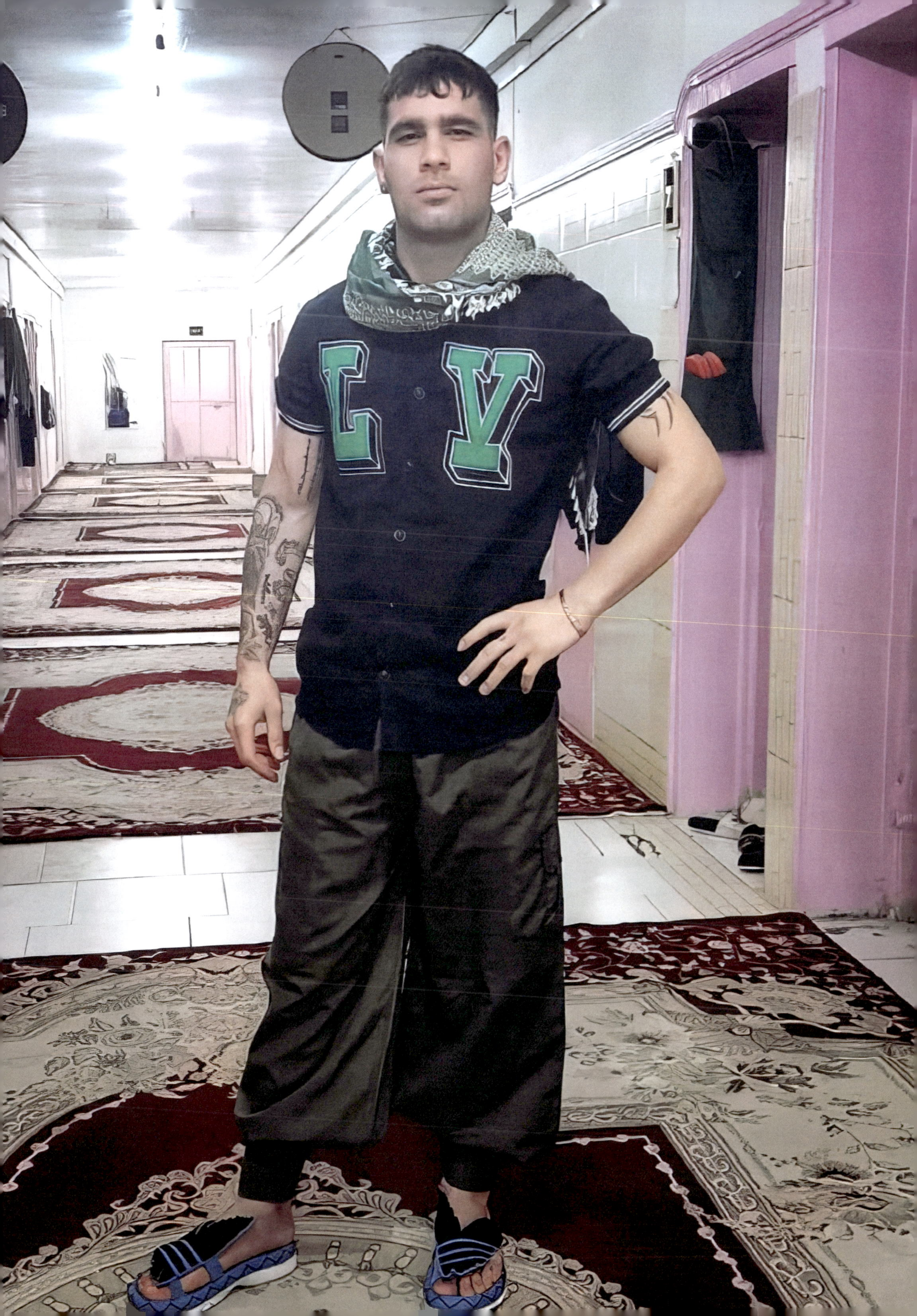
LV

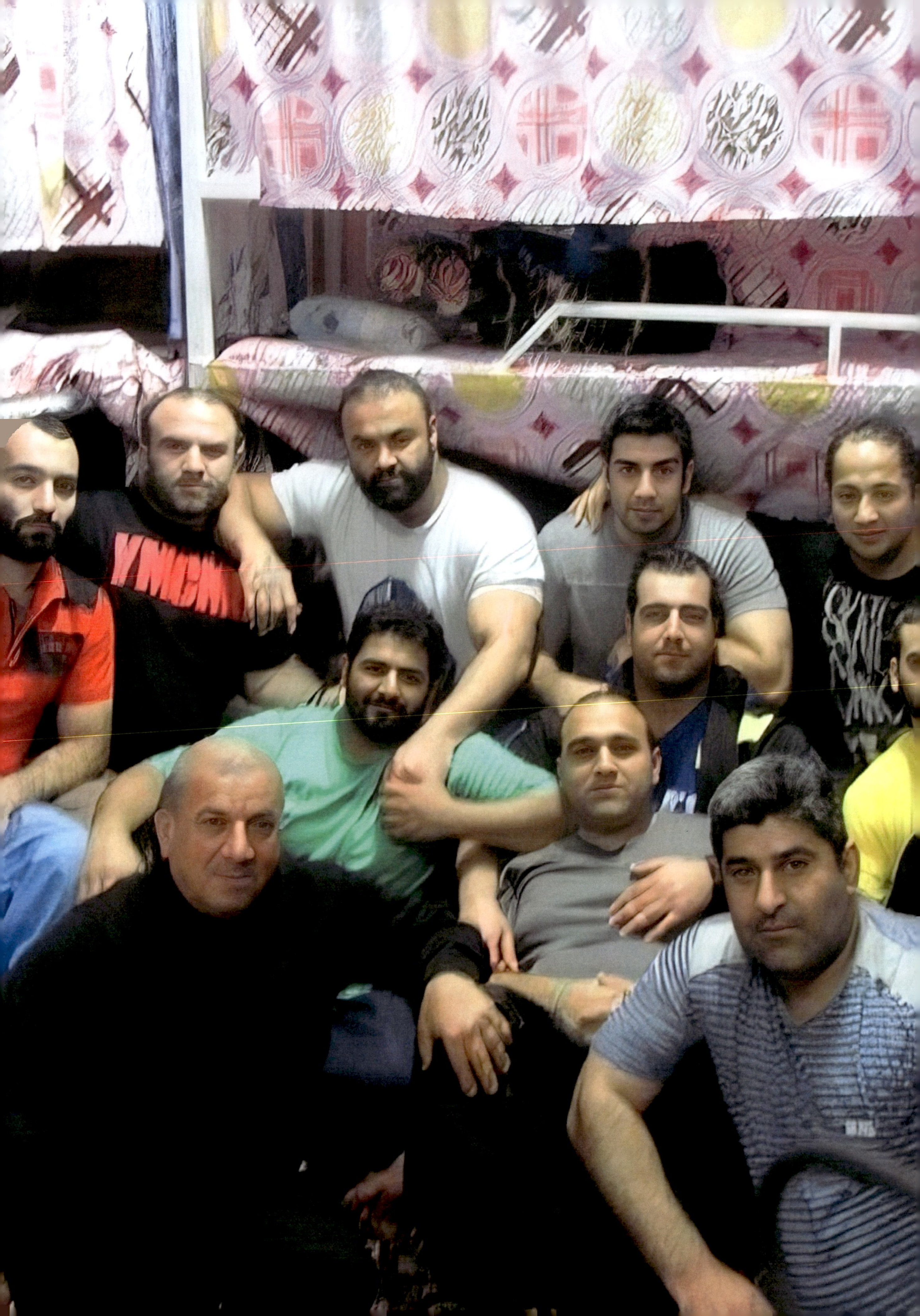

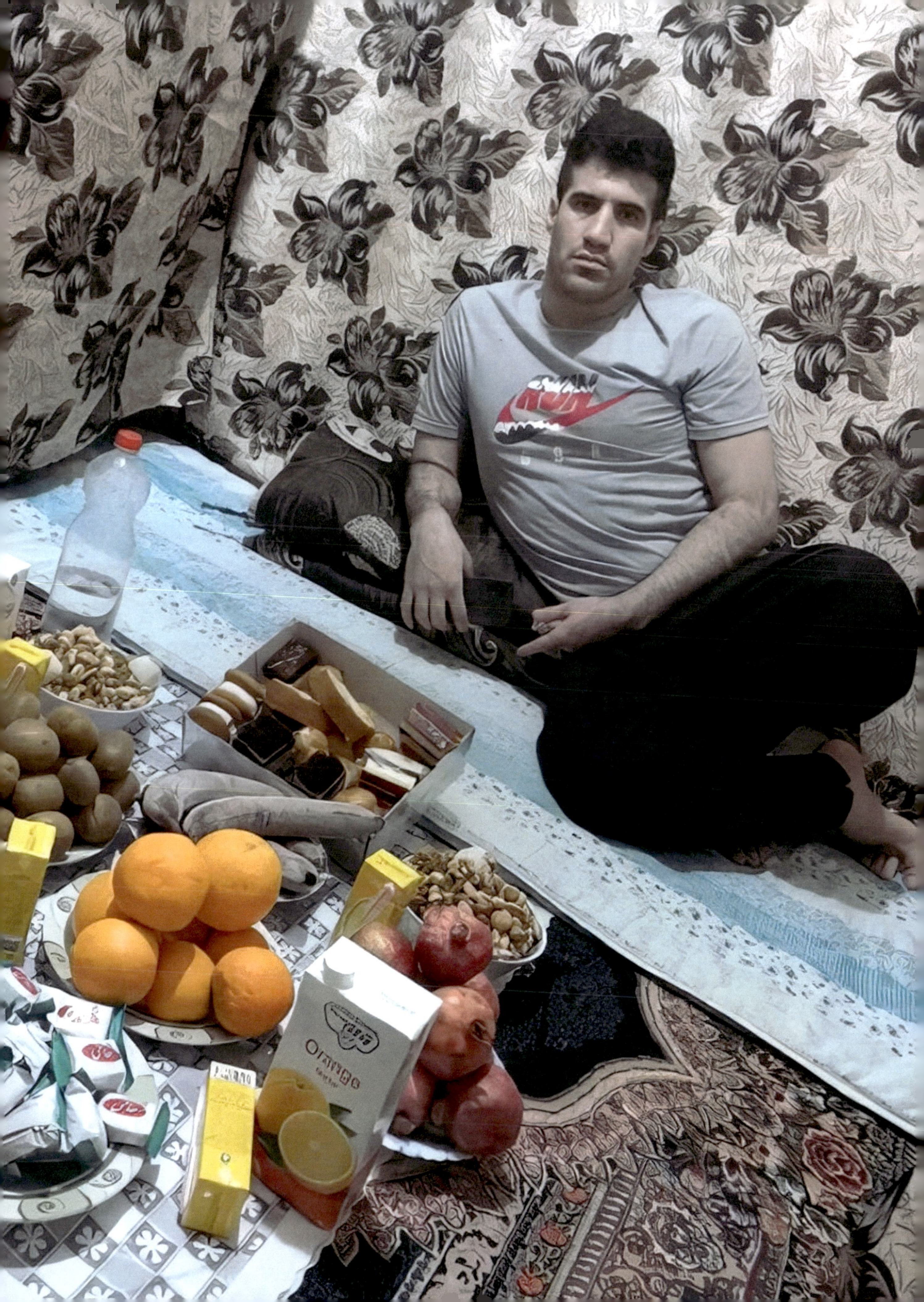

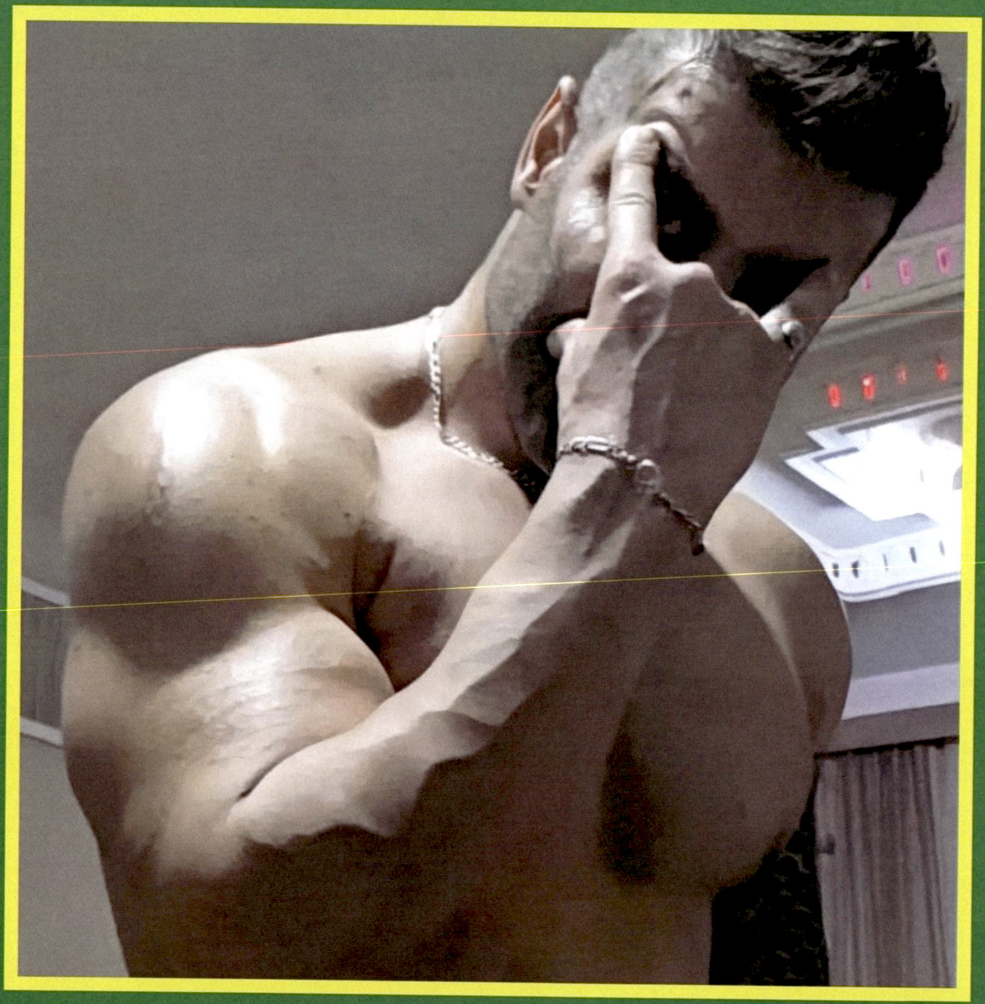

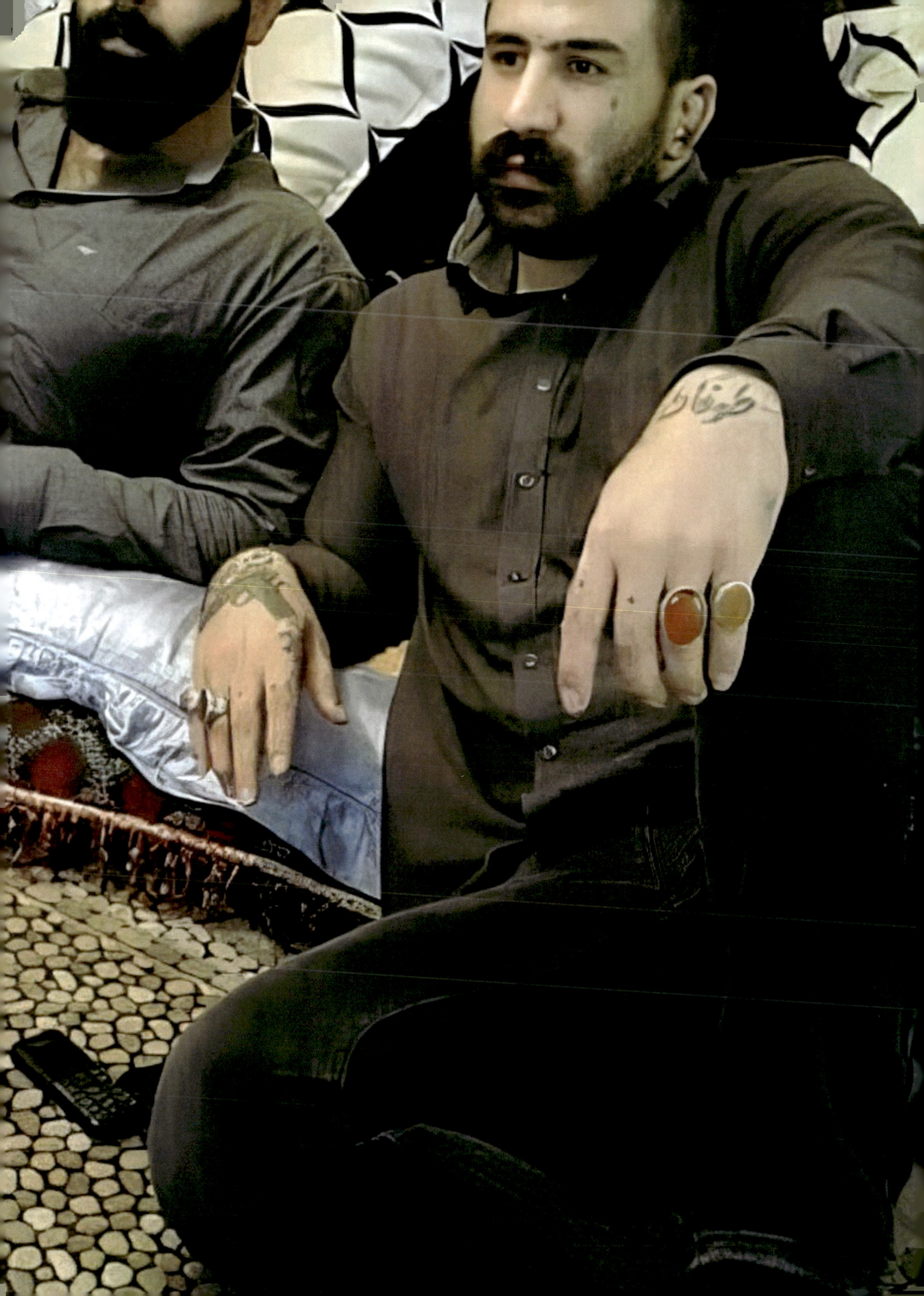

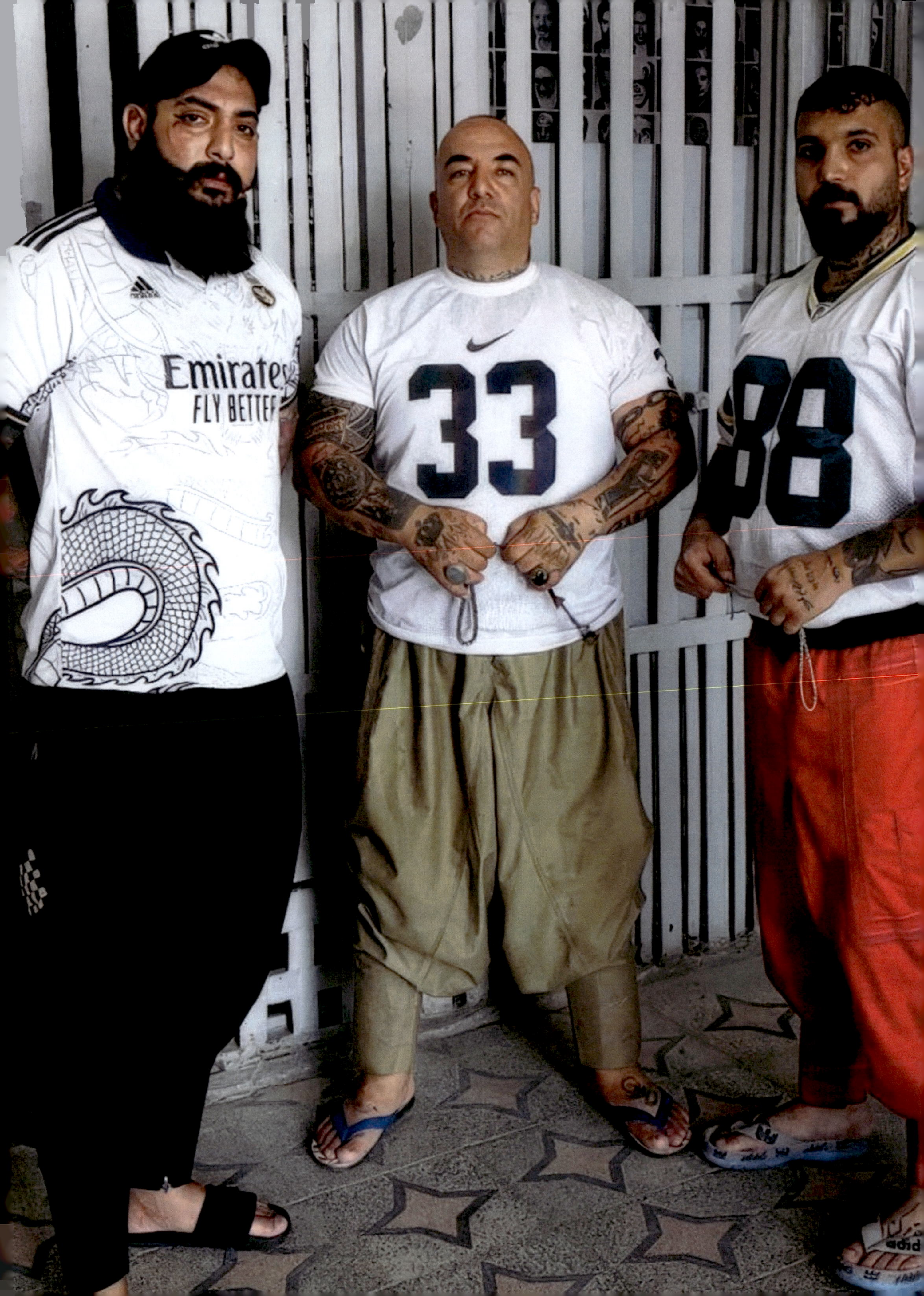

Emirates
FLY BETTER
33
88

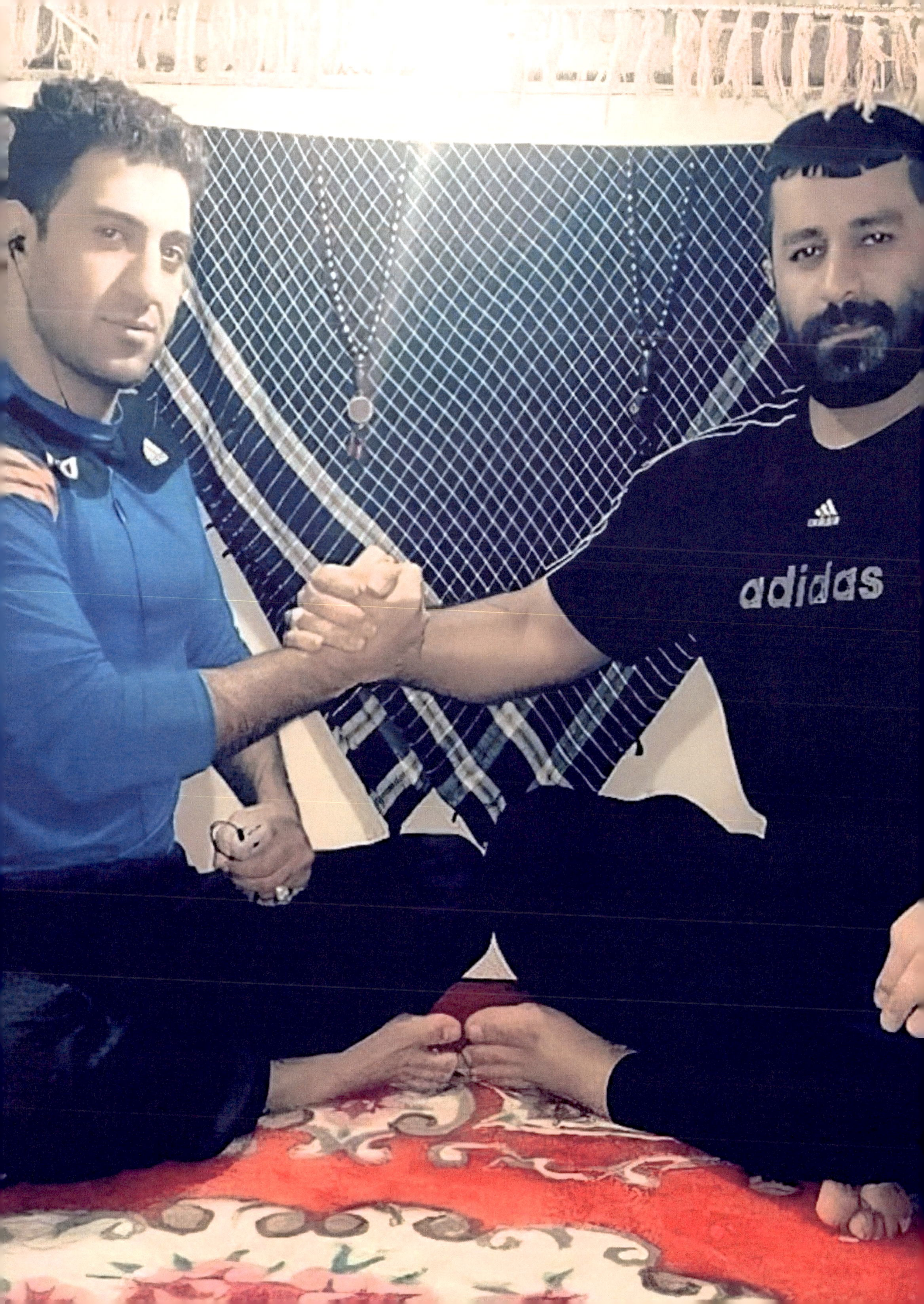
adidas

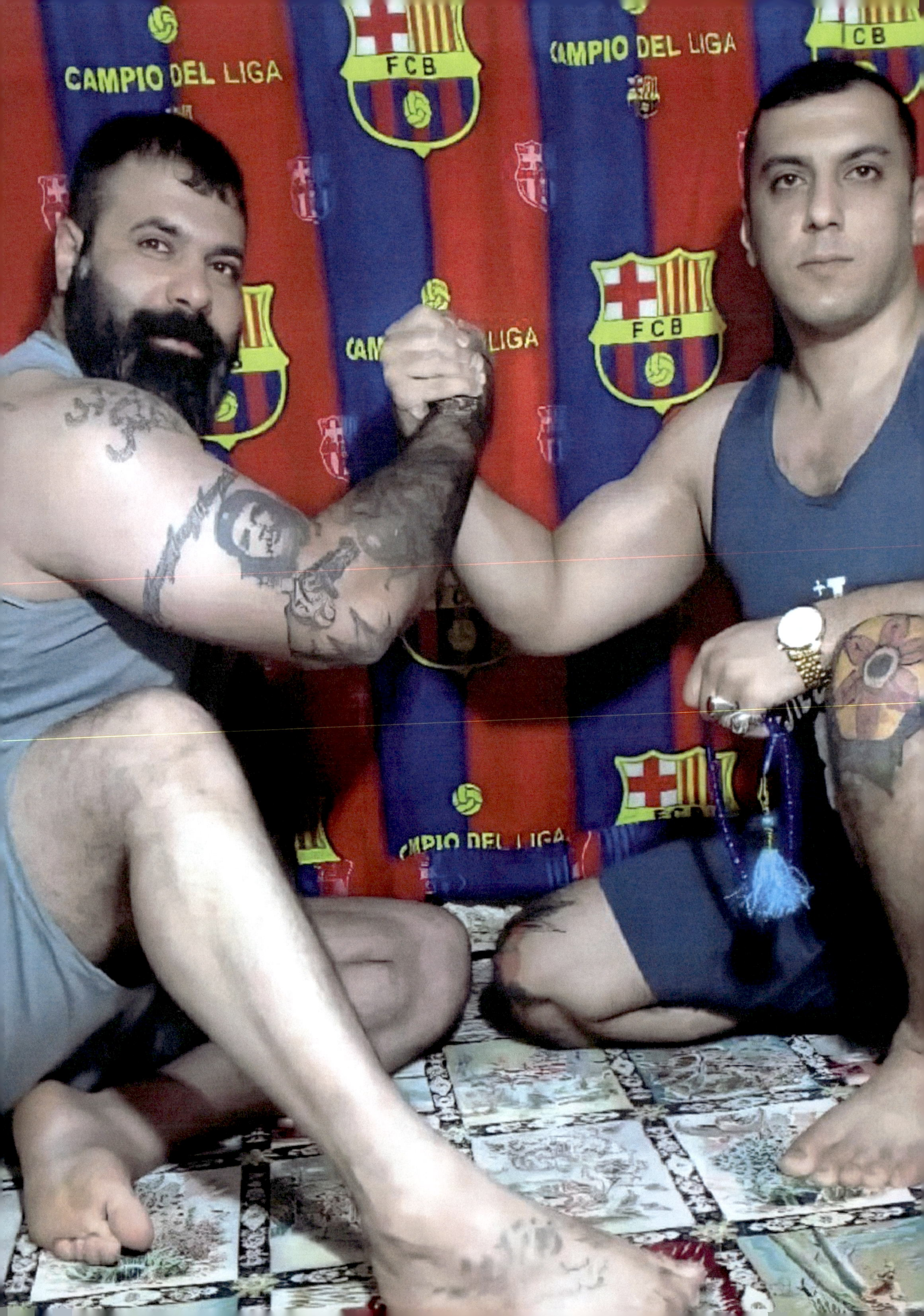
CAMPIO DEL LIGA
FCB
CAMPIO DEL LIGA
FCB

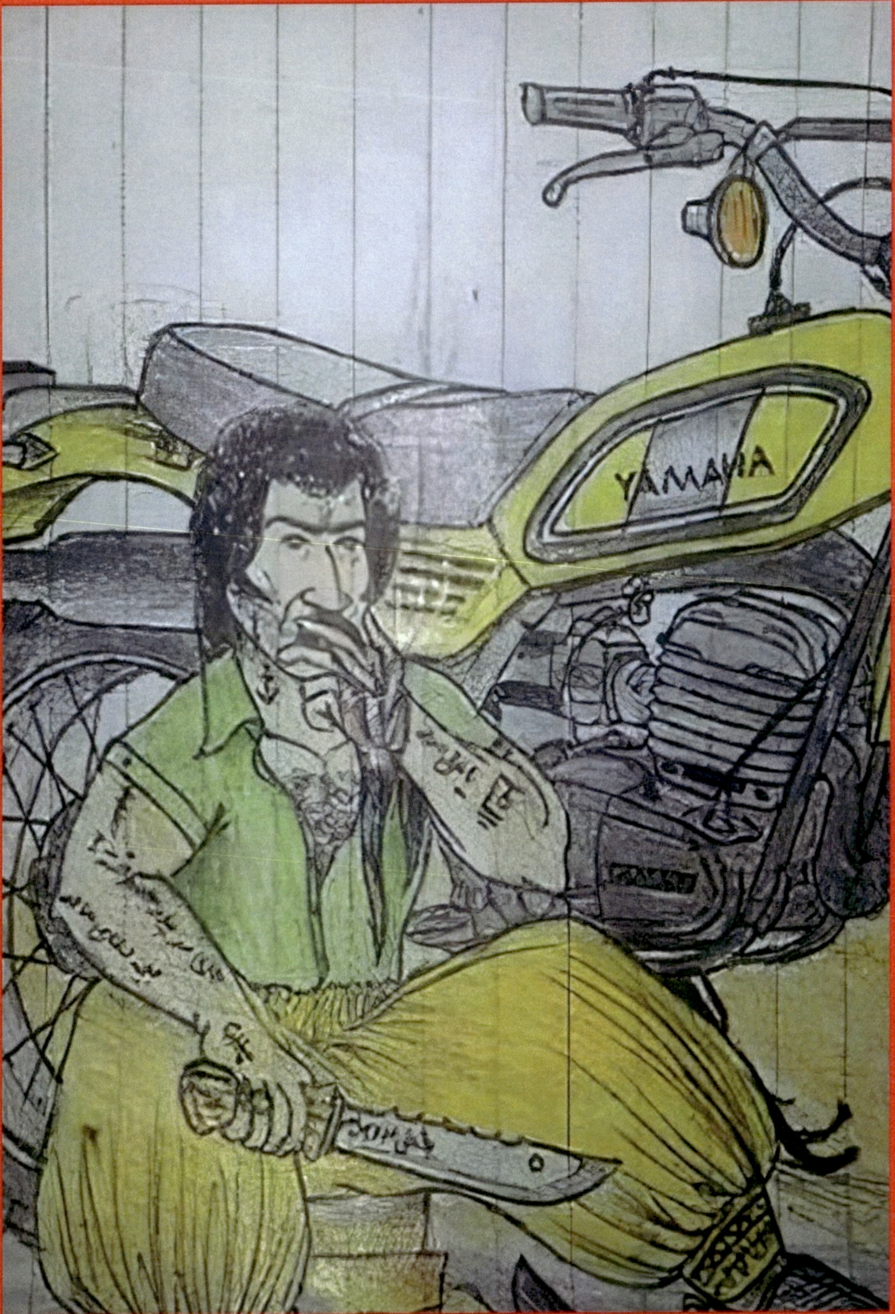
YAMAHA

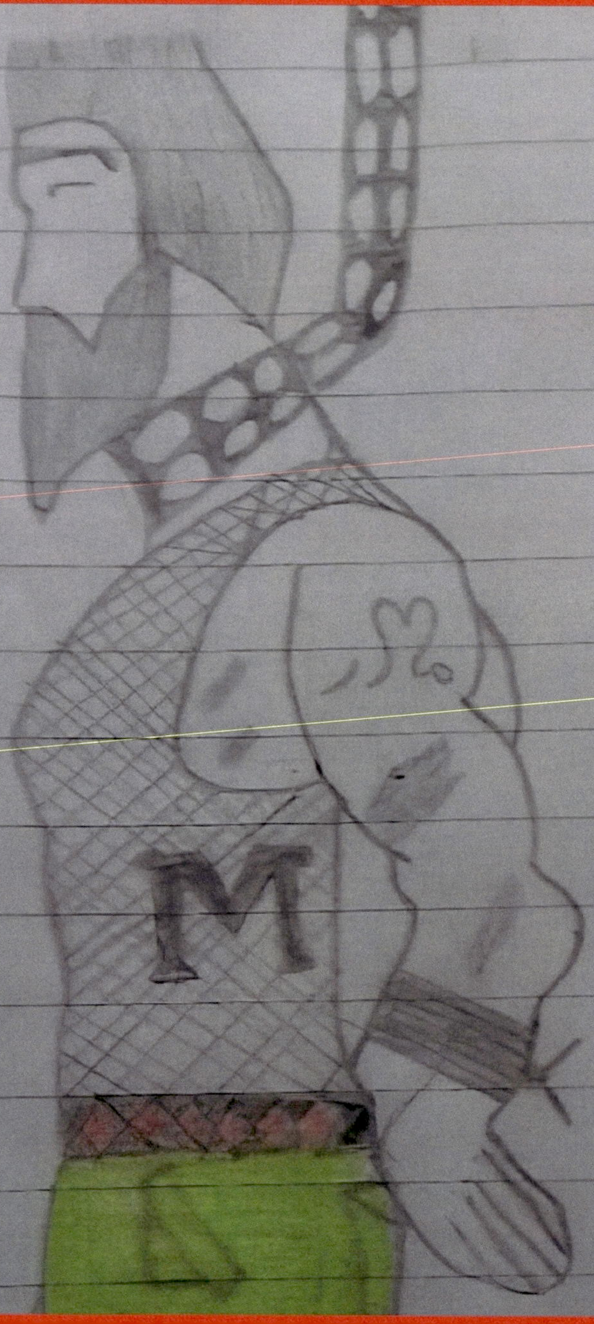
M

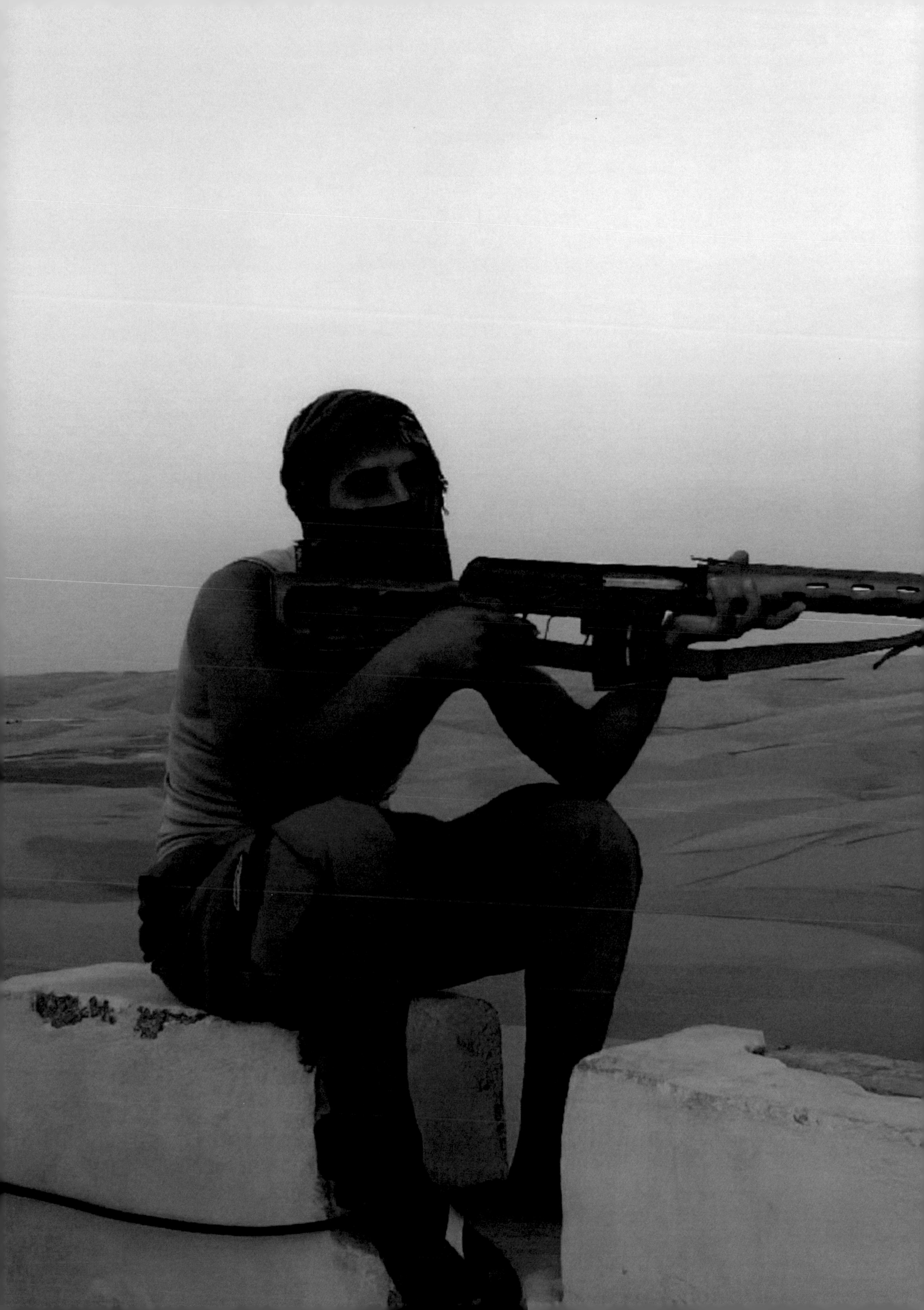

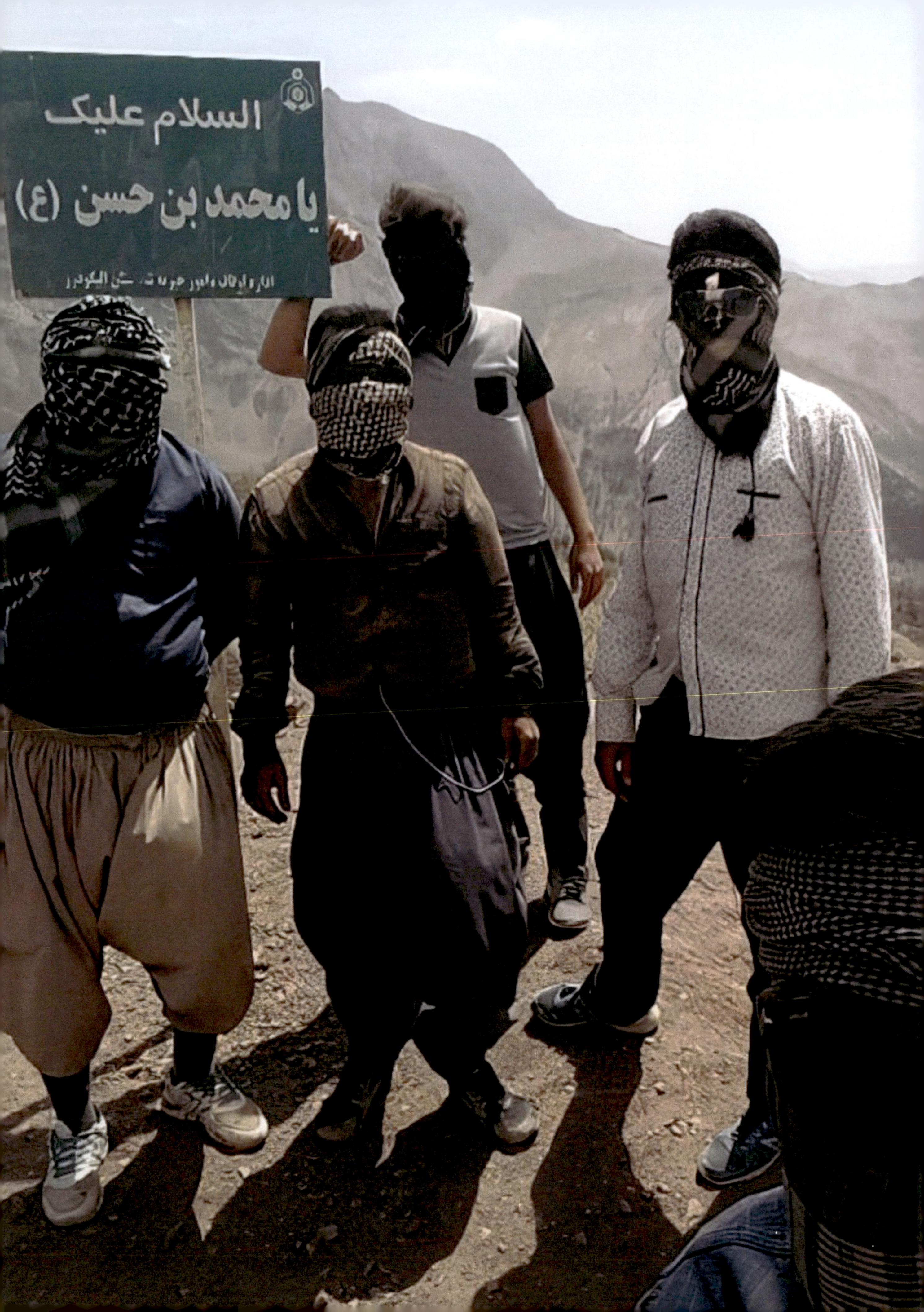

السلام علیک
یا محمد بن حسن (ع)

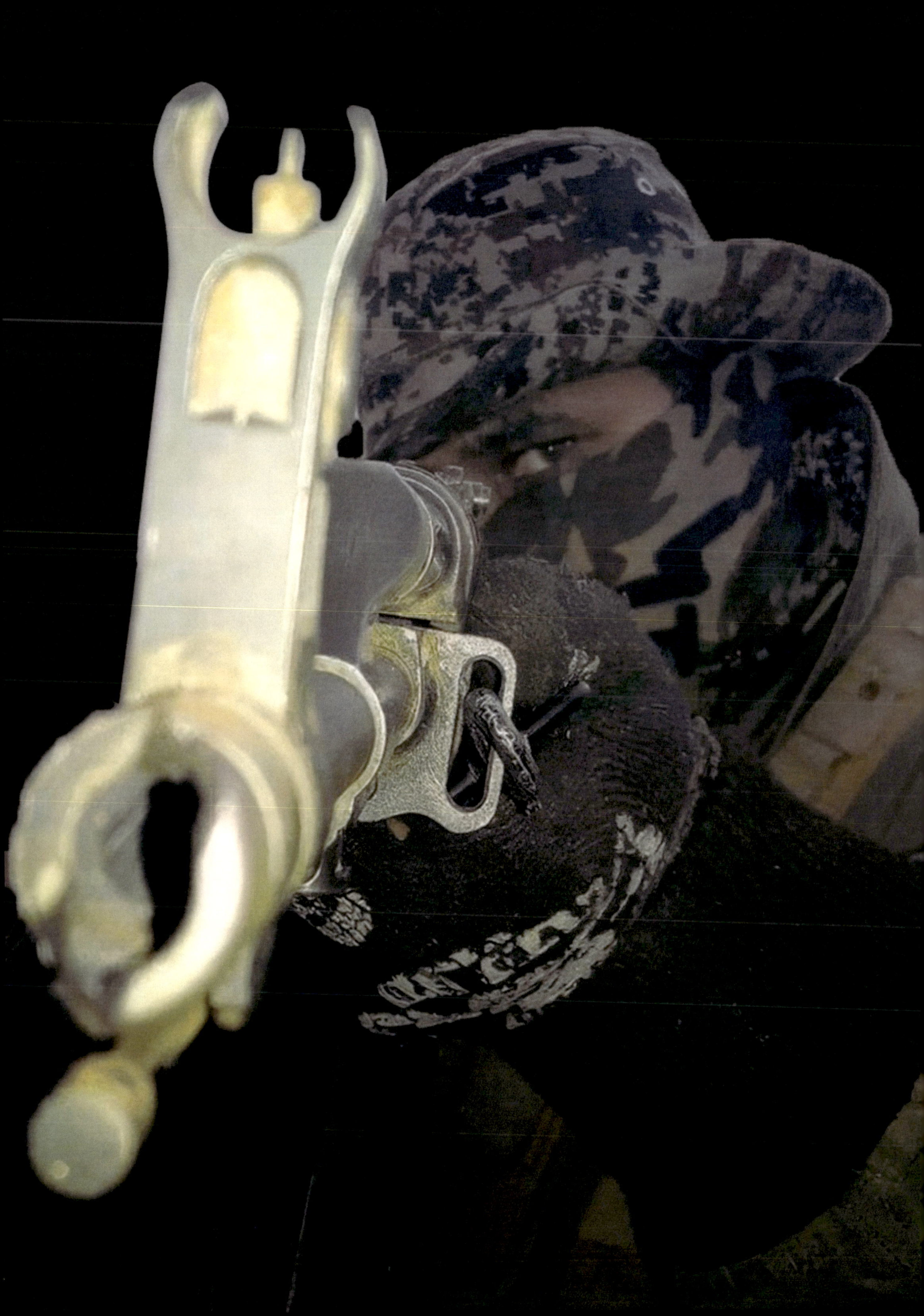

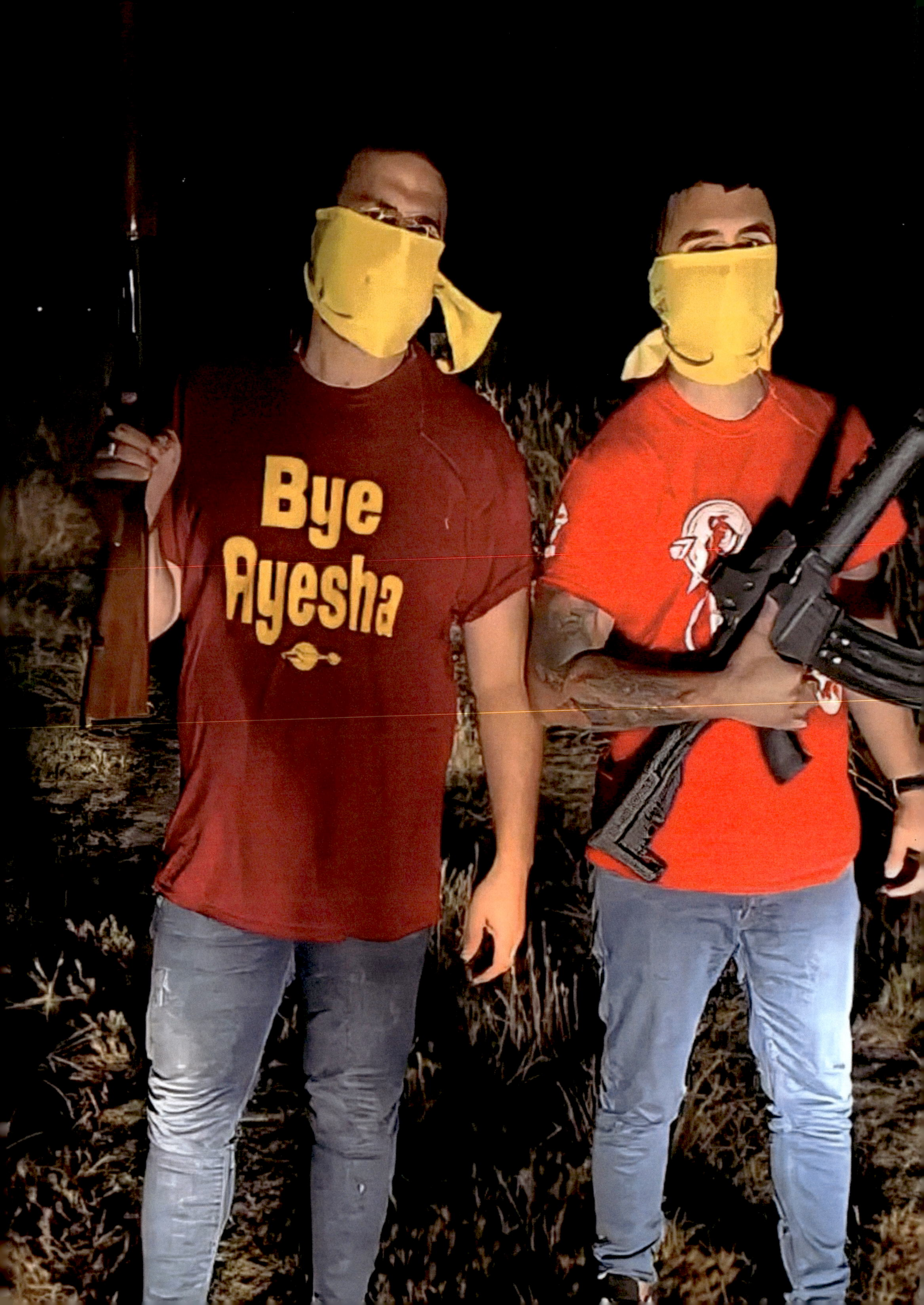
Bye
Ayesha

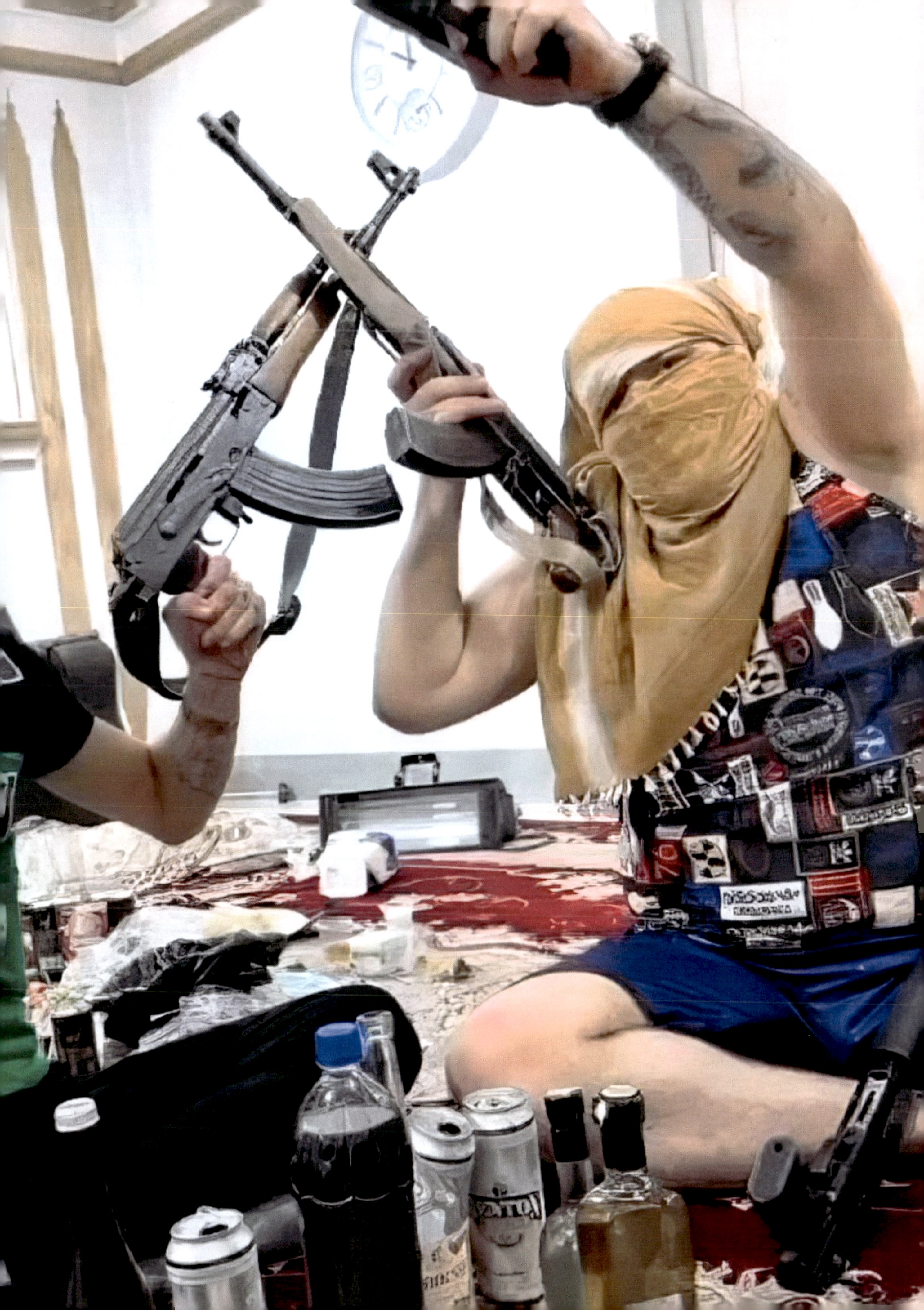

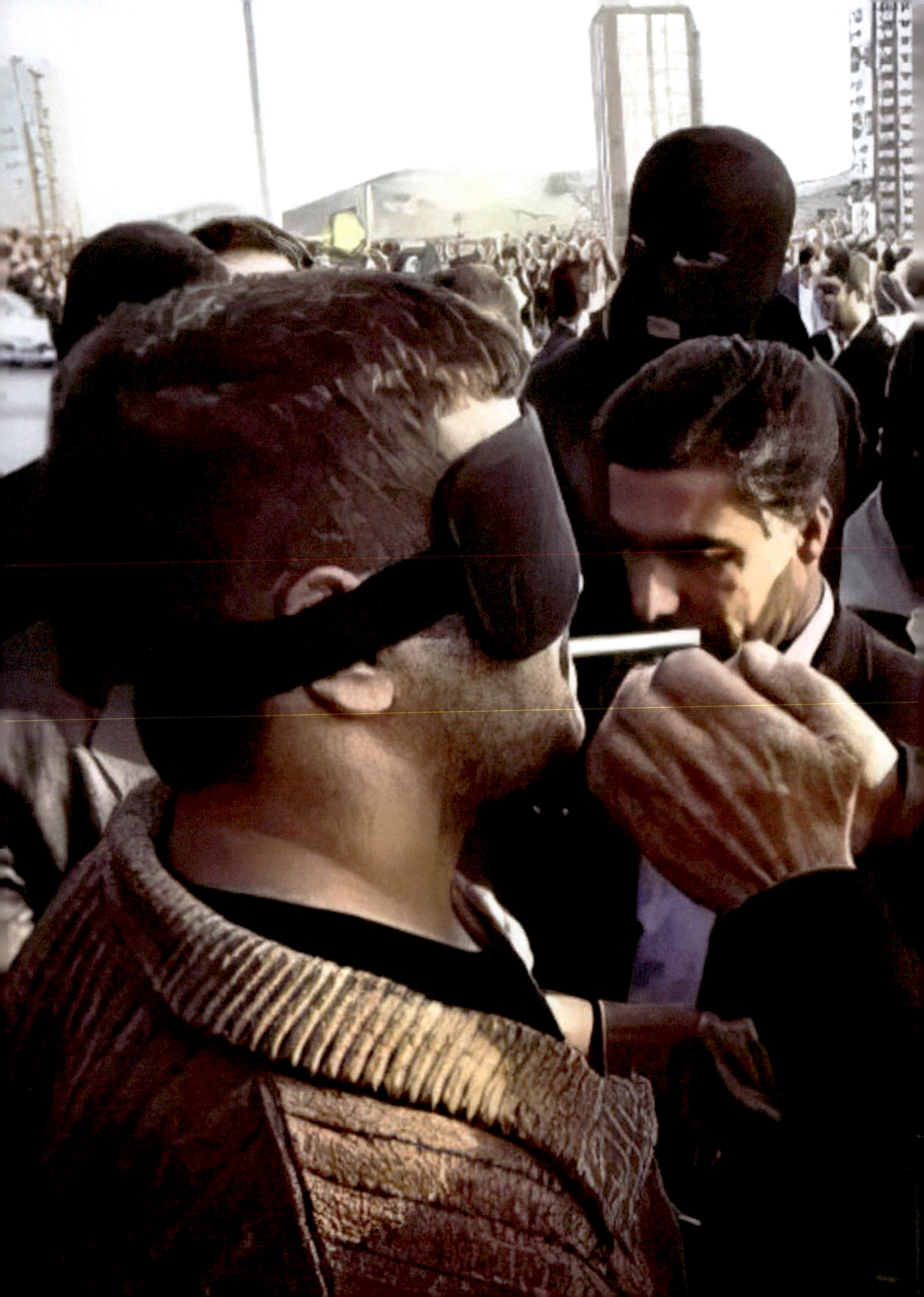

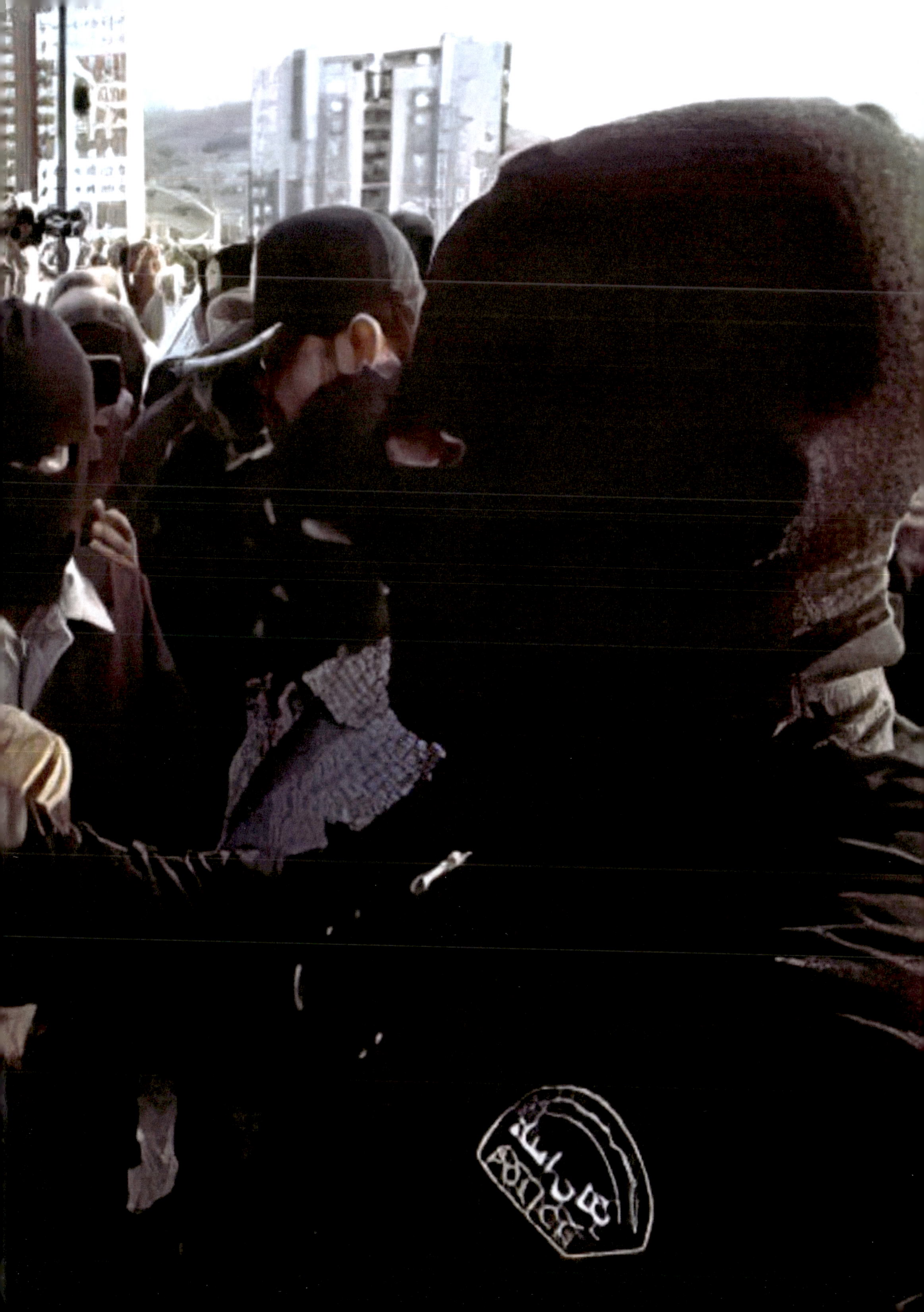

www.ingramcontent.com/pod-product-compliance
Ingram Content Group UK Ltd.
Pitfield, Milton Keynes, MK11 3LW, UK
UKRC031011141026
15625UKWH00082B/652

* 9 7 9 8 9 8 8 4 2 8 0 6 0 *

9 798988 428060